교정복지론

범죄문제와 사회복지실천

신연희 저

Social Welfare in Criminal Justice System

학지사

머리말

이 책은 사회복지 관점에서 범죄문제를 이해한다. 범죄는 심각한 사회문제여서 사회문제의 예방과 해결을 실천의 목표로 두는 사회복지는 범죄에 관심을 가져야 한다. 또한 범죄문제에 대한 사회적 대응에서 사회복지의 전문성이 요구되는 까닭이기도 하다.

교정복지는 학제 간 융합이 필요한 학문적 · 실천적 특성상 인접 학문과의 연계를 통한 이해가 중요하다. 이 책은 사회복지학을 중심으로 범죄학, 사회학, 교정학, 형사정책학, 상담학 등을 접목시켰고 이들을 아우를 수 있도록 내용을 구성하였다. 나아가 형사사법체계에서의 사회복지 전문화에 관한 이론적 틀을 마련하고 실천에 활용할 수 있는 지식을 제공하는 데 목적을 두었다.

형사사법 분야를 주된 실천현장으로 하는 교정복지는 사회복지가 추구하는 기본 가치인 인간존엄성 및 인도주의에서 출발하여 궁극적으로 사회 안정과 국민의 복지적 삶에 기여한다. 이를 위해 휴먼 서비스 전문직인 사회복지는 범죄라는 사회문제를 어떻게 이해해야 할 것인지, 사회문제 해결을 위해 어떠한 역할을 하고 역할 수행을 위해 요구되는 지식은 무엇인지에 대한 탐구를 필요로 한다. 이것이 바로 이 책을 통해 찾고자 하는 해답이다.

이 책은 4개의 부와 12개의 장으로 이루어졌다.

제1부에서는 사회복지와 범죄문제와의 관계를 다룬다. 제1장 '교정복지의 이해'에서는 교정복지의 특성, 범죄문제의 복지적 접근 근거, 교정복지실천 이론을 다루고, 제2장 '범죄문제와 처벌'에서는 범죄 현황과 처벌 이념 및 사회복지실천에 적절한 처벌 이념으로 사회복귀 관점과 회복적 정의 관점을 검토한다. 제3장 '교정복지의 역사'에서는 미국, 영국 스코틀랜드의 선진적 사례를 소개하고, 우리나라 교정복지 역사로 사법 영역에서의 사회복지실천과 관련된 법률을 소개한다.

제2부에서는 범죄 원인 및 범죄행동에 관한 이해를 다룬다. 이를 위해 범죄학 이론들과 각 이론별로 사회복지실천의 적용을 제시한다. 현대 범죄학 이론을 검토하기에 앞서 제4장 '범죄학 이론의 기초'에서는 이론과 실천과의 관계 및 고전 범죄학을 다루었고, 제5장 '현대 범죄학 이론'에서는 접근 관점에 따라 생물학적 접근, 심리학적 접근, 사회환경적 접근으로

구분하여 각각의 관점별로 주된 이론들을 소개했다. 범죄를 사회문제로 이해하기에 적절한 사회환경적 접근에 해당하는 이론들인 사회해체 이론, 긴장 이론, 차별기회 이론, 비행하위문화 이론, 차별접촉 이론, 차별강화 이론, 사회유대 이론, 낙인 이론, 사회자본 이론, 회복탄력성 이론에 비중을 두고 다룬다. 제6장 '교정복지 실천모델'에서는 제5장에서 다룬 범죄학 이론들에 토대를 두고 개발한 실천모델들을 다루며, 사회복지의 일반적 실천모델들(심리사회 모델, 행동주의 모델, 역량강화 모델, 지역사회개발 모델)과 교정복지의 독특한 실천모델(회복적 정의 모델)을 범죄문제에 적용한다.

제3부에서는 교정복지 실천현장인 형사사법제도를 다룬다. 제7장 '시설수용제도와 사회복지', 제8장 '사회 내 처우제도와 사회복지', 제9장 '소년사법제도와 사회복지'로 구분하여 제도별로 추구하는 주된 이념, 제도의 내용 및 실천 대상자, 관련 제도 및 프로그램과 사회복지사의 역할을 제시한다.

제4부에서는 사회복지가 주목해야 할 범죄문제에 관한 주요 이슈를 다룬다. 제10장 '빈곤과 범죄'에서는 범죄문제를 중심으로 현대사회에서 더욱 심화되고 있는 상대적 빈곤과 여성의 빈곤화를 다룬다. 제11장 '범죄피해자'에서는 범죄의 직접적 피해자인 피해 당사자와 범죄의 숨겨진 피해자인 수용자자녀에 관한 이슈를 다룬다. 제12장 '사법사회복지의 발전 방안'에서는 우리나라의 교정복지 발전을 위한 사법사회복지의 정의와 필요성, 제도화 방안 및 사법사회복지 모델을 제안한다.

이 책은 무엇보다 사회복지를 전공하는 학생들을 위해 쓰였다. 사회복지 분야의 전문가와 실천가뿐만 아니라 형사사법 분야(교정, 보호, 경찰, 검찰 및 법원)에서 일하는 종사자들에게도 유용할 것으로 본다. 또한 범죄문제와 사회복지실천에 관심을 가지고 있는 일반 독자들에게도 도움이 될 것이다.

이 책이 형사사법 분야에서 사회복지의 활용가능성에 대한 이해와 사회복지실천 지식과 기술을 범죄문제에 어떻게 적용할 것인지에 대한 이해에 보탬이 될 수 있기를 기대한다. 나아가 사법사회복지의 지평을 확장하고 우리 사회 전체의 복지 향상에도 기여하는 시금석이 되길 바란다.

마지막으로, 이 책의 출판이 가능하도록 최선을 다해 주신 학지사 김진환 사장님과 직원분들께 깊이 감사드린다.

2023년 8월

저자

차례

제3부

사법제도와 사회복지

제1부

사회복지와 범죄문제

Social Welfare in Criminal Justice System

교정복지의 이해

1. 교정복지의 특성

교정복지란 무엇인가? 이 절에서는 교정복지의 특성을 사회복지의 일반적 특성과 비교하여 검토한다. 사법제도에서의 사회복지실천을 의미하는 교정복지의 개념, 실천 목적, 실천현장과 실천 대상자, 실천의 가치와 개입방법 그리고 교정복지의 독특한 특성을 몇 가지 관점에서 다룬다. 이 절은 교정복지에 관한 기초적 이해를 목표로 한다.

1) 교정복지의 정의

(1) 범죄와 복지

① 범죄, 복지, 교정

이 책은 범죄문제에 대한 사회복지실천을 다룬다. 이 책을 아우르는 주된 개념은 범죄, 사회복지, 교정 및 사회복귀이다. 교정복지학은 범죄문제를 중심으로 인간, 사회 그리고 사회복지를 이해하는 학문이며, 실천적 의미에서는 범죄의 예방과 해결을 위해 사회복지의 가치, 이론, 기술을 적용하는 사회복지 전문 분야이다. 범죄문제에 대응하여 사법제도(형사사법 및 소년사법)와 연계하여 사회복지 서비스를 제공하므로 교정복지는 사법사회복지라고 해도 무방하다.

교정복지는 교정(矯正, corrections)과 복지(福祉, social welfare)가 결합된 복합명사이다. 교정은 국가가 범죄자 또는 범죄의 우려가 있는 자의 잘못된 품성을 바로잡아 재사회화를 유도하는 일체의 활동이다(김영식 외, 2021: 52). 나아가 범죄인 처벌을 통해 달성하고자 하는 목적이고 이념이기도 하다.[1] 교정은 사회복귀(rehabilitation) 관점에 토대를 두고 있다. 사회복귀는 범죄인에 대한 사회적 제재의 근거가 되는 관점인데, 범죄인을 준법시민으로 변화시켜 사회에 통합되도록 하는 것을 추구한다.

한편, 복지(사회복지)는 모든 사회성원의 삶의 질 향상과 행복을 도모하는 모든 방책을 이른다. 따라서 교정과 사회복지가 결합된 교정복지는 범죄인의 잘못된 특성을 교정하여 범죄인과 사회성원 모두가 인간답고 행복한 삶을 살도록 하는 것을 목표로 개입하는 사회복지 실천이다. "죄는 미워하되 사람은 미워하지 말라."라는 옛말은 범죄문제에 대한 사회복지실천에 함의하는 바가 크다. 어떤 상황에서도 인간존엄성을 지켜야 한다는 것과 죄를 지은 사람도 대개는 딱한 사정이 있음을 전문가가 살펴야 한다는 의미가 담겨 있다. 범죄인은 그 행위에 상응하는 처벌을 받는 게 마땅하지만, 범죄자 개인만의 책임으로 돌릴 수 없는 환경적 요인들이 있으므로 범죄인의 변화된 삶을 위해 사회적 개입이 필요하다는 점이 범죄문제와 사회복지가 연결되는 접점이다.

② 교정복지와 사법사회복지

'교정복지'를 영어로 직역하면 'correctional social work'이지만, 의미상으로는 'Social Welfare in Criminal Justice System'으로서 우리나라 사회복지교과목 지침서에서도 이와 동일하게 표기하고 있다(한국사회복지교육협의회, 2020: 72). 서구에서 가장 일반적으로 사용되는 용어는 사법복지이다. 여기서 사법복지는 형사사법제도와 연계된 사회복지를 지칭한다.[2] 미국과 영국 스코틀랜드에서는 '사법사회사업(사법복지)'을 주로 사용한다. 미국의 사

1) 교정은 본래 의학적인 관점에서 유래된 것으로서 범죄자의 인격과 성행은 잘못된 상태이므로 치료를 통해 변화를 도모해야 하며, 이는 범죄에 취약한 요인(범인성, 犯因性)을 바로잡는 것을 뜻한다.

2) 사법제도(司法制度, judicial system)는 민사와 형사를 포괄하는 개념으로 재판 및 그와 관련된 국가제도를 이른다. 범죄문제는 형사사법제도(형사특별법인 「소년법」에 의한 소년사법제도 포함)와 관련되어 있으나 형사사법제도는 사법제도라는 용어로 주로 사용되고 있으므로, 이 책에서는 형사사법제도 대신 '사법제도'라는 용어를 주로 사용한다. 서구에서는 사법제도에서 실천하는 사회복지를 'Social Work in Criminal Justice and Juvenile Delinquency System' 혹은 'Crime and Delinquency and Practices of Social Welfare' 등으로 표현하고 있다.

회사업가협회는 사법제도를 중심으로 전개되는 사회복지를 사법복지(Criminal Justice Social Work: CJSW)로 명시하고 있다(NASW, 2010: 3). 미국이 모델로 삼고 있을 정도로 사법 영역의 사회복지가 발달한 영국의 스코틀랜드는 국가 문서에 사법복지(Criminal Justice Social Work: CJSW) 그리고 사법복지에서 제공하는 서비스를 사법복지 서비스(Criminal Justice Social Work Service: CJSWS)로 표기한다(Scottish Social Services Council: SSSC; 2010).

국내에서는 일부 학자들이 교정복지를 대체하는 용어로 '사법복지'를 사용했는데, 영문으로는 학자에 따라 'Forensic Social Work'(조홍식, 이형섭, 2014: 466) 혹은 'Judicial Welfare'(이무웅, 2013: 3)로 표기했다.[3)]

사법제도와의 긴밀한 연계 속에서 수행되는 사회복지는 '사법사회복지' 혹은 '사법복지'로 정의되는 것이 적절하다. 이 책에서는 현재 국내에서 통용되고 있는 '교정복지'라는 용어를 사용한다. 다만, 범죄문제에 대응한 사회복지실천의 발전을 위해 '교정복지'는 사법사회복지로 대체되어야 함을 지적하고 있으며, 이에 관해서는 제12장에서 논의한다.

(2) 교정복지의 정의

'교정복지'라는 개념이 국내 학계에 등장한 것은 2000년대에 들어서이다. 2000년에 국내에서 발간된 첫 교정복지 도서인『교정복지학』에서는 교정복지의 개념을 "범죄자, 비행청소년에 대하여 국가, 공공단체, 또는 개인이 개별적 혹은 집단적으로 시설 내에서 교정교육을 하고(교정적 복지), 사회 내에서 보호관찰하는(보호적 복지) 조직적 활동을 말한다."로 정의했다(이정찬, 2000: 15). 그리고 교정복지의 실천 범위를 교정시설과 지역사회에서 형사사법제도의 감독하에 있는 범죄인 및 비행청소년에 한정했다.

교정복지학이 사회복지학의 전문 분야로 위상을 정립하기까지 여러 학자가 기여한 바가 크다. 사회복지학의 세부 학문 분야로 교정복지학을 규정하고 있는 배임호 등(2007: 34)은 "교정복지는 교정의 문제를 사회복지적 차원에서 대처함으로써 당면한 문제뿐 아니라, 재범예방 차원에서 효율성을 증진시키고 범죄나 비행이 야기시킨 부정적인 결과를 제거하여 사회구성원의 복지 증진에 기여하고자 체계적으로 연구하는 학문 분야"라고 정의했다.

3) 조홍식, 이형섭(2014: 466)은 교정복지가 사법복지(Forensic Social Work)로 개념적 전환이 필요함을 교정복지의 발전 과제로 제안했다. 이무웅(2013: 3-4)은 사법복지(Judicial Welfare)를 "범법을 하거나 할 우려가 있는 사람들에 대한 범죄예방 및 비행자와 범죄자들의 재활(rehabilitation)과 사회재통합(social reintegration)을 위하여 만들어진 사회복지로서 형사 및 비행청소년에 대한 사회복지 서비스"라고 정의했다.

최옥채(2010: 69)는 "교정복지는 사회복지학을 바탕으로 한 비행청소년과 범죄인의 재활 및 예방에 중점을 둔 사회복지실천을 의미한다. 비행청소년과 범죄인의 보호나 교정은 특정 한 분야의 일이 아니라 심리학, 정신의학, 교정학, 사회복지학과 같은 여러 분야의 전문인력이 협력하여 이루게 된다. 한편, 개별사회사업, 집단사회사업, 지역사회사업 등과 같은 사회복지실천방법론을 이용하여 범죄인이나 비행청소년이 심리사회적으로 가장 편안한 상태를 유지하면서 사회에 재적응할 수 있도록 돕는 활동"이라고 정의했다. 또한 교정복지의 목적은 범죄인 및 비행청소년의 사회복귀와 재범예방이며, 여러 분야의 전문인력이 협력하여 실천하는 교정복지의 특성을 언급했다.

조홍식과 이형섭(2014: 17)은 "교정복지란 형사재판의 집행 단계인 교정이라는 특수한 사회복지실천 영역에서 범죄인 및 비행청소년의 원활한 사회 복귀와 사회적 기능 수행 회복, 범죄 원인과 관련된 문제해결 및 범죄피해의 원상 회복 등을 위하여 사회복지 철학과 가치를 기초로 전문적 사회복지실천방법론을 활용하는 복지실천"이라고 정의했다. 이는 교정복지 실천현장을 형사사법 집행 단계에 비중을 두었고, 실천 내용에 범죄 원인의 해결과 범죄피해자에 대한 개입을 추가했다는 점에서 독특성이 있다.

최근 들어서는 교정복지의 실천 대상자를 확장한 정의도 있다. 배임호(2021: 50)는 "교정복지는 가해자들이 긍정적으로 변화하고 정상 생활로 재활할 수 있도록 원조할 뿐만 아니라, 범죄가 피해자와 가해자, 그들의 가족과 지역사회 등 관련 클라이언트층에게 미친 복합적인 악영향을 해결함으로써 범죄 이전의 건강한 사회관계를 회복하고자 하는 전문적 사회복지의 한 분야"라고 정의함으로써 교정복지실천 대상자의 범위를 가해자, 피해자, 가족, 지역사회를 포괄하고 있다.

2) 교정복지의 정의 종합

(1) 개념적 정의

협의의 교정복지는 범죄자가 위치하고 있는 현장을 기준으로 할 때 수용시설과 소년보호기관, 사회 내 처우제도에서 관리 감독을 받고 있는 범죄자들에게 제공되는 사회복지 서비스이다. 교정시설 수용자, 보호시설 비행청소년 그리고 지역사회에서 법 집행을 받고 있는 사회 내 처우 대상자와 출소자가 실천 대상자이다. 교정복지를 협의로 정의하면 "비행청소년과 범죄인을 교화하여 재범 방지를 목적으로 형사사법 및 소년보호제도에서 사회복지의 지식 및 기술과 가치를 적용하는 사회복지의 전문 분야이다." 이에 입각할 때 교정복지는 범

죄자 및 비행청소년에 대해 사후적으로 개입하며 이들의 재범(재비행) 예방을 목적으로 한다. 제도권에서는 일반적으로 협의의 정의로 실천현장과 실천 대상자가 이해되고 있다.

광의의 교정복지는 형사사법 모든 단계와 지역사회까지로 범위를 확장하고, 실천 대상자에 범죄자 및 비행청소년과 범죄로 인하여 영향을 받는 사람들(피해자, 수용자가족 및 자녀, 지역사회)을 포함한다(신연희, 2021). 광의의 교정복지는 "사회안정과 복지 향상을 궁극적 목적으로 하여, 범죄자와 비행청소년의 재범 예방과 범죄취약집단의 범죄를 사전 예방하며 범죄피해자의 인권을 보장하는 데 목적을 두고, 형사사법 및 소년보호제도와 지역사회에서 범죄와 직간접적으로 관련된 모든 사람을 대상으로 하여 사회복지의 지식 및 기술과 가치를 적용하는 사회복지의 전문 분야"이다. 이에 입각할 때 교정복지의 목적과 목표, 실천 대상자, 실천현장, 실천 대상자별 개입방법과 가치는 다음과 같다.

(2) 실천 목적

교정복지실천은 복합적 목적을 가진다. 이는 형사사법의 고유한 목적과 사회복지가 추구하는 목적을 동시에 달성해야 하기 때문이다. 교정복지에 대한 광의의 정의에 입각할 때 형사사법 영역에서는 사회정의의 가치를 토대로 사회 안정을 궁극적 목적으로 삼으며, 이의 실현을 위한 도구적 목적(목표들)은 재범 예방과 사회통합이다. 한편, 사회복지 영역에서는 인간존엄성의 가치를 토대로 범죄문제와 관련된 모든 사람의 복지 향상을 궁극적 목적으로 한다. 따라서 교정복지의 실천 목적은 사회 안정과 복지 향상이 병존한다.

(3) 실천 대상자

교정복지의 실천 대상자는 협의는 형사사법체계에 노출된 범죄인과 비행청소년이다.[4] 여기에 피해자(피해 당사자: 범죄의 직접 피해자, 숨겨진 피해자: 범죄인 가족), 범죄취약집단, 지역사회 주민까지 포함되면 광의의 실천 대상자이다.

(4) 실천현장

사회복지 실천현장이란 클라이언트에게 서비스를 제공하기 위해 직간접적으로 관련되는

4) 형사사법 및 소년보호제도는 시설 내 처우, 사회 내 처우로 구분된다. 시설 내 처우는 교정시설에 수용되어 있는 성인수용자와 소년보호시설에 수용된 소년수용자가 실천 대상자이다. 사회 내 처우는 사회 내 처분(구금대체처분 등)을 받은 성인범죄자와 비행청소년, 갱생보호대상자인 출소자 및 소년보호시설에서 퇴원한 비행청소년이 실천 대상자이다.

모든 현장을 의미한다(김혜란 외, 2006: 35). 여기서 실천현장은 물리적인 장소의 개념을 넘어 사회복지 실천이 이루어지고 있는 사회복지실천 분야 또는 사회복지 서비스의 출발점인 사회문제의 영역을 포괄하는 개념으로 설명된다. 따라서 교정복지 실천현장은 범죄문제와 직간접적으로 관련되는 물리적 공간(교정시설, 소년보호시설, 지역사회 등)과 사회복지 서비스를 필요로 하는 모든 사람에게 서비스를 제공하는 현장으로 이해할 수 있다(신연희, 2021).

협의의 실천현장은 범죄자와 직접 접촉하는 형사사법제도(경찰, 검찰, 법원, 교정시설, 소년보호기관), 사회 내 처우제도(사회 내 처분 기관, 출소자 관련 기관 등)이다. 여기에 범죄피해자, 범죄취약집단, 지역주민이 있는 지역사회를 포함하면 광의의 실천현장이다.

교정복지 실천현장은 서비스 공급 주체에 따라 공적 영역과 민간 영역으로 구분된다. 공적 영역은 법무부에 속한 교정기관 및 소년보호기관, 법무부 보호관찰기관 등을 비롯해 경찰, 검찰, 법원 등과 같은 형사사법기관들이 해당된다. 민간 영역은 민간 법인이나 단체 등이 운영하는 사회복지시설, 민간시설, 종교기관, 자원봉사조직 혹은 개인적 차원에서 서비스가 제공되는 현장이다(배임호, 2021: 62).

먼저, 공적 영역은 사법제도를 이르며, 사법제도는 성인에 대한 형사사법과 소년에 대한 소년사법으로 구분되고, 이는 각각 시설 내 처우와 사회 내 처우로 이루어진다. 시설 내 처우 대상자에 대한 교정복지 실천현장은 성인교정시설과 소년보호시설이다. 한편, 사회 내 처우는 법원으로부터 사회 내 처분(보호관찰 처분 등 구금대체 처분 등)을 받은 사람들이 생활하고 있고, 출소자 및 소년보호시설을 퇴원한 비행청소년도 지역사회로 돌아오므로 지역사회도 실천현장이다.

한편, 민간 영역의 교정복지 실천현장은 지역사회이다. 지역사회는 범죄자가 살아왔던 곳이자 출소 후 복귀할 곳이다. 또한 범죄피해자, 범죄문제에 직간접적 영향을 받는 사람들의 생활 공간이기도 하다. 지역사회는 범죄가 발생하는 곳, 범죄의 원인과 관련된 곳이며, 아울러 사회적 자원이 있는 곳이어서 실천현장으로서 중요한 의미를 갖는다. 지역사회는 교정복지의 가장 광범위하면서도 서비스 수요가 많은 실천현장이다.

(5) 실천 대상자별 실천방법과 주된 가치

교정복지 실천 대상자별 개입의 주된 가치와 주된 실천방법을 연결해 보자. 먼저, 성인 범죄인에 대한 실천의 주된 가치는 사회복귀(rehabilitation)이고 주된 개입방법은 교정교화이다. 비행청소년에 대한 실천의 주된 가치는 보호(protection)이고 주된 개입방법은 돌봄과 교육이다. 범죄피해자에 대한 실천은 인권보장을 주된 가치로 하고 주된 개입방법은 피해에서 회복되고 치유되도록 하는 원조이다. 범죄취약집단은 위기청소년 및 사회취약계층을 의미하며, 주된 가치는 취약계층을 배려하는 형평의 가치이고, 주된 개입방법은 사회보장제도이다.

교정복지의 정의에 명시된 교정복지의 목적과 목표, 실천 대상자, 실천현장 그리고 실천의 토대를 협의와 광의의 정의에 입각하여 비교하면 〈표 1-1〉과 같다. 아울러 실천 대상자별로 교정복지실천의 주된 내용을 광의의 개념에 입각하여 실천 대상자별로 실천의 목적과 목표, 관련 가치, 실천방법, 실천현장을 정리하면 〈표 1-2〉, [그림 1-1]과 같다.

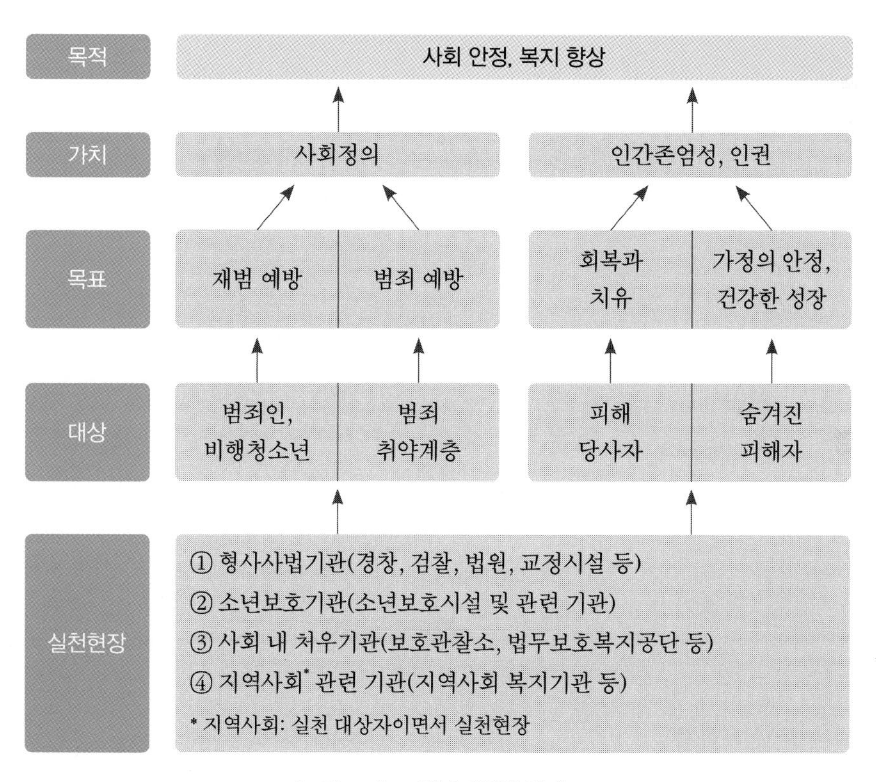

[그림 1-1] 교정복지실천 체계도

표 1-1 교정복지의 정의

	협의의 교정복지	광의의 교정복지
궁극적 목적	사회 안정, 복지 향상	사회 안정, 복지 향상
세부 목표	• 재범 예방	• 재범 예방 • 범죄 예방 • 인권보장
실천 대상자	• 범죄인 • 비행청소년	• 범죄인과 비행청소년 • 범죄피해자 • 범죄취약집단 • 지역사회 주민
실천현장	• 시설 내 처우제도 • 소년보호제도 • 사회 내 처우제도	• 형사사법제도(경찰, 검찰, 법원, 시설 내 처우, 사회 내 처우, 소년보호 등) • 지역사회
실천의 토대	사회복지의 가치, 지식, 기술	사회복지의 가치, 지식, 기술

표 1-2 실천 대상자별 교정복지의 내용(광의의 개념)

실천 대상자	목적	실천 목표	관련 가치	실천방법	실천현장
범죄인	사회 안정, 복지 향상	재범 예방	사회복귀	교정교화	형사사법제도(경찰, 검찰, 법원, 수용시설, 지역사회)
비행청소년	사회 안정, 복지 향상	재범 예방	보호	교육	형사사법제도(소년보호제도: 경찰, 검찰, 법원, 소년보호시설 및 기관, 지역사회)
범죄피해자(피해 당사자)	사회 안정, 복지 향상	피해 회복	인권	치유와 회복을 위한 원조	지역사회
범죄피해자(숨겨진 피해자)	사회 안정, 복지 향상	피해 회복	인권	치유와 회복을 위한 원조	지역사회, 수용시설
범죄취약집단	사회 안정, 복지 향상	범죄 예방	형평	사회보장제도	지역사회
지역사회	사회 안정, 복지 향상	복지적 삶	연대성	지역사회조직화와 자원 활용	지역사회

3) 교정복지의 독특성

(1) 실천 목적: 목적의 복합성

교정복지의 목적은 복합적이다. 교정현장인 형사사법 및 소년보호제도의 고유한 목적인 재범 방지와 범죄 예방을 통한 사회 안정을 추구하는 동시에 사회복지 본연의 목적인 복지적 삶을 추구한다. 교정복지는 사회 안정이라는 목적 달성을 지원하면서 범죄와 직간접적으로 관련된 사람들에 대한 복지적 목적 달성을 위해 실천한다.

(2) 실천현장: 사회복지실천의 2차현장

교정복지실천이 이루어지는 현장은 사회복지실천의 2차현장이다. 사회복지의 2차현장(secondary settings)이란 사회복지전문기관은 아니지만 사회복지 서비스가 기관 운영과 기관의 목적 달성에 긍정적인 영향을 미침으로 인해 사회복지사의 개입이 이루어지는 곳을 말한다. 실천현장의 고유한 목적이 사회복지 서비스의 제공이고 사회복지사가 주된 종사인력으로 구성된 사회복지의 1차현장(primary settings)과 달리, 사회복지 2차현장에서 진행되는 교정복지는 현장의 본래 목적인 범죄인 통제와 사회 안정이라는 형사사법의 고유한 목적이 효과적으로 달성될 수 있도록 지원하기 위해 사회복지가 개입한다. 예를 들어, 학교를 실천현장으로 하는 학교사회복지, 의료현장에서 사회복지 서비스가 제공되는 의료사회복지가 사회복지 2차현장에서 실천이 이루어지는 것과 유사하다.

이러한 특성상 교정복지는 현장의 전문가들과의 협력적 실천이 중요하다. 이는 교정복지 실천가들에게 다분야 협력을 실천원칙으로 요구하는 이유이다. 다분야 협력을 실천 과정으로 하는 사법 영역의 사회복지사는 현장의 전문가들과의 협력을 선제로 하되 사회복지의 전문성이 요구되는 사례관리, 교화 프로그램 운용, 원조 및 지원, 인권 옹호, 네트워킹 등과 같은 사회복지사의 고유한 역할을 수행한다.

(3) 접근 관점: 통제(처벌)와 처우(서비스)의 균형

교정복지는 범죄인의 책임성을 전제로 한다. 이는 직면한 문제에 대해 실천 대상자의 책임을 묻지 않은 다른 분야의 사회복지실천과 구별되는 특성이다. 같은 상황이라도 대다수의 사람은 범죄 행위를 하지 않으며, 피해자 및 사회에 대해 피해를 초래한 것은 명백히 잘못된 일로서 마땅한 책임을 져야하기 때문이다.

이러한 특성상 교정복지는 실천 대상자에 대한 서비스 제공에만 역점을 두기 어렵다. 범죄를 사회문제로 보기 때문에 실천 대상자에게 복지 서비스를 제공하는 것은 교정복지의 고유한 역할임이 분명하다. 이는 범죄인의 변화를 도모하는 데 목적을 둔 처우에 해당하며, 처우는 사회복지의 전문성이 필요한 분야이다. 그러나 사회복지실천의 2차현장이라는 특성상 현장이 추구하는 주된 목적인 '통제'를 통한 수용자 관리 및 감독도 달성되어야 한다. 이는 범죄인의 자기책임성을 전제로 한 처벌에 해당한다.

사회복지사는 통제(처벌)와 처우(서비스)의 균형 있는 접근(balanced approach)을 전제로 실천한다. 실천 대상자인 범죄인의 책임을 묻는 통제(control)에 입각한 처벌(punishment)의 필요성을 인식하고, 아울러 범죄인의 문제해결을 위해 처우(treatment)에 입각한 서비스를 통한 복지적 지원의 중요성도 인식해야 한다. 따라서 교정복지는 범죄행위에 대한 자기책임성을 전제로 한 통제와 처벌을 존중하고 지원하며, 동시에 사회문제인 범죄는 그 발생의 책임이 사회 전체에 있다는 전제하에 서비스로 구성되는 처우도 병존할 수 있도록 균형 있는 관점을 유지해야 한다. [그림 1-2]는 교정복지실천의 접근 관점을 나타낸다.

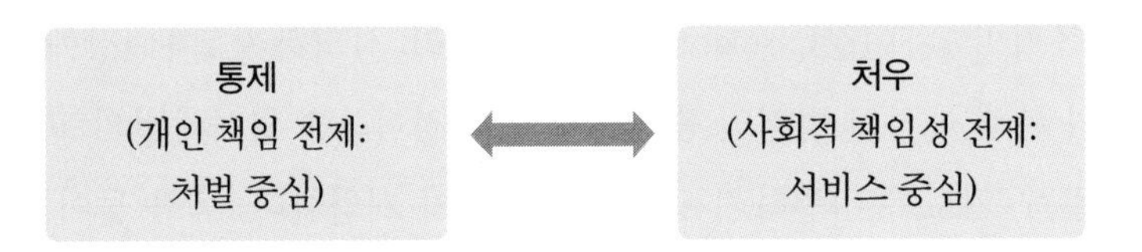

[그림 1-2] 접근 관점의 균형

(4) 실천의 효과: 양적 산출의 어려움

교정복지 실천현장의 목적은 범죄인을 변화시켜 재범을 방지하는 데 있다. 따라서 재범률이 효과성 평가의 1차적 기준이다. 그러나 범죄인 변화는 단기간에 달성하기는 어려운데, 범죄 원인이 장기간에 걸쳐 형성되었기 때문이다. 아울러 내적 · 질적인 변화를 도모하는 휴먼서비스의 특성상 계량화를 통한 가시적인 효과 측정이 어렵다. 사회복지 서비스는 주로 연성 서비스이고 범죄인에게 제공되는 서비스의 효과 역시 질적인 면에서 설정되기 때문이다. 재범률이라는 계량화된 기준을 적용하는 것은 범죄인의 내적 · 질적인 변화(가족관계의 회복, 도덕성 강화, 자기책임감 인식, 자존감 강화, 신앙을 통한 영적인 변화 등)에 대한 효과를 간과하게 한다.

한편, 범죄 원인의 다양성 또한 실천의 효과 산출을 어렵게 한다. 범죄행동은 개인적 특성뿐 아니라 환경적 요인의 영향도 많이 받는다. 따라서 환경을 고려하지 않는 개입으로는 범

죄인의 변화를 기대하기 어렵다. 예를 들어, 범죄문제와 깊이 관련되어 있는 빈곤문제를 해결하기 위해서는 사회적 수준의 접근도 필요하기 때문에 범죄인 개인에게 집중하는 실천만으로 효과를 산출하는 것은 한계가 있다.

종합하자면, 교정복지 개입의 효과평가에서는 장기적 · 가시적인 평가 외에 내적 · 질적인 요인 및 환경적 요인도 평가에 포함되어야 한다.

(5) 실천 대상자 선정: 우선 대상자 구분

범죄인은 다양하다. 죄질, 범죄를 저지른 상황적 원인, 변화에 대한 의지, 장래 재범 가능성과 사회에 대한 위험성 등 범죄인의 개별적 특성은 서로 다르다. 형벌제도에서는 위험한 자를 장기적 구금형에 처하고 위험성이 약한 자를 단기형 또는 사회 내 처분에 처한다. 「형의 집행 및 수용자의 처벌에 관한 법률」에서도 수용자 처우의 개별화를 원칙으로 한다. 따라서 교정복지 실천 대상자 선정은 개별 범죄인의 특성에 입각한 선별성이 적용된다. 아울러 취약자(고령자, 여성, 장애인, 불우수용자 등)에 대한 서비스 우선성도 고려해야 한다. 교정복지 실천 대상자는 서비스 제공을 통해 변화가능성이 있고, 위험성이 약하며, 취약한 범죄자에 대해 우선성이 적용된다.

사법복지 서비스의 선진적 모델인 영국 스코틀랜드의 사법복지 서비스 국가 기준에서는 교도소 수용자에 대한 복지 서비스의 우선순위를 정하고 있다. 우선순위 설정은 주로 두 가지 사항을 기준으로 하는데, ① 구금에 가장 취약할 가능성이 큰 수감자, ② 출소 후 지역사회, 타인 또는 본인에게 위험을 일으킬 가능성이 큰 수감자가 우선 대상자가 된다(Scottish Government, 2004).

교정복지는 취약계층 범죄자를 우선 개입 대상자로 한다. 빈곤범죄자, 비행청소년, 범죄로 인한 피해로 회복과 보호가 필요한 사람, 변화에 대한 의지가 있거나 변화가능성이 큰 사람이 이에 해당한다. 사회복지실천의 일반적 원칙과 마찬가지로 교정복지의 실천 대상자도 서비스를 필요로 하는 모든 사람, 즉 모든 범죄자를 대상으로 해야 하는 것이 원칙이다. 그러나 비행청소년이나 변화에 대한 의지가 강한 사람, 취약한 환경으로 인한 우발적 범죄자, 사회적 지원이 절실한 사람들에 대한 실천에 비중을 둔다.

사례로 이해하는 교정복지

▶ 사례 개요(남, 소매치기 전과 4범, 구치소 재입소 당시 20대 후반)

소매치기 전과 4범인 수용자는 수용생활 동안 교도관들의 지원(자원연계)으로 이용사 자격증을 취득했고, 가석방으로 출소한 후 자격증을 활용하여 서울 도심에 이발소를 개업하여 부지런하게 살았다. 아울러 교도소에서 신앙을 갖게 되어 교회에 출석하면서 건전하게 살려고 노력했다. 그러던 어느 날 교회에서 자신의 신앙과정을 간증했고 그 후 교인들에게 배척받는 느낌을 지속적으로 받게 되었다. 결정적인 계기는 교인들 옆에 자신이 앉으면 무의식적으로 교인들이 가방을 감추며 수근거린 것이다. 교회를 출석하지 않는 날이 점차 늘어갔으며, 자신을 차별하고 믿어 주지 않는 세상에 대한 원망도 늘어갔다. 이후 방황하기 시작했고 다시 소매치기를 하며 불량한 생활에 빠져 결국 구치소에 다시 입소하게 되었다. 구치소에 입소한 수용자는 "세상에 제가 마음 둘 수 있는 곳이 없었습니다."라고 말했다.

▶ 교정복지 함의

전과자에 대한 사회적 편견과 배척은 그들의 사회 정착을 방해하고, 이는 결과적으로 그들의 재범가능성을 높이는 요인이 된다. 교도소 사역에 열심인 종교인들이 있는데, 이들은 이것을 사명이라고 말하기도 한다. 또한 이들은 교도소를 방문하여 수용자를 상담하고 불우한 수용자를 헌신적으로 돕기도 한다. 이런 사람들조차도 막상 출소한 사람을 자신들의 공동체에 받아들이는 것에 주저한다.

▶ 생각해 보기

- 전과자를 이웃으로 받아들일 수 있는가? 주저한다면 그 이유는 무엇인가?
- 받아들인다면 그 이유는 무엇인가?

2. 범죄문제의 복지적 접근 근거

학습개요

사회복지는 왜 범죄문제에 개입해야 하는가? 범죄문제는 사회복지실천이 요구되는 사회문제이며, 인간존엄성 구현을 위한 인권 보장은 범죄인에게도 적용되기 때문이다. 이 절에서는 범죄문제에 대한 사회복지실천의 근거인 사회문제로서 범죄문제의 특성과 국제 인권법규 및 우리나라 관련 법률의 조항을 검토한다.

1) 범죄문제의 사회성

범죄는 대표적인 사회문제이다. 나아가 사회문제의 모든 영역과 연결되어 있기 때문에 범죄는 사회복지의 모든 분야와도 관련되어 있다. 범죄는 대표적인 사회문제이고, 가장 심각한 유형의 사회문제라는 점에서 사회복지실천의 당위성을 갖는다. 사회복지의 우선적 실천 대상자가 사회취약집단인 것과 동일하게 사법 영역의 사회복지는 취약계층의 범죄자에게 관심을 가진다. 빈곤, 열악한 가정환경, 정신적 문제, 공동체의 해체, 자원과 기회의 불공정한 분배, 지지자원의 결핍 등과 같이 사회문제를 초래하는 요인들은 범죄의 원인으로도 작용한다.

범죄문제는 사회문제의 일반적인 특성을 그대로 가지고 있다. 첫째, 범죄는 개인적 요인이 아닌 주로 사회적 요인과 관련하여 발생하며(원인의 사회성), 둘째, 범죄로 인한 효과는 사회성원 다수에게 부정적인 영향을 미치고(파급효과의 사회성), 셋째, 범죄문제는 관련 당사자의 노력만으로는 해결하기 어렵기 때문에 사회적 차원의 개입(문제해결의 사회성)이 필요하다(최선화 외, 2014: 19).

(1) 발생 원인의 사회성

범죄의 발생 원인은 사회적 요인과 관련된다. 다수의 범죄자는 빈곤하고, 가정환경이 불우하며, 안정적 삶을 유지하는 데 필요한 자원이 결여되어 있고, 합법적인 기회구조에서 소외된 사람들이다. 예를 들어, 가정폭력을 견디다 못해 가출한 청소년이 마땅한 보호를 받지 못하여 생존하기 위해서 가해자로 전환했다면 가출청소년을 보호하지 못한 사회에게도 책임이 있다. 겉으로 드러난 결과만이 아니라 과정을 중심으로 청소년비행에 접근하면 학대가정, 부적응적인 학교환경, 사회의 미숙한 보호체계 등과 같은 환경적 요인들이 관련되어 있다는 것이 드러난다.

(2) 파급효과의 사회성

범죄가 초래하는 부정적 효과는 다수의 사회성원에게 미친다. 이런 면에서 범죄문제 관련자는 사회성원 전체이다. 범죄의 해악이 개인들에게는 생명과 재산과 삶의 질에 손상을 주는 것이라면, 사회에 대해서는 사회 안정을 해치는 사회병리이다. 매슬로우(Abraham Maslow)에 의하면, 범죄는 사회성원들의 '안전의 욕구'를 저해한다. 안전의 욕구는 욕구 단계에서 비교적 낮은 단계에 해당하지만, 안전의 욕구가 충족되지 못하면 더 높은 수준의 욕구(애정과 소속의 욕구, 자존감의 욕구, 자아실현의 욕구)에 도달하기 어렵다.

범죄문제는 개인의 삶을 침해하는 데 한정되지 않고 사회성원 모두의 질서와 안전을 침해한다. 범죄피해는 피해자의 재산적 손해와 신체적 상해, 심리적 · 정신적 손상, 사회적으로는 범죄인 관리에 필요한 형사사법제도 운용상의 비용, 일반 국민들은 범죄피해에 대한 두려움으로 소극적인 사회생활을 하는 등 폭넓고 다양하게 나타난다.

(3) 문제 해결의 사회성

사회문제를 해결하기 위한 과정은 사회적 수준에서 이루어진다. 범죄로 인해 파생되는 효과는 사회 전체와 사회성원 다수에게 미치는 특성상 그 해결 또한 사회적 차원에서 이루어질 수밖에 없다. 특히 취약한 상황에 있는 사람들은 문제를 해결할 능력이나 환경에 대한 대처력이 부족하기 때문에 스스로의 힘으로 범죄에서 벗어나 변화된 삶으로 이전하기가 쉽지 않다. 공공부조와 사회 서비스와 같은 사회보장제도는 취약계층 범죄의 사전예방효과와 함께 사후적으로도 범죄문제의 해결에 기여한다.

2) 범죄와 인권법규

사회복지는 인간존엄성과 인권보장을 주된 가치로 한다. 범죄인의 변화와 범죄 예방을 목적으로 하는 교정복지는 인간존엄성에서 출발한다. 인간존엄성은 사회복지실천의 기본 가치이며, 이에 토대를 두고 인권보장에 관심을 갖는다. 인간존엄성, 인권보장은 누구에게나 적용되며 인권에 취약한 상황에 있는 사람들에게는 특별한 관심이 요구되는 가치이다(서미경 외, 2015: 63). 범죄인은 지은 죄에 대한 자기 책임으로 법이 정한 처벌을 받아야 하지만 인간으로서의 존엄성과 인권은 보장되어야 한다.

국제법규는 인간존엄성과 인도주의 및 인권에 바탕을 두고 범죄인에 대한 고문 방지, 가혹한 형벌 금지, 공개처형 금지, 신상 공개의 최소화 등과 같은 사항들을 다수 명시하고 있다. 다음에서는 범죄인 인권에 관한 국제 및 국내 법규를 간략히 검토한다.

(1) 「세계인권선언」(1948)

UN(United Nations)은 범죄자에 대해서도 인간으로서 누려야 할 인권이 보장되어야 함을 천명하고 있다. UN이 규정한 범죄인의 인권에 관한 국제규범은 「세계인권선언」(1948)에서 출발한다. 「세계인권선언」에서는 모든 인간에게 적용되는 보편적인 인권이 범죄인 및 교정시설의 수용자에게도 적용됨을 분명히 하고 있다.

(2) 「피구금자 처우에 관한 최저기준규칙」(1955)

수용자 처우와 교정시설의 관리에 관한 대표적인 국제규범으로 「피구금자 처우에 관한 최저기준 규칙(Standard Minimum Rules for The Treatment of Prisoner)」을 들 수 있다. 「피구금자 처우에 관한 최저기준 규칙」은 UN이 수용자의 권리보장을 위한 기준을 제시한 것으로서, 피구금자에 대한 인간으로서의 존중을 기본 가치로 하여 피구금자의 권리보장과 사회복귀를 위한 처우의 원칙들을 도출하고 있다(이승호 외, 2014: 49). 이는 1955년 제1회 'UN 범죄방지 및 범죄인 처우회의'에서 채택되어 국제적으로 형 집행의 기준이 되고 있다(이백철, 2020: 449). 총 95개 조문으로 구성되어 있고, 1957년 UN경제사회이사회에서 승인을 받았으며, 1975년에 '고문 금지 선언'을 채택했고, 1990년에는 「피구금자 처우에 관한 최저기준규칙」(이하 「최저기준규칙」)의 핵심 내용을 추출한 장전인 「피구금자 처우에 관한 기본원칙」을 채택했다.

교정시설 수용자 처우의 기준이 되고 있는 「최저기준규칙」은 1957년 UN의 경제사회이사회에서 채택된 권고의 형식을 취한 국제규범이기 때문에 국제법규로서의 법적 구속력은 없으나, 여러 국가에서 수용자 처우와 관리에 관한 전반적인 영역에서 「최저기준규칙」을 반영하고 있다(이승호 외, 2014: 49). 교정복지에서 주목하는 인권 이슈는 수용자라 할지라도 인간으로서의 가치를 인정하여 인간으로서 존중받는 기초적 생활을 유지하도록 함으로써 출소 후 성공적인 사회복귀를 도모하는 데 있다(배임호 외, 2007: 33). 여기에 UN이 제시한 「최저기준규칙」이 기준이 된다.

(3) 「피구금자 처우에 관한 기본원칙」(1990)

수용자 처우와 교정시설의 관리에 관한 또 다른 대표적인 국제규범으로 「피구금자 처우에 관한 기본원칙(Basic Principle for the Treatment of Prisoners)」이 있다. 이것은 1990년 제8회 'UN 범죄방지 및 범죄자 처우회의'에서 의결되어 UN총회에서 채택되었으며,[5)] 「최저기준규칙」의 핵심 내용을 추출한 장전이다. 이에 의하면, 피구금자도 인간 고유의 존엄과 가치를 존중하여 취급되어야 하고, 인격의 충분한 발전을 목적으로 하는 문화적 활동 및 교육에 참가할 권리를 가지며, 국가는 피해자의 이익을 정당하게 고려하면서 출소자가 사회복귀를 할 수 있도록 여건을 갖추도록 해야 한다(이승호 외, 2014: 50). 이 규범은 법적 구속력은 없으나 피구금자 처우에 관한 입법 및 실무에서 지도 이념 및 기준이 되고 있는데, 실제 UN 가입국들은 이 원칙의 준수를 요구받고 있기 때문이다.

(4) 「미결구금에 관한 기본원칙」(1990)

「미결구금에 관한 기본원칙」은 1990년 8월 쿠바의 아바나에서 개최된 제8회 'UN 범죄방지 및 범죄자 처우회의'에서 제정되었다. 이 원칙은 미결수용자의 형사처리에 관한 내용으로서 신속한 재판, 구금 기간의 최소화, 미결구금의 대체(보석 등), 교정시설 수용자의 신속한 변호인 조력과 법률구조권리 및 가족 접견과 가족과의 통신권리에 관한 사항을 주된 내용으로 하고 있다.

(5) 「형의 집행 및 수용자의 처우에 관한 법률」

우리나라의 「형의 집행 및 수용자의 처우에 관한 법률」은 범죄인에 대한 형 집행에 관한 기본법이다. 이 법에는 수용자의 기본적 인권에 대한 존중과 차별금지 원칙, 수용자에 대한 절차적·실질적 권리보장에 관한 내용이 포함되어 있다(이백철, 2020: 449). 이 법의 제4조와 제5조는 수용자 인권에 관한 대표적 조항이다. 제4조(인권의 존중)는 "이 법을 집행하는 때에 수용자의 인권은 최대한으로 존중되어야 한다.", 제5조(차별금지)는 "수용자는 합리적인 이유 없이 성별, 종교, 장애, 나이, 사회적 신분, 출신 지역, 출신 국가, 출신 민족, 용모 등 신체조건, 병력(病歷), 혼인 여부, 정치적 의견 및 성적(性的) 지향 등을 이유로 차별받지 아니한다."라고 명시하고 있다.

---

5) 「피구금자 처우에 관한 기본원칙」은 1990년 8월 쿠바의 아바나에서 개최된 제8회 'UN 범죄방지 및 범죄자 처우회의'에서 의결되었고, 같은 해 12월 UN총회에서 채택되었다. 여기서 '피구금자'는 모든 종류의 피구금자를 의미하며 기결수형자, 미결수용자, 일시적으로 구금된 자에게도 적용된다(이승호 외, 2014: 49-50).

사례로 이해하는 교정복지

▶ 사례 개요(남, 출소자이며 성공적인 사회복귀자로서 교도소 인성교육 강사로 활동)

어느 구치소의 인성교육장에서 출소자 출신 인성교육 강사와 강의를 듣고 있던 사형수가 만났다. 그들은 20여 년 전 소년수로 같은 거실에서 복역한 적이 있는 사이이다. 당시 한 소년수(현재 출소자 강사)에게는 민간 자원봉사자와 자매결연이 맺어져 있어서 그는 지속적인 방문상담과 필요한 자원을 제공받았다. 그러나 다른 한 소년수(현재 사형수)에게는 그러한 기회가 오지 않았다. 20년이 지난 후 관심을 받았던 소년수는 현재 건강한 성인으로 성장하여 자신의 성공담을 강의하는 위치에 서게 되었고, 관심을 받지 못한 소년수는 출소 후에도 거듭된 범죄 끝에 사형수가 되었다.

▶ 교정복지 함의

사회복지실천은 대상자에 대한 관심에서 출발한다. 교정복지 실천 대상자는 관심과 사랑을 갈망하는 사람들인데, 그들은 지금까지 그러한 것을 받지 못했고 범죄인이 된 지금은 세상 사람들로부터 비난받고 외면당하고 있기 때문이다. 앞의 사례에서 보았듯이 관심과 사랑은 변화에 대한 동기를 자극하고 힘이 되기도 한다. 이는 변화를 갈망하는 범죄인에 대한 사회복지차원의 관심이 필요한 이유이다.

▶ 생각해 보기

살아오면서 관심을 주었거나 받았던 일로 인하여 놀라운 변화를 경험한 적이 있는가? 있다면 서로의 경험을 공유해 보자.

 3. 교정복지실천 이론

학습개요

교정복지실천에 적합한 이론은 무엇인가? 교정복지실천 이론은 사회복지실천의 일반적 지식과 기술에 더하여 교정복지 실천현장과 실천 대상자의 특성이 반영되어야 한다. 이 절에서는 '다분야 협력'을 교정복지실천의 원칙으로 하여 다분야 협력의 이론적 토대가 되는 생태체계 이론을 교도소에서의 생태체계 구조와 사회복지사의 역할에 적용한다.

1) 교정복지 실천방법: 다분야 협력

(1) 다분야 협력과 교정복지실천

'다분야 협력(interdisciplinary collaboration)'은 교정복지실천의 원칙이며 실천의 기본 속성이다. 다분야 협력이란 한 분야의 전문가만으로는 달성하기 어려운 목적 달성을 위해 여러 전문가가 상호 협력하는 과정을 칭한다. 각기 다른 전문성을 가진 전문가들이 동일한 목적을 위해 협력한다는 의미에서 '전문가 간 협력(interprofessional collaboration)'이라고도 한다(Petri, 2010). 다분야 협력은 공통의 목표 달성을 위해 서로 다른 분야의 전문가들이 목적 달성에 기여하는 상호적 관계의 과정으로 정의되기도 하고, 이러한 상호적 관계의 과정이 목표 달성을 촉진시킬 수 있다는 보다 적극적 의미로 정의되기도 한다(Bronstein, 2003; 신연희, 2021 재인용).

다분야 협력에 대한 페트리(Petri, 2010)의 설명에 의하면, 다분야 협력에서 전문가 간의 상호적 과정은 함께 일하는 여러 전문가가 클라이언트의 문제를 해결하기 위한 목표, 의사결정, 책임감, 권한을 공유함으로써 만들어진다. 이러한 상호적 과정의 성공은 교육을 통하여 가능한데, 전문가 간의 성숙한 존중과 신뢰, 효과적 · 개방적인 의사소통, 전문가별로 구분된 고유한 역할 · 기술 · 책임감을 인지하고 수용하는 환경을 촉진시키는 방법이 교육이기 때문이다. 사회복지에서 다분야 협력은 문제해결을 위해 가장 많이 적용되고 있으며. 여러 전문 분야 간의 복합적 관계에 의한 실천적 과정에서 특히 그렇다.

사법 영역에서의 사회복지가 다분야 협력을 실천하기에 적절한 이유는 다음의 네 가지 측면으로 나타난다(신연희, 2021).

① 사회복지학의 응용학문적 특성

사회복지학의 토대가 되는 학문은 다양하다. 무엇보다도 사회복지가 인간을 다루는 학문인만큼 인간과 세상에 대한 이해를 제공하는 철학에 토대를 두고 있는데, 이는 사회복지학의 인문학적 속성이다. 교정복지학은 범죄문제를 중심으로 인간과 사회, 사회복지의 역할을 이해하는 과목이다. 또한 '왜 인간은 범죄행위를 하게 되는가? 우리가 사는 사회에서 범죄문제는 왜 중요한가? 사회복지는 왜 범죄문제에 주목해야 하는가? 범죄문제를 해결하기 위해 복지는 어떤 역할을 하는가?'에 대한 통찰력을 가지게 해 준다. 한편, 사회과학에서는 사회학과 밀접한데, 사회학이 사회 현상을 설명하고 사회문제의 원인에 관한 이해를 제공하기 때문이다. 교정복지의 출발은 범죄문제에 대한 이해를 제공하는 사회학에서 출발한다. 심리학 역시 사회복지학과 밀접하다. 휴먼 서비스를 주된 내용으로 하는 사회복지학은 인간 심리와 심리적 · 정서적 문제에 관한 지식을 다루게 되는데, 이는 심리학이 토대가 된다. 교정상담은 심리학적 지식과 기술을 범죄인에 대한 사회복지실천에 적용한 것이다. 사회복지학의 응용학문적 특성은 교정복지학에서도 동일하다.

응용학문으로서 사회복지는 다양한 학문과 결합하기에 용이하다. 그렇기에 다른 학문적 배경을 가진 전문가들로 구성된 다분야 협력팀의 일원으로 사회복지가 참여하기 적절하다.

② 교정복지학의 융합학문적 특성

교정복지학은 사회복지의 일반적 특성에 기반을 두고 있지만 인접한 학문과도 결합되어 있는 융합학문이다. 조홍식, 이형섭(2014: 34)은 교정복지학이 종합사회과학의 성격을 가지므로 형법학, 형사정책학, 범죄학, 교정학, 심리학, 교육학 등과 상호협력이 필요하다고 논의한다. 다분야 협력의 적절성은 다학제가 융합된 교정복지학의 학문적 배경과도 관련된다. 실천과정으로서의 다분야 협력은 학문적으로는 학제 간 융합을 의미한다. 사법 영역의 사회복지사는 사회복지의 일반적인 지식 소양에 더하여 인접 학문의 지식까지 포괄해야 하므로 요구되는 지식의 폭이 넓다.

교정복지학은 교정학, 형사정책학, 범죄학과 인접해 있지만 이와 구분되는 특성도 있다. 먼저, 교정학은 교정시설과 시설 수용자에 비중을 두고 있는 데 비해, 교정복지학은 실천현장과 실천 대상자로 사법제도 전체와 지역사회와 일반시민까지 확장된 범위를 가진다. 또한 교정복지학은 형사정책학과도 인접하여 있지만 다른 점이 존재한다. 형사정책학이 형사사법체계에 있는 범죄인에 대한 관리와 통제 그리고 범죄 예방에 관한 정책과 제도를 주로 다루는 것과 달리, 교정복지학은 범죄인에 대한 서비스 제공을 중심으로 사회복지의 일반적인 지식, 가치, 기술을 적용하고 있다는 점에서 구분된다. 나아가 인접 학문인 범죄학이 범죄의 원인 규명에 비중을 두고 있으나 교정복지학은 범죄의 원인에 관한 범죄학 이론에 기반하여 실천적 지식을 개발한다.

③ 현장 전문가들의 다양한 배경

교정복지 실천현장에서 사회복지사는 다학문적 배경을 가진 여러 전문가와 협력하게 된다. 경찰, 검찰, 법원, 교정기관 및 소년보호기관과 보호관찰소의 공무원, 상담사, 임상심리사, 직업훈련교사 등 다양한 유형의 전문가들과 공통의 목적 달성을 위해 각기 다른 고유한 업무로 만나게 된다. 교정복지가 다분야 협력을 실천과정으로 해야 하는 이유는 인접 학문의 전문가들과 상호교류하고 협력해야 하기 때문이다.

아울러 다분야 협력과정에서 사회복지사는 다른 전문가들과는 구분되는 고유한 역할을 수행해야 한다. 여러 전문가와의 협력체계에서 사회복지사가 전문성을 발휘할 수 있는 역할은 사례관리자, 교화 전문가, 원조 전문가, 인권 전문가, 네트워킹 전문가의 업무이다.

④ 2차현장에서의 사회복지실천

교정복지는 사회복지의 2차현장에서 실천이 이루어진다는 점에서도 다분야 협력이 필요하다. 사법체계에 속해 있는 기관들은 사회복지 서비스 제공을 목적으로 하지 않지만, 이 기관들이 설정한 목적(예: 재범 방지 및 사회통합)의 달성을 지원하기 위해 사회복지가 개입하는 현장이기 때문이다. 다분야 협력 팀의 성원으로서 사회복지 2차현장에서 종사하는 사회복지사에게 요구되는 소양은 사회복지의 지식과 기술에 관한 적용 능력은 물론이고, 기관의 주된 기능 및 주요 서비스에 관한 전문지식도 습득해야 하며, 다른 전문직과의 원활한 의사소통과 협력적 팀 성원에게 요구되는 상호 존중과 신뢰의 자세도 갖추어야 한다(김혜란 외, 2006: 56).

(2) 다분야 협력 실천지침

사법체계에서 진행되는 다분야 협력은 사회복지사와 사법기관 전문가들(경찰, 교정직 및 보호직 공무원 등), 관련 전문가들(상담사, 직업훈련교사 등)이 공통의 목적을 위해 함께 계획하고 수행하며, 문제해결에 관한 책임을 공유하고, 공식적 의사결정을 함께하는 등 협력적으로 일하는 것을 의미한다(신연희, 2021). 다분야 협력팀의 성원인 사회복지사는 실천에 있어 다음의 사항들을 준수해야 한다.

① 역할 간 조화

다분야 협력은 개별 전문가들의 구분된 역할 간의 조화가 필요하다. 사회복지사가 수행하는 사례관리, 교화 프로그램 제공, 원조를 위한 서비스 제공, 인권 옹호, 네트워킹과 같은 업무는 다른 분야의 전문가들의 업무와 기능적으로 연계된 분업에 해당한다. 다분야 협력은 여러 기능과 전문성 간의 동등한 상호의존을 요구하기 때문에 사회복지사는 다른 전문가들이 추구하는 역할과 구별될 수 있도록 사회복지의 실천 이론과 기술을 적용하여 전문성을 발휘할 수 있는 고유한 역할을 수행해야 한다(신연희, 2021). 여러 전문가의 각기 다른 역할들은 상호의존적 관계 내에서 조화를 이루어야 한다.

② 가치의 조화와 균형

각기 다른 전문가들이 추구하는 서로 다른 가치의 조화와 균형도 필요하다. 교정현장이 추구하는 사회정의는 사회복지실천에서도 동일하게 추구된다. 그러나 여기에 더하여 사회복지사는 인간존엄성이라는 가치를 실현하기 위해 인권 보장, 평등, 형평 등과 같은 가치도 실천에 반영해야 한다. 예를 들어, 사회정의의 가치를 중요시하는 형사사법 실천가들은 범죄인에 대한 구금이나 통제 전략을 더 선호하며, 인간존엄성의 가치를 고수하려는 사회복지사는 다양한 처우와 서비스를 강조하게 된다(Patterson, 2020:11). 이러한 차이에 직면했을 때 교도소 행정이나 교정공무원이 사회복지의 가치와는 다른 가치를 가졌다고 사회복지사가 포기해 버린다면 교정현장을 답답하고 억압적인 실천현장으로 생각하게 될 것이고, 이러한 생각을 하게 되는 사회복지사는 갈등에 직면할 수 있다(Patterson, 2020: 94). 따라서 사회복지사는 교정현장에서 서로 다른 가치가 동시에 존재할 수 있음을 인지하고 가치 간의 조화와 균형을 이루려는 자세를 가져야 한다(박연규, 2017). 사회복지에서 추구하는 인간존엄성 가치와 복지적 삶이라는 실천 목적은 교정현장의 실천가들이 중요시하는 사회정의 가치와 사회 안정이라는 목적과 서로 조화를 이루어야 한다.

③ 존중

앞서 언급한 바와 같이 역할의 조화, 가치와 목적의 조화 및 균형을 위해서는 다른 전문가들에 대한 존중이 바탕이 되어야 한다. 사회복지사는 다분야 협력에 참여하는 다른 전문직에 대해 존중하는 마음을 유지해야 하며, 이를 반영하여 인접 학문에 대한 지식적 소양을 갖추고자 노력해야 한다.

2) 다분야 협력의 이론적 토대: 생태체계 이론

(1) 생태체계 이론의 적절성

생태체계 이론은 다분야 협력에 관한 이론적 근거로 적절하다. 서로 다른 전문가, 혹은 서로 다른 체계 간의 상호의존성과 협력을 강조하는 다분야 협력의 주된 특성은 생태체계 이론(ecosystem theory)으로 설명될 수 있다. 생태체계 이론은 사회복지실천의 중심이 되는 이론으로서, 환경 속에서 인간을 보기 때문에 인간과 환경 간의 상호작용을 중요시한다. 또한 인간과 환경은 지속적인 상호작용을 통하여 서로에게 영향을 미치는 상호의존적인 관계이므로 인간의 행동을 환경과 분리하여 이해할 수 없다고 본다(Bronfenbrenner, 1989). 일반적으로 사회복지실천에서 생태체계 관점은 개인, 가족, 조직과 사회 등 다양한 집단 간의 상호작용의 기능에 관심을 가진다. 그리고 개인이 변화하는 환경에 대처하고 적응해 갈 수 있도록 돕는 것이 사회복지실천의 주된 목적이자 사회복지사의 역할이라고 본다(신연희, 2021).

생태체계 이론의 가정은 하나의 체계에서 일어나는 변화가 다른 체계들의 변화를 초래하게 된다는 것이다. 이러한 이론적 프레임을 적용하면 수용자들은 형사사법체계의 다양한 사회적·물리적 환경과 상호작용을 하며 영향을 주고받게 된다. 예를 들어, 형사사법 법률이 변하면 형사사법체계 내의 다른 요소들(하위체계들) 역시 변하게 된다(Patterson, 2020: 7-8). 이를 교정복지 영역에 적용하면 수용자 교화를 위한 실천은 수용자 개인에 한정하지 않고 수용자를 둘러싼 환경까지 다체계적으로 개입해야 한다.

브론펜브레너(Bronfenbrenner, 1993)의 이론에 교도소에서의 사회복지실천의 생태체계 구조를 적용하면, 수용자를 중심으로 가장 가까운 것에서부터 미시체계(micro system), 중간체계(meso system), 외적 체계(exo system), 거시체계(macro system)로 구분된다. 미시체계는 수용자와 가장 밀접하게 대면적인 상호작용을 하는 환경이고, 중간체계는 미시체계 간에 상호작용이 이루어지는 체계로서 수용자의 행동에 의미 있는 영향을 미치는 체계이다. 외적 체계는 수용자와 직접적인 상호작용을 하는 것은 아니지만 지역사회 수준에서 기능하면서 간접적으로 영향을 미치는 체계이고, 거시체계는 법률, 문화, 제도 등과 같이 수용자를 비롯하여 여러 체계에 영향을 미치는 체계이다(신연희, 2015).

(2) 교도소에서의 생태체계 구조

교도소 수용자에게 적용한 생태체계 구조의 구체적인 모습은 [그림 1-3]과 같다(신연희, 2021). [그림 1-3]에서 미시체계는 교정시설 수용자와 대면적인 상호작용을 하는 체계이다.

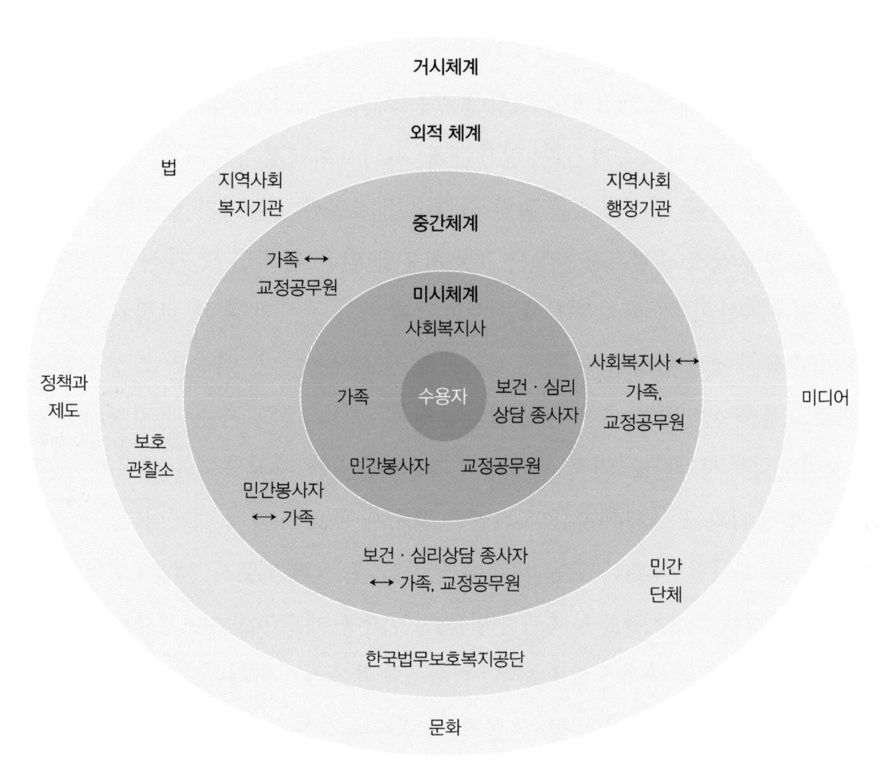

[그림 1-3] 교도소 사회복지실천의 생태체계 구조

출처: 신연희(2021) 일부 수정함.

수용자와 친밀하게 접촉하는 교정공무원, 민간봉사자(교화위원, 종교위원, 교육위원, 의료위원, 취업위원 등), 교정시설의 전문가들(사회복지사, 보건의료 종사자, 심리상담 및 치료 프로그램 종사자 등), 수용자가족 등이 미시체계에 해당한다. 수용자를 둘러싼 미시체계 환경으로 가장 밀접한 환경은 교정공무원이다. 아울러 사회복지사, 보건의료 종사자, 심리상담 종사자도 수용자와 상호작용하는 미시체계이다.

중간체계는 수용자에게 영향을 주는 미시체계 간의 상호작용이 이루어지는 환경으로, 교정공무원과 가족, 민간봉사자와 가족, 사회복지사와 수용자가족, 사회복지사와 교정공무원, 보건 · 심리상담 종사자와 가족 그리고 보건 · 심리상담 종사자와 교정공무원 간에 상호작용이 이루어지는 체계이다. 중간체계에서 가족이 차지하는 비중은 큰데, 이는 그만큼 가족이 수용자의 수용생활에 미치는 영향력이 크기 때문이다. 가족과 관계가 단절되었거나 가족관계가 취약한 수용자인 경우 중간체계에서 실천의 범위는 제한적이다. 한편, 사회복지사와 상호작용하는 교정공무원, 보건 · 심리상담 종사자는 중간체계에서의 사회복지실천과 밀접히 관련되어 있다.

외적 체계는 수용자에게 간접적인 영향을 주는 체계로서, 대표적으로 한국법무보호복지공단, 보호관찰소, 지역사회복지기관, 민간단체, 지역사회행정기관을 들 수 있다. 한국법무보호복지공단은 출소 후 갱생보호를 위한 사회정착 지원과 수용자가족 지원에 관한 중심에 있다. 한편, 보호관찰소(준법지원센터)는 보호처분을 받은 범죄인 및 가석방된 출소자에 대한 사회 내 처우기관이다. 사회복지사는 보호관찰소의 종사자 혹은 교정기관의 사회복지 전문가로서 수용자에게 영향을 미치는 기관들과 상호작용한다. 아울러 교정시설의 협력기관으로 프로그램을 운영하는 지역사회 민간단체와 기관 그리고 수용자 지지자원을 보유하고 있는 지역사회복지기관도 외적 체계에 포함된다. 또한 지역사회의 행정복지센터 및 보건소와 같은 행정기관도 사회복지사와 긴밀한 연계가 필요한 외적 체계이다.

거시체계는 수용자를 비롯한 모든 체계에 영향을 주는 체계로서, 법률(「형의 집행 및 수용자의 처우에 관한 법률」, 「보호관찰 등에 관한 법률」 등), 각종 제도(국민기초생활보장제도를 포함한 공공부조제도 등), 문화(법 준수에 비우호적인 하위문화 확산 등), 미디어(강경처벌에 대한 국민 정서 형성, 사회 내 처우제도 확대 옹호 등) 등을 들 수 있다. 거시체계는 모든 하위체계의 변화에 영향을 주는데, 예를 들어 「형의 집행 및 수용자의 처우에 관한 법률」에서 수용자의 주말 외출이 가능하도록 법률개정이 이루어진다면 수용자의 미시체계를 비롯한 중간체계 및 외적 체계는 영향을 받게 된다.

3) 교도소에서 사회복지사의 역할

다분야 협력을 실천과정으로 하는 사회복지사는 수용자 교화와 재범 예방이라는 목적 달성을 위해 교정공무원을 비롯한 현장의 전문가들과 함께 계획·수행 등에 관한 의사결정과 문제해결에 관한 책임을 공유한다. 이 과정에서 사회복지사는 사회복지의 전문적 지식과 기술을 활용하여 실천현장의 특성에 맞추어 다양한 역할을 수행한다(권중돈 외, 2019: 132-133).

사회복지사의 역할 유형은 실천현장과 활용하는 지식 및 기술을 기준으로 다양하게 정의되고 있다. 중개인, 옹호자, 교사, 상담자 및 임상가, 사례관리자, 행정가, 업무관리자, 개발자, 사회변화대행자, 전문가 등으로 구분된다(김경우, 2006). 한편, 활용하는 기술을 중심으로 본 사회복지사의 역할 유형은 조력자, 중개자, 현장활동가, 옹호자, 평가자, 교육자, 행동변화가, 자문가, 지역사회계획가, 보호관리자, 정보 제공자, 행정가, 행동가로 구분된다(Zastrow, 2003: 25-26; 신연희 2021 재인용).

또한 마일리, 오멜리아, 두보이스(Miley, O'Melia, & DuBois, 1995)는 사회복지사의 기능을 컨설턴트 기능(지지 · 지원 기능), 자원관리 기능, 교육 기능이라는 세 가지 유형으로 구분하고, 체계 수준(미시체계, 중간체계, 외적 체계, 거시체계)과 결합하여 사회복지사의 역할 유형과 내용이 달라진다고 설명했다(Miley et al., 1995; 신연희, 2021 재인용). 여기서 컨설턴트 기능

표 1-3 수용자에 대한 다분야 협력의 체계 수준별 사회복지사의 기능과 역할 유형

체계 수준	수용자를 중심으로 본 체계 구성 요소	사회복지사의 기능별 역할 유형		
		지지 · 지원 기능	자원관리 기능	교육 기능
미시 체계	교정공무원 사회복지사 보건의료 종사자 심리상담 종사자 가족 민간봉사자	• 임상가 • 상담자 • 사례관리자	• 중개자 • 사례관리자 • 옹호자	• 교육자
중간 체계	가족 ↔ 교정공무원 사회복지사 ↔ 가족, 교정공무원, 보건 · 심리상담 종사자 민간봉사자 ↔ 가족 보건 · 심리상담 종사자 ↔ 가족, 교정공무원	• 중개자 • 중재자 (갈등 조정자)	• 중개자 • 촉진자	• 교육자
외적 체계	지역사회복지기관 보호관찰소 한국법무보호복지공단 지역사회행정기관 민간단체	• 계획가 • 자문가	• 촉매자 • 중개자 (네트워킹 전문가)	• 훈련가 • 자문가 • 조사 · 평가자
거시 체계	법, 제도, 문화, 미디어	• 정보관리자 • 행동가	• 아웃리치	• 아웃리치 • 옹호가
		⇑	⇑	⇑

사회복지사의 실천원칙	• 가치의 조화와 균형 • 타 전문가와의 가치와 역할의 조화와 균형 • 협력하는 전문가에 대한 존중

출처: 신연희(2021) 일부 수정함.

(지지 · 자원 기능)은 클라이언트의 문제해결 및 변화를 위한 계획을 개발하기 위해 클라이언트와 상의하는 기능이며, 자원관리 기능은 사회복지사가 클라이언트에게 필요한 자원에 접근할 수 있도록 자원을 발굴하고 연계하는 기능이다. 교육 기능은 클라이언트의 문제해결에 도움이 될 수 있도록 정보 제공과 같은 교육적 기능을 수행하는 것이다(신연희, 2021).

다음에서는 교도소 수용자에 대한 사회복지실천을 전제로 사회복지사의 역할을 검토한다. 역할 유형에 관한 기준은 마일리 등(Miley et al., 1995)이 논의한 사회복지사의 기능(지지 · 지원 기능, 자원관리 기능, 교육 기능)과 브론펜브레너(Bronfenbrenner, 1993)가 생태체계이론에서 제시한 사회복지실천의 개입 수준(미시체계, 중간체계, 외적 체계, 거시체계)이 결합되어 있다. 〈표 1-3〉은 수용자에 대한 다분야 협력의 체계 수준별 사회복지사의 기능과 역할 유형을 정리한 것으로(신연희, 2021), [그림 1-3]을 참조하여 보기 바란다.

(1) 미시체계에서 사회복지사의 역할

사회복지사의 기능별(지지 · 지원 기능, 자원관리 기능, 교육 기능)로 미시체계 수준에서 어떤 역할인지를 살펴보면 다음과 같다.

수용자의 변화와 문제해결을 위한 '지지 · 지원 기능'에서 사회복지사의 주된 역할은 임상가, 상담자, 사례관리자이다. 임상가로서 지지가 필요한 수용자에 대한 보살핌과 문제에 대처하도록 돕는 역할을 하며, 상담자로서 수용자를 직접 대면하여 욕구와 문제를 파악하고 이에 대응할 수 있는 치료 및 지원 계획을 세울 수 있도록 한다. 또한 사례관리자로서 개별 수용자에 대한 교화 서비스를 종합적으로 관리하는 역할을 수행한다. 미시체계에서 사회복지사가 수행하는 임상가, 상담자, 사례관리자의 역할은 모든 사회복지 영역에서 적용되는 사회복지사의 기본 역할이다. 특히 현재 교정기관에서 교화 프로그램의 중심이 되고 있는 심리치료센터 프로그램, 수용자 심성순화 및 집중인성 교육, 수용자위기가족 상담과 지원 등은 사회복지사들이 수행하기에 적합하다(양혜경, 2020). 미시체계에서는 '지지 · 지원 기능'에 해당하는 역할들을 주된 일로 한다.

'자원관리 기능'에서는 수용자를 위한 중개자, 사례관리자, 옹호자로서 역할을 수행한다. 중개자는 자원과 서비스를 연결하는 역할로서, 서비스 제공을 위해 필요한 자원의 현황을 파악하고, 새로운 자원을 발굴 · 동원하여 수용자의 욕구에 부응할 수 있는 적절한 서비스로 연결시킨다. 이는 수용자가 자신에게 필요한 자원에 대한 정보가 부족하거나 자원을 이용하지 못하는 경우 연결해 주는 역할이다. 또한 사례관리자로서 수용자의 욕구를 평가하고 다른 체계에서 제공된 재화와 서비스를 받도록 하는 역할을 수행한다. 옹호자로서는 클라

이언트인 수용자의 권익을 옹호하고 대변하며, 특정 서비스에서 클라이언트가 거부당할 때 서비스를 확보할 수 있도록 원조한다.

'교육 기능'에서는 교육가의 역할을 수행한다. 사회복지사는 교육가로서 수용자에게 유용한 정보를 제공하고 수용생활의 적응 기술을 학습시킨다. 교육 대상은 클라이언트인 수용자는 물론이고 수용자가족도 포함될 수 있다. 또한 이들에게 현재의 문제를 해결하고 앞으로 발생할 수 있는 다른 어려움을 예방할 수 있도록 새로운 지식이나 정보를 제공하며 사회기술 등을 교육하는 역할도 수행한다.

(2) 중간체계에서 사회복지사의 역할

중간체계는 수용자에게 영향을 주게 되는 미시체계 간의 상호작용, 즉 교정공무원과 가족, 민간봉사자와 가족, 보건 · 심리상담종사자와 가족, 보건 · 심리상담종사자와 교정공무원, 사회복지사와 가족 및 교정공무원 간에 상호작용이 이루어지는 환경이다. 중간체계에서 사회복지사의 역할을 기능별로 살펴보면 다음과 같다.

먼저, '지지 · 지원 기능'에서 사회복지사는 중개자, 중재자의 역할을 수행한다. 중개자로서 수용자에게 필요한 서비스와 자원을 연계하는 역할을 수행하며, 수용자가 자신에게 필요한 자원에 대한 정보가 부족하거나 자원을 이용하지 못하는 경우 자원에 접근하고 활용할 수 있도록 연결한다. 또한 중재자로서 교정공무원과 수용자, 수용자와 가족 간의 이견을 조정하는 갈등조정자가 될 수 있으며, 회의 주제, 의견 교환, 갈등을 조정하는 일을 통해 서비스 전달과정의 장애물을 제거하는 역할을 수행한다.

'자원관리 기능'에서는 중개자, 촉진자의 역할을 수행한다. 사회복지사는 중개자로서 수용자에 대한 사회적 지지망을 분석하여 지지자원을 연계하는 역할을 한다. 촉진자는 일종의 중개자이기도 한데, 서비스 전달을 방해하는 요인을 파악한 후 서비스 전달체계를 강화하는 방법을 계획 및 실행하는 역할을 수행한다.

중간체계에서도 '교육 기능'을 위해 교육자의 역할을 수행한다. 예를 들어, 다른 전문직에게 사회복지실천에 대해 이해시키는 교육, 지역사회와 지역주민을 대상으로 한 교육 등을 할 수 있다.

(3) 외적 체계에서 사회복지사의 역할

외적 체계는 수용자에게 간접적인 영향을 미치는 체계로서, 한국법무보호복지공단, 보호관찰소, 지역사회복지기관, 민간단체, 지역사회행정기관이 수용자를 둘러싼 환경이다. 외적 체계에서 사회복지사의 역할을 기능별로 살펴보면 다음과 같다.

먼저, 사회복지사는 '지지 · 지원 기능'에서 계획가, 자문가의 역할을 한다. 계획가로서 수용자 교화효과를 제고할 수 있는 정책을 파악, 평가, 개발하는 활동을 한다. 이는 지역사회 수준에서 이루어지는 지역사회계획의 역할이다. 또한 자문가로서 실천에 도움이 되는 지역사회의 사회복지 전문가 집단과 상호교류하게 되며, 모니터 · 자문과 같이 전달체계의 효과적인 기능을 위한 활동과 관련된 교류를 할 수 있다(김화선, 2013: 29-31).

'자원관리 기능'에서는 촉매자, 중개자의 역할을 수행한다. 사회복지사는 촉매자로서 지역사회 사회복지사들과 상호작용하고 자원을 동원한다. 이러한 활동을 통하여 다학제 간 협력적 팀에서의 활동을 통한 서비스를 촉진시킬 수 있다. 한편, 외적 체계에서의 중개자는 네트워킹(networking) 전문가를 의미하며 다분야 협력 과정에서 사회복지사의 역할을 부각시킬 수 있다. 네트워킹은 상호호혜성, 목표 달성을 위한 지원, 사회적 책임과 규범의 상호수용 그리고 가치의 공유 등을 주된 특성으로 하여 지역사회와 연결망을 형성하는 과정이다. 네트워킹 전문가인 사회복지사는 교정현장과 지역사회 간의 연결망 형성을 통해 지역사회와 연대감을 강화하고, 필요한 자원을 지역사회로부터 발굴하여 교정복지현장으로 연계하는 조직적 과정을 수행한다. 이때 교정현장의 사회복지사는 수용자 교화 서비스에 대한 거점 역할을 담당하게 된다.

'교육 기능'에서는 훈련가, 자문가, 조사 및 평가자의 역할을 수행한다. 사회복지사는 훈련가로서 수용자 교화에 관한 세미나, 워크숍 등을 통해 타 전문가, 지역사회를 교육하는 것과 직원교육 프로그램을 개발하고 직원훈련을 담당한다. 한편, 자문가로서는 다른 전문가들과 일하면서 그들이 더욱 효과적인 서비스를 제공할 수 있도록 지역사회의 사회복지사나 다른 직종의 전문가에게 자문을 제공하는 역할을 한다. 조사 · 평가자로서는 프로그램 평가, 욕구 조사와 자원의 평가, 욕구 충족을 위한 대안을 개발하는 임무를 수행한다.

(4) 거시체계에서 사회복지사의 역할

거시체계는 수용자는 물론이고 모든 체계에 영향을 주는 체계로서, 사회 전체 수준의 법, 제도, 문화, 미디어 등을 들 수 있다.

먼저, '지지 및 지원 기능'을 위해 사회복지사는 정보관리자, 행동가의 역할을 수행한다. 정보관리자는 정책 결정에 필요한 정보를 수집하고 분석하는 역할을 하게 된다. 예를 들어, 보호가 필요한 수용자자녀를 지원할 수 있도록 수용자자녀들의 실태를 조사하여 정책제언에 필요한 정보를 도출하는 일은 정보관리자로서 사회복지사가 수행하는 역할이다. 행동가

혹은 행동변화가로서 사회복지사는 수용자의 이익이나 권리가 침해당하는 사회적 조건들을 인식하고 클라이언트의 인권을 보호하기 위한 사회활동에 참여하게 된다. 주로 소외된 집단, 취약한 수용자를 대상으로 하는 활동이므로 무의탁 수용자, 양육유아, 장애인 수용자, 빈곤한 수용자, 취약한 환경으로 인해 범행에 이르게 된 여성수용자, 사회적 보호가 필요한 비행청소년이 실천 대상자가 될 것이다. 행동가로서 사회복지사는 사회행동을 통해 변화를 도모하는 일을 하게 된다. 예를 들어, 수용자의 인권이 부당하게 침해당하는 일을 개선하는 활동, 가족접견 촉진을 위한 관련 법규의 개정 활동 등이 있다.

'자원관리 기능'을 위해서 사회복지사는 아웃리치(outreach)의 역할을 수행 한다. 아웃리치란 사회복지사가 사업이나 대상자, 자원을 직접 찾아나서는 것을 의미한다. 아웃리치를 위해 사회복지사는 지역사회현장을 방문하여 지역사회자원을 발굴하고, 재범 예방 사업의 예산 확보를 위해 입법 및 관계 기관을 방문하여 설명하기도 한다.

'교육 기능'으로서 사회복지사의 역할은 아웃리치와 옹호가이다. 아웃리치 활동으로 사회복지사는 범죄문제와 관련하여 교육이 필요한 곳을 선정하여 대중에게 정보 전달 및 지역사회교육 등을 수행한다. 옹호가로서 사회복지사는 법의 공정한 집행과 관련 규칙을 수정하거나, 수용자 인권보장을 위해 미디어와 교류하는 일, 취약한 수용자가 필요한 자원이나 서비스를 받을 수 있도록 법률 제정 및 개정 등과 같은 입법 활동에 참여하게 된다.

(5) 교도소에서의 사회복지사 역할의 종합

〈표 1-3〉과 같이 사회복지사의 역할 유형에 관한 검토를 종합하면, 교도소에서의 생태체계 구조에서 사회복지사는 수용자와 직접 대면하는 미시체계이다. 미시체계의 '지지 · 지원 기능'에 해당하는 임상가, 상담자, 사례관리자를 기본 역할로 수행하면서 동시에 중개자 및 네트워킹 전문가, 중재자, 교육가의 역할에 비중을 두고 실천하게 된다. 이를 중심으로 중간체계는 중개자, 중재자, 촉진자 및 교육자의 역할을 수행한다. 외적 체계 역시 수용자에게 영향을 주므로 개입의 효과를 촉진시키기 위해서는 외적 체계와의 관계에서 계획가, 자문가, 촉매자, 중개자의 역할도 수행해야 한다. 이와 함께 거시체계의 특성도 주시하면서 실천에 반영해야 한다.

이러한 역할을 수행함에 있어 사회복지사는 다분야 협력을 실천과정으로 한다. 따라서 역할 수행을 위한 사회복지사의 실천원칙은 타 전문가와의 역할 간 조화, 가치의 조화와 균형 그리고 협력하는 전문가에 대한 존중이 필요하다(신연희, 2021).

범죄문제와 처벌

1. 범죄 현황과 특성

이 절은 교정복지실천의 출발점인 범죄에 대한 이해를 목적으로 한다. 우리나라에서 범죄는 얼마나 발생하며, 어떤 범죄가 주로 발생하고, 범죄자는 인구사회학적으로 어떤 사람인지를 다룬다. 아울러 사회는 어떤 행동을 범죄로 규정하는가에 대해 자연법적 속성과 실정법적 속성을 검토한다.

1) 범죄 발생 실태

(1) 범죄 발생 규모

공식 통계자료(「범죄백서」, 「교정통계연보」)에서 보고한 범죄 발생 규모는 매년 150만 건 이상이다. 이는 신고 건수만 집계한 것이므로 신고되지 않은 숨겨진 범죄 발생을 가정한다면 실제 범죄 발생 건수는 이보다 훨씬 많다. 대검찰청이 보고한 공식 통계에 따르면(법무연수원, 2023: 61-62), 우리나라 전체 범죄의 발생 건수는 2012년 약 193만 건에서 2021년 153만 건으로 나타나 매년 다소 감소하는 경향이 있지만 절대적으로 적지 않은 규모이고, 매년 누적되는 것을 감안하면 범죄 발생 규모는 상당하다(〈표 2-1〉 참조). 인구 10만 명 당 발생 건수를 나타내는 범죄발생비는 2021년 기준으로 약 3천 건 정도이다(법무연수원, 2023: 62). 아울러 신고된 범죄에 대한 연간 검거율은 80% 이상으로 대체적으로 상승하는 경향을 보인다.

표 2-1 전체 범죄 발생 현황(2012~2021년) (단위: 건, 명, %)

연도 \ 구분	발생 건수	범죄발생비	검거 건수	발생 건수 대비 검거 건수	검거 인원
2012	1,934,410	3,796.8	1,488,756	77.0	1,896,191
2013	1,996,389	3,903.7	1,536,442	77.0	1,907,721
2014	1,933,835	3,767.6	1,518,792	78.5	1,879,548
2015	2,020,731	3,921.5	1,638,549	81.1	1,948,966
2016	2,008,290	3,774.5	1,691,370	84.2	2,020,196
2017	1,824,876	3,524.4	1,556,963	85.3	1,861,796
2018	1,735,190	3,353.9	1,466,406	84.4	1,749,459
2019	1,767,684	3,409.2	1,479,904	83.7	1,754,808
2020	1,714,579	3,308.1	1,399,428	81.6	1,638,387
2021	1,531,705	2,966.2	1,228,452	80.2	1,359,952

* 주: 1. 대검찰청,「범죄분석」, 각 연도
2. 범죄발생비는 인구 10만 명당 범죄 발생 건수
출처: 법무연수원(2023), p. 62.

(2) 범죄의 유형

범죄의 주된 유형은 무엇일까? 형법범죄의 유형별 발생 건수와 구성비를 보면 가장 많은 유형은 사기, 절도, 폭행의 순이다(법무연수원, 2022: 68). 가장 비중이 높은 유형은 사기, 절도, 폭행, 횡령, 손괴 등의 순이며, 이 중 사기, 절도와 같은 재산범죄가 절반을 차지하고 있다. 범죄인의 다수는 재산 관련 범죄자이고, 그다음 대인 간 범죄인 폭행이다(〈표 2-2〉 참조).

한편, 〈표 2-3〉에 의하면 강력범죄(흉악범죄: 살인, 강도, 강간, 방화, 폭행, 협박, 공갈, 약취유인, 체포감금,「폭력행위 등 처벌에 관한 법률」 위반)는 매년 3만 건을 웃도는 수준에서 발생한다. 2020년을 기준으로 전체 형법범죄(1,044,433건) 중 흉악범죄의 구성비는 3.14% 수준이다(법무연수원, 2022: 76).

표 2-2 주요 죄명별 형법범죄 발생 현황

(단위: 건, %)

죄명 \ 연도	2019	2020	증감 건수	증감률(%)
절도	187,629(18.0)	180,067(17.2)	−7,562	−4.0
사기	313,593(30.1)	345,154(33.0)	31,561	10.1
폭행	161,915(15.5)	143,600(13.7)	−18,315	−11.3
상해	40,306(3.9)	36,022(3.5)	−4,284	−10.6
폭처법(손괴 등)	853(0.1)	982(0.1)	129	15.1
손괴	58,468(5.6)	58,504(5.6)	36	0.1
횡령	60,819(5.8)	60,539(5.8)	−280	−0.5
문서위조	14,982(1.4)	14,282(1.4)	−700	−4.7
공무집행방해	12,056(1.2)	11,238(1.1)	−818	−6.8
성폭력	32,029(3.1)	30,105(2.9)	−1,924	−6.0
기타	158,745(15.2)	163,940(15.7)	5,195	3.3

* 주: 대검찰청, 「범죄분석」, 각 연도
출처: 법무연수원(2022), p. 68.

표 2-3 강력범죄 발생 건수

(단위: 건, 명, %)

연도 \ 구분	발생 건수	범죄발생비	검거 건수	발생 건수 대비 검거 건수	검거 인원
2011	29,382	57.9	24,870	84.6	25,566
2012	28,895	56.7	24,334	84.2	26,935
2013	33,780	66.1	30,079	89.0	59,726
2014	34,126	66.5	32,309	94.7	29,861
2015	35,139	68.2	33,846	96.3	31,775
2016	32,963	63.8	31,668	96.1	33,529
2017	36,030	69.6	34,651	96.2	36,583
2018	35,272	68.1	33,694	95.5	36,641
2019	35,066	67.6	33,437	95.4	37,390
2020	32,812	63.3	31,190	95.1	35,461

* 주: 1. 대검찰청, 「범죄분석」, 각 연도
2. 범죄발생비는 인구 10만 명당 범죄 발생 건수

출처: 법무연수원(2022), p. 76.

(3) 전과 현황

일반적으로 사용하는 용어인 '전과자'는 범죄의 전력이 있는 사람을 의미한다. 검거된 전체 범죄자 중 재범자 및 전과자의 비율은 상당하다. 검찰 실무에서는 재범과 전과를 구분하고 있으므로 이 책에서도 구분하여 사용한다. 두 개념의 차이는 재범자는 이전에 검찰에 송치되어 벌금형보다 더 가벼운 전회처분을 받은 경우이고, 전과자는 과거에 검찰에 송치되어 법원에서 벌금형 이상의 유죄 확정을 받은 적이 있는 경우를 의미한다. 형법범죄자 중 전회처분이 있는 재범자의 비율은 2020년을 기준으로 43.1%이다(법무연수원, 2022: 504). 그러나 전회처분 여부가 미상인 경우를 제외하면 재범자의 비율은 70% 정도에 이른다(법무연수원, 2022: 506).

〈표 2-4〉에서 검거된 범죄자의 다수인 80%가량(미상 포함)이 이전에 형사처분을 받은 적이 있는 전과자이다. 반면에 전과가 없는 경우는 2020년을 기준으로 20.5%로, 검거된 범죄자 열 명 중 여덟 명은 전과가 있거나 전과 여부 미상자이다(법무연수원, 2022: 510). 전과가 없는 범죄자 비율이 2011년 25.2%에서 2020년 20.5%로 지속적으로 감소하고 있는 데 반해, 전과 6범 이상의 비율은 증가하는 경향을 보인다. 전과 여부가 미상일 때를 제외하면 전과가 있는 범죄자의 비율은 2011년 65.3%에서 2020년 66.6%로 70%에 육박하고 있다(법무연수원, 2022: 510-511 재구성).

다시 말해, 검거된 전체 범죄자 중 전과가 없는 범죄자의 비율은 감소 추세를 보이고 있으나 미상의 비율이 30%를 넘어 40%대에 육박하고 있어서, 이를 제외했을 때 검거된 범죄자의 전과 비율은 훨씬 높아진다. 아울러 주목할 점은 반복적으로 범죄를 저지르는 범죄자(전과 6범 이상)의 비율이 지속적으로 증가하고 있는 현상이다. 이는 전반적으로 검거된 범죄자 중 전과자의 비율이 여전히 높게 나타나고 있어 실효성 있는 재범방지대책의 수립이 필요한 실정임이 드러난다(법무연수원, 2023: 507-508). 전과에 관한 〈표 2-4〉의 내용을 종합하면, 검찰에 검거된 범죄자 열 명 중 일곱 명 정도는 이전에 벌금형 이상의 유죄 확정을 받은 적이 있는 전과자이고(미상 제외), 열 명 중 10% 이상이 검찰에 반복적으로 검거되는 상습적인 범죄자라는 점이다.

표 2-4 범죄자 전과 현황

(단위: 명, %)

전과 / 연도	계	없음	1범	2범	3범	4범	5범	6범 이상	미상
2011	1,727,176 (100)	434,904 (25.2)	196,043 (11.4)	135,246 (7.8)	100,958 (5.8)	73,624 (4.3)	56,428 (3.3)	254,769 (14.8)	475,204 (27.5)
2012	1,896,191 (100)	443,328 (23.4)	206,386 (10.9)	139,593 (7.4)	104,616 (5.5)	77,090 (4.1)	59,428 (3.1)	279,085 (14.7)	586,665 (30.9)
2013	1,907,721 (100)	420,239 (22.0)	203,255 (10.7)	141,860 (7.4)	103,798 (5.4)	77,353 (4.1)	61,040 (3.2)	292,755 (15.3)	607,421 (31.8)
2014	1,879,548 (100)	411,192 (21.9)	195,701 (10.4)	136,751 (7.3)	99,471 (5.3)	74,802 (4.0)	58,337 (3.1)	287,182 (15.2)	616,112 (32.8)
2015	1,948,966 (100)	416,301 (21.4)	195,253 (10.0)	135,757 (7.0)	98,909 (5.1)	75,009 (3.8)	59,094 (3.0)	295,455 (15.2)	673,188 (34.5)
2016	2,020,196 (100)	437,154 (21.6)	202,982 (10.0)	140,792 (7.0)	103,323 (5.1)	78,001 (3.9)	62,230 (3.1)	310,668 (15.4)	685,046 (33.9)
2017	1,861,796 (100)	398,684 (21.4)	182,989 (9.8)	127,597 (6.9)	93,621 (5.0)	70,358 (3.8)	55,108 (3.0)	281,980 (15.1)	651,459 (35.0)
2018	1,749,459 (100)	362,702 (20.7)	162,430 (9.3)	112,024 (6.4)	82,789 (4.7)	62,412 (3.6)	49,327 (2.8)	262,929 (15.0)	654,846 (37.4)
2019	1,754,808 (100)	366,305 (20.9)	157,761 (9.0)	108,353 (6.2)	80,646 (4.6)	60,317 (3.4)	48,576 (2.8)	261,950 (14.9)	670,900 (38.2)
2020	1,638,387 (100)	336,625 (20.5)	144,700 (8.8)	99,188 (6.1)	75,328 (4.6)	56,037 (3.4)	44,917 (2.7)	252,106 (15.4)	629,486 (38.4)

* 주: 대검찰청,「범죄분석」, 각 연도
출처: 법무연수원(2022), p. 510.

교도소 수형자의 전과를 볼 때 〈표 2-5〉에서 교도소 출소자가 3년 이내에 수형자로 재입소한 비율을 의미하는 재복역률은 25% 내외의 수준이고, 2021년 기준으로 24.6%로(법무부 교정본부, 2022: 172)[1] 네 명 중 한 명 정도에 해당한다. 〈표 2-5〉에는 나타나지 않지만 죄명별 재복역률은 절도와 마약범죄가 가장 높아서 두 범죄 모두 절반가량이 출소 후 3년 이내에 형이 확정되어 교정시설에 재복역한다(법무연수원, 2022: 527).

1) 출소자 재복역률은 금고 이상의 형을 선고받고 교정시설에 수용된 자가 형기종료, 가석방, 사면, 가출소, 감호기간 종료 등으로 출소한 후 3년 이내에 금고 이상의 형을 선고받아 그 형의 집행을 위해 다시 교정시설에 수용되는 비율을 의미한다(법무연수원, 2022: 519).

표 2-5 출소자 재복역률(2016~2021년)

조사 연도 (출소 연도) \ 출소 사유		계	형기종료	가석방	감호종료	가출소	사면
2016 (2012)	출소인원	22,028	15,179	6,500	–	10	339
	재복역인원	5,465 (24.8%)	4,958 (32.7%)	482 (7.4%)	–	3 (30.0%)	22 (6.5%)
2017 (2013)	출소인원	22,121	15,889	6,201	–	18	13
	재복역인원	5,471 (24.7%)	5,057 (31.8%)	406 (6.5%)	–	7 (38.9%)	1 (7.7%)
2018 (2014)	출소인원	22,484	16,799	5,394	–	10	281
	재복역인원	5,780 (25.7%)	5,389 (32.1%)	363 (6.7%)	–	2 (20%)	26 (9.3%)
2019 (2015)	출소인원	24,356	18,269	5,507	–	23	557
	재복역인원	6,486 (26.6%)	6,024 (33.0%)	404 (7.3%)	–	7 (30.4%)	51 (9.2%)
2020 (2016)	출소인원	27,917	20,229	7,157	–	53	478
	재복역인원	7,039 (25.2%)	6,495 (32.1%)	489 (6.8%)	–	13 (24.5%)	42 (8.8%)
2021 (2017)	출소인원	30,702	22,062	8,275	–	42	323
	재복역인원	7,551 (24.6%)	7,004 (31.7%)	495 (6.0%)	–	12 (28.6%)	40 (12.4%)

출처: 법무부 교정본부(2022), p. 172.

〈표 2-6〉은 수형자의 범수별 재복역률을 보여 준다. 이에 의하면 출소 후 3년 이내의 재복역자 중 5범 이상자의 인원이 가장 많고, 그다음 초범자가 많다. 한편, 범수가 많은 수형자일수록 재복역률이 높아지는 경향이 뚜렷하다. 2021년 재복역(출소시기 2017년)을 기준으로 재복역률이 초범은 10%를 약간 상회하는 수준이고 범수가 증가함에 따라 점차 증가하여 5범 이상자의 경우 60%를 넘는다(법무부 교정본부, 2022: 174).

표 2-6 범수별 재복역인원 및 재복역률

조사 연도 (출소 연도) \ 성별		계	초범	2범	3범	4범	5범 이상
2012 (2008)	출소인원	25,802	13,211	4,833	2,402	1,650	3,706
	재복역인원	5,737 (22.2%)	1,252 (9.5%)	1,176 (24.3%)	825 (34.3%)	647 (39.2%)	1,837 (49.6%)
2013 (2009)	출소인원	25,725	13,017	5,087	2,332	1,556	3,733
	재복역인원	5,699 (22.2%)	1,174 (9.0%)	1,190 (23.4%)	816 (35.0%)	635 (40.8%)	1,884 (50.5%)
2014 (2010)	출소인원	25,066	12,792	4,735	2,282	1,539	3,718
	재복역인원	5,547 (22.1%)	1,103 (8.6%)	1,076 (22.7%)	817 (35.8%)	622 (40.4%)	1,929 (51.9%)
2015 (2011)	출소인원	23,045	11,974	4,369	2,093	1,281	3,328
	재복역인원	4,936 (21.4%)	1,045 (8.7%)	982 (22.5%)	711 (34.0%)	518 (40.4%)	1,680 (50.5%)
2016 (2012)	출소인원	22,028	11,749	3,931	1,793	1,255	3,300
	재복역인원	5,465 (24.8%)	1,152 (9.8%)	1,007 (25.6%)	694 (38.7%)	590 (47.0%)	2,022 (61.3%)
2017 (2013)	출소인원	22,121	12,031	3,887	1,729	1,180	3,294
	재복역인원	5,471 (24.7%)	1,282 (10.7%)	1,008 (25.9%)	691 (40.4%)	557 (47.2%)	1,993 (58.7%)
2018 (2014)	출소인원	22,484	12,455	3,853	1,770	1,122	3,284
	재복역인원	5,780 (25.7%)	1,460 (11.7%)	1,078 (28.0%)	720 (40.7%)	526 (46.9%)	1,996 (60.8%)
2019 (2015)	출소인원	27,356	13,992	4,110	1,798	1,100	3,356
	재복역인원	6,486 (26.6%)	1,761 (12.6%)	1,236 (30.1%)	774 (43.0%)	561 (51.0%)	2,154 (64.2%)
2020 (2016)	출소인원	27,917	16,500	4,835	1,913	1,170	3,499
	재복역인원	7,039 (25.2%)	1,928 (11.7%)	1,407 (29.1%)	828 (43.3%)	609 (52.1%)	2,267 (64.8%)
2021 (2017)	출소인원	30,702	18,091	5,373	2,216	1,230	3,792
	재복역인원	7,551 (24.6%)	2,133 (11.8%)	1,400 (26.1%)	938 (42.3%)	630 (51.2%)	2,450 (64.6%)

출처: 법무부 교정본부(2022), p. 174.

또한 〈표 2-7〉에서 수형자의 교정시설 입소경력(미결수용 포함)을 보면 절반 내외의 수준에서 입소경력이 있다. 교정시설 입소경력이 없는 경우가 2016년에 56.6%이던 것이 2021년에는 55.7%로 다소 감소했다. 수형자의 열 명 중에 네 명 이상(2021년 기준 44.3%)은 과거에 교정시설에 입소된 적이 있다(법무부 교정본부, 2022: 69).

교도소 수형자 중 입소 경력자는 열 명 중 네 명 이상이었고, 교도소 출소자의 네 명 중 한 명은 3년 이내 재복역되고 있다(법무부 교정본부, 2022: 69, 172). 이에 비해 사회 내 처우자인 보호관찰대상자의 재범은 열 명 중 세 명 정도 수준이다. 구체적으로 사회 내 처우자인 보호관찰대상자의 전체 재범률은 2020년 기준 7.3%로 매년 7%대를 유지하고 있다(법무연수원, 2022: 533).

범죄자의 전과 현황에 관한 이상의 결과를 종합하면 다수의 범죄자가 재범자 및 전과자이다. 범죄자의 다수가 검찰 송치 및 교정시설 입소를 반복하고 있다. 그런데 교정시설 수형자의 전과율에 비해 사회 내 처우자의 재범률이 상대적으로 낮은 것은 주목할 일이다. 이에 관해서는 제8장(사회 내 처우)에서 다룬다.

표 2-7 수형자 교정시설 입소경력

구분 / 연도	계	무경력자	입소경력자				
			소계	1회	2회	3회	4회 이상
2016	36,479 (100%)	20,649 (56.6%)	15,830 (43.4%)	6,437 (17.6%)	2,665 (7.3%)	1,685 (4.6%)	5,043 (13.8%)
2017	36,167 (100%)	20,055 (55.4%)	16,112 (44.6%)	6,979 (19.3%)	2,728 (7.5%)	1,615 (4.5%)	4,790 (13.3%)
2018	35,271 (100%)	19,558 (55.5%)	18,817 (53.3%)	6,742 (19.1%)	2,668 (8.2%)	1,623 (4.6%)	4,680 (13.3%)
2019	34,697 (100%)	18,955 (54.6%)	15,742 (45.4%)	6,474 (18.7%)	2,847 (8.2%)	1,638 (4.7%)	4,783 (13.8%)
2020	34,749 (100%)	19,379 (55.8%)	15,370 (44.2%)	6,265 (18.0%)	2,822 (8.1%)	1,654 (4.8%)	4,629 (13.3%)
2021	34,087 (100%)	18,988 (55.7%)	15,099 (44.3%)	6,329 (18.6%)	2,802 (8.2%)	1,609 (4.7%)	4,359 (12.8%)

출처: 법무부 교정본부(2022), p. 69.

(4) 범죄자의 인구사회학적 특성

① 소년범죄자

'소년범죄'는 14세 이상 19세 미만의 소년에 의한 범죄행위와 10세 이상 14세 미만인 소년에 의한 촉법행위를 의미한다(「소년법」 제4조). 〈표 2-8〉에서 소년범죄는 2020년을 기준으로 64,000여 건 정도 발생하며, 전체 범죄자 중 소년이 차지하는 비중은 매년 4% 내외의 수준이다. 또한 전체 소년 인구 10만 명당 소년범죄 발생비는 2,747명으로 100명당 2.7명 정도의 수준이다(법무연수원, 2022: 545-546).

표 2-8 소년범죄 발생현황

(단위: 명, %)

연 도	소년범죄	소년범죄 발생비	성인범죄 발생비	소년비
2011	100,032	1,660.2(−)	4,374.3(−)	5.3
2012	104,808	1,796.8(108.2)	4,387.3(100.3)	5.5
2013	88,762	1,581.1(95.2)	4,520.3(103.3)	4.5
2014	77,594	1,440.4(86.8)	4,338.3(99.2)	4.2
2015	71,035	1,411.8(85.0)	4,482.4(102.5)	3.8
2016	76,000	1,547.9(93.2)	4,373.5(100.0)	3.9
2017	72,759	1,559.7(93.9)	4,089.8(93.5)	4.0
2018	66,142	2,486.0(149.7)	3,808.2(87.1)	3.9
2019	66,247	2,696.1(162.4)	3,821.9(87.4)	3.8
2020	64,480	2,747.0(165.5)	3,511.8(80.3)	4.0

* 주: 1. 대검찰청, 「범죄분석」, 각 년도
2. ( ) 안은 2011년을 기준으로 한 지수
3. 2018년부터 소년범죄 집계 시 14세 미만 소년을 제외함
4. 범죄발생비는 해당 인구 10만 명당 범죄자 수
5. 소년비 = $\left(\frac{\text{소년범}}{\text{소년범+성인범}}\right) \times 100$

출처: 법무연수원(2022), p. 545.

② 노인범죄자

대검찰청의 공식 통계에서 노인범죄자(고령범죄자)란 연령이 65세 이상인 범죄자이다. 〈표 2-9〉에 의하면 고령범죄자는 2020년을 기준으로 15만 명가량이고 전체 범죄자 중 노인이 차지하는 비중도 해마다 증가하여 10%에 육박하고 있다. 2020년 기준 전체 인구 10만 명당 발생비는 1,821명이다(법무연수원, 2022: 148). 초고령사회를 목전에 두고 있는 우리 사

회에서 노인범죄의 증가 현상은 심화될 것으로 예상된다.

③ 여성범죄자

여성범죄자의 발생 추이는 노인범죄와 유사하게 증가하는 양상을 보인다. 우리나라 전체

표 2-9 전체범죄 발생 현황(지난 10년간) (단위: 명, %)

연도 \ 구분	전 체	고령자		
		인 원	고령자비	범죄발생비
2016	2,020,196	118,230	5.9	1,690.0
2017	1,861,796	121,686	6.5	1,654.2
2018	1,749,459	128,850	7.4	1,684.2
2019	1,754,808	145,522	8.3	1,812.9
2020	1,638,387	148,483	9.1	1,821.5

* 주: 1. 대검찰청, 「범죄분석」, 각 연도
2. 범죄발생비는 고령인구 10만 명당 범죄자 수
3. 고령범죄자는 만 65세 이상의 피의자

출처: 법무연수원(2022), p. 148.

표 2-10 여성범죄자 현황 (단위: 명, %)

연도 \ 구분	전 체	여 성		
		인 원	여성비	범죄발생비
2011	1,727,176	298,679	17.3	1,179.3
2012	1,896,191	336,604	17.8	1,322.9
2013	1,907,721	331,721	17.4	1,298.2
2014	1,879,548	336,748	17.9	1,312.4
2015	1,948,966	353,977	18.2	1,373.5
2016	2,020,196	368,645	18.2	1,425.1
2017	1,861,796	350,251	18.8	1,351.1
2018	1,749,459	344,739	19.7	1,328.0
2019	1,754,808	362,614	20.7	1,395.5
2020	1,638,387	338,597	20.7	1,302.9

* 주: 1. 대검찰청, 「범죄분석」, 각 연도
2. 범죄발생비는 여성인구 10만 명당 범죄자 수

출처: 법무연수원(2022), p. 138.

표 2-11 여성수용자의 구성비

(단위: 명, %)

연도 \ 구분	계	수형자				미결수용자			
		소계	남	여	총 수형자에 대한 여자 비율	소계	남	여	총 미결수용자에 대한 여자 비율
2011	45,038	31,198	29,694	1,504	4.8	13,840	12,915	925	6.7
2012	46,708	31,434	29,863	1,571	5.0	15,274	14,263	1,011	6.6
2013	48,824	32,137	30,525	1,612	5.0	16,687	15,376	1,311	7.9
2014	51,760	33,444	31,661	1,783	5.3	18,316	17,008	1,308	7.1
2015	54,667	35,098	33,122	1,976	5.6	19,569	18,026	1,543	7.9
2016	57,675	36,479	34,281	2,198	6.0	21,196	19,488	1,708	8.1
2017	55,198	36,167	33,905	2,262	6.3	19,031	17,520	1,511	7.9
2018	54,169	35,271	32,932	2,339	6.6	18,898	17,340	1,558	8.2
2019	54,099	34,697	32,384	2,313	6.7	19,402	17,863	1,539	7.9
2020	53,956	34,749	32,404	2,345	6.7	19,207	17,580	1,627	8.5

* 주: 1. 법무부 교정본부 통계, 각 연도
2. 피보호감호자 및 노역장유치자 포함

출처: 법무연수원(2022), p. 352.

범죄자 중 여성범죄자가 차지하는 비율은 2019년을 기점으로 20%를 넘어섰다. 2020년을 기준으로 여성범죄자는 33만 명가량이다. 〈표 2-10〉에 의하면 여성범죄자의 구성비는 꾸준히 증가하고 있으며, 2019년부터는 20%대를 유지하고 있다. 여성범죄자 발생비는 2020년을 기준으로 여성인구 10만 명당 1,302명으로, 전체 범죄자 발생비 3,308명에 비하여 상대적으로 적은 편이다(법무연수원, 2022: 66, 138).

〈표 2-11〉에 의하면 교정시설 수용자 중 여성의 구성비는 2019년을 기준으로 미결수용자는 7.9%, 기결수형자는 6.7%이다(법무연수원, 2021: 348). 전체 범죄자 중 여성이 차지하는 비율이 20.7%인데 비해, 실제 교정시설에 수용 혹은 실형선고를 받는 경우가 적은 것은 여성범죄의 죄질이 상대적으로 경미하다는 것을 의미한다.

한편, 〈표 2-12〉에서 여성범죄자는 50대와 40대가 가장 많은 비중을 차지하고 있고, 생활환경이 하류인 경우와 기혼자가 많다는 점 그리고 여성수형자의 다수(2020년 기준으로 73.7%)가 초범인 것은 남성범죄자와는 구별되는 특성이다. 또한 남성범죄자에 비하여 상대적으로 적은 수이지만 점차 증가하고 있다는 것 또한 여성범죄의 특성으로 주목할 점이다(법무연수원, 2022: 141-142).

표 2-12 여성범죄자의 특성(2020년 기준) (단위: 명, %)

	인구 수(명)	백분율(%)
연령		
19세 미만	10,758	3.2
19~30세	55,042	16.3
31~40세	56,360	16.6
41~50세	74,479	22.0
51~60세	81,967	24.2
61~70세	40,722	12.0
70세 이상	13,815	4.1
미상	5,454	1.6
합계	338,597	100.0
생활환경		
하류	113,377	33.5
중류	80,351	23.7
상류	2,278	0.7
미상	142,591	42.1
합계	338,597	100.0
결혼관계		
기혼	279,245	82.5
미혼	59,352	17.5
합계	338,597	100.0
여성 수형자 전과 횟수		
초범	1,728	73.7
2범	364	15.5
3범	116	4.9
4범 이상	137	5.9
합계	2,345	100.0

출처: 법무연수원(2022), pp. 141-142, 387 재구성.

④ 범죄인 학력

학력은 사회경제적 수준을 가늠할 수 있는 중요한 지표이다. 〈표 2-13〉는 소년범죄자와 교도소 수형자를 나타낸다. 2020년을 기준으로 성인수형자와 소년범죄자 모두 고졸이 가장 많고, 그다음 중졸이다. 2020년을 기준으로 우리나라 국민교육 수준은 고졸 이상 학력자가 89%이고, 대학 이상 학력자가 51%인 것과 비교할 때(e-나라지표, 2023) 범죄인의 학력은 상

표 2-13 범죄자의 학력(2020년 기준)

(단위: 명, %)

	초등학교 미만	초등학교	중학교	고등학교	대학 이상	기타 및 미상	합계
소년범죄자	12 (0.0)	204 (0.3)	16,858 (26.1)	36,719 (56.9)	2,087 (3.2)	8,600 (13.3)	64,480 (100.0)
수형자	1,148 (3.3)	4,257 (12.2)	7,545 (21.7)	16,046 (46.2)	5,624 (16.2)	129 (0.4)	34,749 (100.0)

출처: 법무연수원(2022), pp. 372, 570 재구성.

대적으로 매우 낮다. 교육 수준과 취업은 밀접히 관련되므로 범죄인들의 낮은 학력은 빈곤 문제와도 연계된다.

⑤ 경제적 생활형편

경제적인 생활형편에 관한 공식 통계는 제한적이다. 대검찰청에서 집계한 생활형편은 범죄자의 인구학적 특성에 따라 소년범죄자, 노인범죄자, 여성범죄자를 대상으로 한 통계가 있으나, 이 역시 미상이 많아 정확한 실태를 반영하기에는 한계가 있다. 〈표 2-14〉에 의하면 소년범죄자, 노인범죄자, 여성범죄자 모두 다수가 하류에 속한다. 한편, 범죄자 및 수용자 중 우리 사회 극빈층에 해당하는 「국민기초생활 보장법」상의 수급자 비율에 관한 공식 통계자료는 발표된 적이 없다. 다만, 국가인권위원회가 수용자자녀 인권실태에 관한 조사과정에서 수용자를 대상으로 실시한 수용자가정의 「국민기초생활 보장법」상의 수급율은 11.7%인 것으로 보고되었다(〈표 2-15 참조〉).

표 2-14 범죄자의 생활형편(2020년 기준)

(단위: 명, %)

범죄자 유형	하류	중류	상류	미상	합계
소년범죄자	27,366 (46.9)	30,229 (51.8)	713 (1.2)	집계에서 제외됨	58,308 (100.0)
노인범죄자	53,428 (36.0)	29,638 (20.0)	1,639 (1.1)	63,742 (42.9)	148,483 (100.0)
여성범죄자	126,299 (34.8)	85,664 (23.6)	2,455 (0.7)	148,196 (40.9)	262,614 (100.0)

출처: 법무연수원(2022), pp. 142, 152, 577 재구성.

표 2-15 수용자가정의 국민기초생활 수급 상황(2017년 수용자 대상 조사) (단위: 명, %)

국민기초생활 수급 상황	사례 수	백분율
수급자임	1,198	11.7
수급자 아님	7,110	69.3
잘 모르겠음	1,959	19.1
합 계	10,267	100.0

출처: 신연희 외(2017), p. 55.

통계청 자료에 따르면, 우리나라 전체 국민기초생활보장 수급률은 2017년 3.1%에서 점차 증가하여 2021년에 4.6%로 나타났다(e-나라지표, 2022). 이는 2017년 조사에서 수용자가정의 수급율 11.7%와 비교할 때 현격히 차이가 난다. 수용자 가정의 빈곤율은 심각한 수준이다.

생각해 보기: 우리나라 범죄 발생 실태에 대한 이해

▶ 다음 내용에 대해 자신의 생각을 표시해 보자.

① 빈번히 발생하는 범죄의 유형은 강력범죄(살인, 강도, 강간 등)이다. 예( ) 아니요( )
② 교도소 수용자의 다수는 살인범과 같은 흉악범죄자들이다. 예( ) 아니요( )
③ 범죄자들은 가진 자(권력, 부, 신체적 강건함 등)가 다수이다. 예( ) 아니요( )
④ 강력범죄자들은 초범 때부터 강력범죄를 저지른다. 예( ) 아니요( )
⑤ 범죄 피해자들은 성인 남성이 여성, 노인, 어린이보다 절대적으로 많다. 예( ) 아니요( )
⑥ 매년 범죄 발생 건수는 100만 건 미만이다. 예( ) 아니요( )
⑦ 교도소에 수용된 범죄인은 1일 평균 5만여 명 내외이다. 예( ) 아니요( )
⑧ 검찰에 송치된 범죄자들의 대부분은 교도소에서 복역하게 된다. 예( ) 아니요( )
⑨ 재판을 받은 범죄인 중 교도소보다는 사회 내에서 있는 사람들이 더 많다. 예( ) 아니요( )
⑩ 교도소에 수감된 범죄인의 대부분은 5년 이상 교도소에 수감된다. 예( ) 아니요( )
⑪ 거리의 범죄(절도, 소매치기 등)가 화이트칼라 범죄(사기, 횡령 등)보다 더 위험하다. 예( ) 아니요( )
⑫ 검거된 범죄자의 다수는 전과자이다. 예( ) 아니요( )
⑬ 범죄자들은 환경과 무관하게 일정한 심리적 특성을 가지고 있다. 예( ) 아니요( )
⑭ 범죄자들은 일반인들과 달리 가족도 친구도 없는 외톨이이다. 예( ) 아니요( )
⑮ 범죄자들의 다수는 경제적으로 취약하다. 예( ) 아니요( )

*옳은 내용: ⑤, ⑦, ⑨, ⑫, ⑮

사례로 이해하는 교정복지

▶ 사례 개요(남, 교도소 수형자, 폭력전과 2범)

징역 1년 6개월을 선고받고 수감 중인 수형자는 가족으로 아내와 구속된 후 출생한 어린 아들이 있다. 수형자는 사회에서 채소류 노점상을 하는 동료들과 술을 먹고 싸우는 일이 종종 있었다. 이번 사건은 취한 상태에서 데이트 중인 남자에게 시비를 걸어 전치 4주의 상처를 입혔고 전과가 있어서 실형을 선고받았다. 남겨진 가족(아내와 신생아)은 현재 월세를 낼 수 없으며 생계가 어려운 극빈 상태이다. 수형자의 형이 가끔 돈을 주지만 생활하기 어려운 상황이며, 아내는 출산 직후이고 아기 때문에 일을 할 수가 없다(신연희, 2002: 38).

▶ 교정복지 함의

범죄인의 성격으로 흔하게 보이는 특성 중의 하나는 사소한 일에 분노가 폭발한다는 점이다. 특히 폭력범죄자들이 그렇다. 이러한 인격적 미성숙함은 어떻게 형성되며, 어디에서 비롯된 것일까? 인격 특성은 성장과정을 통해 형성되므로 양육환경과 깊이 관련된다.

▶ 토론해 보기

범죄 원인이 인격 수준과 관련된다고 가정할 때, 인격 발달을 지원하기 위해 사회복지사가 특히 관심을 가져야 하는 대상으로 어떤 아동들이 있는가?

2) 범죄의 형성상의 특성

법률에 위반되는 어떤 행위를 '범죄(crime)'라고 한다. 범죄는 법률을 통해 규정되고 법률 위반자에 대한 사회적 제재인 형벌 역시 법으로 정해진다. 따라서 사회가 인간의 어떤 행동을 범죄로 규정하는지는 인간 사회에서 법이 어떻게 형성되는지와 관련된다. 법은 자연법 사상에 기초하여 형성됨과 동시에 실정법의 속성으로 사회적 정의에 의해 형성되기도 한다. 이처럼 법의 형성에 시대를 초월하는 절대성과 시대의 특성을 반영하는 상대성이 공존하고 있어서 범죄에 대한 정의 역시 두 가지 속성이 결합되어 있다. 어떤 유형의 행위는 시간과 공간을 떠나 범죄로 규정되고(절대성), 어떤 유형은 시대에 따라 혹은 동시대라도 다른 지역이나 사회에서 범죄로 규정되기도 하고 그렇지 않기도(상대성) 하다(이윤호, 2007: 5).

(1) 자연법과 범죄의 정의

자연법사상(the principle of natural law)에서는 법을 자연적 성질, 본성에 바탕을 둔 항구적인 규범이라고 한다. 그래서 법이 민족, 사회, 시대를 초월해 영구불변의 보편타당성을 지닌다고 본다. 실정법이 민족이나 사회에 따라 내용이 달라지는 것과는 달리 자연법은 인위적이 아닌 자연적 성질에 바탕을 둔 보편적·항구적 법률 및 규범을 이른다. 이는 민족이나 사회에 따라 내용이 달라진다고 보는 실정법과는 대비되는 법 개념이다. 대표적으로 중세시대에 법은 기독교와 결합되어 신법(神法)과 동일시되었고, 자연법 질서는 신의 이성으로 만들어진 영구법을 따른 것으로 보았다. 근대 이후 자연법은 인간의 이성에 의해 만들어진다고 보았다. 즉, 인간이 이성에 의해 민족, 사회, 시대에 보편적으로 적용할 수 있는 법을 만든다는 것이다.

자연법사상에서는 어느 민족, 사회, 시대에나 일정한 범주의 행위가 범죄로 규정된다. 대표적인 유형인 살인, 절도, 폭력, 강간 등과 같은 전통적인 범죄들은 종교에서 금지하고 있는 행위들과 일치하는 것으로서 기독교의 십계명, 불교 경전의 가르침에서도 금지하고 있다. 이러한 행위가 범죄로 규정되는 것은 윤리의 절대성에 입각하고 있다.

(2) 실정법과 범죄의 정의

실정법사상은 법이 국가에 의해 제정되므로 '사회적 정의'에 의해 형성된다고 본다. 실정법은 특정 국가와 사회에 적용될 수 있는 법, 달리 말해 국가와 사회와 문화에 따라 내용이 달라지므로 항구적이지 않고 상대적이다.

실정법사상에 입각할 때 어떤 행동을 범죄로 규정할 것인가는 특정 시대나 사회의 성원들이 합의한 사항, 사회적 정의(social definition)에 의한다. 그러므로 한 국가나 사회에서 범죄로 규정되는 것은 다른 국가나 사회에서는 범죄로 규정되지 않기도 한다. 또한 사회 변화에 따라 새로운 유형의 범죄가 출현하고 이에 대응하여 범죄에 대한 정의도 달라진다.

실정법의 이러한 특성에 대해 예를 들어 보자. 국가와 지역에 따라 마약의 위법성 여부가 다른 것, 구조행위로 인하여 본인이 특별한 위험에 빠지지 않음에도 불구하고 응급사항이나 위험에 처한 타인을 구조하지 않고 외면하는 구조거부행위의 위법성 여부가 국가에 따라 다른 것, 시대에 따라 간통행위를 범죄 혹은 도덕의 문제로 보는 것 등을 예로 들 수 있다. 아울러 메타버스(metaverse) 시대에는 이전에는 존재하지 않았던 사이버상의 범죄가 발생함에 따라 관련 법률의 제정·개정을 통해 새로운 유형의 범죄가 규정된다. 이처럼 새로운 범죄 유형의 출현에 따라 이를 범죄로 규정하는 것은 범죄의 정의에서 실정법적 특성이다.

생각해 보기: 범죄의 형성상의 특성

▶ 법의 실정법적 특성은 범죄의 규정 및 범죄자에 대한 법 집행에 반영되기도 한다. 권력과 돈이 있는 사람에게 법이 유리하게 적용되거나 취약한 사람들에게 처벌이 엄격한 현상을 '유전무죄 무전(권)유죄'로 불린다. 유전무죄 무전(권)유죄가 우리나라에도 있다고 생각하는가? 있다고 생각하면 그 사례를 들어 보자.

▶ 법 집행이 정의롭기 위한 조건으로 평등과 형평 중 어느 것을 우선해야 하는가? 사회복지 전문가의 입장에서 볼 때 범죄인에 대한 사회적 제재는 평등과 형평 중 어떤 가치가 우선적으로 적용되어야 하는지 어느 한쪽을 선택하여 토론해 보자.

① 법의 평등한 적용: 「헌법」 11조(누구나 법 앞에 평등하다)

② 공평(형평): 배분적 평등(같은 것은 같게, 다른 것은 다르게 법을 적용한다)

2. 처벌 이념

학습개요

범죄자에 대한 처벌의 근거는 무엇인가? 그리고 사회가 처벌을 통해 달성하고자 하는 목적은 무엇인가? 이 절에서는 범죄자에 대한 사회적 제재(처벌)의 철학적 배경에서부터 처벌 유형의 역사적 전개과정 그리고 처벌 이념의 유형을 검토한다. 아울러 여러 처벌 이념 중 사회복지실천에 적용하기에 적절한 이념으로 사회복귀와 회복적 정의를 다룬다. 나아가 사법체계에서 일하는 사회복지사의 가치와 관련된 실천원칙도 다룬다.

1) 처벌의 배경과 처벌 유형

(1) 처벌의 철학적 배경

처벌 혹은 형벌(刑罰, punishment, penalty)은 법률로 정한 범죄행위에 대한 국가의 제재를 이른다. 형벌과 혼용되고 있는 처벌(處罰)은 본래 벌을 준다는 뜻으로, 형벌보다 일반적인 의미로 사용되지만 법적 의미에서 국가 권력에 의한 형벌권의 발동으로 사용될 때 형벌과 혼용된다.

① 인간관과 범죄

인간의 속성에 대한 관점인 인간관은 범죄행동을 하는 인간에 대한 이해를 제공하며, 동시에 처벌의 이념을 형성하는 배경이 되기도 한다.

- **성선설**

성선설은 인간의 본성은 선하므로 좋은 성장환경을 조성하면 선한 인간으로 성장할 수 있다고 보는 관점으로, 중국의 맹자(孟子)와 프랑스의 루소(Rousseau)의 사상이 대표적이다. 이에 입각할 때 범죄의 원인은 인간의 악한 본성에 있는 것이 아니라 인간에게 부정적 영향을 미치는 환경과 관련된다. 성선설은 범죄인에 대한 처벌보다는 변화가능성을 전제하는 사회복귀(rehabilitation) 이념의 바탕이 된다.

• 성악설

성악설은 인간의 본성이 악하므로 교육을 통해 심성을 고치고 통제를 통해 악한 행동을 규율해야 한다고 보는 관점으로, 중국의 순자(荀子)와 한비자(韓非子)의 사상이 대표적이다. 성악설에 따르면 인간의 타고난 악한 심성은 교육과 수련을 통해 고쳐야 한다. 또한 사회질서는 외적인 규율과 통제가 전제될 때 유지될 수 있다. 범죄행동 역시 처벌에 대한 두려움과 같이 행동을 억제할 수 있는 요인들이 외적으로 가해질 때 차단될 수 있다. 성악설은 범죄인에 대한 강한 통제에 입각한 응보, 제지 이념의 바탕이 된다.

② 이데올로기와 처벌

이데올로기(ideology)는 크게 보수주의, 자유주의, 급진주의로 구분된다. 이데올로기에 따라 범죄행동에 대한 이해와 범죄인에 대한 사회적 제재의 근거가 되는 처벌 이념은 다른 입장을 보인다.

• 보수주의

사회질서의 유지를 위한 강한 통제와 규율을 강조하는 보수주의는 인간의 악한 본성에 주목한다. 인간은 자유의지(free will)를 가진 존재로서 행위에 대한 자기결정력이 있으며, 합리적 존재이므로 자신에게 이익이 되는 방향으로 행동을 결정한다. 범죄행위도 마찬가지이며, 이때 인간의 악한 본성이 발현되지 않도록 행동을 규제하는 장치가 있어야 한다고 본다. 범죄행위는 자신의 이익을 위해 범죄인이 스스로 결정한 것이므로 자기책임이다. 이러한 관점은 범죄에 상응하는 처벌을 강조하는 강경처벌 내지 엄벌주의의 근거가 된다.

보수수의 관점은 인간의 자유의지를 전제하기 때문에 범죄행위의 외적인 요인(개인적 결함, 환경적 요인)보다는 행동을 결정한 자신의 책임을 중시한다. 엄격한 처벌과 응보를 특징으로 하는 보수주의 형벌관은 고대부터 중세와 계몽주의를 거쳐 오늘날에도 범죄인 처벌에 대한 강경처벌의 이념적 토대가 되고 있다(이백철, 2020: 31).

보수주의에서 접근할 때 범죄인에 대한 사회적 제재의 근거, 즉 처벌 이념은 응보와 제지이다. 응보주의(retributivism)는 범죄에 대한 자신의 책임과 범죄행동에 상응하는 고통을 중시한다. 범죄인은 법이 정한 기준을 위반했으므로 마땅히 처벌받아야 함을 가정한다(이백철, 2020: 23). 응보 이념에 바탕을 둔 법적 제재의 최초 기록은 함무라비 법전이다. 처벌의 기준으로 "눈에는 눈, 이에는 이"를 명시한 함무라비 법전의 조항은 응보주의 처벌 이념을 보여 준다.

보수주의에 토대를 둔 또 다른 처벌 이념은 제지(deterrence)이다. 제지란 범죄인에게는 범죄행동의 재발을 억제하고 일반인에게는 처벌에 대한 두려움을 인식하게 하여 범죄행위를 사전에 차단하는 것을 의미한다.

처벌의 목적을 범죄 발생의 차단(제지, 억제)에 두는 대표적인 사상은 공리주의(utilitarianism)이다. 공리주의자 베카리아(Cesare Beccaria, 1738~1794)와 벤담(Jeremy Bentham, 1748~1832)은 공리주의가 주장하는 효용성(최대다수의 최대행복)에 입각하여 효용(utility)을 위해서는 형벌이 필요하다고 보았다. 베카리아는 가혹한 형벌은 효용(범죄억제 효과)이 없다고 하면서 18세기 당시까지 이어지던 범죄인에 대한 가혹한 처벌을 비판했다(이백철, 2020: 31-32). 한편, 밴담은 '쾌락과 고통의 원칙'을 적용하여 범죄억제에 관한 베카리아의 이론을 발전시켰다. 이는 인간이 자유의지를 가진 합리적 존재라는 고전주의 인간관에 바탕을 둔다. 모든 행동은 행동에 따른 비용과 행동의 결과로 얻을 수 있는 이익을 고려하여 합리적으로 결정하며, 범죄행동은 범죄에 따른 이익이 범죄로 인한 비용보다 많기 때문에 일어난다고 보았다. 따라서 범죄를 억제하기 위해서는 범죄로 인해 얻을 수 있는 이익이나 쾌락의 양보다 더 큰 고통, 즉 더 무거운 형벌이 부과되어야 한다는 것이 공리주의자들의 주장이다(이백철, 2020: 32). 공리주의자들의 형벌관은 형벌의 기능적 측면을 강조하고 범죄인 혹은 잠재적 범죄자의 범죄행위를 억제하는 기능이 형벌에 있다고 본다.

범죄에 대한 보수주의 관점은 범죄행위에 대한 개인의 선택과 책임을 강조하여 개인이 어찌할 수 없는 환경의 영향, 즉 인간의 행동에 대한 외생적 요인을 간과하고 있다는 한계를 가진다.

문화매체로 이해하는 범죄: 인간의 본성과 범죄(보수주의 이데올로기)

▶ 소설 『눈먼 자들의 도시』(주제 사라마구 저, 해냄출판사, 2014)

이 소설은 누구도 보지 못하는 눈먼 자들의 공간에서 벌어지는 추악한 행동들, 인간의 악한 본성은 외적인 통제가 없는 상태에서 발현될 수 있음을 보여 준다. 눈이 멀게 되는 전염병에 감염되어 수용시설에 수용된 인간들의 추악한 행동을 눈이 멀지 않았지만 함께 수용된 한 사람의 시선으로 묘사했다.

▶ **소설 『파리대왕』(윌리암 골딩 저, 민음사, 2002)**

이 소설은 무인도에 남겨진 아이들의 비인간적인 야만성을 통해 폭력적 · 동물적인 인간의 본성을 보여 준다. 핵 전쟁을 피하려던 영국 소년들이 탄 비행기가 태평양 무인도에 불시착하면서 시작되는 이 소설은 무인도에 남겨진 아이들이 서로 갈등을 겪으며 점점 비인간적인 야만 상태로 퇴행해 가는 모습을 담았다. 또한 인간의 내면에 두 개의 상반된 가치가 충돌하고 있음을 보여 준다. 가치 중 하나는 개인적 욕망의 충족보다 도덕적인 규범과 평화를 추구하려는 본성이며, 다른 하나는 폭력적이고 동물적인 본성이다.

▶ **생각해 보기**

앞의 두 소설은 인간이 통제가 없는 상태에서 악한 행동을 할 수 있는 본성이 있음을 보여 준다. 이에 대해 동의하는가? 사회적 제재에서 벗어나게 되면 범죄행위에 대한 욕구는 억제되지 않게 되는가? 인간은 외적으로 통제가 가해지지 않거나 통제 불능의 상태에서는 누구나 악한 행동을 할 수 있다는 입장과 이와는 달리 인간은 어떤 상황에서도 악한 행동을 억제하는 내적인 통제력이 있는 존재라고 보는 입장도 있다. 어느 한편의 입장에서 자신의 생각을 표현해 보자.

▶ **사진**

▲『눈먼 자들의 도시』

▲『파리대왕』

• **자유주의**

자유주의는 인간의 선한 본성을 가정한다. 환경적 여건이 조성된다면 바르게 성장할 수 있는 잠재력이 누구에게나 있다고 본다. 자유주의의 관점에서 범죄와 같은 부정적 행동은 인간의 악한 본성에 기인하는 것이 아니라 개인이 어찌할 수 없는 특정한 요인에 의해 초래된다고 본다. 이는 범죄의 원인이 되는 요인(범인성)에 의해 범죄행동이 결정된다고 보는 결정론적 시각이다.

20세기 실증주의 연구방법은 범죄행동에 대한 결정론적 가정을 경험적으로 검증하고자 한다. 실증주의 연구방법은 자유주의에 연유하며 이러한 관점에 토대를 둔 이론들은 범죄의 원인을 개인적 결함이나 사회적 영향으로 설명한다(이백철, 2020: 31). 이에 관해서는 제5장에서 다룬다. 다른 사회현상과 마찬가지로 범죄도 영향을 주는 원인에 의해 초래된 결과이므로 원인을 찾으면 그로 인한 결과(범죄)를 차단할 수 있을 것으로 가정한다.

자유주의에 토대를 둔 처벌 이념은 사회복귀(rehabilitation)이다. 20세기 이전까지 범죄인 처벌의 논리적 근거는 응보와 제지를 중심으로 이루어졌으며, 이에 대한 대안으로 등장한 새로운 처벌 이념이 사회복귀 이념이다. 사회복귀 이념은 범인성을 제거하는 활동을 통해 범죄인을 변화시킴으로써 사회에 성공적으로 통합되도록 하는 데 처벌의 목적을 둔다.

범죄인에 대한 사회적 대응은 범죄자를 변화시키는 것을 중요시한다. 따라서 치료, 교육 등과 같은 교정교화 프로그램과 서비스의 제공을 강조하게 된다. 환경적 요인을 비롯하여 범죄행동을 초래한 원인을 제거 혹은 변화시킴으로써 범죄의 사전 예방 및 재발 방지가 가능하다고 보기 때문이다.

자유주의적 접근의 한계는 범죄자가 책임을 회피할 수 있는 여지를 준다. 범죄자를 사회구조나 가정환경의 피해자 혹은 심리적 · 정서적으로 치료가 필요한 환자로 접근하는 것은 그들의 행위에 대한 책임을 면제해 줄 수 있다. 아울러 취약한 환경에도 불구하고 성실하게 살아가는 다수와 비교할 때 범죄인이 그의 행위에 대한 대가를 치르지 않는 것은 공평하지 못하다는 점도 제기된다. 법 철학자들은 가해자를 피해자나 환자로 취급하는 것은 그들을 무책임하고 비도덕적인 객체로 취급하는 것이며 동시에 인간으로서 그들의 존엄성을 부정하는 것이라며 자유주의 관점을 비난한다(이백철, 2020: 29).

문화매체로 이해하는 범죄: 환경의 특성과 범죄(자유주의 이데올로기)

▶ 영화 〈인 타임(In Time)〉(2011)

재화의 불평등한 분배는 빈곤에서 벗어날 수 없는 계층이 존재하도록 만든다. 이 영화에서는 생명을 비롯한 모든 것의 가치가 시간으로 환산된다. "시간은 충분하다. 그러나 부자들의 영생을 위해 많은 사람의 시간이 그들에게 뺏기는 것이다."라는 대사에서 그 사회에서 시간 자원의 분배가 정의롭지 못하게 이루어지고 있음을 알 수 있다. 시간의 양이 살 수 있는 생명의 기간이고, 시간이 화폐의 기능을 하는 사회이다. 누구에게나 25년의 생명이 기본으로 주어지며 그 이후부터는 가지고 있는 시간에 의해 생명이

연장된다. 부자들은 몇 천 년의 시간을 가지고 있지만 빈민가 사람들은 하루 종일 일해도 하루의 생명을 연장할 정도의 시간밖에 가질 수 없다.

영화의 주인공은 생명과 직결되는 시간을 보충하지 못해 일순간에 생명이 끝난 엄마의 죽음을 경험했다. 그리고 부자들의 시간을 빼앗아 가난한 사람들에게 나누어 주고 경찰(time keeper)에 쫓기는 신세가 된다. 즉, 범죄자가 된 것이다.

▶ 생각해 보기

우리 사회의 분배구조의 불평등함을 보여 주는 현상들은 어떤 것들이 있는가? 사회구조가 가진 한계로 인해 빈곤문제와 빈곤에서 벗어나지 못하는 계층이 존재한다면, 이에 대응할 수 있는 사회복지실천에는 어떤 것들이 있는가?

• 급진주의

마르크스주의(Marxism)의 전통을 잇는 급진주의는 인간의 행위가 사회정치적 환경에 의해 결정된다고 본다. 범죄를 비롯한 사회문제는 부의 불평등을 초래하는 자본주의 사회의 구조적 모순에서 비롯된 자연스러운 결과이다. 따라서 모순된 사회구조(자본주의)를 개혁하면 이에서 비롯된 사회문제(범죄)는 발생하지 않게 된다고 본다.

급진주의는 보수주의와 자유주의 모두를 비판한다. 급진주의자들은 보수주의자들이 범죄의 책임을 지나치게 개인에게 둠으로써 범죄 원인에 대한 외생적 요인들의 작용을 간과하고 있고, 자유주의자들은 취약계층의 범죄에 대해 범죄 원인이 되는 환경의 근본적인 대응책은 제시하지 않으면서 생존 기술만 제공한다고 비판한다(이백철, 2020: 31, 49). 급진주의에서 범죄인에 대한 처벌은 의미가 없다. 범죄는 사회구조의 모순에서 비롯된 것이므로 그 책임이 개인에게 있지 않기 때문이다.

종합하자면, 이데올로기에 따라 인간관과 범죄행동을 이해하는 관점 그리고 범죄인 처벌에 대한 관점은 서로 상이하다. 〈표 2-16〉은 이데올로기별로 인간관 및 범죄에 대한 관점, 범죄통제방법과 처벌 이념을 비교했다.

표 2-16 범죄에 대한 관점과 관련 처벌 이념

	범죄에 대한 관점	범죄통제방법	처벌 이념
보수주의	• 인간의 악한 본성에 주목 • 악한 본성이 발현되지 않도록 강한 통제와 규율 필요 • 인간은 자유의지를 가진 존재이고 행위에 대한 자기결정력이 있음 • 범죄는 자기결정행위이므로 자기책임	• 엄격하고 강한 처벌(범죄로 인한 비용이 이익보다 크도록 함) • 처벌의 두려움에 대한 인식력 강화	응보, 제지
자유주의	• 인간의 선한 본성에 주목 • 인간은 환경적 여건이 조성된다면 성장할 수 있는 잠재력이 있음 • 인간의 행위에는 외적 요인의 작용이 큼 • 범죄행위는 외적 요인에 의해 결정된 것이므로 범인성에 개입한다면 범죄 예방 및 재발 방지 가능	• 교정 · 교화(범죄인을 변화시키기 위한 프로그램 제공) • 범죄 원인에 따라 개별적 처우	사회복귀
급진주의	• 인간의 행위는 사회정치적 환경에 의해 결정됨 • 범죄현상은 사회구조의 모순에서 비롯된 결과 • 모순된 사회구조를 개혁하면 사회문제(범죄)는 해결됨	• 모순된 사회구조의 개혁이 근본적인 방법임	처벌 근거 없음

(2) 처벌의 유형

잘못을 저지른 자에게 벌을 준다는 뜻의 처벌은 일반적으로 범죄인에 대한 사회적 제재를 의미한다. 이에 비해 형벌은 법률 위반자에 대한 국가 권력에 의한 형벌권의 발동으로 처벌에 비하여 구체적이다. 인간은 집단생활을 하면서 사회 존속을 위해 규범을 만들었으며, 규범의 최소한의 범위인 법은 구체적인 조항에 입각하여 이를 위반한 자에 대해 형벌의 내용을 규정하고 있다. 그렇다면 처벌은 옛날에도 지금과 유사하게 교정시설에 구금(자유형)하는 형태였을까? 다음에서는 처벌 유형의 흐름과 현대 자유형의 의미에 대해 검토한다.

① 고대의 처벌

고대와 중세에 이르기까지 범죄인에 대한 처벌은 주로 사적 응징이었다. 복수(revenge)는 사적 응징의 대표적인 형태이다. 비문명화된 사회에서 범죄행위에 대한 처벌은 피해 당사자 혹은 피해자가 속한 공동체가 사적으로 가해자에게 고통을 주는 방식이었다. 처벌의 목적은 복수였으며, 계층에 따라 처벌이 차별적으로 적용되어 불공정하고 불합리했다.

고대 함무라비 법전은 처벌의 기준을 "눈에는 눈, 이에는 이"라고 명시하고 있는데, 이는 죄에 상응하여 처벌하라는 응보형을 의미한다. 다른 한편으로는 처벌의 상한선을 정해준 것으로서, 눈을 상하게 했는데 목숨으로 응징하는 것과 같은 잔혹하고 과한 처벌에 대한 경고를 의미한다.

제196조: 만일 사람이 남의 눈을 멀게 했으면 그(가해자)의 눈을 멀게 한다.

제197조: 만일 남의 뼈를 부러뜨렸으면 그(가해자)의 뼈를 부러뜨린다.

② 중세의 처벌

잔혹한 처벌은 중세를 거쳐 18세기까지 지속되었다. 중세사회는 종교가 지배하는 사회로서 범죄(crime)보다는 종교적 의미의 죄(sin)에 보다 중요한 의미를 두었기 때문에 범죄는 사회적 규범 위반보다는 종교적 의미와 신학적 측면에서 이해되었다. 그래서 처벌은 현세의 일시적인 범죄행위를 대상으로 했다기보다는 인간의 타고난 악성인 죄악을 다스리는 것으로 볼 수 있다(이백철, 2020: 64-65). 권력자는 신(神)을 대신하는 존재로 인식되었으므로 엄하고 가혹한 처벌이 가능했다. 공개적인 고문이나 처형으로 죄에 대해 혹독한 대가를 치르는 것을 일반인에게 보여 줌으로써 일반인들의 죄악을 억제(deterrence)시키는 데 목적을 두었다(이백철, 2020: 65).

공개처형과 가혹한 신체형은 18세기까지 유럽에서 행해졌다. 또한 범죄인에 대한 판단은 비과학적이고 불합리하여 범죄자로 의심받는 사람의 유무죄는 신이 판단한다고 보았다. 예를 들어, 달군 쇠를 손에 얹어서 상처가 나으면 무죄, 범죄자를 물에 집어넣어 가라앉으면 무죄이고 뜨면 유죄, 격투하여 살아남으면 신이 보호하여 이겼다고 판단하는 등 이미 유죄를 가정한 가운데 행해지는 불합리한 처벌이었다(이백철, 2020: 66).

③ 근대 고전범죄학과 처벌

18세기 중반의 공리주의자들은 기존의 형벌제도를 비판하고 새로운 형벌 기준을 제시했다. 이들이 제시한 형벌에 관한 내용을 고전 범죄학이라 하며, 현대에 이르기까지 고전 범죄학이 형사정책에 함의하는 바가 크다.

• 베카리아의 사형제도 폐지 주장

18세기를 대표하는 공리주의자 베카리아(Cesare Beccaria, 1738~1794년)는 그의 책 『범죄와 형벌(Dei delitti e delle pene)』이 출판된 1764년 당시 20대 중반의 청년이었다. 베카리아는 사형제도와 당시의 잔혹한 고문과 형벌제도에 대한 비판을 자신의 책에 담았으며, 책의 내용은 다음과 같다.

첫째, 사형제도를 비판한다. 사형은 사형수에게 짧은 공포와 고통을 주지만 범죄를 예방하는 효과는 크지 않다고 말한다. 그래서 베카리아는 사형제도의 전면 폐지를 주장했다.

둘째, 18세기 잔혹한 고문과 형벌제도를 비판한다. 범죄자 혹은 불확실한 혐의를 받고 있는 사람에게 가해지는 잔인한 고문, 한층 악화된 감옥의 더러움과 공포 등에 대해 법률가들이 주목해야 한다고 지적한다.

셋째, 형벌의 목적은 범죄의 예방에 있다고 주장한다. 형벌은 범죄자에 대한 응징, 죄를 범한 사람을 괴롭히는 것이 아니고, 이미 범해진 범죄를 원상태로 회복시키려는 것도 아니며 오직 범죄자가 시민들에게 새로운 피해를 입히는 것을 예방하고, 나아가 일반인들이 타인들이 유사한 행위를 하지 못하도록 억제하는 것이라고 본다.

넷째, 처벌의 원칙은 혹독한 처벌보다는 확실히 처벌하는 가벼운 처벌이 더 낫다고 주장한다. 죄를 짓게 되면 처벌이 예외 없이 가해진다는 확실성이 있어야 하고, 이는 집행되지 않는 혹독한 형벌보다 범죄 예방에 대한 효과가 더 낫다고 보았다.

• 벤담의 감옥 유형과 처벌의 원칙

벤담(Jeremy Bentham, 1748~1832)은 근대 감옥의 설계도를 개발하고 처벌의 원칙을 제시했다. 베카리아처럼 벤담 역시 당시의 잔혹한 형벌을 비판하면서 처벌의 기준을 제시했다. 형벌의 크기는 범죄에 비례해야 하는데, 형벌의 고통(범죄로 인해 지불해야 할 비용)은 범죄로 인해 얻은 쾌락(이익)보다 커야 범죄행동을 억제할 수 있다고 본다.

벤담은 파놉티콘(panopticon)이라는 근대 감옥의 설계 도면을 제시했다. 파놉티콘은 감시 시스템을 갖춘 원형감옥의 구조이다. 감시자들은 중앙에 있는 원형의 감시탑에서 범죄자들이 수용된 방을 훤히 볼 수 있지만 수용자들은 감시자가 보이지 않으므로 그 존재를 알 수가 없어서 감시자가 없어도 있는 것처럼 인식한다.

벤담이 제시한 감옥의 운영 원칙은 다음의 네 가지로 요약된다. ① 고통 완화의 원칙(건강 혹은 생명에 해를 끼치거나 치명적인 신체적 고통을 동반해서는 안 됨), ② 엄격함의 원칙(수감자에게 죄 없고 가난한 시민보다 더 좋은 조건을 주어서는 안 됨), ③ 경제성의 원칙(공공 비용을 지출

해서는 안 되며 어떤 목적을 위해 가혹함이나 관대함을 이용해서도 안 됨), ④ 징역형이다. 범죄가 나태에서 비롯되므로 노동을 통해 범죄인의 게으른 습관을 교정해 주어야 한다는 것이다. 또한 범죄인에 대한 단순한 처벌에서 범죄인의 사회복귀를 위한 교정 · 교화 개념이 등장한 것을 의미한다.

문화매체로 이해하는 범죄: 근대 형벌관(공리주의자)

▶ 베카리아: 『범죄와 형벌』(1764)

당시까지 행해지고 있던 사형제도와 잔혹한 고문과 형벌제도를 비판함.

▶ 벤담: 파놉티콘(1791)

처벌의 구체적인 원칙과 근대 감옥의 건축설계(panopticon)를 제시함.

▶ 사진

▲『범죄와 형벌』

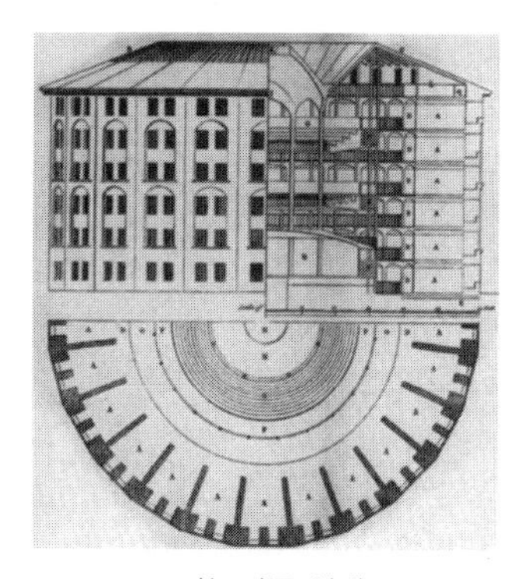

▲ 파놉티콘 설계도

④ 현대의 처벌 유형과 자유형의 의미

오늘날 범죄에 대한 형사제재, 즉 형벌에 관한 사항은 「형법」에 명시되어 있다. 「형법」에서 명시하고 있는 처벌의 유형은 크게 형벌과 보안처분 두 가지이다.

• 형벌 유형

형벌이란 국가가 정한 법을 위반하는 불법행위에 대해 내리는 벌로서, 형벌의 종류에는 처벌이 무거운 순서대로 사형, 징역, 금고, 자격상실, 자격정지, 벌금, 구류, 과료, 몰수가 있다. 이는 신체형, 자유형, 재산형, 명예형으로 분류된다. 먼저, '신체형'으로 사형이 있다. 정신적 처벌에 해당하는 '자유형'으로는 현대 형벌의 주된 유형인 징역(유기징역과 무기징역)과 금고 및 구류가 있다. '재산형'으로는 벌금형이 있는데, 벌금을 납부하지 못하는 경우에는 환형처분으로서 노역장 유치(환형처분) 처분을 받게 된다. 과료와 몰수도 재산형에 속한다. '명예형'으로는 자격상실과 자격정지가 있다.

• **보안처분**

보안처분(保安處分)은 범죄자를 시설에 수용하는 대신 교육이나 보호로 대신하는 형사처분이다. 시설이 아닌 지역사회에서 집행이 이루어지므로 사회 내 처분이라고도 한다. 보안처분의 유형으로는 치료감호와 보호관찰처분 그리고 보호관찰의 병과처분인 전자발찌처분 등이 있다.

• **자유형의 의미**

자유형(구금형)은 오늘날 처벌의 주된 유형이다. 시공간(감옥)을 정해서 대규모 시설에 범죄인을 가두고 자유를 속박하는 형벌인 자유형(구금형)은 18세기 후반에 탄생하여 19세기 초반에 완성되었으며, 이와 함께 기존의 신체형은 구금형으로 대체되었다(이백철, 박연규, 2021: 18-20).

자유형은 두 가지 의미를 가지는데, 신체감금으로 자유를 박탈하는 것과 교정·교화를 통해 범죄인의 변화를 도모하는 것이다. 자유형의 본래적 의미는 신체의 감금을 통한 자유박탈이다. 그러나 푸코(Michael Faucault, 1926~1984)는 자유형을 집행하는 공간인 감옥이 수감자들에 대한 신체감금뿐 아니라 정신적 처벌까지 수행하게 된다고 말했다.

벤담이 제시한 근대 감옥의 형태인 파놉티콘은 그의 생전에는 건축되지 못했지만 푸코의 저서 『감시와 처벌(Surveiller et punir)』(1975)에서 철학적으로 재해석되었다. 푸코는 파놉티콘에서 수감자들이 자신의 몸이 감시되고 통제를 당함으로써 정신까지 복종하게 된다고 본다. 통제 대상자(수감자)는 일방적으로 감시당하는 존재이며 의사소통의 주체가 될 수 없다. 이러한 상황에서 수감자들은 감시를 통해서 힘이 행사되고 훈육이 이루어지는 사회에 복종하게 된다. 몸의 정복(감금)이 정신의 복종에 이르게 함으로써 훈육을 가능하게 한다는 것이다. 이는 근대 감옥에서 수용자의 정신을 변화시킬 수 있는 소위 교정·교화를 위한 훈육적 기술들이 발전하게 된 배경이다.

또한 근대 감옥의 훈육적 특성은 범죄인의 잘못된 부분을 바로잡는다는 의미인 교정 이

념을 수용자 처우의 이념으로 발전시켰다. 이는 감옥에서 수감자들을 규범화, 즉 정상적인 인간과 건강한 사회인으로 만든다는 논리이다. 이에 따라 수감자들을 훈육시키는 방법들이 발전했다. 대표적으로 수감자의 변화를 위한 범죄 심리치료 등이 등장하게 되었다(Oksala, 2008: 109-110).

수감자에 대한 훈육은 범죄에 대해 범죄 자체에서 범죄자에게로 초점을 이전하게 함으로써 19세기 초에 수감자에 대한 심리치료가 개입되었다. 이처럼 범죄자를 치료가 필요한 위험한 개인, 즉 잠재적으로 위험이 내재된 사람으로 접근하는 것은 감옥의 훈육적 특성에 정당성을 부여한다. 이는 범죄행위를 유발하게 한 원인을 개인의 특성으로 돌리고, 신체를 감금하는 자유형은 범죄자의 위험한 본성을 제거하는 것, 즉 교정 · 교화로 이해하게 된 것이다(Oksala, 2008: 111).

현대 자유형의 목적은 사회복귀(rehabilitation)이며, 이것의 실현을 위해 수용자에 대한 교정 · 교화를 목표로 하고 있다. 이러한 취지를 담은 「형의 집행 및 수용자의 처우에 관한 법률」의 제1조(목적)에서는 "이 법은 수형자의 교정교화와 건전한 사회복귀를 도모하고, 수용자의 처우와 권리 및 교정시설의 운영에 관하여 필요한 사항을 규정함을 목적으로 한다."라고 명시하고 있다.

문화매체로 이해하는 감옥: 푸코의 자유형 해석

▶ 푸코의 『감시와 처벌』에 나타난 자유형의 의미

푸코에 의하면, 파놉티콘에서 수감자들은 자신의 몸이 정복되어 정신도 복종하게 된다. 파놉티콘은 모든 것을 볼 수 있는 장소라는 의미로, 감시와 통제가 용이한 원형구조의 감옥이다. 파놉티콘이 가지는 감시구조의 주된 특성은 가시성(visibility)으로서 통제 대상자(수감자)는 보이기는 하여도 볼 수는 없다. 다시 말해, 수감자들은 통제의 대상은 되어도 의사소통의 주체가 될 수 없다(Oksala, 2008: 100).

파놉티콘은 물리적 통제 시스템이지만, 가시성(감시당하는 것)과 익명성을 가지는 감시를 통해서 힘이 행사되고 훈육하는 구조이다. 수감자들은 그것을 자신의 모습이라 여기지만 실상은 훈육적 힘에 대한 복종의 표현이라고 할 수 있다. 근대 감옥에서는 수용자에 대한 범죄 심리치료와 같은 훈육적 기술들이 발전하게 되었고, 수감자들의 훈육에 대한 합리화가 가능해졌다. 수감자들은 훈육이 자신들을 통제하는 데 목적이 있는 것이 아니라 정상적인 사람으로 만드는 것이라고 생각하게 된다. 이러한 까닭에 푸코는 현대 자유형을 신체의 감금에 더하여 정신에 대한 처벌이라고 해석한다.

2) 처벌 이념과 사회복지

(1) 처벌 이념의 유형

처벌 이념은 범죄인에 대한 사회적 제재의 논리적 근거이며, 처벌을 수행하는 형사사법 제도의 정당성이 되기도 한다. 처벌의 근거, 즉 처벌의 목적과 당위성은 단일한 관점으로 설명되지 않으며, 다양한 관점이 동시에 적용된다. 이러한 관점들은 사회복지사들이 형사사법제도에서 진행되는 정책과 행정을 이해하는 틀이 된다.

시겔과 워럴(Siegel & Worrall, 2014)은 처벌 이념으로 범죄통제 관점, 사회복귀 관점, 적법절차 관점, 불간섭 관점, 평등한 정의 관점, 회복적 정의 관점을 제시했다.[3] 다음에서는 여섯 가지 처벌 이념의 주된 내용을 검토한다(Siegel & Worrall, 2014; Patterson, 2020: 11-13 재인용).

① 범죄통제 관점

범죄통제 관점(crime control perspective)은 범죄에 대한 통제와 예방에 비중을 둔 관점이다. 이 관점이 반영된 예로는 정기형 판결과 만기형 집행, 사형제도 유지와 같은 강경처벌, 높은 경찰 체포율과 실형선고, 판결에 있어 정상참작 요소 제한 등의 사법정책을 들 수 있다(Patterson, 2020: 12). 이 관점은 범죄행동을 저지하기 위해 엄격하고 혹독한 처벌이 필요하다고 본다. 범죄통제 관점은 형사사법 체계에서 전통적으로 주류적 관점으로 위치를 점해왔으며, 처벌은 범죄행위에 대한 응보의 수단으로 본다. 또한 고통 부과와 자유 박탈이 형벌의 목적임을 강조한다. 이러한 관점에서 나온 처벌 이념이 바로 응보, 제지, 무력화 등으로 범죄행위에 대한 응징을 강조하는 처벌적 관점이다.

응보(retribution)는 범죄행위에 상응하는 처벌을 주는 것을 의미한다. 처벌은 범죄인이나 잠재적 범죄인에게 겁을 주기 위함이 아니라 가해자에 대한 사회의 도덕적 대응, 범죄와 처벌 사이의 균형이 필요하다고 본다. 제지(억제, deterrence)는 범죄인 처벌에 대한 일반인의 인식력을 강조한다. 죄의 대가로 행해지는 처벌을 통해 법의 엄격한 정신을 알리고 처벌에 대한 두려움을 갖도록 하며, 이는 미래의 범죄를 예방하는 효과로 이어진다. 구체적으로 범

3) 처벌의 이념으로 7개 관점이 논의되기도 하는데, 시겔과 워럴(2014)이 제시한 범죄통제 관점, 사회복귀 관점, 적법절차 관점, 불간섭 관점, 평등한 정의 관점, 회복적 정의 관점에 치료적 법률 관점이 더해진다. 치료적 법률 관점(therapeutic jurisprudence perspective)은 법률이 그 자체로 일종의 치료자 혹은 치료기관으로서 기능을 하며, 법집행과 사회적 강제력 행사는 의도와 무관하게 치료 혹은 비치료적 결과를 생산하게 된다고 본다(Cole & Smith, 2004; Patterson, 2020: 11 재인용).

죄인에게는 미래의 재범을 차단하는 특별예방효과, 일반인들에게는 처벌에 대한 인식력을 줌으로써 범죄를 사전에 예방하는 일반예방효과로 구분된다. 한편, 무력화(incapacitation)의 본래적 의미는 범죄인을 신체적으로 무력화시켜 범죄행동을 할 수 없도록 한다는 것이다. 현대적 의미에서 무력화는 자유형(imprisonment, incarceration, 구금을 통한 자유박탈)이 해당되며, 범죄인을 구금하여 사회로부터 격리시키는 무력화를 통하여 사회를 보호하고 범죄인의 또 다른 범행을 차단한다는 논리이다. 범죄인에 대한 구금은 잠재적 범죄를 차단하기 위함이며, 이를 통해 사회를 보호해야 한다고 본다(이백철, 2020: 23-24).

② 사회복귀 관점

사회복귀는 교정교화, 갱생, 개입(intervention), 처우(treatment)라는 용어와 혼용되고 있으며(이백철, 2020: 486), 가장 흔하게는 교정교화(矯正敎化), 갱생(更生), 재활(再活)과 동일한 의미로 이해되고 있다. 이들의 공통된 의미는 범죄인의 변화가능성을 가정한다는 점이다. 이는 범죄인에게 죄에 상응하는 고통을 부과하고, 처벌에 대한 두려움을 갖도록 하는 것 그리고 자유 박탈을 통해 잠재적 범죄를 무력화하는 것을 형벌의 목표로 두는 '범죄통제 관점'과 명백히 구분된다.

범죄인을 변화시키는 것을 지향하는 사회복귀 관점(rehabilitation perspective)은 범죄를 초래한 원인에 입각하여 범죄인의 변화를 돕는 교화 프로그램의 제공을 강조한다. 이 관점에서는 범죄행동이 신체적 · 정신적 취약함과 교육 부족, 취업기술의 부족 등과 같은 환경적 요인들에 의해 초래된 것으로 본다. 사회복귀 관점은 사회복지 전문가들이 가장 관심을 가지는 관점 중 하나이다. 범죄인에 대한 의료, 정신건강 서비스, 교육, 직업훈련 등과 같은 프로그램의 제공을 중요시하기 때문이다.

사회복귀 관점에서는 범인성(범죄의 원인이 되는 요인들)을 개선하여 미래의 범행가능성을 줄이고자 한다. 제지와 다른 점은 처벌에 대한 두려움 때문에 미래의 범죄가 예방되는 것이 아니라 범인성이 제거됨으로써 차단된다고 본다. 따라서 범죄행위를 초래한 원인이 되는 요인에 주목한다. 또한 개별 범죄인의 특성에 관심을 두고 이에 입각하여 다양한 교육, 치료 프로그램, 사회적 기술, 직업훈련, 상담 등과 같은 교화 프로그램들을 제공한다. 이를 통하여 범죄인을 변화시키고 사회에 성공적으로 정착하도록 하는 데 목적을 둔다.

③ 적법절차 관점

적법절차 관점(due process perspective)은 헌법이 정한 권리에 부합할 수 있도록 형사사법

제도 안에 있는 사람들을 공정하게 다루는 것을 중요시한다. 이 관점의 목적은 성, 인종, 사회계층 등에 따른 편향을 줄이는 데 있으며, 공정하고 적절한 법적 절차를 중시한다. 또한 모든 범죄인에 대해 법이 정한 권리를 보장하고 적법한 절차에 따를 것을 강조한다.

④ 불간섭 관점

불간섭(비간섭) 관점(nonintervention perspective)은 사법적 개입에 대해 부정적이다. 이 관점에 따르면 범죄행동과 재범을 줄이기 위한 목적으로 개입하는 형사사법적인 제재는 개인들(범죄인들)의 삶에 부정적인 영향을 준다고 본다(Patterson, 2020: 12). 이는 누구든지 형사사법기관에 한 번 연루되면 범죄인, 전과자, 폭력범죄자 등과 같은 부정적인 사람으로 분류되기 때문이다. 이렇게 분류되면 취업이나 다른 기회를 얻는 데 방해를 받게 된다. 따라서 경미한 범죄를 저지른 사람에 대해서는 범죄인으로 규정하지 말고 가급적이면 구금하지 않아야 한다고 본다. 이러한 관점은 형사사법기관을 통한 범죄인에 대한 사회적 통제가 낙인이 되어 부정적 효과를 초래하게 된다고 설명하는 낙인 이론(labeling theory)과 같은 맥락이다.

낙인 이론에 따르면 경미한 범죄를 저지른 경우라도 경찰체포, 구속 등 사법기관에 의해 통제를 받은 사람은 그렇지 않은 사람과는 달리 범죄자라는 낙인이 가해짐으로 인해 2차 범죄자가 될 가능성이 크다. 범죄자로 낙인 찍힌 사람은 사회로부터 정상적인 기회구조에서 배척되는 한편, 범죄자 스스로도 낮은 자존감을 형성하게 됨으로써 직면한 상황에 대해 일탈적으로 대응하고 자기와 유사한 사람들과의 교제를 통해 범죄 친화적인 행동을 하게 된다(Raynor, 1985: 85). 낙인 이론과 불간섭 관점에서 보면, 경미한 범죄자에 대해서는 가능한 한 사법적 통제를 억제하는 것이 오히려 이들의 미래범죄를 줄일 수 있다.

⑤ 평등한 정의 관점

평등한 정의 관점(equal justice perspective)은 형사사법적인 관리를 받고 있는 모든 사람을 동일하게 대우해야 함을 강조한다. 이 관점에서는 사법적 차별을 줄이는 것을 목적으로 한다. 예를 들어, 한 사건에 대해 엄중 혹은 관대한 처벌을 부과하는 것에 권력이 개입하는 것을 경계한다. 형량은 오직 범죄행위를 기준으로 하며 장래에 범죄를 저지를 성향에 대해서는 고려하지 않는다. 미국에서 법률에 의해 정해진 형량은 복역해야 하며, 특정한 범죄에 대해서 의무적인 복역 기간에 대한 가이드라인을 정해 놓은 것은 이러한 관점이 반영된 것이다(Patterson, 2020: 12). 평등한 정의 관점은 법 집행의 차별을 줄이기 위해서 양형은 법률이 정한 형량을 지켜야 한다고 본다.

⑥ 회복적 정의 관점

회복적 정의는 회복적 사법이라고도 한다. 가해자의 처벌에 비중을 두던 종전의 대부분의 관점과는 달리 피해자와 가해자 그리고 지역사회의 모든 수준에서의 정의의 회복을 강조한다. 회복적 정의는 범죄에 의해 초래된 모든 피해를 치유하는 실천에 역점을 두고, 형사사법에 대해서도 적대적으로 접근하지 않는다(Bazemore & Walgrave, 1999: 48; Patterson, 2020: 13 재인용). 사회복귀 관점과 유사하게 회복적 정의 관점(restorative justice perspective) 역시 사회복지 전문가들이 관심을 둘 필요가 있다. 치유와 회복을 중요시하고 범죄문제에 대한 공동체의 연대성과 협력을 강조하는 것은 사회복지의 가치와 윤리에 부합하기 때문이다. 아울러 이 관점은 가해자에게 책임감을 부여한다는 점에서 범죄인 통제를 중시하는 형사사법의 집행과 결합할 수 있다.

(2) 복지적 관점의 처벌 이념: 사회복귀, 회복적 정의

교정복지실천에서 주목해야 관점들은 범죄통제 관점, 사회복귀 관점, 회복적 정의 관점이다. 범죄통제 관점은 미국을 비롯한 대부분의 국가에서 형사사법제도의 지배적 관점으로 위치하고 있기 때문이고(Siegel & Worrall, 2014), 사회복귀 관점과 회복적 정의 관점은 사회복지실천이 추구하는 클라이언트의 변화, 인권, 연대성 등에 부합하기 때문이다. 범죄통제 관점은 범죄인을 구금함으로써 처벌의 목적을 달성하고자 하는 현대 자유형의 주류 이념이고, 사회복귀 관점과 회복적 정의 관점은 사회복지가 추구하는 인간의 변화가능성에 대한 믿음과 범죄문제에 대한 사회적 연대성에 기반을 두고 있다. 다음에서는 사회복지실천에 적절한 사회복귀 관점과 회복적 정의(회복적 사법) 관점을 검토한다.

① 사회복귀 관점과 사회복지

사회복귀 관점은 범죄자를 치료하거나 교정함으로써 건강한 시민으로 변화시키는 것을 추구한다(이백철, 2020: 23). 교정복지에서 자주 등장하는 용어는 교정, 교화, 사회복귀이다. 교정(correction)은 범죄인들의 바람직하지 못한 특성을 바로잡는다는 것이며, 교화(reformation)는 교육을 통해 좋은 방향으로 변화시키는 활동으로서 교정에 비하여 보다 구체적인 프로그램과 서비스를 의미하는 용어로 사용되고 있다. 교정과 교화는 유사한 의미로서 혼용되어 사용되기도 한다. 그러나 교정이 이념적 · 추상적인 데 비해, 교화는 수용자의 변화를 도모하는 특성상 '교화 프로그램' '교화활동' 등과 같이 구체적인 의미를 갖는다.

사회복귀(rehabilitation)는 범죄인을 변화시켜 건강한 사회인으로 복귀시킨다는 의미이다.

'rehabilitation'은 일반적으로 교화(教化), 갱생(更生), 재활(再活), 사회복귀(社會復歸)라는 용어로 혼용되고 있으며, 형사사법 영역에서는 범죄인이 새로운 삶을 살게 한다는 의미를 가진 '갱생'으로 흔히 사용된다. 갱생과 재활은 건강한 사회인으로의 새로운 삶을 의미하므로 사회복귀와 동일한 의미이다. 교정과 교화의 궁극적 목적은 사회복귀이며, 따라서 교화는 교정과 함께 사회복귀의 실현을 위한 수단이다.

사회복귀 관점은 범죄의 원인으로 환경적 요인을 중요시한다. 범죄를 개인의 문제를 넘어서 사회문제로 접근하므로 사회 공동의 책임을 가정한다. 사회복지실천에서 사회복귀 이념의 적절성은 다음과 같은 이유에서이다.

첫째, 가치의 유사성이다. 사회복지의 중심적 가치는 인도주의와 인권보장을 통한 '인간 존엄성' 구현이다. 사회복지는 인간의 존엄성과 발전할 수 있는 능력을 인정하는 데서 출발하며, 문제에 처한 사람을 위한 서비스를 제공한다. 처벌 이념인 '사회복귀'는 인간의 존엄과 권리보장이라는 가치에 토대를 두고 있다.

둘째, 변화를 도모하고자 하는 목적의 유사성이다. 사회복지는 개입을 통한 클라이언트의 변화를 목적으로 한다. 인간의 변화를 도모하는 사회복지의 실천 목표는 범죄자에게도 적용된다. 범죄인은 불법적인 사람에서 건강한 시민으로 변화해야 한다. 사회복귀 이념의 실천 수단인 교정·교화는 수용자의 변화를 목표로 한다. 변화는 범죄와 관련된 환경, 능력, 인격, 습관 및 행동을 변화시켜 범죄자를 보다 나은 사람, 나아가 건강한 시민이 되도록 하는 것이다.

셋째, 발생 원인에 대한 관점의 유사성을 들 수 있다. 사회복귀 이념은 범죄를 유발하는 원인과 취약한 계층을 주목한다. 예를 들어, 빈곤이 사회문제를 발생하게 만드는 대표적인 위기 요인이라는 점은 범죄인의 특성에서도 예외가 아니다. 범죄와 빈곤의 연결고리 그리고 빈곤과 범죄와의 관련성에 관한 논의는 다수의 이론에 의해 지지되고 있다. 이런 까닭에 역사적으로 범죄통제 정책들은 '빈곤과의 전쟁(war on poverty)'과 함께 전개되었고, 빈곤자에 대한 소득지원과 직업훈련, 상담, 교육 및 사회복지 서비스 제공을 해결방안으로 전개한 것은 범죄 발생이 일반적인 사회문제와 마찬가지로 빈곤의 문제와 밀접히 관련되기 때문이다(Hinton, 2017: 3-4).

사회복귀 관점에 관한 이상의 논의를 종합하면, 사회복귀 관점은 범죄문제에 대응한 복지적 실천에 적절하다. 사회복귀 관점에서 접근할 때 수용된 기간은 사회에 재통합을 준비하는 기간, 즉 선량한 시민으로의 복귀를 준비하는 계획이 진행되는 기간이어야 한다. 우리나라 민영교도소인 소망교도소의 교육·교화 프로그램(Individualized Programs for InnerChange and Restoration: IPIR)은 이에 관한 좋은 모델이다(소망교도소, 2021: 83-84).[4)]

사회복귀 관점이 범죄를 초래한 원인과 취약계층문제에 주목하는 점, 범죄문제에 대한 사회적 책임성, 범죄와 직간접적으로 관련된 모든 사람의 인권과 복지적 삶을 실천의 목표로 하는 점, 범죄자에 대한 해결 중심적 접근과 이를 위한 전문적 개입을 강조한다는 점 등은 교정현장에서 사회복지실천의 토대가 되기에 적절하다.

② 회복적 정의 관점과 사회복지

회복적 정의 혹은 회복적 사법(restorative justice)은 범죄에 대응하는 새로운 패러다임이다. 피해자의 상처와 고통을 치유하고, 가해자의 책임의식을 진작시키며, 공동체의 참여를 독려하고, 정의의 회복을 위해 법과 사회 시스템의 변화를 촉구하는 운동이다. 또한 가해자와 피해자, 사법체제를 포함하여 사회 전체적으로 정의를 세워 가는 실천적 과정이기도 하다.

하워드 제어(Howard Zehr)는 "회복적 정의는 가능한 잘못을 바로잡고 치유하기 위하여 특정한 가해행위에 이해관계가 있는 사람들을 최대한 관여시켜 피해와 니즈(needs) 그리고 의무를 함께 확인하고 다루는 과정이다."라고 말했다(박연규, 2016). 여기서 정의(justice)는 가해자에 대한 처벌을 중심으로 이루어지는 응보적 관점의 정의와는 다르게 피해자의 피해를 회복하고 가해자의 자발적인 책임과 관계 회복을 목표로 공동체적 역할을 강화하는 의미의 정의이다.

회복적 정의의 역사는 1970년대 초반 캐나다의 조그만 도시로 거슬러 올라간다. 1974년 캐나다 온타리오주 엠마이라시에서 있었던 비행청소년 선도 사례로, 2명의 비행청소년이 인근 주택 22곳에서 물건을 훔쳐서 기소된 사건이다. 사건을 담당한 보호관찰관 마크 얀치(Mark Yantzi) 그리고 메노나이트(Mennonite) 교인이자 교도관이었던 데이브 워스(Dave Worth)는 두 비행청소년과 함께 피해자 가정을 방문하여 화해를 시도했고 이에 20가정이 응했다. 이 과정에서 비행청소년들은 자신들의 과오를 진심으로 뉘우치고 이웃과 화해하며, 피해를 보상하기 위해 사회봉사활동을 수행했다. 이 사례가 언론에 보도된 후 회복적 정의의 방법론은 메노나이트 교회 공동체 네트워크를 통해 캐나다의 다른 지역과 미국, 뉴질랜드 등으로 점진적인 확산이 이루어졌다.

4) 우리나라 민영교도소인 소망교도소에서 운용하고 있는 교육 · 교화 프로그램은 장기간의 개입을 전제로 한다. 입소과정(1단계), 여럿이 함께(2단계), 치유와 회복(3단계), 출소 전 교육(4단계), 새로운 시작(5단계, 출소 후 사회적응 단계)으로 구성된 교육 · 교화 프로그램 모델은 수용자의 사회복귀 준비를 위한 교도소 프로그램들을 장기간에 걸친 몇 단계 과정으로 구성하고 있다(소망교도소, 2021: 84).

회복적 정의가 이론적으로 체계화된 것은 1990년 출판된 하워드 제어(Howard Zehr)의 『시각의 전환: 범죄와 정의의 새로운 초점(Changing Lenses: A New Focus for Crime and Justice)』에서 회복적 정의와 응보적 정의를 대비시켜 설명한 것에 기반한다(유정우, 2017).

한편, 우리나라에서 회복적 정의가 도입된 것은 2000년대 초반이다. 2006년 검찰에서 피해자 · 가해자 조정을 중심으로 한 형사조정제도가 시범 실시되다가, 「범죄피해자 보호법」 개정(2010년)으로 법적 근거가 마련되었고, 2007년 「소년법」 개정으로 소년보호사건에 화해권고제도가 도입되어 시행 중이다. 또한 학교(지역교육청 단계)에서는 학교폭력의 예방 및 해결책으로 '회복적 학생생활지도' 및 '회복적 대화모임'이 적용되고 있다. 교정 단계에서는 2001년 'Sycamore Tree 프로그램'을 시작으로 '회복을 위한 여정' '희망등대 프로젝트의 사죄편지 보내기' '작업장려금 범죄피해자 보호단체에 기부' 등의 프로그램이 진행되고 있다. 아울러 소망교도소에서는 '회복적 정의 원리에 입각한 법률고충 상담' 등의 프로그램이 진행되고 있다(유정우, 2017).

회복적 정의에 참여하는 사람들은 가해자뿐 아니라 피해자, 피해자 가족, 지역사회(공동체)이며, 이들 모두가 회복의 대상이 된다. 피해자는 자신의 요구사항을 결정하는 과정에서 능동적인 발언권을 가지며, 가해자도 사법제도의 수동적 존재가 아니라 자신의 범죄행위를 이해하고 책임지는 방법을 결정하는 주체가 된다(Toews, 2020: 39). 한편, 바바라 테이브스(Barbara Toews, 2020: 45)는 지역사회(공동체)가 가해자도 피해자가 될 수 있으며, 범죄피해를 복구해야 할 의무 혹은 범죄피해에 대한 보상을 받는 위치에 처할 수도 있기 때문에 회복의 대상이라고 했다. 다만, 공동체는 범죄로 인해 직간접적인 피해를 입은 지역의 사람들에 한정하여 공공복지에 참여하게 된다(박연규, 2016). 회복적 정의는 참여자들을 회복하고 치유하는 데 목적을 둔다. 회복과 치유는 범죄행동에 대한 책임으로서 응징에 초점을 두기보다 사람들과의 관계를 재건하는 데 집중하기 때문에 관계회복은 회복적 정의에서 중요하다. 회복적 정의는 잘못을 바로잡는 과정이며, 이러한 과정을 통해 결속력 있는 관계로 회복된다고 본다(Toews, 2020: 40-41).

관계 회복을 위해 가해자와 피해자의 화해를 도모하며, 피해자가 입은 피해를 가해자가 직접 배상하게 함으로써 가해자에게 행동에 대한 책임을 지우고, 갈등을 해결하는 데 지역사회가 참여하도록 하여 범죄문제를 해결하고자 한다(한영선, 2010).

종합하자면, 회복적 정의가 범죄와 관련된 모든 사람을 다루는 인간 중심적 접근이며, 사람 간의 관계를 중시하고, 범죄문제에 대해 사회와 공동체 성원 모두의 역할과 참여를 전제하고, 문제를 다루는 과정에서 인간적 · 도덕적이고, 범죄문제에 대해 해결 중심적으로 접근

하는 것은 사회복지실천이 전개되는 과정과 유사하다. 이러한 특성에 입각할 때 회복적 정의는 교정복지실천의 이념적 토대로 적용하기에 적절하다.

생각해 보기: 회복적 정의에 대한 평가

회복적 정의는 피해자와 가해자 모두에게 정의를 실현하고자 하므로 기존의 형사사법과 갈등하지 않는다(van Wormer, 2009). 회복적 정의 관점은 가해자(범죄자)가 재정적 배상을 피해자에게 하도록 하여 가해자에게 책임감을 부여한다는 점에서 형사사법과 대치되지 않는 접근법으로 평가받고 있다. 이에 반해 회복적 정의의 한계를 지적하는 논의도 있다.

▶ 비판적 입장

회복적 정의 관점을 교정 영역에서 적용했을 때에 대해 다음의 다섯 가지 점이 지적되고 있다(Albanese, 2013; Patterson, 2020: 76 재인용).

- 가해자의 상당수는 피해자에게 배상할 만한 경제력이 없다.
- 배상과정이 시작되면서 범죄로 인한 이익은 사라지기 때문에 피해자는 재물을 돌려받지 못한다.
- 가해자들은 배상에 필요한 돈을 모을 수 있는 교육 수준 및 직업기술이 부족하다.
- 피해자들은 범죄로 인한 충격으로 심리적 · 물리적인 상처도 있을 것이다.
- 가족이나 범죄에 의해 영향을 받은 제2의 피해자에 대한 관심이 부족하다.

▶ 긍정적 입장

회복적 정의 관점이 갖는 효과에 관한 경험적 연구들은 긍정적 효과가 있는 것으로 보고하고 있다. 통제집단과의 비교를 통해 회복적 정의에 입각한 프로그램들의 효과를 검정한 22개 연구들을 메타분석한 연구(Latimer, Dowden, & Muise, 2005)에 따르면, 피해자의 만족도, 가해자의 만족도, 배상 요건의 수행 그리고 재범률에서 모두 효과가 있는 것으로 나타났다. 아울러 이 연구는 이러한 효과를 창출하기 위해서는 가해자와 피해자 모두 회복적 정의 프로그램에 대한 자발적인 참여가 전제되어야 하는 것으로 논의했다(Albanese, 2013; Patterson, 2020: 76 재인용).

▶ 논의해 보기

회복적 정의에 관한 비판적 입장을 지지 혹은 반대하는 어느 한편에 서서 의견을 나누어 보자.

생각해 보기: 처벌이념에 대한 개인의 가치 점검

사회복지사는 실천과정에서 개인의 가치와 사회복지 전문가에게 요구되는 가치가 상충할 때가 있다. 이는 범죄문제에 대한 자신의 가치를 점검하는 일이 필요한 이유이다.

▶ 가치 상충의 상황에 대한 사회복지사 윤리강령의 기준

"사회복지사 윤리강령은 전문가의 윤리적 실천을 판단해 주는 가치, 윤리적 원칙, 윤리적 기준을 제시한다. 사회복지사의 윤리적 행동은 윤리적 실천을 하고자 하는 개인적 책임에서 나온다. 윤리강령은 전문직의 가치를 지지하고 윤리적으로 행동하고자 하는 모든 사회복지사의 책임을 반영한다. 사회복지사는 개인적 가치와 전문적 가치 사이의 갈등을 인식하고 이를 책임감 있게 해결해야 한다."(「전미사회복지사협회 윤리강령」의 '목적' 중에서)

▶ 논의해 보기

- 범죄인 처벌에 대한 자신의 기본적인 관점은 응보인가, 사회복귀인가?
- 자신의 가치와 전문가 가치가 상충하는 상황에 직면하면 어떻게 하겠는가?

교정복지의 역사

1. 미국

학습개요

범죄문제 및 형사사법 영역에서 사회복지실천은 언제부터 시작하여 어떻게 전개되었고, 우리나라에서의 발전에 참고할 수 있는 선진 사례가 있는가? 이 절에서는 미국의 사례를 검토한다. 또한 인보관 운동과의 관련성, 범죄통제정책과 연결고리가 된 빈곤정책, 사법 영역 사회사업 서비스의 중심축이 되는 보호관찰제도, 형사사법 단계별 사회사업가의 개입 내용 그리고 전미사회사업가협회의 형사사법 영역에서의 사회사업에 관한 노력의 성과도 다룬다.

1) 인보관 운동과 비행청소년 원조

전미사회사업가협회(National Association of Social Workers: NASW)는 사회사업가가 전문가로서 범죄와 연관된 사람들에 대해 특정한 역할을 수행해 왔다고 보고한다. 그리고 소년보호 및 사법 체계에서 사회사업 서비스를 제공하는 사회복지를 사법사회사업(Criminal Justice Social Work: CJSW)으로 정의했다(NASW, 2010).

미국에서는 사법 영역에서 사회복지실천의 시작이 된 인보관 운동의 역사적 의미가 크다. 범죄문제에 대한 사회사업가들의 활동이 인보관 운동(settlement house movement)과 함께 시작된 경위는 다음과 같다(Patterson: 2020: 14-15).[1] 도시빈민 문제에 대응한 사회개혁 운동의 일환이었던 인보관 운동은 미국에서는 1889년 시카고에 세워진 헐 하우스(Hull House)를 중심으로 전개되었고, 헐 하우스에 소속된 사회사업가들은 도시빈민가 청소년들의 비행문제에 관심을 가졌다. 경찰에 체포 및 수용된 비행청소년들을 위한 서비스를 제공하기 시작했고, 점차 소년법정에서도 중요한 역할을 수행하게 된다.

이들 중 한 여성 사회사업가는 인근의 경찰관서에 고용되어 본격적으로 경찰에 체포된 비행청소년들을 위한 서비스를 제공함으로써 사법 영역에서의 사회사업 서비스 발전의 계기가 된다. 나아가 인보관 소속 사회사업가는 최초의 소년보호관찰관(juvenile probation officer)으로 임명되었고, 일 년 사이에 다섯 명이 추가로 보호관찰관에 임명될 정도로 확장된다. 더욱 고무적인 것은 시카고에 한정하지 않고 지역적으로도 범위가 넓혀졌다는 점이다. 인디애나폴리스에 세워진 플래너 하우스(Flanner House)에 소속된 사회사업가들도 소년법정에서 재판을 받고 있는 도시빈민 흑인소년들을 위한 서비스를 제공하는데, 이는 도시빈민들을 돕기 위한 사업의 일환이었다.

이러한 노력의 결과로 헐 하우스가 있는 일리로이주 의회에서는 1898년에 「요보호·방임·비행청소년에 대한 처우 및 통제에 관한 법(An Act to regulate the Treatment and Control of Dependent, Neglected, and Delinquent Children)」을 통과시켰다. 이 법은 청소년 비행에 대한 국가의 보호자적 책임을 명시했다는 점에서 역사적으로 의의가 있다. 이 법에 입각하여 요보호·방임·비행청소년에 대해서는 형사적 절차와 구별되는 소년보호 절차의 진행이 가능해졌다. 즉, 성인범죄자와 비행청소년의 문제를 구분하여 접근하기 시작했다. 이 법에 의해 1899년에 최초의 소년법정이 시카고에 세워졌으며 1928년까지 2개 주를 제외한 지역 그리고 1945년 이후 현재까지 미국의 전체 주에 소년법정이 세워졌다. 그리고 소년법정은 비행청소년에 대해 처벌을 가하는 대신에 처우와 돌봄 서비스를 제공하는 것을 원칙으로 한다.

1) 인보관 운동(Settlement House Movement)은 도시문제를 해결하기 위한 사회개혁 운동으로, 대학생들을 포함한 지식층이 빈민 지역에 거주하면서 도시빈민들을 돕는다. 영국에서는 1884년 바네트(Samuel Barnett) 목사가 런던에 설립한 토인비홀(Toynbee Hall)이 최초이고, 미국에서는 1889년에 제인 아담스(Jane Addames)가 시카고에 설립한 헐 하우스(Hull House)가 최초이다. 인보관 운동은 빈민 지역에 대한 조사(research), 빈민과 함께 거주(residence), 사회개혁(reform)이라는 3R을 활동의 주된 내용으로 했다.

2) 빈곤문제와 사회복지

미국에서 사법사회사업 서비스와 관련된 주된 이슈는 빈곤과 범죄와의 관련성에 관한 문제였다. 미국의 복지국가가 가장 왕성했던 시기는 1960년대였다. 특히 1960년대에는 자유주의 영향으로 범죄의 원인으로 빈곤을 주목하고 빈곤정책을 범죄문제 해결의 대안으로 접근했다. 당시에 케네디(Kennedy) 행정부는 16개 도시 지역의 저소득 시민들에게 상담, 직업훈련, 치료적 교육, 다양한 사회복지 프로그램을 제공했는데, 이는 청소년비행을 예방하기 위한 전략의 일환이었다. 이어 존슨(Johnson) 대통령은 케네디 행정부의 범죄통제정책을 계승하여 범죄예방정책의 일환으로 '빈곤과의 전쟁(War on Poverty)'을 선포하고 빈곤자에 대한 보다 적극적인 서비스를 제공하고 관리도 강화했다.

빈곤을 범죄의 원인으로 접근한 이와 같은 정책은 범죄를 비롯한 사회문제의 원인을 개인보다는 환경적 요인을 중시한 복지국가 확장기의 사회 경향이 반영된 것이다. 빈곤자에 대한 소득지원과 각종 서비스의 제공을 범죄문제에 대응하여 전개한 것은 범죄 발생이 일반적인 사회문제와 마찬가지로 빈곤의 문제와 밀접하게 관련되어 있다고 보았기 때문이다(Hinton, 2017: 3-4).

자유주의 이데올로기의 시대에 범죄인에 대한 주된 처벌 이념으로 사회복귀 관점이 자리잡았다. 이는 교화 프로그램 제공에 대한 근거가 되었고, 이러한 경향은 보수주의로 회귀하는 1980년대 이전까지 이어진다. 범죄인에 대한 사회복귀 관점을 토대로 범죄 예방 및 재범방지를 위한 교화 서비스가 대폭 제공되었고 사회복지사들은 지역사회 및 수용시설에서 많은 역할을 수행했다.

1980년대 들어서 미국에서는 사회 전체적으로 복지가 축소되는 경향이 나타났고, 다른 복지 분야와 마찬가지로 사법 영역에서도 사회사업 서비스가 대폭 감소했다. 1980년대 미국사회를 지배한 이데올로기는 보수주의로 회귀했고 복지국가는 재편기를 맞게 된다. 당시의 레이건(Reagon) 행정부는 범죄에 대한 강경처벌 정책을 내세웠고 빈곤통제를 통한 범죄통제 정책은 위축되었다(신연희, 2022).

이러한 기조는 1990년대 들어 더욱 심화되었다. 범죄인 처우 프로그램에 대한 예산 축소, 사회사업과 교육 영역의 예산 절감, 처우 대신 처벌과 수감을 강조하는 법이 주마다 제정되고 처벌과 사회적 통제를 강조하는 경향이 뚜렷해졌다. 이러한 정책 환경은 사회사업실천의 특성에 부합하지 않는 것이기 때문에 전미사회사업가협회에서는 사법 영역을 사회사업실천의 주된 영역으로 권장하지 않는 경향도 생기게 되었다(Sarri & Shook, 2005; Patterson,

2020: 15 재인용). 이에 대해 리머(Reamer, 2004)는 형사사법 및 소년보호사법 체계 내에서 발생한 사회사업 서비스의 감소 경향은 범죄인 처벌에 대한 논리가 사회복귀 관점에서 응징적 정의 관점(retributive justice perspective)으로 전환한 것과 궤를 같이 하며, 처벌에 비중을 두는 후자의 관점은 사회복지의 가치와 부합하지 않기 때문인 것으로 설명했다.

이러한 경향에도 불구하고 미국에서 사회사업 전문가들은 여전히 사법 및 소년보호체계 내에서 중요한 역할들을 수행하고 있다(Pattern, 2020: 15). 빈곤과의 전쟁을 범죄예방을 위한 대안으로 보는 정책의 맥은 오늘날까지 이어지고 있다. 관련 사례로는 2007년 제정된「재기법(再起法, Second Chance Act of 2007)」이다. 이 법은 범죄인들이 교정 및 보호시설(교도소, 구치소, 비행청소년 보호시설)에서 사회로 복귀한 후 새로운 삶을 살 수 있도록 지원한다는 의미에서「재기법」이다. 이 법은 정해진 수감 기간을 마친 후 지역사회로 돌아오는 출소자들의 사회복귀를 도울 수 있는 사회복귀 프로그램들을 지원하는 근거가 된다. 이 법에 따라 미국에서는 2009년부터 현재까지 연방 법무부 사법정책실(Office of Justice Program)에서 재범 예방, 수용자자녀 등을 위해 매년 4억 달러 이상의 예산을 집행하고 있다(강정은, 2017: 116). 한편, 이 법이 통과되는 과정에서 전미사회사업가협회는 입법옹호 운동을 벌였고, 법이 제정됨에 따라 재범을 줄일 수 있는 프로그램에 대해 비영리법인들과 사회사업가들이 주정부로부터 예산지원을 받을 수 있게 되었다(신연희, 2021).

미국에서 사법 영역의 사회사업가들은 사회적 돌봄이 필요한 비행청소년, 빈곤층을 비롯한 취약계층의 범죄문제에 실천의 초점을 두고 있다. 빈곤문제에 주목하고 빈곤한 지역사회 및 취약한 빈곤자에 대한 공공 프로그램들이 치안당국 및 사법기관을 통해 제공되는 과정에서 사회사업가들이 중심적 역할을 수행하고 있다(Hinton, 2017: 4). 미국에서는 억압받고 소외된 사람들, 소위 가난한 사람들, 신체적·정신적 문제를 가진 사람들, 각종 중독자들이 사소한 범죄를 저지르는 것과 무관하지 않다고 보고 있다(DeVeaux, 2014).

3) 사법제도와 사회복지

(1) 보호관찰과 사회복지

미국에서 보호관찰제도는 사법 영역에서의 사회복지실천의 오랜 역사와 함께 오늘날에도 중심적인 역할을 담당하고 있다. 보호관찰제도는 형사사법의 제도 내에서 제공되는 사회사업 서비스의 주된 위치를 차지하고 있다. 보스턴의 한 시민의 선량한 행동에서 시작된 보호관찰은 오늘날 세계 각국에서 구금형의 대체처분 그리고 범죄인 처벌에 대한 대안적 제도로

자리 잡았다.

미국에서 제도권 내에서 범죄자에 대한 사회복지의 개입이 가능하게 된 시발점은 알코올문제로 범죄에 연루된 범죄자에 대한 안타까운 마음을 실천에 옮긴 한 시민의 행동이다. 1841년 보스턴시 정부는 존 어거스트(John August)를 보호관찰관으로 임명했고, 최초의 보호관찰관이 된 그는 미국의 보스턴시 재판부로부터 선도를 조건으로 석방된 사람들을 성공적으로 선도했다.[2] 그의 성공적인 성과는 매사추세츠주가 1869년에 보호관찰제도를 입법화하는 결과로 이어졌는데, 이 법에 따라 보호관찰(probation)이라는 용어가 공식화되었다. 이어 매사추세츠주에서는 1878년부터 정부 공무원의 신분으로 보호관찰관을 임명하고 재판과정에서 일정한 역할과 권한을 부여하기에 이른다(배임호 외, 2007: 29). 이와 함께 소년법정이 시카고에 세워진 이후 미국 전역에 빠르게 확산되었고 보호관찰도 비행청소년을 주된 대상으로 하면서 가속화되었다. 그리고 1925년에는 모든 주에 소년보호관찰이 실시되었고, 1956년까지 성인을 대상으로 한 보호관찰이 미국의 모든 주에서 실시되기에 이른다(배임호 외, 2007: 29-30). 이렇게 시작된 미국에서의 보호관찰제도는 형벌제도에서 사회복지가 개입하는 주된 실천현장이 된다.

사법 영역으로 진입한 사회사업가들의 활동은 보호관찰에 한정하지 않고 확장되어 왔다. 1920년대에 사회사업가들이 소년보호시설의 직원으로 고용되기 시작했는데, 이들은 비행청소년 사정, 부모교육, 장래 비행예방을 위한 서비스들을 제공하는 일을 맡았다. 1930년대에 들어서 사회사업 전문가들은 법률 및 사법체계에서 일을 하게 되었고, 교도소에서는 수용자에 대한 심리적 · 정신적 활동에 사회사업가들이 관여했다(Patterson, 2020: 15).

형사사법체계와 함께 일해 온 사회사업가들의 노력은 오늘날에도 발전적으로 계승되고 있다. 미국은 범죄자에 대한 처벌로 교정시설에 수용하는 인원보다 사회 내 처분자가 더 많다. 이들은 지역사회에서 법의 집행을 받고 있기 때문에 사회 내 처분자를 대상으로 실천하는 사회사업가들은 클라이언트에 대한 접근가능성이 용이하다는 측면에서도 보호관찰제도가 사회복지실천의 의미 있는 현장이 된다.

2) 금주협회 회원이었던 존 어거스트는 재판 중인 알코올중독자를 선도하겠다는 조건으로 판사로부터 석방을 허락받았다. 이후 재판부로부터 보증받아 석방된 사람들에 대해 선도활동을 계속했고, 그의 활동은 성공적이어서 재범률이 매우 낮았다(배임호 외, 2007: 29).

(2) 형사사법 단계별 사회복지

미국에서의 사법제도의 개혁은 사회서비스에 대한 지원을 늘리게 했다. 이 과정에서 전미사회사업가협회는 관련 입법에 대한 지지 운동을 함으로써 법률 제정과 관련된 이해관계자 역할을 했다. 법률 제정은 사법 영역에서의 사회사업실천의 확장 근거가 되었으며 그 대표적인 예가 2009년에 제정된 「국가사법위원회법(the National Criminal Justice Commission Act of 2009)」이다. 이 법이 제정됨에 따라 심리 · 사회 서비스, 특히 중독치료와 정신건강 프로그램에 대한 지원이 늘어났다. 또한 사회사업가들은 주정부 및 지방정부, 민간기관들과 협력하여 서비스 제공을 위한 실천가로 대거 참여한다. 한편, 2007년에 제정된 「재기법」에 의해 2010년부터 정신건강, 중독치료, 사례관리를 위한 서비스 프로그램을 실행하게 됨으로써 수많은 사회사업가가 취업 기회를 얻고 경력을 쌓을 수 있는 기회를 가질 수 있게 되었다(NASW, 2010: 19).

미국의 형사사법제도는 크게 경찰 · 검찰, 법원, 형 집행 단계로 구성된다. 사법절차가 진행되는 모든 단계에서 사회사업가는 휴먼 서비스를 필요로 하는 클라이언트에 대한 서비스 제공을 위해 사법체계 내의 전문가들과 협력해야 한다. 다음에서는 범죄인에 대한 사법 단계를 순차적으로 경찰, 재판, 형 집행 단계로 구분하여 미국에서 진행되고 있는 사회사업가들의 활동을 소개한다(Patterson, 2020: 43-89).

① 경찰 단계에서의 사회사업

먼저, 경찰 단계는 사회사업가가 가해자 및 피해자와 사법체계에서 만나는 첫 지점이다. 클라이언트의 입장에서는 가장 불안한 시기이고, 만약 가장이라면 남겨진 가족들 역시 갑작스럽게 닥친 상황에서 여러 가지 문제에 직면한다. 클라이언트 및 경찰관이 대신할 수 없는 법률 혹은 상담 서비스가 가장 절실한 곳이기 때문에 경찰은 휴먼 서비스를 제공하기에 적절한 기관을 소개해 주며, 이때 사회사업가는 경찰과 협력하여 서비스를 제공할 수 있는 기회를 가지게 된다. 예를 들어, 경찰에 체포된 가해자가 두고 온 어린 자녀를 보호할 수 있는 기관이나 적절한 양육자에 대한 서비스가 필요한 상황일 때 경찰은 이를 수행할 수 없으므로 아동복지기관의 사회사업가에게 이 일을 의뢰하여 의뢰된 보호아동과 가족에 대한 서비스를 제공하도록 한다.

경찰 단계에서 사회사업가들이 수행하는 역할의 비중이 커진 것은 오늘날 미국의 경찰업무에서 사회 서비스에 대한 요구가 많아지고 있고 이에 따라 경찰의 역할이 다양화됨에 따른 것이다. 오늘날 미국에서는 경찰이 치안이라는 고유한 업무 외에 이보다 더 많은 사회 서

비스(가족의 위기적 상황, 알코올, 자살, 정신적 문제, 구급차 서비스 등) 업무를 하도록 요구받고 있다(Treger, 1987). 이에 따라 사회사업가, 방문간호사, 심리학자, 법의학자 등 다양한 분야의 전문가들이 경찰과 협력하게 되고, 사회사업가들에 대한 요청도 늘어나고 있다. 사회 서비스 기능에 대한 시민들의 요구는 경찰기관만으로 달성될 수 없으며, 경찰은 휴먼 서비스 기관의 전문가인 사회사업가, 상담사, 치료사 등과 파트너십을 형성하여 협력하고 있다.

지역사회의 휴먼 서비스기관들은 경찰로부터 협조 요청 전화를 많이 받게 되고, 특히 가정폭력의 경우에 폭력 피해 가족과 아동 보호를 위해 사회사업가의 개입이 필수적이다. 경찰기관들은 상담사, 사회사업가, 심리학자, 사회학자 등 관련 영역에서 활동하는 다양한 실천가에게 협력을 요청하고 있으며, 사회사업가들의 참여도 그만큼 늘어가고 있다.

경찰기관과 협력하는 사회사업가는 경찰조직의 구조와 특징, 본연의 기능에 대해 이해하고 있어야 한다. 이 경우 사회사업가는 위기 개입, 중재뿐만 아니라 적절한 기관에 클라이언트를 의뢰할 수 있는 지식과 기술이 필요하다. 사회사업가는 아동복지, 정신건강 등과 같은 문제에 대해 협력하게 된다. 사회사업가와 경찰관의 협력은 향후 미국에서의 사회사업실천에서 중요한 영역이 될 것으로 전망되고 있는데, 경찰은 범죄피해자 및 관련자가 처한 위급한 상황에 대응해야 하는 첫 기관이고 이러한 상황에서 사회사업가의 지원이 필요하기 때문이다(Patterson, 2020: 57).

② 재판 단계에서의 사회사업

재판 단계에서 미국의 사회사업가는 범죄혐의로 인해 검찰에 의해 기소된 가해자와 관련자들에 대해 개입한다.

법정에서 사회사업가는 회복적 정의, 이민자 담당, 포렌식 사회사업가(forensic social worker), 국선변호인(public defendant)을 연계하는 일에 대한 서비스를 피고인들을 위해 제공하고 있다. 인종차별, 오판(잘못된 판결), 사형수문제, 가정폭력문제 등과 같이 사회정의 혹은 사회사업과 관련된 이슈들에 대해 사회사업가들이 개입하고 있으나, 전문성이 요구되는 영역인 만큼 그들의 활동은 상대적으로 적은 것으로 보고된다(Patterson, 2020: 77-78).

재판 단계에서의 사회사업 서비스는 고도의 전문적 기술이 필요하다. 따라서 미국에서는 법정에서 종사하기를 원하는 예비 사회사업가에게 사회사업가 자격증 외에도 추가적인 자격증과 학위 취득을 권장하고 있다. 미국에서는 사법당국에서 일하는 사회사업 전문가들을 위한 조직도 결성되어 있다.[3)] 전미사회사업가협회는 2010년 처음으로 사회사업가 윤리강령에 법원에서의 사회사업실천이라는 조항을 추가했다. 법원에서의 사회사업실천 내용과 지침은 법원을 포함하여 경찰, 교정기관, 보호관찰과 가석방 영역에서 일하는 사회사업가에게도 적용될 수 있다(Patterson, 2020: 82).

③ 형 집행 단계에서의 사회사업

형 집행은 교정시설 내 수용과 사회 내 처우로 구분된다. 사법 단계에서 상대적으로 긴 기간에 해당하며, 지역사회로의 성공적 복귀를 위해 다양한 서비스가 제공되는 장소인 만큼 사법 영역의 사회사업 실천에서 중요한 의미를 가진다. 형의 집행을 받고 있는 범죄인에 대해 교정시설과 사회 내에서 사회사업을 실천하고 있는 사회사업가의 주된 역할은 다음과 같다(Patterson, 2020: 87-89).

먼저, 수용시설은 교도소, 구치소 등과 같은 성인수용시설과 소년보호시설이다. 시설 수용의 목적은 범죄인에 대한 구금 및 관리에 있기 때문에 운영에 있어 수용자에 대한 통제(control) 관점이 현실적으로 주류를 점하고 있다. 그러나 사회사업가에게는 사회복귀(rehabilitation) 관점에 입각하여 범죄인의 사회통합을 준비하는 데 목적을 두고 있는 실천에 참여하고 있다. 실천 대상자는 수용자 모두가 해당된다. 그러나 서비스 우선 대상자는 취약계층 범죄자로서 빈곤층, 비행청소년, 장애인, 여성 그리고 위기에 처한 수용자 가족 및 자녀도 실천 대상에 포함된다.

형 집행 단계에 있는 범죄인(수용된 성인 및 소년범죄자)의 인구사회학적 특성은 대부분이 남자이고 가난한 흑인이다. 교정공무원은 사회사업가에게 교정사고 및 심리적 문제가 있는 수용자를 의뢰한다. 의뢰된 수용자에 대해 사정(assessment)을 위한 면담에서 사회사업가는 DSM-5와 같은 심리검사 도구를 사용하기도 한다. 예를 들어, 사회사업가는 자해가능성이 우려되어 교정공무원으로부터 의뢰받은 수용자에 대해서는 면담을 거쳐 심리검사를 실시하고, 사정 결과 심화된 심리상담이 필요하다고 판단된 경우에 심리상담 전문가에게 수용자를 의뢰하는 일을 수행한다. 이는 사례관리자이자 코디네이터의 역할이다.

한편, 지역사회 기반 교정현장(community-based corrections settings)은 사회 내 처분(보호관찰, 가석방, 가택구금)과 지역사회 기반 소년보호시설이다. 지역사회 기반 교정현장의 주된 클라이언트는 보호관찰처분을 받는 대상자들이다. 이들에 대한 서비스는 지역사회에서 이루어진다.

3) 전미포렌식사회사업협회(National Organization of Forensic Social Work: NOFSW)는 전문가 조직의 회원이 되는 것을 통해 전문적 기술을 발전시키는 데 도움을 주고 있다(Patterson, 2020: 81).

형 집행 단계에서 사법기관 특히 교정기관은 범죄인을 통제하고 감독하는 것에 비중을 둔다. 수용자에 대한 감독과 통제가 교정기관의 주된 사명이기 때문에 교화 서비스 제공에 관해서는 크게 비중을 두지 않는 것이 미국 교정기관의 현실이다. 사회사업가가 담당하는 교화 서비스는 상담, 교육, 취업, 직업훈련, 중독치료, 의료, 정신보건, 종교집회, 가족 프로그램 등이다. 이와 같은 서비스는 교도관들이 아닌 직업훈련교사, 사회사업가, 정신보건 전문가, 종교지도자, 기타 보건 서비스 담당자들에 의해 제공되고 있다. 패터슨(Patterson)은 교정시설 내에서 사회사업가에 의해 수행되기에 적절한 서비스의 유형으로 정신보건 서비스, 의료 서비스, 중독 프로그램, 교육 프로그램, 직업훈련 프로그램, 가족 프로그램 등을 들었다(Patterson, 2020: 91-94).

4) 전미사회사업가협회와 사법사회사업

「전미사회사업가협회 윤리강령(The NASW Code of Ethics)」의 전문에는 사회사업전문가의 기본적 사명은 개인의 복지를 강화하는 것과 모든 인간의 기본적 욕구 충족을 돕는 것이며, 특히 취약하거나 억압받는 사람, 빈곤하여 역량 강화가 필요한 사람들에 대해 우선적으로 개입해야 함을 명시하고 있다(서미경 외, 2015: 344). 사회사업가들에게 부여된 이와 같은 윤리적 책임에도 불구하고 사법 영역에서의 사회사업가는 실천에 있어 구체적인 가이드라인을 찾는 데 어려움을 겪기도 한다. 그 이유 중의 하나는 「전미사회사업가협회 윤리강령」에는 개별 인간에 대한 존엄성 가치만을 강조하는 것이 아니라 사회적 정의에 대한 가치도 동시에 존재하기 때문에 현장의 사회사업가들이 실천현장에서 이 두 가지 가치가 상충하는 일을 경험할 수도 있기 때문이다.[4)]

전미사회사업가협회에서 발간한 매뉴얼은 사법 영역의 사회사업가에게 실천의 지침이 되고 있다. 이 매뉴얼은 사법 영역의 사회사업에 관한 협회 차원의 홍보와 사회사업가의 실천을 돕기 위해 발간된 것이다(NASW, 2010). 전미사회사업가협회는 사법사회사업(Criminal

4) 「전미사회사업가협회 윤리강령」에 명시된 핵심 가치는 서비스, 사회정의, 인간의 존엄성, 인간관계의 중요성, 성실, 능력으로 여섯 가지이다. 한편, 「한국사회복지사 윤리강령」(2023년 5차 개정)에도 핵심가치로 인간의 존엄성 가치와 사회정의 가치가 명시되어 있다. 이와 같이 사회복지사 윤리강령 내에서도 여러 가치가 공존하는 것은 사회복지사들로 하여금 실천현장에서 두 개 이상의 가치가 서로 충돌하는 윤리적 딜레마 상황에 직면하게 할 수 있다. 특히 형사사법제도에서 진행되는 사회복지는 실천현장의 특성상 사회정의 가치가 강조되는 만큼 사회복지가 추구하는 인간존엄성 가치와 상충하는 일이 발생할 수 있다.

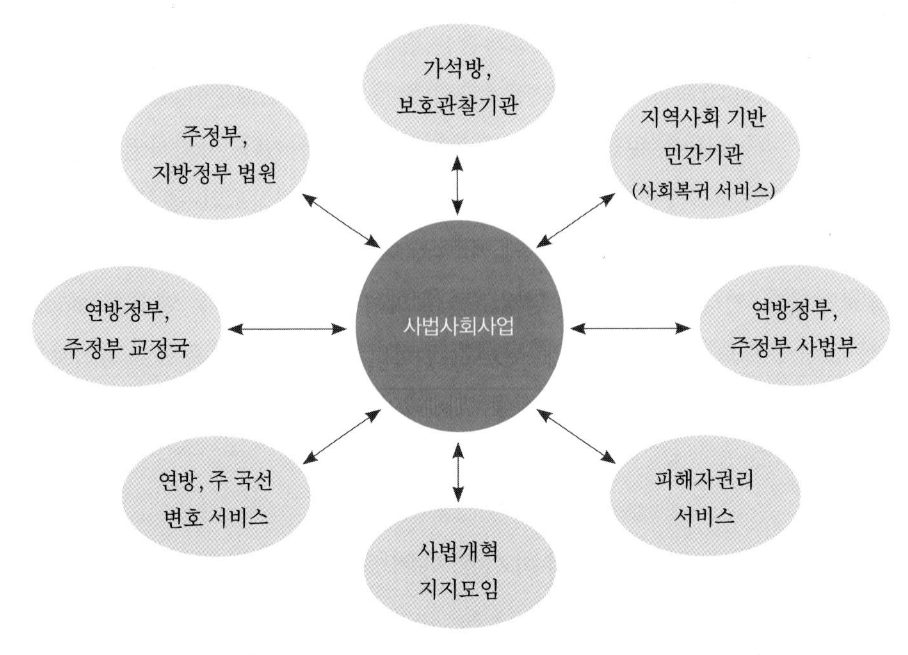

[그림 3-1] 미국의 사법사회사업 상호협력 모델

출처: NASW(2010), p. 18.

Justice Social Work)의 기능과 역할에 관한 가이드라인과 사법사회사업 서비스전달체계에 관한 상호협력 모델도 제시했다([그림 3-1] 참조). 이 모델에서는 사법제도와 사회사업이 상호협력하는 네트워크구조이다.

미국에서 사법사회사업의 실천현장의 범위는 주립 및 연방 교정시설, 지방 구치소(Jail), 가석방과 보호관찰 기관, 법원, 지역사회의 비영리기관(출소자 및 재범자들 서비스 제공), 종교단체, 저소득층에게 신체적 · 정신적 의료서비스를 제공하는 기관으로 규정하고 있다(NASW, 2010: 1). 제공되고 있는 주된 서비스는 심리사회 서비스이다. 전미사회사업가협회는 미국의 사법사회사업에서 국가 표준의 서비스 전달 모델(nationally standardized service delivery model)이 필요함을 강조하면서 사회사업전문가와 전미사회사업가협회가 다음의 일에 매진해야 할 것을 제안하고 있다(NASW, 2010: 17).

- 사법제도에서 심리 · 사회 서비스 전달에 관한 국가 표준을 개발하는 것을 주도하라.
- 심리 · 사회 서비스에 관한 국가 표준을 보장할 수 있는 서비스 전달 승인과정을 개발하는 것을 주도하라.

• 형사사법 및 소년보호 현장에서 종사하고 있는 사회복지사에게 사법복지사 자격증을 부여하는 방안을 개발하라.

문화매체로 이해하는 사법 영역의 사회복지

▶ 인보관 운동과 비행청소년에 대한 사회복지실천

도시빈민 운동을 중심으로 전개된 미국의 인보관 운동은 도시빈민 비행청소년에 대한 사회 서비스를 제공한다. 사회사업가들은 비행청소년을 옹호하기 위해 경찰서를 방문하는 한편, 다각도로 지원한다. 이들의 선구자적 활동은 관련 법(「요보호 · 방임 · 비행청소년에 대한 처우 및 통제에 관한 법」)이 제정되고 최초의 소년법정인 쿡 카운티 소년법정이 만들어지는 초석이 되었다.

▶ 사진

▲ 헐 하우스의 모습

▲『헐 하우스에서 20년』
(제인 아담스 저, 지식의 숲, 2012)

▶ 생각해 보기

• 새로운 분야를 개척하는 선구자에게는 어떤 자세와 자질이 필요한가?
• 미국에서 20세기 초반에 인보관 소속의 사회사업가들이 도시빈민 비행청소년들에게 서비스를 제공한 활동들이 오늘날 사회복지사에게 함의하는 바는 무엇인가?

2. 영국 스코틀랜드

학습개요

영국의 스코틀랜드는 세계적으로 사법 영역에서의 사회복지가 가장 선진적이라는 평가를 받고 있다. 이 절에서는 스코틀랜드에서 사법복지 서비스가 언제부터 시작하여 어떻게 전개되었으며, 주된 내용은 무엇인지를 다룬다. 또한 스코틀랜드의 사법복지 서비스의 전개과정과 사법복지 서비스의 국가 기준, 교도소 수용자에 관한 사법복지 서비스 국가 기준(쓰루케어)에 대해 검토한다.

1) 사법복지 서비스 개괄

(1) 사회적 배경과 사회복지 서비스의 특징

① 역사적 전통

영국의 스코틀랜드는 범죄인에 대한 복지적 접근에 있어 오랜 전통을 가지고 있다. 스코틀랜드에서는 범죄문제에 대한 국가적 대응에서 사회복지가 중요한 역할을 담당하고 있고, 사법 영역에서의 사회복지(사법복지) 서비스는 여러 나라에서 모델이 되고 있다.

영국은 복음주의와 인도주의에 기반하고 있는 「보통법(common law)」에 예방적 사법 정신이 반영되어 있다. 이에 따라 법원은 선행을 조건으로 범죄인을 석방하는 소위 오늘날의 보호관찰제도와 같은 법 집행의 전통이 14세기부터 있어 왔다(조홍식, 이형섭, 2014: 61).

범죄문제에 대한 영국의 사회복지 서비스는 미국과 유사하게 비행청소년에 대한 관심에서 시작된다. 1847년에 「소년범죄인법」이 제정되면서 살인범죄를 제외한 14세 미만의 소년에 대해서는 일반 형사재판과는 다르게 재판절차를 간소화했고, 1908년에 「아동법」이 제정되면서 소년재판소가 최초로 설치되었다. 1969년에는 「아동소년법」의 제정으로 소년법원의 권한을 대폭 축소하는 대신 지방청에 권한을 위임했고, 소년에 대한 처벌을 탄력적으로 수행하면서 부모와 사회복지사가 협력하는 방향으로 비행청소년 문제에 대응하고 있다. 소년보호주의 이념과 복지적 접근이 비행청소년에 대한 처벌의 근간이다. 스코틀랜드는 사회내 처우제도와 비행청소년, 마약사범 등과 같은 비폭력범죄자에 대한 관리 영역에서 사회복지사의 역할에 대한 비중이 크다.

② 변화의 배경: 사법제도의 변화

스코틀랜드 사법제도에서 사회복지의 역할이 강화된 것은 형사사법제도의 변화에서 비롯된다. 대표적으로 2007년 이후 사회 내 처분이 확대된다. 이에 따라 지역사회에서 형의 집행을 받는 사람들과 출소 후에 지역사회에서 이들을 관리할 수 있는 전문가가 필요했다. 법원에 의해 보호관찰(probation), 사회봉사명령(community service), 출석명령(supervised attendance), 약물치료와 검사처분(drug treatment and testing)과 같은 사회 내 처분이 증가했고, 이와 동시에 교도소 수용자의 인구도 증가했는데, 이러한 현상은 결과적으로 사법체계에서 사회 서비스를 제공하는 인력의 수요가 늘어나는 원인이 되었다(Homer, Leishman & Marsh, 2010: 49). 2010년「형사사법 및 면허법[Criminal Justice and Licensing (Scotland) Act 2010]」에서는 지역사회봉사명령(community payback orders) 제도가 도입됨에 따라 사법체계 및 사법복지 분야에도 상당한 변화가 있었다(Scottish Government, 2010: 4).[5] 스코틀랜드에서 사회사업적 집행(social work orders)의 대부분을 차지하고 있는(2020-21, 96%) 지역사회봉사는 가해자가 지역사회 에 대한 봉사를 통해 죗값을 치르게 하는 의미도 있지만 이들에 대해 재범 방지 및 지역사회 보호를 위한 사법복지 차원의 관리 필요성도 더욱 높아지게 했다(Scottish Government, 2022).

이로 인해 사법복지 분야 종사자들은 늘어났는데, 통계를 보면 1997년부터 2008년까지 10년간 다른 사회복지 영역의 종사자들에 비해 3배나 더 증가했다. 그 후로도 이러한 추세는 계속되었고 기존 인력이 퇴직하면서 젊은 사회복지사들로 대체되고 있다. 이와 관련하여 사법복지 분야 종사자들을 위해 서비스 대상자들에 대한 개입방법, 관련 분야와의 협력적 업무 개발 등에 필요한 새로운 기법이 지속적으로 개발되고 있다(Homer, Leishman, & Marsh, 2010: 1, 49).

③ 사법복지 서비스의 주된 특징

오늘날 스코틀랜드에서는 사법 절차에서 사회 서비스 제공을 중요하게 여기며, 이에 따라 많은 사회복지사가 사법 영역에서 활동 및 종사하고 있다. 사법복지에 관한 스코틀랜드 패러다임은 관리감독(통제)과 사회복지 서비스를 결합한 전략을 사용하는 모델로서 사법체계와 사회복지 서비스체계가 긴밀한 관계를 가지고 서비스전달체계로 통합된다(NASW,

5) 지역사회봉사는 죄질에 따라 법 절차를 거쳐 범죄인으로 하여금 무보수로 일정 시간 쓰레기 청소나 공공시설 환경 정화 같은 활동을 하게 하는 사법처분이다.

2010: 8). 그 일환으로 스코틀랜드에서는 범죄 예방 및 심리 · 사회 서비스가 사법복지(Criminal Justice Social Work: CJSW) 차원에서 제공되고 있다.

④ 사법복지 서비스의 평가

스코틀랜드의 사법복지 서비스는 범죄자들의 행동을 변화시키는 데 효과적인 것으로 평가된다(McNeill, 2002; NASW, 2010: 13 재인용). 국가 차원에서 사법복지 서비스 제도화가 이루어짐으로써 범죄 발생과 경찰 체포율이 줄어들어 결과적으로 재범률도 줄어들었다. 범죄자에 대한 관리감독과 사회복지 서비스 이 두 가지를 결합한 범죄관리전략은 범죄 발생과 재범을 줄이는 데 효과가 있음을 입증하고 있다(Marsh, Fox, & Sarmah, 2009, NASW, 2010: 13 재인용).

⑤ 사법복지 서비스의 내용

사법복지 서비스에서 사회복지사는 법원에 대한 지원, 사회 내 처분(community disposal)을 받은 16세 이상 범죄인의 감독, 법원의 선고에 도움이 되는 자료 제공, 교도소 수용자에 대한 심리 · 사회 서비스 제공, 교도소 출소자에 대한 관리감독 등을 담당하고 있다(Scottish Government, 2004). 최근의 스코틀랜드 정부 자료에 의하면 사회복지 서비스를 받게 되는 사회 내 처분의 유형은 지역사회봉사(community payback), 사회봉사명령(community service), 보호관찰(probation), 출석명령(supervised attendance), 약물치료(drug treatment testing) 등이며, 가장 많은 비중을 차지하는 것은 지역사회봉사이다(Scottish Government, 2021 인터넷 자료).

(2) 사법복지 서비스의 국가 기준 발달과정

① 용어와 위상

스코틀랜드에서는 사법체계에서 실천되는 사회복지를 사회사업의 주된 영역으로 인정하고 '사법복지(Criminal Justice Social Work)'라는 용어를 사용하고 있다. 스코틀랜드에서 사법복지는 형사사법복지, 소년에 특화된 소년사법복지 그리고 지역사회 기반 사회복지를 포괄하는 개념이다. 형사사법복지와 소년사법복지는 재판 중이거나 수용 중인 범죄자 및 비행청소년과 그 가족을 위한 사회복지실천이고, 지역사회 기반 사회복지는 사회 내 처분자와 출소자 그리고 그 가족을 위한 사회복지실천이다. 이 분야에 종사하는 사회복지사를 사법사회복지사(criminal justice social worker)라고 한다(Scottish Government, 2010).

사법복지라는 용어가 보여 주듯이 사법제도와 긴밀한 연계 속에서 실천되고 있다. 스코틀랜드에서 범죄문제에 대한 국가적 대응에 사회복지가 중심적인 역할을 하고 있으며, 스코틀랜드 사회복지사단체인 사회복지사협회도 범죄와 관련된 심리 · 사회 서비스 제공을 사회복지사의 주된 실천으로 보고 있다(NASW, 2010). 각급 사법 단계별로 교도소 수용자, 사회 내 처우 및 출소자, 소년보호 대상자 등으로 구분하여 사법복지 서비스에 대한 국가 기준이 마련되어서 사법 영역에서 사회 서비스를 제공하는 사회복지전문가들의 실천을 위한 지침이 되고 있다.

② 제도화의 시작

스코틀랜드 사법복지의 역사적 변화는 1968년 「사회사업법[Social Work (Scotland) Act]」에서 비롯된다. 이 법에서는 보호관찰 및 출소자에 대한 감독과 원조제도가 개선됨에 따라 보호관찰 서비스를 사회사업부서에 통합하여 관리하도록 규정함으로써 사법 영역에서 사회복지 서비스가 확장되는 계기가 되었다.[6] 이후 범죄자에 대한 서비스 제공은 사회복지의 중심이 되었고, 사회복지가 일반적으로 추구하는 가치와 관심이 범죄인에 대한 서비스에도 동일하게 적용되었다(Fenton, 2014: 87).

「사회사업법」에 입각하여 스코틀랜드 정부는 1991년에 사법복지에 관한 국가 기준을 발표했고, 범죄자에게 제공하는 사법복지 서비스의 비용 전부를 지방정부가 제공하도록 했다. 이 정책은 지역사회에 있는 범죄인들을 관리하기 위한 보다 양질의 사법 서비스를 제공하는 것을 가능하게 했다. 1991년에 발표된 「사법복지 서비스 국가적 목표와 기준(National Objectives and Standards for Social Work Services in the Criminal Justice System)」은 스코틀랜드의 사법복지 서비스의 정체성과 실천 내용을 규정하는 기준이 되었다.

「사법복지 서비스의 국가적 목표와 기준」은 스코틀랜드 사법복지 서비스의 정체성과 실천 내용을 규정하는 정책 방향이자 국가 기준이다. 사법복지는 사회사업 분야에서 실천의 중요한 영역으로 인정받게 되었으며, 이에 관한 실천도 대거 확장되었다(Scottish Government, 2010: 5-6).

6) 「사회사업법」의 서문, 제27조 및 제31조에는 보호관찰 및 출소자에 대한 감독과 원조, 비행청소년의 기소제한 등과 관련된 내용이 명시되어 있다.

③ 국가 기준의 개정

1991년에 발표된「사법복지 서비스 국가적 목표와 기준」은 사법복지 서비스를 전달함에 있어 사법복지 종사자들에게 부여된 책임과 의무가 과도하게 설정되어 있다는 지적이 제기되었다. 이에 2007년에 스코틀랜드 정부는「사법복지 서비스 성과 및 기준(the National Outcomes and Standards for Social Work Services in the Criminal Justice System)」을 제시했다(Scottish Government, 2010). 개정된 지침은 사법복지 서비스에서 실천가와 관리자들에 대한 책임의 범위를 명확히 하고, 전문가의 자율성과 서비스 전달의 개별화 및 전문가들의 활동에 대한 지원을 강조했다. 또한 범죄자들의 적극적인 참여가 이루어지도록 하는 것을 성과 창출의 주된 목표로 정했다. 개정된 서비스 성과와 기준은 지역사회의 안전과 사회정의 및 사회통합을 사법복지 서비스가 달성해야 할 성과로 설정한다. 2007~2010년 동안 이러한 기준과 운영 경과를 참고하여 각급 단체의 자문을 들은 다음 2010년에 스코틀랜드 정부는「의무적 실천 분야 사회복지사의 역할에 관한 지침(Guidance on the Role of the Registered Social Worker in Statutory Interventions)」을 발표했다.

(3) 사법복지 서비스 조직체계

사법복지 서비스는 사법체계 및 사법조직과 긴밀한 연계 속에서 진행된다. [그림 3-2]는 스코틀랜드의 사법복지 서비스 전달에 관한 조직체계이다(NASW, 2010: 12).

[그림 3-2]에 따르면, 사법복지 서비스 전달체계의 상위 조직에 국가사법기관들(Criminal Justice Authorities)이 있다. 기관 산하에 설치되어 있는 국가자문위원회(National Advisory Board)에 사회사업단체장협회가 포함되어 있는 것이 특징적이다. 중앙 및 지방사법기관들(National and Local Criminal Justice Authorities) 산하에는 교정(교도소) 분야와 사법복지 분야로 구성된 서비스 제공기관들이 있다. 사법복지를 구성하는 조직은 크게 세 가지 유형으로 구분되는데, 지역별(11개 내륙 및 도서지역) 사법복지기관(Criminal Justice Social Work Agencies), 지역별로 중견사회복지사들을 대변하는 사회복지단체장협회(Association of Directors of Social Work) 그리고 사법복지사의 자격증 관리와 교육을 담당하고 있는 사법복지개발센터(Criminal Justice Social Development Center) 등이다.

스코틀랜드 사법복지 서비스 조직체계에서 발견되는 특징은 다음과 같다. 첫째, 사회사업단체장협회는 국가자문위원으로 참여하여 사법복지에 관한 제반사항들이 국가 정책에 반영되도록 하고 있다. 둘째, 사법복지기관들이 중앙 및 지방 사법기관의 서비스 제공 및 협력기관으로 참여하고 있다. 셋째, 사법복지 조직을 구성하는 개별 기관들(사법복지기관, 사회

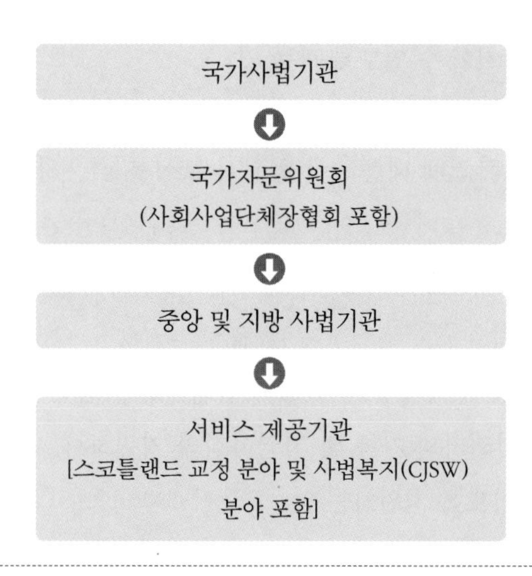

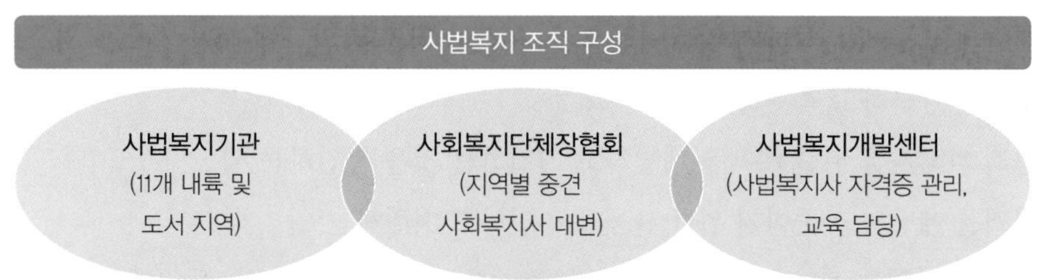

[그림 3-2] 스코틀랜드 사법복지(CJSW) 서비스 조직체계

출처: NASW(2010), p. 12.

복지단체장협회, 사법복지개발센터)도 상호 협력적 관계를 유지하고 있다.

사법복지 서비스는 지역에서 이루어지며, 정부와 비정부기관도 일정 부분 서비스 제공에 가담한다. 사법복지 서비스를 전담하는 전국 단위 조직이나 중앙행정기관이 있는 것은 아니지만 사회사업 관련 협회에서 사법복지 종사자들의 입장을 대변하기도 한다. 사법복지 관련 조직(단체)은 전국 및 지역별 사법기관의 협력기관으로 참여한다. 사법복지 서비스는 스코틀랜드의 사법제도에서 상당한 기능과 역할을 한다. 비록 사법복지 관련 조직(단체)은 사법조직과 구분되지만 법원 및 교정기관과 긴밀히 협력하는 특성을 가진다. 사법복지 관련 조직(단체)의 활동 내용은 다음과 같다(NASW, 2010: 10-11).

- 각급 법원이 활용 가능한 지역사회 기반 사회복지 서비스를 확충하고 이러한 서비스가 각급 법원, 경찰 및 일반 시민들 모두에게 신뢰받을 수 있도록 관리·감독하는 일
- 각급 법원이나 관련 기관들이 필요할 때 사안에 맞춰 다양한 사회복지 서비스가 제공

될 수 있다는 것을 인지할 수 있도록 하는 일
- 성인 초기의 범죄자들을 대상으로 지역사회 중심의 사회복지 서비스를 개발하는 일
- 날로 늘어나는 범죄 사건에 대응하여 법원이 보석을 허용하도록 하는 방안을 강구하는 일
- 수용자와 가족이 출소 후를 준비할 수 있도록 돕고 사회에 정착할 수 있도록 지원하는 서비스를 확충하는 일
- 범행을 유발한 요인들이 제거될 수 있도록 범죄자들을 돕는 일. 범죄자들이 범행을 저지르지 않게 하고, 범죄자의 가족 및 지역사회의 지원하에 사회통합 차원에서 사회적 책임을 가지고 살아가도록 지원하는 일
- 범행으로 인해 그 범죄자의 가족들이 겪는 고충을 지원하는 일
- 대중의 요구에 부합하지 않겠지만 기소 요건이 되는 피의자에 대한 기소를 최소화하는 방안을 강구하고 촉진하는 일
- 범죄 피해자를 위한 대책을 개발하고 지원하는 것을 촉진하는 일
- 범죄를 예방하고 줄이기 위한 활동을 촉진하고 지원하는 일

2) 사법복지 서비스의 국가 기준 내용

스코틀랜드는 1991년에 「사법복지 서비스 국가적 목표와 기준」을 만들고, 2007년에 이를 개정한데 이어 2010년에 현장에서 적용할 실무지침서를 제시했다. 범죄문제에 대응하기 위해 스코틀랜드는 정부 차원에서 사법제도에서의 사회복지실천과 관련된 기법들을 제공하기 위해 준정부기구인 스코틀랜드 사회서비스협의회(Scottish Social Services Council: SSSC)의 연구를 거쳐 사법복지에 관한 용어 정의 및 국가적 기준을 제시했다(Homer, Leishman & Marsh 2010). 「사법복지 서비스 국가적 목표와 기준」은 무엇보다 사법체계에서의 사회사업 서비스를 사법복지로 규정함으로써 범죄인에 대한 사법정책이 진일보하도록 했고, 사회사업 분야에서 사법복지 서비스가 중요하게 인정받게 하여 사회복지 분야의 영역을 확대하는 데도 기여했다. 「사법복지 서비스 국가적 목표와 기준」에서 제시하는 정책 목표는 안전(Safety), 사회정의(Justice), 사회통합(Social Inclusion)의 달성이다(Scottish Government, 2010).

스코틀랜드 정부가 제시한 사법복지 서비스 기준의 구성은 〈표 3-1〉과 같다(Scottish Government, 2010: 15-52).

표 3-1 스코틀랜드의 사법복지 서비스 국가 기준의 구성

구분	내용
전체 목적 (제1장)	사법복지 서비스에 대한 대중의 이해와 신뢰
성과 목표 (제2장)	• 시민 보호와 지역사회 안전(안전) • 재범 예방(사회정의) • 범죄행위 중단지원으로 사회통합(재통합)
실천 범위와 핵심적 개입 (제3~9장)	• 실천구조(practice framework)의 개괄(제3장) • 범죄와 관련된 위험, 욕구, 책임에 관한 사정(제4장) • 변화과정에 있는 범죄자들의 활동과 규칙준수에 관한 사례관리(제5장) • 유해한 결과를 초래할 기회를 규제하기 위한 개입(제6장) • 효과적 프로그램을 통한 사회복귀를 위한 개입(제7장) • 범행을 야기했던 유해한 것들에 대한 배상 차원의 개입(제8장) • 사회성원으로서 기여를 통한 사회재통합을 위한 개입(제9장)
지지자원 (제10장)	• 효과적인 성과 달성을 위해 범죄인 관리에서 실천가들에게 요구되는 규칙, 지식, 기술 • 협력기관과 지역 및 가족에 의해 제공될 수 있는 자원의 범위
리더십과 관리 (제11장)	• 관리자의 책임 • 법과 정부, 지방당국의 계획과 정책, 지역사회 사법당국의 계획에 기반한 전략적 지시 • 재정과 자원의 효율적 배분 • 서비스 수준에 관한 협력기관들과의 합의 • 직원에 대한 지지, 감독, 개발 • 서비스의 질을 모니터하고 확인하고 개선 • 서비스 성과에 대한 평가

출처: Scottish Government(2010), p. 13.

다음에서는 사법복지 서비스의 국가 기준의 주요 내용을 살펴본다. 내용의 해당 조항은 괄호 안에 표기했다.

먼저, 사법복지 서비스의 성과 목표로 설정된 것은 안전(Safety), 사회정의(Justice), 사회통합(Social Inclusion)이다(2.7). 여기서 안전은 시민 보호와 지역사회 안전(심각한 위험으로부터 시민을 보호함으로써 지역사회의 안전을 유지하는 것이고), 사회정의는 재범 예방(재범 위험성을 줄이기 위해 자신의 행동에 대해 책임있는 사람이 되도록 하는 일)을 통해 달성하고, 사회통합은 범죄인의 재통합(범죄행위 중단을 위한 개인의 노력)을 지원하는 데 있다.

“사법복지 서비스의 실천과 개입은 국가적 성과 달성을 위해 설계되고 제공되어야 한다.

성과 목표 내에서 실천 모델의 목적은 문제를 벗어나기 위한 회피 목표보다는 성과를 달성할 수 있는 목적으로 접근해야 한다."(3.1). 사법복지 서비스는 안전, 사회정의, 사회통합이라는 성과 목표 달성을 위해 세부 실천 목표들을 적극적 · 긍정적인 방향으로 설정해야 한다.

"성과항목 간의 관계는 상호의존적이다. 국가적 성과 목표들인 안전과 사회정의와 사회통합은 상호의존적이다. 안전에 대한 공공의 요구에 부합하는 것, 사회정의와 범죄인의 사회통합, 이 세 가지는 모두 함께 다루어져야 한다. 시민 보호를 보장하지 못하는 범죄자에 대한 지역사회 기반 사회복귀나 배상 서비스를 제공하는 것은 적절하지 않다. 사회통합을 통한 법을 준수하는 삶을 유지하도록 하는 활동 없이는 재범위험성에 관한 계획들은 효과적이지 않다."(3.2). 성과 목표 간의 관계는 상호영향을 주는 관계이므로, 성과 목표 달성을 위해 개별 실천 목표를 설정할 때는 이러한 점을 고려해서 설정해야 한다.

"사법복지 서비스의 실천은 참여적 접근(participative approach)과 증거 기반 실천(evidence based practice)이어야 한다. 먼저 참여적 접근법에서 대상자에 대한 변화는 대상자의 적극적인 참여를 통해 달성될 수 있다. 효과적 사정과 개입은 남자 혹은 여자가 아닌 한 사람의 개인에 대해 이루어져야 한다."(3.6). 효과성을 높일 수 있는 실천이 되기 위해서는 참여자의 적극적인 참여가 전제되어야 한다. 만약 교도소 수용자를 대상으로 한 사법복지 서비스라면 서비스에 대한 수용자의 동의와 변화에 대한 의지가 수반되어야 한다.

아울러 서비스는 효과성 검증에 관한 기존의 이론 및 선례에 기반을 두고 설계한다. "증거 기반 실천은 성과 달성에 관한 효과성을 조사한 연구결과에서 제시한 원칙과 전제에 기반해 이루어져야 한다. 만약 결정이나 활동의 증거가 되는 조사연구를 발견하지 못했다면, 실천의 근거가 될 수 있도록 분명하고 확실한 경험적 실험을 수행해야 한다."(3.8). 서비스의 설계는 검증된 연구결과에 입각해서 이루어져야 함을 명시하고 있다.

〈표 3-2〉는 실천체계별로 성과 목표들에 관한 책무를 나타낸다. 〈표 3-2〉에서 사법복지 서비스의 성과 목표는 '지역사회 안전과 시민보호' '재범 예방' '범죄 단절을 위한 지원과 사회통합'이다. 이를 달성하기 위한 실천의 구조는 사정(Assessment), 사례관리(Case Management), 규제(Restriction), 사회복귀(Rehabilitation), 배상(Reparation), 재통합(Reintegration)의 여섯 가지 실천 범위로 구성된다. 실천구조를 구성하는 실천 범위 중 개입에 관한 네 가지의 'R'은 사법복지 서비스의 핵심적인 개입에 해당하는데, 그것은 바로 규제(Restriction), 사회복귀(Rehabilitation), 배상(Reparation) 그리고 재통합(Reintegration)이다.

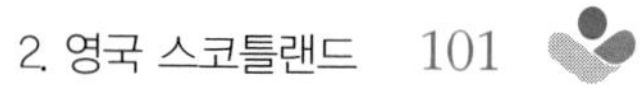

표 3-2 실천체계별 성과 목표에 관한 책무

성과목표 / 실천범위	지역사회 안전과 시민 보호	재범 예방	범죄 단절을 위한 지원과 사회통합
사정 (Assessment)	• 위험 요인, 특히 심각한 위험 요인에 대한 평가	• 재범 및 재범과 관련되어 필요한 것들을 밝혀 내는 일	• 대상자가 그의 삶에서 얻은 기회들과 변화의 계획을 결정하고 변화를 위한 지원에 접근할 수 있도록 하는 데 필요한 것을 밝히는 일
사례관리 (Case Management)	• 관리감독과 정규적 검토에 기반하여 개입의 증거에 관한 법률 요건에 부합하고 투명한 표준에 부합하는 위험 관리계획 내에서 개입이 전개되고 있다는 증거	• 대상자의 적극적 참여 내에서 전개되는 개입을 위한 사례관리계획에 관한 위험 및 욕구에 관한 업무	• 대상자는 더 나은 삶의 가능성에 대한 믿음을 가질 것 • 대상자는 더 나은 삶을 달성하기 위해 약속할 것 • 대상자가 사례관리를 통해 장애물을 극복할 수 있는 기회를 만들 수 있도록 도움을 받을 것
규제 (Restriction)	• 기관 간의 협력에 의한 시민 보호와 지역사회 안전을 위한 외적 통제는 증거가 있을 것	• 대상자가 자발적으로는 따르지 않을 것 같은 지역사회기반 사회복귀에의 참여를 가능하도록 제한하는 일	• 재통합에 필요한 신뢰성을 발전시킬 기회를 대상자가 가지도록 하는 것
사회복귀 (Rehabilitation)	• 재범을 줄이기 위한 계획은 증거 기반 개입일 것	• 대상자의 발전을 위한 구조화되고 조사연구에 기반한 개입의 내용 –범죄행동의 해로운 결과에 대해 인식시키는 것 –범죄행위 유발 요인 인식 –자신과 범죄에 관한 친사회적 관점 –해로운 행동과 나쁜 습관(술, 마약 등)을 변화시키는 것에 대한 자기책임 –나쁜 습관을 통제할 수 있는 신념과 능력 –다른 사람에게 피해를 주지 않고 자신의 욕구를 충족시키는 신념과 능력 –재발방지, 교도소 출소준비를 포함하는 위기관리 전략	• 대상자가 친사회적 관계와 더 나은 삶을 위한 기회에 접근하는 데 필요한 가치와 능력을 학습하도록 하는 일

배상 (Reparation)	• 범죄행동에 대한 배상과 사회복귀를 통해 사회정의에 대한 시민들의 정서를 만족시키는 것	• 대상자가 대인관계와 직업 기술을 발전시키는 일(예: 직업능력, 부모기술 등)	• 지역사회에 긍정적인 기여와 관계 강화를 통해 사회통합을 증가시키는 일
재통합 (Reintegration)	• 대상자가 더 이상 심각한 위기 요인이 없다는 증거가 있어야 함	• 대상자가 법을 준수하는 삶이 가능하도록 범죄위험 요인을 줄이는 것	• 대상자가 지지적 관계를 유지하고 기회와 자원에 접근하며 범죄를 중단하는 것을 통한 사회통합을 강화하는 일

출처: Scottish Government(2010), pp. 23-25.

스코틀랜드에서 사법복지 서비스는 지역사회 안전과 새롭게 삶을 살아가고자 하는 범죄자를 돕는 목적 간의 조화를 추구한다. 재범방지를 통한 사회 안전과 범죄자의 사회통합을 위한 원조가 조화롭게 균형을 이룰 때 사법복지 서비스는 효과를 창출할 수 있다고 본다. 사법복지에 관한 국가 기준에 따르면 사법복지 서비스를 통해 달성하고자 하는 바는 시민을 보호(public protection)하고, 다른 한편으로는 지역사회의 안전(community security)을 보장하며, 범죄인의 범죄행위 중단 및 사회재통합(reintegration)에 있다. 이러한 내용을 담고 있는 '국가표준'은 설정된 성과 목표들의 달성을 위한 사법복지 서비스 개입에 관한 구체적인 지침이 되고, 제공된 사법복지 서비스를 시험하고 평가하는 기준(benchmarks)이 되며, 서비스 제공자(실천가) 관리 및 전문적인 지식과 실천기술 개발의 지침이 되기도 한다.

3) 쓰루케어: 교도소 사법복지 서비스 기준

쓰루케어는 교도소 수용자에 대한 사법복지 서비스에 관한 국가 기준이다. 스코틀랜드 정부가 마련한 국가 기준의 주요 내용은 다음과 같다(Scottish Government, 2004).

① 쓰루케어의 의미

「사법복지 서비스 성과 및 기준 지침-쓰루케어(National Objectives for Social Work Services in the Criminal Justice System: Standards-Throughcare)」는 교도소 수용자에 대한 사법복지 서비스 국가 기준이다. 스코틀랜드에서 쓰루케어는 사법체계에서의 사회복지를 대표한다. 교정시설 수용의 목적이 출소 준비와 사회복귀를 돕는 데 있음을 명시하고, 수용된 초기부터

수용생활 동안 사회복귀 준비 그리고 출소 후 사회정착에 이르기까지 수용자와 그 가족들에게 제공하는 사회 서비스에 관한 국가 기준이다. 쓰루케어는 범죄자가 형을 받은 시점부터 수용된 기간 그리고 출소 후 지역사회에 복귀한 후까지 범죄자와 가족들에게 지역사회와 사회복지기관 및 관련 기관이 협력하여 제공하는 사회복지 서비스에 관한 지침이다.

② 목적 및 목표

기본적인 목적은 구금시설의 수용자가 출소 후를 준비하도록 하여 건전한 시민으로 사회에 정착할 수 있도록 돕는 데 있다. 수용자에게는 사회통합을 위해 출소를 준비하도록 하고 사회복귀 후에는 성공적 정착과정에서 필요한 원조를 제공하며, 또한 법 테두리 안에서 법령에 따른 허가사항 또는 수용자 개개인의 욕구에 부합하여 서비스를 제공하는 데 목표를 두고 있다.

쓰루케어에 따르면 수용자에 대한 사회복지 서비스의 목표는 수용자들에게 지역사회에서 제공되는 것과 유사한 범위와 수준의 사회복지를 제공하고, 범죄 행위를 교정하기 위해 개인 또는 집단 단위로 프로그램과 자문을 제공하며, 석방된 후 사회로 재정착하고 재통합을 돕는 전문적인 지원을 하는 것이다.

③ 범위

서비스 제공 기간을 시설 내에서 사회복귀 단계까지 포괄하고 지속적인 서비스를 제공하도록 한다. 쓰루케어는 범죄인에 대한 사법체계의 모든 단계(교도소 수용 시점부터 출소 후 사회복귀 과정)에서 제공되는 범죄인에 대한 통합적 사회복지 서비스 기준이다. 따라서 교도소 입소에서 시작하여 수용자가 사회에 성공적으로 정착하여 건강한 시민으로 재통합하게 하는 것이 쓰루케어의 마지막 과정이다. '쓰루케어'는 형 또는 구금의 시작점, 구금 기간과 지역사회로의 복귀에 이르기까지 수용자와 수용자의 가족들에게 사회복지 및 연계 서비스를 제공한다.

교정시설 입소부터 출소 후 사회에 정착하기까지를 서비스 제공 기간으로 설정하기 때문에 교도소에 기반을 둔 쓰루케어와 지역사회에 기반을 두고 제공하는 쓰루케어로 구분된다.

④ 운영 형태

쓰루케어는 교도소에 기반을 두고 지방정부의 사회복지기관에서 스코틀랜드 교정국에 제공하는 형태가 있고, 지역사회에 기반을 두고 지방정부의 사회복지기관이 타 기관과 협력하여 운영하는 형태가 있다. 운영 결과는 평가를 받도록 하고 있으며, 서비스 내용과 평가에 관한 기준이 쓰루케어에 포함되어 있어서 교정당국과 사회복지기관에서는 이를 준용한다.

⑤ 대상자의 선정

교도소 수용자에 대한 복지 서비스에는 우선순위가 있다. 사회복지 서비스 제공의 우선순위 설정은 주로 위험성과 취약성을 기준으로 하는데, 구금에 가장 취약할 가능성이 큰 수감자와 출소 후 지역사회, 타인 또는 본인에게 위험을 일으킬 가능성이 큰 수감자에 대한 개입에 초점을 맞춘다. 먼저, '위험성' 평가는 죄질의 특성, 재범 위험, 범죄로 인한 문제, 가해자로서 수용자 본인의 범죄 행위에 대한 이해, 가해자 스스로 태도와 성향을 변화시킬 수 있는 능력, 변하고자 하는 가해자의 의지 등이다. 한편, '취약성' 평가와 관련해서는 가해자의 사회적 환경 및 지원 네트워크의 가용성, 가해자의 정서 상태(자존감 및 자신감 수준 포함), 수용자의 정신건강 및 자해 이력, 수용자의 신체적 건강, 특히 신체적 장애 또는 생명을 위협하는 상태, 특정 유형의 범죄에 부착된 오명과 관련되어 교도소 내에서 겪고 있는 스트레스의 정도 등의 기준을 제시하고 있다.

우선순위 대상자는 다음과 같다. 자해 위험자, 취약하다고 판정된 사람(예: 재판 전 취조에서 확인된 경우), 처음으로 구금을 경험한 사람, 정신장애자, 학습 또는 신체장애가 있는 사람, 보호관찰 및 가석방 대상자, 1급 범죄자(중범죄자), 성범죄자, 법적 보호관찰 가석방 대상자가 될 가능성이 높은 사람(예: 가석방, 평생 보호관찰, 비 가석방 허가 등), 최대 18세까지의 어린이 및 청소년 범죄자, HIV/AIDS 보유자 또는 위험이 있는 사람, 알코올 또는 약물 관련 문제가 있는 사람, 특별 보호관찰 석방이 가능한 사람, 석방 전 자발적 치료를 요청하는 사람 등이다.

⑥ 출소자에 대한 서비스 지침

쓰루케어에서 출소자에 대한 서비스는 범죄자의 특성과 범죄 유형을 고려하여 제공할 것을 제안하면서 다음과 같은 서비스 기준을 제시한다(Scottish Government, 2004; NASW, 2010: 10-11 재인용).

- 수감 중인 수용자에 대한 적절한 서비스를 위해 협력하고, 출소 후에도 교도소, 관련 전문가, 지역사회에 서비스 종사자와 협력하여 가능한 서비스를 제공할 것
- 범죄행위의 특성, 원인, 결과를 고려할 것
- 범죄자들이 그들의 범법행위와 그로 인해 피해자, 자신, 가족 및 지역사회에 어떤 영향

을 미쳤는지 그 결과에 대해 직면하도록 도울 것
- 범죄자의 변화 동기를 자극하고 장래 범죄행위를 피할 수 있는 방법을 찾도록 도울 것. 예를 들어, 알코올이나 마약중독처럼 범행의 위험성이 되는 문제들은 제거할 것
- 출소자가 경험했던 근원적인 문제들을 해결하는 것을 포함하여 지역사회에 재통합되도록 지원할 것
- 출소자가 원하는 지역에 적절한 거처를 확보하도록 도울 것
- 직업을 구하고 고용에 필요한 기술과 훈련을 받을 수 있도록 도울 것
- 자신의 수입과 비용을 스스로 관리하는 것을 촉진할 것
- 가족관계가 해체되는 것에 따른 문제들을 다룰 것

이 절에서는 사법복지에 관한 영국의 스코틀랜드 사례를 살펴보았다. 범죄문제에 대한 사회복지의 사회적 위치와 사회복지사의 역할에 관한 스코틀랜드 사례는 우리나라에 함의하는 바가 크다. 스코틀랜드와 같은 유럽 국가들은 사회복지 발달이 매우 선진적이고, 우리나라와는 상이한 사회적 상황에서 빈부격차에 따른 취약계층 문제가 사회복지의 주된 실천 이슈가 아닐 수 있다는 점을 감안하더라도, 범죄문제에 대한 사회적 대응에 사회복지가 크게 기여하고 있는 것은 분명하다. 범죄자에 대한 관리감독과 사회복지 서비스 이 두 가지를 결합한 범죄관리전략은 긍정적 평가를 받고 있다. 사법 당국의 고유한 목적인 시민 안전 및 재범 예방을 위한 범죄인 통제정책과 사회복귀와 재통합을 위한 사법복지 서비스를 연계한 스코틀랜드의 사법복지 모델은 사법 사회복지 서비스의 확충과 제도화가 필요한 우리나라에 적용가능성을 모색해 볼 만하다.

 3. 우리나라

학습개요

우리나라에서 범죄문제에 대한 복지적 관점의 뿌리는 어디서 찾을 수 있는가? 현재 사법 영역에서 진행되고 있는 사회복지실천의 제도적 근거가 되는 것은 무엇인가? 이 절에서는 우리나라 교정복지의 뿌리와 시작을 형벌제도와 복지적 개념을 포함하고 있는 법률에서 찾는다. 아울러 사회복지실천에 관한 사항을 명시하고 있는 현행 사법 관련 법률과 사회 서비스 법률의 주된 내용을 검토한다.

1) 뿌리와 시작

(1) 제도적 측면

① 조선시대 이전의 형벌제도

우리나라 교정복지의 시작은 형벌제도의 변화 속에서 이해할 수 있다. 우리나라에서도 범죄인 처벌에 관한 법적 근거가 마련되어 있었다. 고조선(환국)에서부터 대한민국 임시정부에 이르기까지 실정 법률이 존재했다. 고조선 8조 법금에서는 "사람을 죽인 자는 목숨으로 대신하고, 남을 다치게 한 자는 곡물로서 배상하며, 도둑질한 자는 그 집의 노비로 삼되 노비를 면하고자 할 때에는 50만 전의 돈을 물게 한다." 등과 같은 조항이 존재했는데, 이는 범죄인 처벌에 관한 기준을 세우고자 하는 의미였다(이백철, 2020: 137). 삼국시대에는 형벌의 종류가 다양해졌고(사형, 유형, 장형, 재산형 등) 행형제도가 정비되어 갔으며, 고려시대에는 전옥서(典獄署)라는 최초의 독립된 감옥이 설치되고, 우리나라 초유의 형법률도 완성되었다(이백철, 2020: 139, 142).

② 조선시대의 형벌제도

법률에 입각한 형벌 집행기관은 조선시대에 이르러서는 더욱 정비된다. 형벌기구가 정비된 조선시대에는 중앙사법기관으로 사헌부, 의금부, 형조, 한성부, 장예원이 있었고, 경제육전, 속육전, 경국대전(성종) 등과 같은 통일된 법전에 입각하여 통치했다(오영근 외, 2013: 21).

정약용의 『흠흠신서』(1822)는 형사 업무를 담당하는 관리들을 계몽하기 위해 편찬한 형

법서로서, 형사 사건의 조사와 심리, 처형에 대해 다루고 있다. 책의 서문에는 “형옥의 일은 사람의 생명에 관한 일이지만, 이를 가볍게 취급하는 경향이 있었으므로 그 임무를 맡은 관리들이 유의할 점을 적은 것”이라고 밝힌 것은 다산 정약용의 형벌관을 보여 준다. 법의 원칙 준수, 관대한 처벌 비판, 법 집행은 신중하고 공평하게 죄를 지은 만큼 정당하게 벌을 받게 하는 것이 정의를 실현하는 길임을 강조하고 있다(심재우, 2018: 192). 『흠흠신서』에 나타난 정약용의 형벌관은 진정한 정의 실현은 “모든 사람에게 공평하게 법을 적용해 한 사람이라도 억울하고 부당한 형벌을 받는 일이 없도록 하고, 반대로 죄를 지은 사람이 형벌을 요행히 모면하는 일도 없도록 해야 한다.”라고 하여 당시의 가혹하고 엄한 형벌을 일면 지적하면서 공정한 법 집행의 중요성도 강조한다(심재우, 2018: 199). 정약용의 형벌관의 주된 내용은 법 집행의 공정성이다. 범죄를 저지른 사람이 형벌을 모면해서도, 죄에 상응하지 않는 부당하고 억울한 형벌을 받게 해서도 안 된다는 것이다.

③ 복지적 관점의 시작

•「갱생보호법」

현대적 의미에서 범죄인에 대한 복지적 관점이 법률에 반영된 것은 1963년에 제정된「갱생보호법」에서 비롯된다.「갱생보호법」은 출소자 등 형사처분을 받은 자 가운데 본인의 신청이나 동의를 조건으로 진행하는 임의적인 관찰보호이었기 때문에 관리감독의 성격이 강했지만 출소자의 사회 정착을 돕기 위한 제도적 근거를 마련했다는 점에서는 의미가 크다.

•「법률구조법」

1986년에 제정된「법률구조법」은 범죄인에 대한 복지적 관점이 법률 제정의 취지에 반영되었다. 1987년 대한법률구조공단이 창설된 것은 범죄인에 대한 복지적 관점이 한 단계 발전하는 계기가 된다. 모든 국민은 법 앞에 평등하며, 따라서 죄를 지은 사람들에게도 법 집행이 정의롭게 이루어져야 하고, 무지하고 가난하여 법률 서비스를 받지 못하는 국민들을 위한 법률구조 서비스 제공을 목적으로 두었다. 이는 우리나라 사법개혁의 일환이었고 법률의 제정과 이를 집행하는 기구의 창설로 이어졌다.「법률구조법」은 사법복지적 법률로서 법률상담, 변호사에 의한 소송대리, 기타 법률사무에 관한 지원을 명시하고 있는데, 그 대상은 형사사건의 피의자와 피고인, 범죄피해자, 사회 내 처우를 받는 자, 소년보호사건의 비행청소년 등을 포괄한다(이무웅, 2013: 22).

• 「소년법」

이에 앞서 1958년에 제정된 「소년법」은 법을 위반한 청소년에 대한 사회적 제재를 목적으로 보호주의 이념을 표방하고 있다. 비행청소년에 대해 처벌이 아닌 건전한 육성을 목적으로 하고 있다는 점에서 복지적 접근이 포함되었다고 볼 수 있다. 「소년법」은 반사회성이 있는 소년에 대해 그 환경의 조정과 성행의 교정을 위해 보호처분을 하고 형사처분에 관해서는 특별조치를 함으로써 비행청소년의 건전한 육성을 목적으로 제정되었다. 「소년법」은 청소년비행에 대해 일차적으로 사회가 책임이 있음을 가정한다. 이는 법에 어긋난 행동을 한 청소년이라 할지라도 보호의 책임을 지고 있는 사회가 지원과 보살핌을 통해 건강한 성장을 도모해야 한다는 관점이다. 비행청소년에 대한 조건부 기소유예제도는 「소년법」의 보호주의 이념이 반영된 대표적 제도이다(「소년법」 제49조의3 조건부 기소유예).[7] 피의자를 선도하여 재비행을 예방하겠다는 조건으로 민간자원봉사자(민간 소년선도위원)에 의한 상담이 제공되거나 지역사회 기관에 연계하여 교육이 실시되기도 한다. 원래 검사가 기소를 유예하는 것으로 소년에 대해 1978년 광주지방검찰청에서 시작되었던 선도조건부 기소유예제도는 1981년 전국 검찰청으로 확대되었고 현재는 성인범에게도 기소유예제도가 실시되고 있다. 일종의 전환(diversion) 프로그램인 조건부 기소유예제도는 처벌 위주의 형벌제도와는 다르게 범죄인 및 비행청소년의 변화가능성을 가정하고 있으며, 민간자원봉사 및 지역사회 기관이 검찰청과 협력하여 범죄인에 대한 복지적 성격의 서비스를 제공하고 있다.

• 「보호관찰 등에 관한 법률」

1988년에 제정된 「보호관찰 등에 관한 법률」은 1989년 시행되어 사법 영역에서의 사회복지 발전에 큰 획을 그었다. 이 법률은 현재도 사법제도권 내에서 진행되는 사회복지 서비스의 중심적 역할을 담당하고 있다. 우리나라 보호관찰제도는 1983년 부산지검에서 가석방자를 대상으로 실시한 것을 시작으로 1985년에는 소년원 가퇴원자로 확대되었다. 이의 성공적인 결과에 힘입어 1988년 12월에 「보호관찰 등에 관한 법률」이 제정 · 공포되었고, 이에 따라 1989년 7월부터 보호관찰소가 개청되고(전국 12개) 보호관찰이 본격적으로 실시되기 시작했다. 1995년 「형법」이 개정되면서 보호관찰제도는 전체 형사범으로까지 확대되었

---

7) 「소년법」 제49조의3(조건부 기소유예)에 의하면 검사는 피의자에 대해 범죄 예방 자원봉사위원의 선도, 소년의 선도 · 교육에 관련된 단체 · 시설에서의 상담 · 교육 · 활동 등을 받게 하고, 피의사건에 대한 공소를 제기하지 아니할 수 있도록 규정하고 있다. 이 경우 소년과 소년의 친권자 · 후견인 등 법정대리인의 동의를 받아야 한다.

고 현재는 재판에 회부된 사건 중 실형(정기형)을 선고받는 경우보다 보호관찰처분이 더 많다.[8)]「보호관찰 등에 관한 법률」은 법무부가 주관하는 법률이면서「사회복지사업법」상의 사회 서비스법에 편입되어 있어서 형사사법 영역에서의 사회복지실천의 근간이 되고 있다.

(2) 학문적 측면

국내에서 교정복지를 이론적으로 체계화한 최초의 전공서는 2000년에 출판된『교정복지학(矯正福祉學)』이다. 당시까지 범죄인에 대한 처벌 일변도의 범죄통제정책이 지배적이었던 정책 환경에서 범죄자 처우를 복지적 관점에서 접근한 것은 실천적인 측면에서도 선구적이다. 이 책의 출판은 학문으로서의 교정복지가 발전할 수 있는 초석이 되었다. 저자인 이정찬(1924~2007)은 교도소 운영에서도 복지적 접근을 반영했는데, 엄한 처벌과 강한 통제로 관리되던 기존의 방식과는 달리 다양한 교화 프로그램을 수용자 및 출소자에게 적용했다.

현재, 대학 및 대학원 사회복지 전공에서는 전공교과목으로 '교정복지론(Social Welfare in Criminal Justice System)'이 편성되어 있다. 한국사회복지교육협의회에서 제공하는 사회복지 교과목 지침서에도 '교정복지론'을 사회복지교과목으로 편성하고 있어서 교정복지는 사회복지학의 세부 전문 분야의 한 유형으로 위치하고 있다(한국사회복지교육협의회, 2020: 74).

교정복지학은 범죄라는 사회문제를 실천의 출발점으로 하여 사회복지 이론 및 지식과 가치를 다루는 사회복지학의 하위 학문이다. 교정복지학은 융합학문적 특성을 가지고 있는데, 사회학에 토대를 두며 휴먼 서비스를 다루는 학문이기 때문에 심리학, 교육학과도 관련된다. 주된 실천현장이 사법 분야인 까닭에 범죄학, 형사정책학, 교정학 등과 같은 인접 학문과도 공유되는 내용이 있다. 따라서 교정복지의 학문적 발전을 위해서는 관련 학문들을 이해하고 융합하려는 노력과 함께 교정복지실천의 이론적 체계화와 실천 기술(예: 교정상담기법, 실천 모델 등) 개발에 관한 노력도 병행해야 한다.

8) 2020년을 기준으로 1심 공판 사건 중 정기형은 43.0%(63,978명)이고, 집행유예는 56.4%(84,046명)로서 집행유예자의 다수는 보호관찰이 부과된다(법무연수원, 2022: 312). 또한 검찰에 송치된 사건 중 재판에 회부되는 기소율은 30.9%(구공판 13.0%, 구약식 17.9%)로서 불기소(48.4%)보다 훨씬 낮다(법무연수원, 2022: 242). 1심 공판 사건 중 실형(정기형) 선고자보다는 보호관찰처분을 받게 되는 집행유예 선고자가 더 많다(법무연수원, 2022: 310, 312). 이와 같이 보호관찰제도가 사법제도 내에서 많은 비중을 차지하고 있는 현실은 사법 영역에서의 사회복지 서비스의 확장가능성을 짐작하게 한다.

문화매체로 이해하는 우리나라 교정복지 역사

▶ 우리나라 최초의 교정복지 전공 서적: 『교정복지학』(이정찬저, 한국교정선교회, 2000)

국내에서 최초로 교정복지 전공 서적을 출판한 이정찬(1924~2007)은 목사이면서 교도소장(홍성교도소, 의정부교도소, 인천교도소장 역임)이며 학자였다. 범죄인에 대한 교정 · 교화 이념을 교도소 수용자 교화 프로그램에 적용하는 것을 시도했고, 국내에서 교화 이념을 교도소 현장에 도입한 교정복지의 개척자이다. 교도소장 재임 시절 수용자 교화의 방법으로 신앙에 기반한(faith-based) 교화 프로그램들을 운용했다. 퇴직 후에는 실천가로서 수용자와 가족, 출소자에 대한 신앙 기반의 복지 서비스 제공을 목적으로 민간자원봉사 단체인 '담안선교회'를 1985년 설립했는데, 이 역시 국내 최초의 민간 교정복지 단체이다. 이정찬은 "갇힌 자에게 복음을 풀린 자에게 사랑을"이라는 비전으로 '담안선교회' '한국교정선교회' 활동을 통해 종교를 통한 범죄인 변화와 수용자 가족 살리기에 매진했다.

교도소장이면서 학자였던 이정찬은 우리나라에서 교정복지가 학문적 · 실천적으로 발전할 수 있도록 초석을 다진 교정복지의 선구자이다.

▶ 사진

▲『교정복지학』

2) 관련 법률

다음에서는 현재 우리나라에서 사법 영역의 사회복지 서비스 제공에 관한 국내의 관련 법률을 검토한다.

(1) 「사회복지사업법」

「사회복지사업법」은 우리나라의 모든 사회복지 서비스의 기본법이다. 2011년 「사회복지사업법」 제2조의 개정으로 범죄인에 대한 갱생보호사업(보호·선도)이 사회복지사업에 포함되었다.

동법 제2조제1호에서는 "사회복지사업"을 관련 "법률에 따른 보호·선도(善導) 또는 복지에 관한 사업과 사회복지상담, 직업지원, 무료 숙박, 지역사회복지, 의료복지, 재가복지(在家福祉), 사회복지관 운영, 정신질환자 및 한센병력자의 사회복귀에 관한 사업 등 각종 복지사업과 이와 관련된 자원봉사활동 및 복지시설의 운영 또는 지원을 목적으로 하는 사업"이라 정의했다. 여기서 보호·선도는 범죄인 및 비행청소년에 대한 서비스와 관련된다.

「사회복지사업법」은 사회복지사업에 해당하는 법률을 제시하고 있는데, 여기에는 「보호관찰 등에 관한 법률」도 포함된다. 「보호관찰 등에 관한 법률」이 「사회복지사업법」상 사회서비스법에 포함됨에 따라 지역사회에서 진행되는 범죄인 및 출소자에 대한 사회복지 서비스 개입의 근거가 마련된 것이다.

(2) 「보호관찰 등에 관한 법률」

우리나라에서 보호관찰제도는 현대적 의미의 교정복지 서비스가 도입된 것을 의미한다. 「보호관찰 등에 관한 법률」은 사회 내 처우제도 운용의 근거법이다. 보호관찰제도는 범죄자에 대한 구금형 대신 사회 내 처분을 부과함으로써 지역사회에서 정상적으로 생활하게 하면서 관리감독 및 지원을 통해 재범 없이 건전한 사회인으로 복귀하도록 하는 처벌제도이다. 범죄자가 지역사회에서 정상적인 생활을 하도록 함으로써 시설구금으로 인한 부작용을 막고 건전한 사회인으로서 정착하도록 하여(reintegration, 사회재통합) 재범 예방을 도모하는 한편, 전문지식과 소양을 갖춘 보호관찰관의 지도·감독과 원호를 받게 하여 건전한 사회복귀를 도와줌으로써 재범을 방지한다. 범죄로부터 사회를 보호하고자 하는 형사정책수단이면서 범죄인 처벌에 대한 사회복지적 개입의 근거가 되는 법이다.

지역사회 기반의 처벌제도인 보호관찰제도는 1983년 부산지방검찰청에서 가석방자를 대상으로 시범적으로 실시한 것으로 시작되었다. 이어 1985년 실시대상자를 소년원 가퇴원자로 확대했다. 우리나라에서 보호관찰의 제도화는 1988년 「보호관찰 등에 관한 법률」이 제정된 것을 시작으로 1989년 전국 12개 지역에 보호관찰소가 개청되어 본격화된다. 보호관찰 제도는 2011년 「사회복지사업법」 개정에 따라 사회 서비스법률 중의 하나로 편입됨으로써 사법 영역에서의 사회복지실천의 근거가 되고 있다.[9)]

「보호관찰 등에 관한 법률」은 1995년 개정을 통해 「보호관찰법」과 「갱생보호법」이 통합됨으로써 범죄인에 대한 사회 내 처우를 아우르는 법률이 되었다. 1963년에 제정된 「갱생보호법」은 출소자의 재범 방지를 위한 원호 위주의 사업을 내용으로 하는 법으로서 범죄인에 대한 복지적 관점이 적용된 최초의 법률이었다. 갱생보호사업은 「보호관찰 등에 관한 법률」 제3조에 명시되어 있다. 동법(제3조)은 출소자의 성공적 사회정착을 돕고 재범을 예방하기 위해 공법인인 한국법무보호복지공단을 중심으로 자립 갱생을 위한 숙식 제공, 주거지원, 창업지원, 직업훈련, 취업지원 등에 대한 서비스를 제공하는 것에 관한 내용이다.

① 목적 및 가치와 사회복지

「보호관찰 등에 관한 법률」의 목적은 "죄를 지은 사람으로서 재범 방지를 위하여 보호관찰, 사회봉사, 수강(受講) 및 갱생보호(更生保護) 등 체계적인 사회 내 처우가 필요하다고 인정되는 사람을 지도하고 보살피며 도움으로써 건전한 사회 복귀를 촉진하고, 효율적인 범죄예방 활동을 전개함으로써 개인 및 공공의 복지를 증진함과 아울러 사회를 보호"하는 데 있다(동법 제1조). 범죄자의 사회복귀 촉진, 복지 증진, 사회보호가 동법의 목적이다. 여기서 범죄자의 성공적인 사회복귀 및 사회재통합과 복지 증진을 달성하는 일은 사회복지 서비스

9) 우리나라 보호관찰제도의 발전과정에서 주된 변화는 다음과 같다. 1988년 「보호관찰 등에 관한 법률」이 제정되어 1989년 22개 기관이 개청됨과 함께 소년범에 대해 보호관찰을 시작으로 성인 성폭력사범에 대한 보호관찰을 실시했고(1994년), 성인형사범으로 확대했으며(1997년), 가정폭력사범에 대해서도 보호관찰을 실시하게 되었다(1998년). 보호관찰 프로그램으로 성범죄자에 대한 존스쿨(John School)을 실시하고(2005년), 외출제한명령 음성감독과 성폭력범죄자에 대한 전자감독제도(전자발찌)가 실시되었고(2008년), 벌금미납자에 대해 사회봉사명령을 부과하여 보호관찰 대상자로 관리하게 되었다(2009년). 아울러 성범죄자에 대해 성충동 약물치료제도를 도입했고, 성폭력치료프로그램 이수명령을 실시하기 시작했다(2011년). 이어 교도소 출소자(형집행종료자)에 대해서도 보호관찰을 실시하게 되었고(2013년), 전자발찌 부착제도가 강도범죄자에게도 확대되었고(2014년), 1:1 전자감독제도를 시행하게 되었다(2019년). 최근에는 전자보석제도와 모든 가석방자에게 전자감독의 적용을 확대하게 되었으며, 2020년부터 전자감독은 법무부 범죄예방정책국의 전자감독과에서 관할하도록 하고 있다. 최근에는 「스토킹범죄의 처벌 등에 관한 법률」 제정(2021년)으로 스토킹범죄자에 대한 보호관찰 · 수강명령 · 이수명령도 시행하고 있다(법무연수원, 2023: 409-410).

와 밀접히 관련되며, 사회복지사에 의한 전문적인 개입이 요구된다. 이런 특성 때문에「보호관찰 등에 관한 법률」은 형벌적 성격을 띠고 있지만 범죄인의 재활 및 사회재통합을 위한 원호적 측면을 보다 강조한다는 점에서 사회복지법적 성격이 강하다(이무웅, 2013: 157).

② 실천현장과 실천 대상자

보호관찰 서비스 전달을 위한 주된 기관은 보호관찰소와 보호관찰지소이다. 동법 제14조(보호관찰소의 설치)에서는, ① 보호관찰, 사회봉사, 수강 및 갱생보호에 관한 사무를 관장하기 위하여 법무부장관 소속으로 보호관찰소를 두도록 하고, ② 보호관찰소의 사무 일부를 처리하기 위하여 그 관할 구역에 보호관찰지소를 둘 수 있도록 하고 있다. 범죄인을 관리하는 사법기관이지만 보안시설이 아닌 지역사회시설로 분류되어 있다는 것은 사회 내 처분이 범죄인에 대한 처벌 위주의 관리보다는 재범 방지를 위한 서비스 지원을 강조하고 있음을 보여 주며, 명칭 또한 일반인들에게는 준법지원센터로 사용된다. 사회 내 처분의 유형은 보호관찰, 사회봉사, 수강명령으로서 이들이 동법상의 사회복지 서비스 대상자이다. 보호관찰대상자는 보호관찰 조건 선고유예, 보호관찰 조건 집행유예, 보호관찰 조건 가석방 출소자, 출소자 중 갱생 보호가 필요한 무의탁 출소자, 소년보호 2, 3, 4, 5처분을 받은 비행청소년, 선도조건부 기소유예 비행청소년을 실천 대상자로 한다(동법 제3조).

한편, 동법을 기본법으로 하여 운용되고 있는 한국법무보호복지공단은 출소자의 성공적인 사회정착을 지원할 목적으로 설립된 기관으로서 1995년 한국갱생보호공단으로 출범하여 2009년 한국법무보호복지공단으로 변경되었다.

③ 사회복지 관련 서비스 내용

보호관찰소에서 제공하는 환경조사(제26조), 환경개선활동(제27조), 원호(제34조), 응급구호(제35조)는 사회복지 서비스와 무관하지 않다. 환경조사는 소년교도소 수형자 및 소년보호처분 7, 9, 10호 처분자에 대한 환경조사를 수용시설의 장으로부터 의뢰받은 보호관찰소장이 이를 행하는 것이고, 그 결과 사회복귀 촉진을 위해 환경 개선이 필요한 경우 출소를 앞둔 소년수용자에 대해 본인의 동의를 얻어 환경 개선활동을 할 수 있다. 보호관찰 대상자에 대한 숙소 및 취업의 알선, 직업훈련 기회의 제공, 환경의 개선, 보호관찰 대상자의 건전한 사회복귀에 필요한 원조는 원조 전문직인 사회복지 서비스의 특성을 가진 사업이다.

한국법무보호복지공단의 사업으로 이 법(제65조)에서 명시한 갱생보호사업의 내용은 출소자에 대한 숙식 제공, 주거지원, 창업지원, 직업훈련 및 취업 지원, 출소예정자 사전상담,

갱생보호 대상자의 가족에 대한 지원, 심리상담 및 심리치료, 사후관리, 그 밖에 갱생보호 대상자에 대한 자립지원이다. 이러한 사업들의 성격 역시 원조에 목적을 두고 있는 만큼 사회복지 서비스의 성격을 갖는다.

④ 사회복지 서비스의 제공 인력

보호관찰소에서는 보호직 공무원과 범죄예방자원봉사자(법사랑위원)가 주된 인력이며, 이들 인력 중 사회복지사 자격증을 소지한 인력은 사회복지 전문가로서의 신분은 아니지만 보호관찰 서비스에 포함되어 있는 사회복지 관련 업무들을 수행하고 있다. 이 법에서는 특정 업무에 대해 사회복지사의 고유 업무로 명시한 조항이 존재하지는 않는다. 보호관찰소에 소속되지 않은 사회복지사는 협력기관의 종사자로 참여하기도 한다. 예를 들어, 보호관찰, 사회봉사명령, 수강명령 등의 수행을 위해 보호관찰소로부터 위탁받은 프로그램을 운영하는 지역사회복지관, 성폭력 상담소 등의 프로그램은 해당 기관에 소속된 사회복지사들이 운영한다.

갱생보호사업을 담당하는 한국법무보호복지공단은 공법인으로서 종사자 인력 및 자원봉사자들에 의해 운영되며 사회복지사들이 대거 참여한다. 출소자에 대한 갱생보호사업은 본래적 의미에서 사회복지 서비스의 성격을 가지고 있는 만큼 사회복지사들의 실천에 적절하다.

(3) 「소년법」

① 목적 및 가치와 사회복지

이 법의 목적은 "반사회성(反社會性)이 있는 소년의 환경 조정과 품행 교정(矯正)을 위한 보호처분 등의 필요한 조치를 하고, 형사처분에 관한 특별조치를 함으로써 소년이 건전하게 성장하도록 돕는 것"에 두고 있다(동법 제1조). 비행청소년에 대한 환경 조정과 품행 교정을 통한 건강한 성장지원에 목적을 두고 있는 「소년법」은 변화를 도모하는 사회복지의 목적과 유사하다. 비행청소년은 청소년복지, 아동복지의 실천 대상자이며, 문제를 가진 취약한 상태에 있다는 점에서 우선적인 사회복지 실천 대상자이다.

② 실천 대상자

이 법에 의한 소년들은 연령에 있어 10세 이상 19세 미만이고, 이 중 14세 미만에 대해서는 「형법」의 적용을 받는 대신 「소년법」의 적용을 받게 된다. 비행소년에 우범소년(지위비

행자)까지 포함한다는 점은 소년보호에 대한 사회적 책임을 보여 준다.[10] 「소년법」에 따라 처분을 받는 비행청소년은 소년보호사건의 절차를 거치게 되며, 소년보호 처분의 유형은 1~10호이다. 「소년법」에 입각한 실천 대상자의 구체적인 내용은 제9장에서 다룬다.

③ 「소년법」과 사회 서비스 법률의 연계

소년에 대한 보호처분 중 일부는 사회복지법률과 연계되어 있기도 하다. 이 법 제32조의 보호처분의 유형 중 1호 처분(보호자 또는 보호자를 대신하여 소년을 보호할 수 있는 자에게 감호위탁)은 「청소년복지 지원법」상 청소년 회복지원시설과 관련되며(「청소년복지 지원법」 제31조4항),[11] 소년보호 6호 처분(「아동복지법」에 따른 아동복지시설이나 그 밖의 소년보호시설에 감호위탁)은 「아동복지법」상 아동보호 치료시설과 관련된다(「아동복지법」 제52조3항). 아울러 소년에 대한 수강명령(소년보호 2호 처분)과 사회봉사명령(소년보호 3호 처분), 보호관찰(소년보호 4호와 5호 처분)은 보호관찰소가 지역사회 복지기관과 연계하여 집행하기도 하므로 사회복지 서비스와 직간접적으로 연계된다.

한편, 이 법의 49조의3(조건부 기소유예)에 명시된 "조건부 기소유예 소년에 대한 범죄 예방자원봉사위원의 선도"와 "소년의 선도 · 교육과 관련된 단체 · 시설에서의 상담 · 교육 · 활동 등을 위해 청소년비행예방센터에서 제공하는 초기 단계의 비행청소년에 대한 교육 및 서비스"는 청소년의 긍정적인 변화를 위한 교육과 지원이라는 특성상 사회복지 서비스와 무관하지 않다.[12]

---

10) 다음 각 목에 해당하는 사유가 있고 그의 성격이나 환경에 비추어 앞으로 형벌 법령에 저촉되는 행위를 할 우려가 있는 10세 이상인 소년(제4조3항)을 말한다.
가. 집단적으로 몰려다니며 주위 사람들에게 불안감을 조성하는 성벽(性癖)이 있는 것
나. 정당한 이유 없이 가출하는 것
다. 술을 마시고 소란을 피우거나 유해환경에 접하는 성벽이 있는 것

11) 「청소년복지 지원법」 제31조의 가정 밖 청소년을 보호하는 청소년복지시설인 청소년쉼터도 비행 예방 차원에서 사회복지 서비스실천에 적절한 현장이다.

12) 청소년비행예방센터는 「소년법」 제49조3항에 의거하며, 학교 · 검찰 · 법원 등에서 의뢰한 위기청소년에 대한 대안교육센터(통학형 위탁교육기관)이다. 법원에서 대안교육명령을 받은 청소년, 검찰에서 교육조건부 기소유예 처분을 받은 청소년, 학교에서 학교폭력이나 학교부적응 등으로 특별교육이수 처분을 받은 학생에게 의뢰기관에서 지정한 교육시간 동안 교육을 받게 하는 기관이다. '청소년 꿈키움센터'라는 명칭을 사용하기도 하며, 법무부(범죄예방정책국) 산하기관으로서 2023년 기준으로 전국 20개 시설이 운영되고 있다.

④ 사회복지 서비스의 제공 인력

「소년법」에 입각한 소년보호처분은 소년보호 이념과 소년의 건강한 성장을 지원하는 사회적 책무를 명시한 특성상 사회복지실천에 부합한다. 소년보호기관(소년원 등)에서는 공무원 신분으로 사회복지사가 역할을 담당한다. 혹은 민간에 위탁한 프로그램에 자원봉사자나 외부 전문가로 참여할 수 있다.

한편, 아동보호치료시설과 청소년 회복지원시설은 사회복지시설인 만큼 사회복지 본연의 역할을 수행할 수 있다.

(4) 「형의 집행 및 수용자의 처우에 관한 법률」

① 목적 및 가치와 사회복지

이 법의 목적은 "수형자의 교정교화와 건전한 사회복귀를 도모하고, 수용자의 처우와 권리 및 교정시설의 운영에 관하여 필요한 사항을 규정함"에 있다. 「형의 집행 및 수용자의 처우에 관한 법률」은 교정 · 교화와 사회복귀, 수용자의 권리를 목적으로 하고 있다. 클라이언트의 변화(교정 · 교화)와 문제로부터 회복(건전한 사회복귀) 그리고 인권의 가치를 포함하고 있어서 사회복지의 개입가능성이 열려 있다.

② 교화 프로그램 운영과 사회복지

수형자에 대해서는 교육 · 교화, 작업, 직업훈련 등을 통한 교정 · 교화 도모와 사회적응력 향상을 위한 프로그램을 제공하도록 하고 있다(동법 제55조). 아울러 수형자의 교정 · 교화를 위해 상담 · 심리치료, 그 밖의 교화 프로그램을 실시하고, 교화 프로그램의 효과를 높이기 위해 범죄 원인별로 교화 프로그램의 내용, 교육 장소, 전문 인력을 확보하기 위해 노력하고 있다(동법 제64조). 한편, 개별처우계획에 입각하여 처우를 하도록 하고 있다(동법 제59조). 이 조항들은 서비스의 개별화에 입각하여 교정 · 교화와 사회복귀 준비가 처우의 목적이며, 교화 프로그램의 효과성 제고를 위해 전문 인력에 의해 프로그램이 운영되어야 함을 분명히 하고 있다. 이는 사회복지의 개입의 적절성을 보여 주는 조항들이다.

특히 제64조(교화 프로그램)에서 제시된 상담 · 심리치료, 그 밖의 교화 프로그램은 사회복지사의 전문성을 발휘하기에 적절한 영역이다. 이 조항에 근거하여 현재 교정시설에서 운영되고 있는 심리치료센터 및 심리치료과에서 제공하고 있는 프로그램들은 교정공무원 외에 상담사, 임상심리사 등 전문 인력들이 참여하고 있다(법무부 교정본부, 2022: 160),[13] 특히

상담치료 대상자에 대한 사례관리는 사회복지사의 지식과 기술을 적용할 수 있으므로 사회복지사가 전담하는 고유 영역으로 적합하다. 교정시설의 심리치료센터는 기존의 강의식 교육으로 한계가 있는 성폭력, 마약, 알코올, 아동학대, 동기 없는 범죄 수용자 등에 대해 맞춤형 심리치료 프로그램을 제공하고 있다(법무연수원, 2022: 382).

한편, 이 법(제45조)에서 명시하고 있는 종교 활동 보장에 관한 조항 역시 수용자에 대한 교정 · 교화 서비스와 밀접하다. 수용자에 대한 종교 프로그램은 인간의 기본권 보장이라는 의미에 더하여 수용자의 내적 변화와 수용생활의 적응, 나아가 교정 · 교화의 효과를 높일 수 있다(신연희, 2016a). 수용자는 교정시설 안에서 실시하는 종교의식 또는 행사에 참석할 수 있으며, 개별적인 종교상담을 받을 수 있고, 자신의 신앙생활에 필요한 책이나 물품을 지닐 수 있다(동법 제45조). 수용자에 대한 종교 프로그램과 종교활동은 수용자 교정 · 교화 전담부서(사회복귀과)에서 교화 프로그램의 일환으로 운영하고 있다.

③ 수용자의 인권과 사회복지

수용자에 대한 권리보장은 인권을 중요시하는 사회복지 가치와 부합한다. 권리구제에 관해 이 법에서는 소장면담(제116조), 법무부장관 · 순회점검공무원 또는 관할 지방교정청장에 대한 청원(제117조), 정보공개청구(제117조의2), 청원 · 진정 및 소장과의 면담 등을 이유로 불이익처분을 해서는 안 된다(제118조)는 조항으로 수용자에 관한 권리구제를 명시하고 있다. 수용자의 권리보장에 관한 동법의 이러한 특성은 인간존엄성과 인권 실현을 실천의 주된 가치로 하는 사회복지의 속성과 무관하지 않다.

④ 사회복지 서비스의 실천 대싱자

이 법에 의한 실천 대상자는 미결수용자와 형이 확정된 수형자이다. 여기에 더하여 수용자의 대동유아와 수용자 가족 및 자녀도 포함된다. 법무부 교정본부가 발표한 「2022 교정통계연보」에 의하면 2021년 기준으로 일일 평균 수용인원은 약 52,000여 명으로, 이들이 이 법에 의한 실천 대상자이다(법무부 교정본부, 2022: 60).

이 법에서는 특별한 보호가 필요한 대상자로 여성수용자(동법 제50조), 임산부인 수용자(동법 제52조), 여성수용자의 대동유아(동법 제53조) 그리고 수용자의 미성년자녀에 관한 조

13) 교정시설에 설치된 심리치료센터 및 과는 2023년 현재 전국 12개가 있으며, 직원 84명과 외부 전문 인력에 의해 운영되고 있고, 개별 기관당 심리치료센터 종사자 인력은 10명 내외로 7~13명 수준이다.

항(동법 제53조의2)을 마련하고 있다. 이 법에 따른 실천 대상자는 모든 수용자이지만 특별히 여성수용자와 그 자녀, 수용자의 미성년자녀, 노인 · 장애인 · 외국인 · 소년수용자는 특별한 보호가 필요한 대상으로 규정하고 있으므로 수용자에 대한 사회복지 서비스의 우선적인 대상자라고 할 수 있다.[14)]

⑤ 사회복지 서비스의 제공 인력

첫째, 이 법의 범위에서 사회복지 서비스를 제공하고 있는 제도권의 인력은 교정공무원이다. 사회복지 서비스의 성격을 가진 교화 프로그램들은 이들에 의해 제공되고 있다. 둘째, 또 다른 인력은 교정 전문자원봉사자인 교정위원이다(동법 제130조). 교정시설별로 법무부장관이 위촉하는 교정위원은 수용자 상담 및 인성교육과 기타 수용생활을 지원하는 교화위원을 비롯하여 종교 · 교육 · 의료 · 취업 영역에서 수용자 교화를 지원하고 있다. 셋째, 동법이 구체적으로 명시한 것은 아니지만 교화 프로그램의 운영자는 외부 민간전문가들이다. 교정기관이 위탁한 사업을 수행하는 지역사회기관 소속의 외부 전문가의 일원으로 활동하는 인력으로는 대표적으로 아버지학교, 가족사랑캠프, 수용자 인성교육, 직업훈련 프로그램 등의 강사 및 운영인력을 들 수 있다. 넷째, 사회복지 성격의 서비스를 제공하고 있는 민간의 자발적인 인력을 들 수 있다. 민간기관들은 종교를 기반으로 한 수용자 지원기관, 기부금 및 사회적 지원자원에 의해 운용되는 민간 전문기관 등으로 구분되며, 기관의 성격에 따라 수용자, 출소자, 수용자 자녀 및 가족 등에 대한 지원은 교정시설과 지역사회에서 수행하고 있다.

14) 제50조(여성수용자의 처우)에서는 "① 소장은 여성수용자에 대하여 여성의 신체적 · 심리적 특성을 고려하여 처우하여야 한다.", 제52조(임산부인 수용자의 처우)에서는 "① 소장은 수용자가 임신 중이거나 출산(유산 · 사산을 포함한다)한 경우에는 모성보호 및 건강유지를 위하여 정기적인 검진 등 적절한 조치를 하여야 한다. ② 소장은 수용자가 출산하려고 하는 경우에는 외부의료시설에서 진료를 받게 하는 등 적절한 조치를 하여야 한다.", 제53조(유아의 양육)에서는 "① 여성수용자는 자신이 출산한 유아를 교정시설에서 양육할 것을 신청할 수 있다. 이 경우 소장은 다음 각 호의 어느 하나에 해당하는 사유가 없으면, 생후 18개월에 이르기까지 허가하여야 한다."라고 규정되어 있다.

한편, 수용자의 미성년 자녀는 동법과 「아동복지법」을 연계하여 지원한다. 동법 제53조의2(수용자의 미성년 자녀 보호에 대한 지원)에서는 "① 소장은 신입자에게 「아동복지법」 제15조에 따른 보호조치를 의뢰할 수 있음을 알려주어야 한다. ② 소장은 수용자가 「아동복지법」 제15조에 따른 보호조치를 의뢰하려는 경우 보호조치 의뢰가 원활하게 이루어질 수 있도록 지원하여야 한다."라고 규정되어 있다. 수용자의 미성년자녀에 대해서는 접견에 있어서도 수용자의 접견은 접촉차단시설이 있는 장소에서 실시하지만, 수용자가 미성년자녀와 접견하는 경우에는 접촉 차단시설이 설치되지 않은 장소에서 접견할 수 있도록 하고 있다(동법 제41조3항). 아울러 노인 · 장애인 · 외국인 · 소년수용자에 대해서는 특별한 처우가 필요함을 명시하고 있다(동법 제54조).

(5) 「범죄피해자 보호법」

① 목적 및 가치와 사회복지

「범죄피해자 보호법」은 "범죄피해자 보호 · 지원의 기본 정책 등을 정하고 타인의 범죄행위로 인하여 생명 · 신체에 피해를 받은 사람을 구조(救助)함으로써 범죄피해자의 복지증진에 기여함"을 목적으로 한다(동법 제1조). 또한 기본 이념으로 ① 범죄피해자는 범죄피해 상황에서 빨리 벗어나 인간의 존엄성을 보장받을 권리가 있으며, ② 범죄피해자의 명예와 사생활의 평온은 보호되어야 하고, ③ 범죄피해자는 해당 사건과 관련하여 각종 법적 절차에 참여할 권리를 보장하는 것을 명시하고 있다(동법 제2조).

이 법은 범죄피해자 보호와 지원에 관한 기본법으로서 범죄로 인한 생명 · 신체의 피해자를 구조하기 위해 제정된 법률이다.[15] 이 법이 보호 · 지원을 통해 범죄피해자의 복지 증진을 목적으로 하고 있으며, 기본 이념으로 인간존엄성의 가치와 사생활 보호, 정보 공개와 참여권 보장을 명시하고 있는 것은 사회복지가 추구하는 가치들에 부합한다.

② 서비스 내용

이 법에서 '범죄피해자 보호 · 지원'이란 범죄피해자의 손실 복구, 정당한 권리 행사 및 복지 증진에 기여하는 행위를 말한다(동법 제3조의2). 범죄피해자 지원방법은 국가에 의한 보상(구조금), 심리적 · 정서적 회복을 위한 심리상담 및 집단 치료 프로그램(치료, 교육, 자조 모임 등), 신체적 회복을 위해 병원 등과 연계 그리고 경제적 어려움에 대한 지원을 위한 지역사회 자원의 연계 등이다. 구조금의 지급에 관한 사항 외에는 사회복지 서비스 성격을 갖는 내용들이다.

서비스의 구체적 내용은 신체적 · 정신적 피해를 입은 범죄피해자와 가족에게 보상(구조금), 치료비, 심리치료비, 긴급생계비, 장례비, 학자금, 간병비, 돌봄 비용, 취업지원비 등이다. 이는 전국 검찰청에 설치된 범죄피해자 지원센터에서 제공한다. 또한 강력범죄피해자의 회복을 지원하는 스마일센터는 외상후 스트레스장애(PTSD), 우울증, 불안장애 등 심리적 어려움을 겪는 피해자들과 그 가족들을 위하여 심리평가, 심리치료, 법률상담, 사회적 지원 연계 등의 서비스를 제공한다.

15) 1987년에 제정된 「범죄피해자구조법」은 2005년 「범죄피해자 보호법」으로 전부 개정되었다.

③ 실천 대상자

범죄피해자는 범죄행위로 피해를 당한 사람과 배우자, 직계친족과 형제자매로 정의하고 있다(동법 제3조). 범죄피해자는 2020년 형법범죄 피해자 기준으로 약 92만 명이다(법무연수원, 2022: 170).

④ 서비스 제공기관과 인력

「범죄피해자 보호법」에 근거하여 검찰청 내에 전국적으로 설치된 범죄피해자지원센터와 강력범죄 피해자 회복지원기관인 스마일센터가 주된 서비스 전달체계이다. 범죄피해자 지원센터는 2023년 기준으로 전국 60여 개가 지방 검찰청 및 지청별로 운영되고 있다.

강력범죄 피해자의 회복지원기관으로 피해자들과 그 가족들을 위한 심리평가, 심리치유, 법률상담, 사회적 지원 연계, 임시주거를 위한 쉼터 서비스를 제공하는 스마일센터도 서비스 제공기관이다. 2023년 기준으로 전국 16개 센터와 1개의 총괄지원센터가 설치되어 있다. 법무부의 위탁에 의해 운영되며, 종사자 인력은 임상심리사와 사례관리를 담당하는 사회복지사 및 정신건강사회복지사로 구성되어 있다.

(6) 「법률구조법」

① 목적 및 가치

「법률구조법」은 "경제적으로 어렵거나 법을 몰라서 법의 보호를 충분히 받지 못하는 자에게 법률구조(法律救助)를 함으로써 기본적 인권을 옹호하고 나아가 법률 복지를 증진하는 데에 이바지함"을 목적으로 한다. 이 법은 인권보호와 법률복지가 목적이고 법의 보호에 취약한 사람들을 서비스 대상으로 하고 있어서 사회복지적 속성이 강하다. 「법률구조법」에 입각하여 1987년 설립된 대한법률구조공단에서는 경제적으로 어렵거나 법을 모르는 사회경제적 약자를 대상으로 무료법률상담, 소송대리 및 기타 법률 서비스를 지원하는 법률구조 복지기관이다.

② 서비스 대상자 및 서비스 내용

서비스의 주된 내용은 법률상담, 변호인에 의한 소송대리, 기타 법률사무지원이다. 서비스 대상자는 형사 사건의 피의자, 피고인이 빈곤 등의 이유로 변호인을 선임할 수 없을 때 무상 변호 혹은 변호비용을 지원한다. 범죄피해자에 대해서도 피해 보전과 관련된 정보 제공, 변

호사 소개 및 선임을 지원해 준다(이무웅, 2013: 22). 비행청소년, 범죄인(피의자, 피고인, 수형자, 사회 내 처우자 등), 범죄피해자 그리고 범죄인의 가족들도 「법률구조법」상의 지원 대상이 된다. 「법률구조법」은 사법제도 내에서의 복지법이다.

이 법에서는 국가가 "국민의 법률복지 증진을 위하여 법률구조 체제를 구축 · 운영하고, 법률구조 관련 법령의 정비와 각종 정책을 수립 · 시행하며, 이에 필요한 재원을 조달할 책무를 진다."라고 규정하고 있고, "법률복지 증진이 국가와 지자체의 책무"임을 분명히 하고 있다.

③ 실천 대상자

이 법에 따른 법률구조의 지원 대상자는 비행청소년, 범죄인(피의자, 피고인, 수형자, 사회 내 처우자 등), 범죄피해자 그리고 범죄인의 가족들이다. 정리하자면, 법률구조 서비스를 받을 수 있는 대상은 형사 사건의 피의자와 피고인, 범죄피해자, 사회 내 처우를 받는 자, 소년보호 사건의 비행청소년 등이다(이무웅, 2013: 22).

④ 서비스 제공기관과 인력

「법률구조법」에 의해 설치된 대한법률구조공단의 전국 단위의 기관들이 서비스 전달체계이다. 또한 법률 서비스를 제공하는 대한법률구조공단은 본부, 18개 지부, 42개 출장소, 74개 지소 그리고 법문화교육센터가 있다. 주된 사업은 법률구조, 준법계몽, 법률구조의 조사연구이다.

사회복지사는 사회복지 현장에서 법률적 보호를 필요로 하는 취약계층 클라이언트를 발굴하고 이들의 욕구를 파악하여 이 법이 정한 서비스로 연계해 주어야 한다. 법률 서비스 자원을 연계하는 일은 경제적으로 어렵거나 법을 모르는 사회경제적 약자를 대상으로 한다.

(7) 「국민기초생활 보장법」

① 목적과 빈곤범죄자 복지

「국민기초생활 보장법」은 "생활이 어려운 사람에게 필요한 급여를 실시하여 이들의 최저생활을 보장하고 자활을 돕는 것"을 목적으로 한다.

이 법은 빈곤자 지원에 관한 우리나라의 대표적인 공공부조법이다. 우리나라 국민은 누구나 차별 없이 수급권자이며 이는 수용자가정 및 빈곤한 무의탁 출소자에게도 동일하다.

빈곤층에 대한 사회복지 서비스는 범죄취약집단에 대한 사전적 예방효과 그리고 범죄자의 재범 방지에 기여할 수 있다. 「국민기초생활 보장법」과 「긴급복지지원법」은 빈곤범죄자와 그 가정에 대한 대표적인 사회복지 서비스이며, 지자체의 사회복지전담공무원 및 사회복지 전담부서에서 제공하게 된다.

② 실천 대상자 및 제도의 취지

먼저 빈곤한 수용자가정의 경우 부양의무자 조건에서 면해 준다. "부양의무자가 부양능력이 없는 것으로 보는 경우"란 "부양의무자가 「형의 집행 및 수용자의 처우에 관한 법률」 및 「치료감호법」 등에 따른 교도소, 구치소, 치료감호시설 등에 수용 중인 경우"라고 명시하고 있다(동법 제8조의2). 가족의 경우 교도소에 생계부양자가 있다면 부양의무자 조건에서 부양의무자 부재로 취급되어 소득 수준이 조건을 충족하면 급여 대상자로 선정될 수 있다.[16]

한편, 빈곤 출소자 지원에 관한 내용에 국민기초생활보장제도가 포함되어 있다. 법무부는 생계가 곤란한 출소예정자를 국민기초생활보장제도로 특별 보호하기 위해 보건복지부와 협력하여 출소 전에 미리 수급권자 해당 여부를 확인하여 출소와 동시에 기초생활보장 혜택을 받도록 하여 생계곤란 출소자에 대한 제반문제를 국민복지 차원에서 접근하고 있다.

③ 실천방법과 서비스 내용

먼저, 수용자 가족의 수급자 지정을 위해 교정시설에 있는 생계부양자에 대한 재원증명서나 재소증명서를 발부하여 이들의 가족이 수급자가 될 수 있도록 지원하는 일에 사회복지사는 참여할 수 있다.

한편, 무의탁 빈곤출소자에 대한 수급자 지정은 한국법무보호복지공단에 의해 출소 전 상담을 통해 소득기준 및 부양의무자 기준에 의해 수급자로 지정하고 있다.

「국민기초생활 보장법」상의 수급자로 지정된 수용자가정 및 출소자에 대한 급여의 내용은 생계급여, 주거급여, 의료급여, 교육급여, 해산급여, 장제급여, 자활급여를 제공하며, 차상위계층에 속하는 사람에게는 주거급여, 의료급여, 교육급여, 장제급여, 자활급여의 전부 또는 일부를 제공한다.

16) 「국민기초생활 보장법」이 2022년에 개정됨에 따라 생계급여에 대한 부양의무자 기준이 원칙적으로 폐지되었으나 고소득 부양의무자에게는 적용되고, 의료급여는 부양의무자 기준이 여전히 남아 있는 상황이다. 수용자 가정에 대해서는 부양의무자 기준이 적용되지 않는다.

④ 사회복지 서비스의 제공 인력

수용자빈곤가정에 대한 수급자 선정을 위해서는 수용자의 가정이 거주하는 지역의 사회복지전담공무원이나 지역사회 사회복지사의 역할이 중요하다. 수용자의 가족들은 복지 사각지대에 처해 있을 가능성이 큰데, 가장의 수감으로 인해 초래된 빈곤문제로 위기에 처해 있음에도 불구하고 드러내지 못하기 때문이다.

교정시설에서 종사하거나 수용자를 개별적으로 상담하는 사회복지사는 수용자에 대한 상담과정에서 빈곤한 수용자의 가정을 발굴하고, 이에 관한 정보를 지자체에 제공하는 것도 방법이다. 또한 출소를 앞둔 수형자에 대해서는 한국법무보호복지공단의 직원이 방문하여 상담하고 지역사회와 연계하는 역할을 담당하고 있는데, 이는 사회복지 서비스에 해당하는 일이다.

(8)「긴급복지지원법」

① 목적과 범죄인 위기가정 지원

「긴급복지지원법」은 "생계곤란 등의 위기상황에 처하여 도움이 필요한 사람을 신속하게 지원함으로써 이들이 위기 상황에서 벗어나 건강하고 인간다운 생활을 하게 함"을 목적으로 한다.

이 법은 갑작스럽게 위기 상황에 처한 빈곤한 가정을 돕기 위한 공공부조제도이다. 가족부양자였던 가족성원의 체포 및 구금된 가정은 위기 상황에 처하게 된다.「국민기초생활 보장법」과 유사하게 이 법 역시 범죄문제로 인해 빈곤문제에 직면한 가정에 대한 복지 서비스 제공의 근거가 된다.

② 실천 대상자 및 제도의 취지

이 법에서 '위기 상황'이란 본인 또는 본인과 생계 및 주거를 같이 하고 있는 가구구성원 중 주 소득자가 사망, 가출, 행방불명, 구금시설에 수용되는 등의 사유로 소득을 상실한 경우로 명시하고 있다(동법 제2조제1호). 지원 대상이 되는 '위기 상황'에는 수용자 가정도 포함되어 있다. 이 법의 취지는 위기에 처한 가구에 대한 빠른 지원이다. 이에 따라 서비스는 선지원 후조사를 주된 특징으로 한다.

③ 실천방법과 서비스 내용

이 법의 목적은 위기 상황에서 도움이 필요한 가구를 신속하게 지원하는 것이다. 생계부양자의 갑작스런 부재로 인해 경제적 · 심리적 위기 상황에 처한 수용자 가정은 소득 기준이 충족된다면「긴급복지지원법」에 의한 "긴급지원 대상자"로 선정될 수 있고 이 법에 의한 급여를 지원받게 된다.

이 법에 의해 범죄인 가정에게 지원되는 사회복지 서비스의 내용(동법 제9조) 중 금전 또는 현물(現物) 등의 직접지원으로는 생계지원(식료품비 · 의복비 등 생계 유지에 필요한 비용 또는 현물 지원), 의료지원(각종 검사 및 치료 등 의료 서비스 지원), 주거지원[임시거소(臨時居所) 제공 또는 이에 해당하는 비용 지원], 사회복지시설 이용지원[「사회복지사업법」에 따른 사회복지시설 입소(入所) 또는 이용 서비스 제공이나 이에 필요한 비용지원], 교육지원(초 · 중 · 고등학생의 수업료, 입학금, 학교운영지원비 및 학용품비 등 필요한 비용지원), 그 밖의 지원(연료비나 그 밖에 위기상황의 극복에 필요한 비용 또는 현물 지원) 등이다. 아울러 민간기관 · 단체와의 연계 등의 지원은「대한적십자사 조직법」에 따른 대한적십자사,「사회복지공동모금회법」에 따른 사회복지공동모금회 등의 사회복지기관 · 단체와의 연계 지원, 상담 · 정보 제공, 그 밖의 지원을 지원 내용으로 한다.

(9)「한부모가족지원법」

① 목적과 수용자의 한부모가족 지원

「한부모가족지원법」은 "한부모가족이 안정적인 가족 기능을 유지하고 자립할 수 있도록 지원함으로써 한부모가족의 생활 안정과 복지 증진에 이바지함"을 목적으로 한다. 한쪽 혹은 양쪽 부모의 수감으로 실질적으로 한부모가족이 되는 미성년 자녀가 있는 수용자 가족은 실천 대상자가 된다. 지역사회에 남겨진 수용자의 미성년 자녀가 있는 가족에 대한 사회복지 서비스는「한부모가족지원법」상의 사회복지의 고유한 역할이다.

② 실천 대상자

첫째, 한부모의 정의에 입각할 때, 한부모인 부 또는 모의 유형 중 하나로 "교정시설, 치료감호시설에 입소한 배우자 또는 병역복무 중인 배우자를 가진 사람"이 포함된다. 여기서 한부모인 모 또는 부는 교정시설 · 치료감호시설에 입소한 배우자를 가진 사람으로서 아동인 자녀를 양육하는 자를 말한다(동법 제4조).

둘째, 보호 대상자의 범위에 대한 특례(동법 제5조2 지원대상자의 범위에 대한 특례)에 해당하는 가정이다. 제5조의2(지원 대상자의 범위에 대한 특례) 중 "3. 부모의 장기복역 등으로 부양을 받을 수 없는 아동"이 있는 가정은 「한부모가족지원법」상의 지원 대상자에 포함된다. 조손가정에 대한 특례가 이에 해당한다.

수용자자녀에 대한 「한부모가족지원법」상의 지원은 아동의 나이가 18세 미만(취학중인 경우 22세 미만)까지이며, 최저생계비 · 소득 수준 · 재산 정도 등을 고려하여 한부모가족의 보호 대상자로 선정하게 된다. 지원 대상자 중 아동의 연령을 초과하는 자녀가 있는 한부모가족의 경우 그 자녀를 제외한 나머지 가족구성원을 지원 대상자로 하고 있다.

③ 실천방법과 서비스 내용

지원 대상자의 범위와 급여수급 대상자는 소득인정액이 적용되고 기준 중위소득을 기준으로 소득인정액이 일정 수준 이하일 경우 지원 대상자 및 급여지급 대상자로 선정된다.

지원 내용으로 복지급여는 생계비, 아동교육지원비, 추가 아동양육비이고, 복지 서비스는 복지자금 대여, 고용지원연계, 공공시설 매점 및 시설 설치의 우선적 허가, 공공시설의 우선 이용, 청소년 한부모교육 및 자립지원, 건강진단, 국민주택의 우선분양 및 임대 등이다(동법 제 11조-18조).

사회복지사는 빈곤한 수용자자녀 가정, 조손가정을 발굴하고 이 법이 보장하고 있는 사회복지 서비스에 관한 정보를 가족에게 제공해야 한다. 나아가 형사사법기관(경찰, 검찰, 교정기관 등)은 어려움에 처한 수용자의 한부모가족을 발견할 때 지역사회복지기관에 의뢰해야 한다. 또한 이 법에서는 지자체장에 의해 매년 1회 이상 관할 구역 안의 지원 대상자의 가족상황 생활실태 등을 조사해서 조사결과를 대장으로 작싱 · 비치하도록 명시하고 있는 만큼(동법 제10조) 지자체 공무원과의 네트워크도 수용자의 한부모가족 서비스를 위해 필요하다.

(10) 「아동복지법」

① 목적과 기본 이념

「아동복지법」은 "아동이 건강하게 출생하여 행복하고 안전하게 자랄 수 있도록 아동의 복지를 보장하는 것"을 목적으로 한다. 기본 이념으로 "① 아동은 자신 또는 부모의 성별, 연령, 종교, 사회적 신분, 재산, 장애 유무, 출생지역, 인종 등에 따른 어떠한 종류의 차별도 받지 아니하고 자라나야 하고, ② 아동은 완전하고 조화로운 인격 발달을 위하여 안정된 가정환경에서 행복하게 자라나야 하며, ③ 아동에 관한 모든 활동에 있어서 아동의 이익이 최우선적으로 고려되어야 하고, ④ 아동은 아동의 권리보장과 복지 증진을 위하여 이 법에 따른 보호와 지원을 받을 권리를 가진다."임을 명시하고 있다(동법 제2조).

이 법의 목적과 기본 이념에 입각할 때 모든 아동은 국가와 사회로부터 권리와 복지 증진을 위한 지원을 보장받아야 한다. 이 법의 범위 안에서 비행청소년이거나 혹은 범죄의 피해자가 된 아동은 서비스를 제공받을 수 있어야 한다.

② 실천 대상자 및 지원 내용

첫째, 비행청소년에 대한 실천이다. 「아동복지법」 제52조에는 비행행동에 노출된 아동에 대한 복지 서비스의 근거를 명시하고 있다. 이 법이 명시하는 아동복지시설 중 아동보호치료시설은 아동에게 보호 및 치료 서비스를 제공하는 시설로서 "불량행위를 하거나 불량행위를 할 우려가 있는 아동으로서 보호자가 없거나 친권자나 후견인이 입소를 신청한 아동 또는 가정법원, 지방법원소년부지원에서 보호위탁된 19세 미만인 사람을 입소시켜 치료와 선도를 통하여 건전한 사회인으로 육성하는 것을 목적으로 하는 시설"(동법 제52조제1항제3호)이다. 아동보호치료시설은 비행행동을 범한 아동에 대한 서비스를 제공하는 복지시설로서 「소년법」에 의한 6호 처분을 받은 아동들이 서비스 실천 대상자이다.

둘째, 학대받은 아동의 지원에 관한 사항이다. 범죄피해자로서의 아동(학대 피해아동)은 아동복지의 중요한 실천 대상자이다. 아동학대의 예방과 방지, 학대받은 아동에 대한 지원은 아동복지의 실천에 해당하며, 동시에 범죄문제에 관한 사회복지 서비스이기도 하다. 아동보호전문기관은 학대받은 아동을 대상으로 한 복지시설이며, 이 법의 제46조의 3에 입각하여 피해아동, 피해아동의 가족 및 아동학대행위자를 위한 상담·치료 및 교육, 아동학대예방교육 및 홍보, 피해아동 가정의 사후관리에 관한 서비스를 사회복지사가 제공하게 된다.

셋째, 수용자자녀에 대한 서비스도 「아동복지법」에 입각한 서비스에 포함된다. 수용자의 자녀는 범죄의 숨겨진 피해자이다. 부모의 수감은 부모로부터 보호받아야 할 아동의 권리를 박탈하기 때문이다. 동법 제3조의 4에서는 "보호대상아동"이란 보호자가 없거나 보호자로부터 이탈된 아동 또는 보호자가 아동을 학대하는 경우 등 그 보호자가 아동을 양육하기에 적당하지 아니하거나 양육할 능력이 없는 경우의 아동을 말한다. 한쪽 부모 혹은 양부모 모두가 없는 상태에서 경제적·심리적 어려움을 겪고 있는 수용자자녀들은 대부분 보호대상아동에 해당한다. 이런 까닭에 상기한 「형의 집행 및 수용자의 처우에 관한 법률」 제53조의 2에서는 수용자의 미성년 자녀 보호에 대한 지원을 위해 "소장은 수용자가 「아동복지법」

제15조에 따른 보호조치를 의뢰하려는 경우 보호조치 의뢰가 원활히 이루어질 수 있도록 지원하여야 한다."라고 규정하고 있다.

③ 사회복지사의 역할

사회복지 서비스의 실천 대상이 되는 비행청소년, 학대피해 아동, 수용자의 미성년 자녀에 대한 복지 서비스 제공을 위해 관련 영역에 종사하는 사회복지사는 아동복지 전문가 혹은 사법 영역의 전문가들과 상호협력관계를 유지해야 한다. 사회복지사는 아동복지와 교정복지가 결합되도록 하고, 또한 이 두 가지가 만나는 곳에서 사회복지 서비스를 제공한다. 비행 아동에 대한 아동보호치료시설, 학대아동에 대한 아동보호전문기관 및 사회복지기관, 수용자의 미성년 자녀에 대한 지역사회에서의 실천은 모두 아동복지 서비스의 일환이며 동시에 교정복지 서비스이기도 하다.

(11) 「청소년복지 지원법」

① 목적과 비행청소년 및 위기청소년 지원 서비스

「청소년복지 지원법」은 "「청소년기본법」 제49조제4항에 따라 청소년복지 향상에 관한 사항을 규정"함을 목적으로 한다. 모든 청소년(9세 이상 24세까지)에 대한 국가와 사회의 책임을 명시하고 있다. 모든 청소년은 복지적 삶을 위한 사회보장수급권자이다. 비행문제와 관련된 청소년에 대한 예외는 적용될 수 없으며, 특별히 청소년복지에 저해가 되는 비행 및 비행위험성에 대한 사항들은 교정복지 서비스와 밀접히 관련된다.

② 실천 대상자 및 지원 내용

이 법의 실천 대상자는 9세 이상 24세 이하의 청소년이며, 지원 내용은 다음과 같다.

첫째, 「소년법」과 연계된 비행청소년에 대한 실천이다. 동법 제31조에 명시된 청소년복지시설(청소년 쉼터, 청소년 자립지원관, 청소년 치료재활센터, 청소년 회복지원시설)은 모두 비행청소년과 무관하지 않다. 가출청소년을 위한 청소년쉼터는 비행의 사전예방에 기여할 수 있고, 청소년치료재활센터 역시 문제행동의 치료를 통해 비행의 가능성을 차단함으로써 비행의 사전예방효과를 낼 수 있다. 청소년회복지원시설은 「소년법」과 연계하여 소년보호 1호 처분을 받은 비행청소년 보호기관이라는 성격상 비행청소년의 문제행동 교정 및 재범 예방에 기여할 수 있다. 그리고 청소년자립지원관은 쉼터 및 청소년회복지원시설의 청소년에 대한 자립지원으로 청소년이 건전한 시민으로 성장하는 것을 목적으로 한다.

둘째, 동법 제19조(예방적 · 회복적 보호지원의 실시 등)에 해당하는 청소년이다. 특별자치시장 · 특별자치도지사 또는 시장 · 군수 · 구청장은 청소년의 비행 · 일탈을 예방하고 가정 · 학교 · 사회 생활에 복귀 및 적응하는 것을 돕기 위하여 청소년 본인, 해당 청소년의 보호자 또는 청소년이 취학하고 있는 학교의 장의 신청에 따라 예방적 · 회복적 보호지원을 실시할 수 있도록 하고 있다(동법 제19조제1항). 이 경우 해당 청소년의 보호자 또는 학교의 장이 보호지원을 신청하는 때에는 청소년 본인의 동의를 받아야 한다. 보호지원의 대상이 되는 청소년은 비행 · 일탈을 저지른 청소년과 일상생활에 적응하지 못하여 가정 또는 학교 외부의 교육적 도움이 필요한 청소년이다. 이들 청소년에 대한 회복적 보호지원의 내용은 해당 청소년이 정상적인 가정 · 학교 · 사회생활에 복귀 및 적응하는 데에 도움이 되도록 상담 · 교육 · 자원봉사 · 수련 · 체육 · 단체활동 등 대통령령으로 정하는 방법에 따라 서비스를 제공한다. 이 법과 관련하여 학교사회복지사는 학교 혹은 지역사회 자원과 연계하여 회복적 보호지원 서비스의 중요한 역할을 담당할 수 있다.

셋째, 지자체에 설치된 청소년상담복지센터(동법 제29조)는 비행의 사전적 개입 측면에서 의미를 갖는다. 청소년의 문제에 대한 상담과 치료를 통해 범죄의 위험 요인이 제거될 수도 있기 때문이다. 청소년상담복지센터에서 제공하는 프로그램은 청소년비행의 사전예방효과를 기대할 수 있다.

③ 사회복지사의 역할

「청소년복지 지원법」은 청소년비행과 관련된 사회복지실천의 근거가 되는 사회 서비스법이다. 이 법에서 실천 대상자는 비행의 우려가 있는 위기청소년과 비행을 범한 청소년이다. 서비스의 목적은 위기청소년에 대한 비행의 사전예방, 사법체계의 보호를 받고 있는 비행청소년의 재범예방 그리고 위기 및 비행청소년의 건강한 성장을 위한 사회통합이다. 사회복지 서비스는 청소년복지와 교정복지가 공유되는 영역에서 이루어지며, 양쪽의 사회복지사가 상호 관심을 가지고 협력해야 한다.

(12)「건강가정기본법」

① 교정복지 관련 조항

이 법에서는 위기가족에 대한 긴급지원 규정을 두고 있다. 국가와 지방자치단체는 가족의 부양·양육·보호·교육 등 가족 기능이 현저하게 저하된 경우 원활한 가족 기능을 수행하는 데에 긴급하게 필요한 범위에서 지원을 하도록 하고 있다(동법 제21조의2제1항). 범죄인 가족은 가족구성원, 특히 생계부양자가 경찰에 체포된 순간부터 위기에 직면하게 되는데, 대부분의 수용자가족은 이에 해당한다. 나아가 미성년 자녀가 있다면 한부모가족이 되며, 한부모가족인 상태에서 부양자가 체포된 경우 그 자녀들은 양부모 모두를 잃게 되어 조손가족이 되거나 보호아동이 된다.

이 법에서는 위기가족 긴급지원의 종류 및 내용으로 아이돌봄지원, 가사돌봄지원, 가족상담, 집단 프로그램, 자조모임 운영, 가족의 심리·정서지원, 법률구조, 의료지원, 복지서비스 연계 등을 명시하고 있다(동법 제21조의2제2항).

② 사회복지사의 역할

사회복지사는 건강가정지원센터의 종사자로서, 혹은 건강가정지원센터로 서비스를 연계하는 중개자가 될 수 있다. 위기가족의 대상이 되는 범죄인 가족을 발견 및 연계하여 누락 없이 서비스를 제공해야 한다. 사회복지사들은 건강가정지원센터에서 제공하는 일반적인 서비스 외에도 교정기관에서 실시하고 있는 수용자 가족관계 강화 프로그램(예: 가족사랑캠프 등)의 운영자로 참여하고 있다. 교정기관에서 진행되는 건강가정지원사업은 교정기관에서 사회복지업무를 담당하고 있는 교정공무원과의 협력이 중요하다.

〈표 3-3〉은 사회복지 서비스와 직간접적으로 관련된 법률에 관한 이상의 내용을 요약했다. 각각의 법률별로 주된 특징, 실천 대상자, 사회복지 관련 서비스, 서비스 제공인력에 관해 가능한 범위 내에서 비교했다. 법률들의 유형을 구분하면 다음과 같다.

첫째, 사법 영역의 사회복지 개입의 근거가 되는 기본법으로「사회복지사업법」이 있다.

둘째, 범죄인 및 비행청소년에 대한 지역사회에서의 사회복지 서비스 제공에 관한 기본법은「보호관찰 등에 관한 법률」이다.

셋째, 성인범죄자가 수용된 교정시설에서 사회복지 서비스의 근거가 될 수 있는 법률은「형의 집행 및 수용자의 처우에 관한 법률」이다.

표 3-3 우리나라의 교정복지 관련 법률과 주요 내용

관련 법률	특징	실천 대상자	사회복지 관련 서비스	서비스 제공인력
「사회복지 사업법」	• 범죄인, 비행청소년에 대한 사회복지 서비스 제공의 근거	–	• 보호 · 선도 명시 • 보호관찰 등에 관한 법률을 사회 서비스 법으로 규정	–
「보호관찰 등에 관한 법률」	• 범죄인에 대한 지역사회에서 사회복지 서비스 기본법	• 사회 내 처분자 • 출소 예정 수용자 • 출소자	• 수용된 청소년 환경조사 · 환경개선활동 • 보호관찰자 원호활동 • 한국법무보호복지공단의 갱생사업	• 보호직 공무원 • 범죄예방위원 등 자원봉사자 • 보호관찰소 협력기관 및 사회복지사 • 한국법무보호복지공단 직원
「소년법」	• 비행청소년 보호에 관한 서비스 기본법	• 10세 이상 19세 미만 비행청소년	• 보호처분 1~10호처분 대상 비행청소년 • 아동복지법, 청소년복지지원법 연계	• 보호직 공무원 • 프로그램, 서비스 전문가 • 소년보호처분과 연계된 사회복지 기관 등 소속 사회복지사 • 자원봉사자
「형의 집행 및 수용자의 처우에 관한 법률」	• 수용자 인권, 교화 프로그램 제공 근거법	• 수용자(취약한 수용자 우선) • 수용자양육유아 • 수용자의 미성년 자녀	• 교화 프로그램 • 수용자 인권 관련 사항 • 수용자 미성년자녀 지원(아동복지법연계)	• 교정직 공무원 • 교정위원(자원봉사자) • 민간전문가(교화 프로그램 운영) • 지역사회 복지기관 인력
「범죄피해자 보호법」	• 범죄피해자에 대한 지원의 기본법	• 범죄피해자 • 피해자 가족	• 심리상담 및 집단치료 프로그램 • 경제적 지원 위한 지역사회 자원연계 등	• 범죄피해자지원센터 종사자 • 스마일센터 종사자 • 지역사회복지기관 소속 사회복지사 • 민간자원봉사자
「법률구조법」	• 법률복지 서비스의 기본법	• 법의 보호가 필요한 빈곤 범죄자, 범죄 피해자	• 무료법률상담, 변호인 선임, 변호인 비용 지원	• 대한법률구조공단 종사자 • 사회복지사(연계자, 중개자 역할)
「국민기초생활 보장법」	• 빈곤범죄자, 가족지원 기본법	• 수용자의 빈곤가정 • 빈곤 출소자	• 수용자 빈곤가정 수급자 지정 • 빈곤출소자 수급자 지정	• 사회복지전담 공무원 • 사회복지사 • 법무보호복지공단 직원

 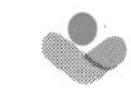

「긴급복지 지원법」	• 위기상황에 범죄인 가족 지원	• 수용자의 위기가정	• 이 법에서 정한 급여	• 경찰, 교정시설 공무원 • 경찰, 교정시설 등에서 위기가정을 의뢰받은 사회복지기관과 사회복지사 • 사회복지 전담 공무원
「한부모가족 지원법」	• 수용자자녀 가정 지원	• 수용자의 한부모가족(자녀, 보호자)	• 이 법에서 정한 급여	• 사회복지사 • 사회복지 전담 공무원 및 관련 부서 종사자
「아동복지법」	• 범죄와 직간접적 관련된 비행아동과 범죄피해 아동 지원	• 비행아동 • 학대받은 아동 • 수용자자녀 중 보호아동	• 아동복지시설 • 학대받은 아동 지원 • 수용자의 보호아동 발굴과 연계 · 지원	• 아동보호치료시설 사회복지사 • 아동보호전문기관 사회복지사 및 상담사 • 교정공무원
「청소년복지 지원법」	• 비행청소년, 위기청소년 지원	• 비행청소년 • 위기청소년	• 청소년복지시설 • 가출청소년쉼터 • 청소년상담복지센터	• 청소년복지시설 종사자 • 청소년상담복지센터 종사자 • 학교사회복지사 등
「건강가정 기본법」	• 위기가족긴급 지원에 범죄인 가족 지원 근거	• 수용자가족(한부모 가족, 조손가족 등)	• 가족상담 등 일반적 서비스 • 수용자가족 관계 강화 프로그램 위탁운영	• 건강가정지원센터 종사자 • 교정공무원(사회복지 업무 담당)

넷째, 비행청소년에 대한 사회복지 서비스는 소년사법절차와 소년보호처분에 따른 내용을 담고 있는「소년법」에 입각해야 한다.

다섯째,「범죄피해자 보호법」과「법률구조법」은 사법 영역에서의 원조활동의 근거가 된다.

여섯째, 사법제도와 사회복지가 공유되는 영역에서 사회복지 서비스를 제공할 수 있는 조항을 포함하고 있는 법률은「국민기초생활보장법」,「긴급복지지원법」,「한부모가족지원법」,「아동복지법」,「청소년복지 지원법」,「건강가정기본법」등이다.

제2부

범죄행동의 이해와 사회복지실천

Social Welfare in Criminal Justice System

범죄학 이론의 기초

1. 이론과 실천과의 관계

범죄학 이론은 범죄행동과 범죄인에 대한 이해를 제공한다. 이론의 기본적인 특성은 무엇이며, 범죄학 이론에 관한 이해가 사회복지실천에 선행해야 하는 이유는 무엇인가? 이론의 특성은 패러다임, 관점, 실천모델과의 관련성 속에서, 그리고 이론의 유용성에 대해서는 이론의 역할과 실천과의 관계를 중심으로 검토한다.

1) 이론이란

(1) 이론과 패러다임 및 관점

이론(theory)은 지식을 구성하는 요소이다. 지식의 구조는 패러다임, 관점, 이론 그리고 실천적 지식과 기술로 구성된다. 이론은 사회현상(혹은 자연현상)의 본질을 규명하기 위해 둘 이상의 개념을 사용하여 이들의 인과관계나 상호관련성을 설명하는 지식의 체계로서 가장 논리적인 지식이다. 범죄학 이론은 범죄현상과 범죄행동의 원인에 관해 둘 이상의 개념을 통해 설명하고, 이를 토대로 범죄문제 해결을 위한 방안을 안내하는 역할을 한다.

이론의 출발은 패러다임(paradigm)이다. 현상에 대한 기본적인 인식의 방향, 인식의 토대가 되는 패러다임은 어떤 현상을 보는 시각을 형성하는 기본적인 틀이나 구조를 의미한다.

세계관이나 현실에 대한 인식의 방향을 결정하는 것으로서 어떤 현상에 대한 구체적인 설명이나 이론을 만들기 이전의 사람들의 생각이다. 범죄 현상을 인식하는 대표적인 패러다임은 인간 행동의 동인(動因)을 개인의 타고난 성향으로 인식하는지, 아니면 환경적 특성으로 인식하는지이다.

패러다임은 관점(perspective)으로 이어진다. 패러다임에 입각한 인식의 틀이 어떠한지에 따라 현상의 원인 및 해결을 어떻게 접근할 것인지가 달라지기 때문이다. 개념적 준거틀(conceptual framework)로서 관점은 관심 영역과 가치 그리고 대상들을 규정하는 사고체계에 해당한다. 사회문제에 대한 원인을 어떻게 인식하느냐에 해당하는 패러다임, 무엇에 중점을 두고 접근하느냐에 관한 사항인 관점은 사회문제의 발생 원인과 결과가 초래되는 과정을 설명하는 이론으로 이어진다. 범죄 원인을 이해하는 관점들로는 생물학적 접근, 심리학적 접근, 사회환경적 접근을 들 수 있다. 범죄를 개인의 타고난 성향으로 인식하는 패러다임에서는 생물학적 관점으로 연결되는 데 비해, 환경적 특성으로 인식하는 패러다임에서는 주로 사회환경적 관점에서 범죄를 이해하게 된다. 심리적학 관점은 타고난 성향과 환경을 결합한 접근으로 범죄를 이해한다.

이론(theory)은 사회현상에 대한 이해의 방향인 관점에 토대를 두고 형성되며, 보통 하나의 관점에는 어떤 요소에 중점을 두느냐에 따라 여러 이론이 형성된다. 특정 현상을 설명하기 위한 가설이나 개념 그리고 의미의 집합체인 이론은 사회현상을 이해하고 해결하는 방법을 제시하는 안내자의 역할을 한다. 구체적으로 범죄문제에 관심을 가진 사회복지사들에게 어떻게, 왜 그러한 범죄행동의 결과가 초래되는지를 논리적으로 알려 준다. 이론은 주로 개념들로 구성되며, 현상에 대한 설명과 예측을 위해 여러 개념 간의 상관관계 및 인과관계를 가정하고 이를 통해 현상을 체계적으로 인식할 수 있도록 해 준다. 그래서 범죄에 관한 이론(범죄학 이론)에서는 범죄의 본질을 규명하기 위해 범죄를 초래한 원인이 되는 요인들(개념들)과 범죄행위와의 관련성을 논리적 · 체계적으로 설명한다.

(2) 이론과 실천모델

① 이론과 실천모델과의 관계

이론은 장래에 예측되는 범죄예방 및 재범통제를 위한 개입방법을 모색하는 근거가 된다. 실천모델은 실천 활동의 일관된 원칙과 방식을 구조화시켜 실천과정에 필요한 실천적 지식과 기술을 제공하는 실천의 종합적 구조이다. 실천모델은 이론에 토대를 두고 형성되

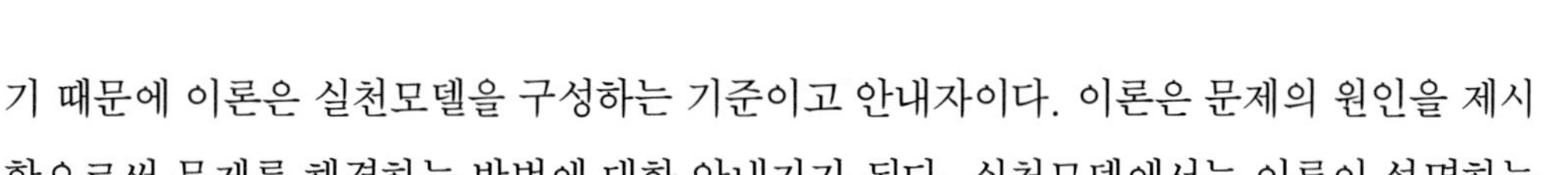

기 때문에 이론은 실천모델을 구성하는 기준이고 안내자이다. 이론은 문제의 원인을 제시함으로써 문제를 해결하는 방법에 대한 안내자가 된다. 실천모델에서는 이론이 설명하는 범죄의 원인에 입각하여, 범죄의 원인이 되는 요인 제거를 위해 목표를 설정하고, 설정한 목표의 성취를 위해 필요한 지식과 실천적 지식 및 기술을 제공한다.

어떤 실천모델은 하나의 이론에 기반해서 만들어지기도 하지만 일반적으로는 다양한 이론에 토대를 두고 여러 요인을 종합적으로 고려할 수 있도록 모델을 구성하기도 한다. 예를 들어, 행동주의 이론인 사회학습 이론이나 차별교제 이론에 토대를 두고 행동주의 모델이 구성되고, 자아존중감 이론이나 자기통제 이론은 인지치료 모델의 토대가 된다. 이론이 실천모델에 어떻게 적용되는지는 이 책의 제6장에서 다룬다.

② 범죄학 이론과 실천모델의 실천적 지식과 기술

범죄학 이론들은 범죄문제에 대응하는 사회복지 실천모델에 포함될 내용들(문제 원인, 목표 설정, 실천적 지식과 기술)을 어떻게 구성할 것인지에 관한 기준이 된다. 교정복지 실천모델에서 제시하는 실천적 지식과 기술에는 범죄인에 대한 교화 프로그램의 유형 및 내용, 범죄통제정책의 방향과 정책대안 그리고 이의 실행에 관한 구체적인 기술과 기법도 포함된다.

예를 들어, 개인의 심리적 특성과 범죄와의 관련성을 강조하는 자아존중감 이론에서는 범죄인을 변화시키는 실천적 방법으로 정신보건 서비스를 제시할 것이다. 가정환경의 취약성을 범죄의 원인으로 주목하는 빈곤문화 이론에서는 부적절한 양육환경을 가진 취약한 가정에 대한 가족복지와 빈곤자에 대한 사회보장제도의 강화를 안내할 것이다. 한편, 범죄 원인에 대한 지역사회 특성을 강조하는 사회해체 이론은 사회복지사의 역할로 지역사회 조직화를 안내할 것이다. 사회적 상호작용을 중시하는 사회유대 이론에서는 청소년복지에 종사하는 사회복지사에게 가정 및 학교에서의 친밀한 관계 형성(유대 형성)을 위한 프로그램을 통해 청소년비행을 예방할 수 있을 것으로 안내한다. 그리고 기회가 불평등하게 분배되는 사회구조의 한계를 범죄 발생의 원인으로 설명하는 긴장 이론은 공공부조제도의 확장을 범죄예방 방안으로 안내하게 된다.

2) 이론의 유용성

사회복지 전문가에게 이론적 지식이 유용한 이유는 사회복지가 이론을 실천에 적용하는 응용과학이며 이론과 실천은 상호관계이기 때문이다.

(1) 응용과학으로서 사회복지

과학으로서 사회복지학은 과학적 연구방법론에 의해 획득된 지식으로 구성되며, 응용과학으로서 사회복지는 과학적 지식을 실천에 적용하는 실천적 학문이다. 현실세계에 존재하는 문제들을 해결하기 위해 해결방법을 모색하고 실천을 위해 개입하는 사회복지는 사회과학 중에서도 구체적이고 검증된 지식을 요구한다는 점에서 추상적이고 개념적인 것을 추구하는 사회과학의 다른 분야와 구별되는 특성을 가지고 있다(손병덕 외, 2021: 18-19). 응용사회과학인 사회복지는 범죄문제를 비롯한 사회문제들의 원인들을 규명하기 위한 과학적 연구과정을 통하여 이론적 지식을 창출하고 이를 사회복지의 정책과 실천에 적용한다. 따라서 사회복지에서 이론을 이해하고자 하는 까닭은 실천에 응용하고 적용하는 데 주된 목적이 있다. 따라서 이론은 실천의 준거가 된다.

실천의 기준이 되는 이론에 대해 사회복지사는 이를 평가할 수 있는 능력을 갖추어야 한다. 사회복지사는 연구보고서와 논문, 공식 통계자료, 혹은 평가보고서를 비롯한 정보를 접하게 되며, 이론적 지식이 없다면 이를 평가하기 어렵다. 기존의 정보가 편향되었는지, 잘못되거나 왜곡된 부분이 있는지를 판단해야 한다. 사회복지사가 정책이나 프로그램에 영향을 미치는 자료들을 충분히 분석할 때 실천에 필요한 가장 적절한 이론을 선택하고 이론을 올바르게 적용할 수 있다.

(2) 이론과 실천의 상호적 관계

먼저, 이론은 사회복지사에게 실천적 개입에 대한 정당성의 근거가 된다. 증거 기반(evidence-based) 실천은 개입의 결과에 대한 평가를 중시하는 사회복지에서 중요하다. 사회복지실천의 2차현장에서 실천하는 사회복지사는 실천현장의 다른 전문가에게 자신이 선택한 사회복지의 전문적 개입방법에 대한 필요성을 기존 연구의 증거에 기반해 제시해야 하며, 자신이 실천한 결과 역시 효과가 있음을 증명해 보여야 한다. 증거 기반 실천은 성과 달성에 관한 효과성을 조사한 연구결과에서 제시한 원칙과 전제에 입각한 실천을 의미한다. 사회복지사는 반드시 클라이언트가 원하고 필요로 하는 것이 무엇인지, 자신의 개입이 클라이언트에게 어떤 영향을 미치게 되는지, 자신의 프로그램이 어떻게 개선될 수 있는지 등에 대한 기존 연구 결과에 근거를 두고 실천해야 한다.

사법 영역에서 종사하는 사회복지사 역시 증거 기반 원칙에 입각하여 실천을 설계해야 한다. 또한 실천 결과도 평가하여 후속되는 실천의 증거가 되어 주어야 한다. 개입(실천)의 효과성을 조사하는 일, 자신이 소속된 기관에서 제공하는 서비스에 대한 평가를 하는 일, 서

비스를 제공한 범죄인 및 비행청소년의 욕구 충족의 정도를 측정하는 일 등과 같은 평가조사는 이론에서 출발한 실천이 이론을 발전시키는 데 기여하는 역할을 하게 된다.

한편, 사회복지의 실천(정책, 사업, 프로그램)과 이론은 긴밀한 연관성 속에서 상호보완적이다. 사회복지정책과 프로그램이 검증된 이론에 기초를 두고 출발한다는 것은 상기한 바와 같다. 사회복지실천에 해당하는 정책 및 프로그램은 이론을 통해 문제를 이해하고 해결방안을 안내받기 때문이다. 한편, 이론은 실천의 효과성에 대한 검증을 통해 타당성이 평가된다. 이론은 과학적 연구방법을 통해 형성되고 검증되는데, 실천에 대한 평가는 이론의 지지여부를 결정하는 근거가 되기 때문이다.

이론과 실천과의 상호보완적 관계는 [그림 4-1]과 같다. 결론적으로 범죄학 이론은 사법영역에서 일하는 사회복지사들에게 범죄 발생의 원인을 합리적으로 이해하도록 하고, 문제해결을 위한 실천방법을 모색하도록 안내한다. 한편, 이론은 실천을 통해 평가(검증)되어 수정 혹은 지지되고 더 나은 실천을 위한 증거가 된다.

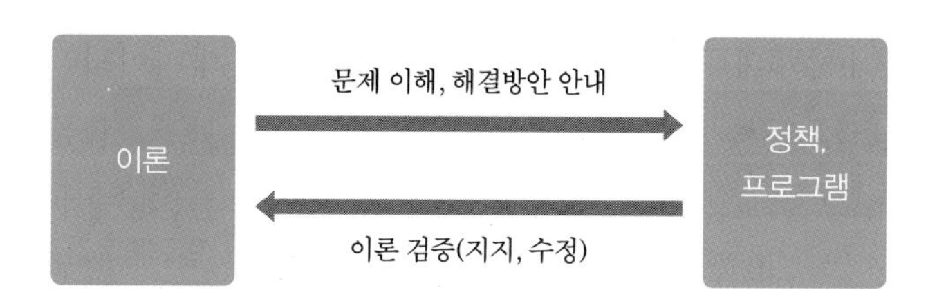

[그림 4-1] 이론과 실천과의 상호작용

(3) 이론을 대하는 사회복지사의 자세

이론을 대하는 사회복지사의 기본 자세는 이론의 다양성을 전제해야 하는 것이다. 각 이론마다 비중을 두는 요인이 있는 만큼 하나의 이론이 현상을 모두 설명해 주는 것은 한계가 있기 때문이다.

따라서 사회복지사는 다양한 이론을 종합적으로 이해하고, 실천에도 이를 반영해야 한다. 범죄행동의 원인과 범죄인의 특성에 관한 이해는 다양한 관점에서 접근하는 것이 바람직하다. 의학(생물학적 접근), 심리학(심리학적 접근), 사회학(사회환경적 접근) 등의 학제 간 연계 및 융합적인 접근은 권장할 만하다. 범죄 이론들을 종합적으로 이해하려는 사회복지사의 자세는 전문가의 능력과 객관성에 관한 윤리적 실천 원칙에도 부합한다. 「한국사회복지사 윤리강령」(5차 개정, 2023년)은 사회복지사의 전문성 개발을 위한 노력을 윤리적 실천 원칙으로 명시하고 있다.

사회복지사의 윤리적 실천: 전문성 개발을 위한 노력

▶ 「한국사회복지사 윤리강령」 해당 조항

I. 기본적 윤리기준

2. 전문성 개발을 위한 노력

1) 직무능력개발

가. 사회복지사는 클라이언트에게 최상의 서비스를 제공하기 위해, 지식과 기술을 개발하는 데 최선을 다하며 이를 활용하고 공유할 책임이 있다.

다. 사회복지사는 변화하는 사회복지 관련 쟁점에 대응할 수 있도록 실천기술을 향상하고, 새로운 실천기술이나 접근법을 적용하기 위해 적절한 교육, 훈련, 연수, 자문, 슈퍼비전 등을 받도록 노력한다.

2) 지식 기반의 실천 증진

가. 사회복지사는 사회복지 실천과정에서 평가와 연구조사를 함으로써, 사회복지 실천의 지식 기반 형성에 기여하고, 궁극적으로 사회복지실천의 질적 향상을 위해 노력한다.

출처: 「한국사회복지사 윤리강령」(5차 개정, 2023).

2. 고전 범죄학

학습개요

고전 범죄학은 18세기까지 이어져 오던 형벌제도의 개혁에 대한 관심에서 시작되었으며 범죄학 이론의 출발이다. 이 절에서는 고전 범죄학에서 설명하는 범죄행동의 결정과정과 범죄행동의 억제를 위한 처벌 원칙이 현대에 어떻게 계승되고 있는지를 다룬다. 아울러 고전 범죄학이 형벌제도와 형사정책에 기여한 점, 반대로 한계로 지적되는 사항도 검토한다.

1) 초기 고전 범죄학

고전 범죄학은 18세기 이탈리아의 베카리아(Beccaria), 영국의 벤담(Bentham)의 저서에 나타난 내용에 근거를 두고 있다. 이들은 공리주의자들로서 범죄행위를 직접적으로 설명했다기보다는 법과 형벌제도의 개혁 차원에서 이를 다루고 있다. 공리주의자 체사레 베카리아(Cesare Beccaria, 1738~1794)는 당시의 공개처형 등 가혹한 형벌은 범죄를 억제하는 효용이 없다고 비판하면서 처벌의 목적은 범죄를 제지하는 데 있다고 했다.

형벌의 목적은 범죄자를 응징하는 것인가? 베카리아는 형벌의 목적이 인간을 괴롭히는 것이 아니라고 말한다. 또한 이미 범해진 범죄를 원상태로 회복하려는 것도 형벌의 목적이 아니며, 범죄예방을 바로 목적으로 보았다. 공리주의자의 시각에서 처벌은 사회 전체(최대다수)의 이익(사회 안전)을 위해 개인(범죄인)은 고통(처벌)을 감수해야 한다.

또한 제레미 벤담(Jeremy Bentham, 1748~1832)은 인간은 자유의지를 가진 합리적 존새라는 관점에 입각하여 형벌의 원칙으로 자기책임을 강조했다. 이는 범죄행위는 자유의지를 가진 인간이 스스로 선택한 행위로 보기 때문이다. 자유의지를 가진 합리적 존재인 인간은 범죄행동을 선택함에 있어 범죄에 따른 비용(체포가능성, 법적 처벌가능성 등)과 행동의 결과로 얻을 수 있는 이익을 고려하여, 범죄에 따른 이익이 범죄로 인한 비용보다 많을 때 결정한다. 범죄행위는 인간의 이성에 입각한 합리적 선택행위이다. 따라서 범죄를 억제하기 위해서는 범죄로 인해 얻을 수 있는 이익이나 쾌락의 양보다 더 큰 고통, 즉 더 무거운 형벌이 부과되어야 한다는 것이 공리주의자들의 공통적인 주장이다(이백철, 2020: 32). 아울러 밴담은 근대감옥의 유형이 된 파놉티콘(panoptison)을 제시했다.

고전 범죄학에서 범죄행위에 대한 통제를 강조하는 것은 인간의 본성은 악하다고 보는 것과 관련된다. 인간은 외적 통제 없이는 악한 본성을 드러내며, 자신의 이익을 추구하는 방향으로 행위를 결정하는 존재이다. 따라서 스스로 결정한 범죄행위에 대한 책임이 전적으로 범죄인 개인에게 있으므로 범죄인 처벌은 정당하다고 본다.

2) 억제(제지) 이념

고전 범죄학은 처벌의 주된 목적은 범죄를 억제(deterrence)하는 데 있다고 본다. 처벌의 효과인 범죄억제는 특별억제와 일반억제로 구분된다. 특별예방(specific deterrence)효과(특별억제)는 처벌의 고통을 경험하게 함으로써 범죄인의 재범을 예방하는 것이다. 한편, 처벌의 일반예방(general deterrence)효과(일반억제)는 일반인들에게 처벌의 두려움에 관한 인식력을 줌으로써 범죄행위를 사전에 억제하는데, 이는 범죄자에 대한 처벌이 일반인들에게 본보기의 효과가 있기 때문이다(Akers, 2000: 36). 이를 위한 처벌의 조건으로 신속성, 확실성, 엄격성, 비례성이 있다(Akers, 2000: 34-36). 처벌은 범죄로부터 얻을 수 있는 이익을 능가하는 정도에서 신속하고 확실하고 엄격하게 이루어져야 한다고 보았다.

처벌의 '신속성(swiftness)'은 범죄가 이루어진 후에 처벌이 얼마나 빨리 이루어졌느냐에 관한 것으로 범행 후에 즉각적으로 가해질수록 처벌은 유용하다. 처벌의 신속성은 빠르면 빠를수록 유용하고 정당하다. 경찰의 신속한 대응과 체포가 이에 해당하며 신속한 대응은 처벌가능성에 대한 사람들의 인식력을 갖게 해 준다.

'확실성(certainty)'은 범죄자에 대한 체포와 처벌의 가능성을 의미한다, 범죄억제효과는 처벌의 잔인함이 아니라 범죄행위에는 반드시 처벌이 따른다는 인식을 사람들이 가지게 하는 것이 중요하다고 본다. 범죄는 확실하게 처벌받는 것이라는 인식을 갖게 된다면(확실성) 사람들은 범죄로 인한 고통(비용)을 인지함으로써 범죄를 선택할 가능성이 낮아진다. '처벌의 확실성'은 가혹한 처벌보다 미약한 처벌일지라도 반드시 처벌할 때 효과가 크다. 이러한 확실성을 가장 중요한 요소로 보았다(이윤호, 2007: 204-205).

'엄격성(severity)'은 무엇이 불법인지 명확하게 정의하고 관련 법률을 제정해야 하는 것을 의미한다. 따라서 법률의 재량권 행사는 제한해야 하고 범죄자의 개별적인 상황을 고려한 정상참작, 부정기형 등을 가정하지 않는다.

'비례성'은 처벌과 범죄행위의 심각성과의 균형, 상응을 의미한다. '처벌의 정도'는 범죄로부터 얻을 이익을 능가할 수 있는 수준이어야 하며, 지나친 처벌은 처벌로 인하여 더 이상 잃을 것이 없는 취약계층에게는 범죄를 제지하는 효과가 없다고 했다. 처벌은 범죄행위에

상응해야 하며, 범죄가 사회에 미친 해악을 약간 상회하는 정도로서 처벌이 범죄에서 얻어진 이익을 상쇄하기에 족할 정도면 충분하고 너무 심한 처벌은 정의롭지 못하다고 보았다.

3) 현대 형사정책에의 적용

① 현대 억제 이론

먼저 처벌의 신속성, 확실성, 엄격성, 비례성이라는 고전 범죄학의 개념은 현대 억제 이론으로 이어진다. 오늘날 사법정책에 반영되고 있는 가중처벌, 엄한 형벌, 경찰력 강화를 통한 체포율 제고, 높은 실형선고율과 정기형 선고, 통제 위주의 교도소 구금과 가석방의 최소화 등은 현대 억제 이론에 토대를 둔다. 억제 이론에 대한 경험적 연구로 미국에서 일급살인에 대해 사형을 규정한 주(states)와 그렇지 않은 주 간에 살인범죄율은 차이가 없는 것으로 나타나 처벌의 두려움에 대한 인지력이 범죄를 억제한다는 억제 이론은 지지되지 않았다(Alkers, 2000: 37). 반면, 억제 이론에 기반하여 경찰 수를 늘리고 검거율을 높인 1900년대 중반 뉴욕주의 경우 범죄율 감소의 효과가 나타난 것으로 보고되었다.

② 무능화(구금) 정책

고전 범죄학은 현대의 자유형에도 반영되고 있다. '무능화'는 최대다수의 최대행복을 위해 소수의 위험한 범죄자들을 무능화시키는 것으로서 교도소 구금(자유형)을 의미한다. 처벌을 통한 무능화의 경험이 처벌의 두려움에 대한 인식력을 강화시켜 범행을 반복하지 않도록 해야 한다는 논리이다(이윤호, 2007: 211). 현대적 의미는 자유형으로서 구금(imprisonment, incarceration)을 통한 자유박탈이다. 범죄인을 사회로부터 격리시킴으로써 사회를 보호하고 또 다른 범행을 차단함으로써 공공의 안정을 기한다. 대표적인 학자는 윌슨(Willson)과 그린우드(Greenwood)이다. 윌슨은 범죄를 초래한 사회경제적 · 심리적 요인들은 형사사법정책에서 어찌할 수 없는 요인이므로 구금을 통한 무능화가 대안이라고 했고, 그린우드는 범죄 발생 건수의 다수를 차지하고 있는 소수의 반복적 누범자들에 대한 무능화(선별적 무능화)의 필요성을 주장했다.

③ 배상 및 사회봉사

고전 범죄학의 응보의 개념은 오늘날 배상 및 사회봉사 제도의 바탕이 되고 있다. '응보'는 합리적인 인간이 선택한 행위인 범죄는 이에 상응하는 처벌을 받는 것이 마땅하다고 본다. 범죄자는 자기 행위에 대해 책임을 지는 것이 마땅하며, 정의롭고 공정한 사회에서 처벌은 필수적이라고 주장한다. 응보 개념은 현대에는 범죄자가 피해자에게 배상하거나 지역사회에 무료로 사회봉사를 하도록 하는 사법처분으로 실현되고 있다. 국가에 따라 배상(reparation)은 처벌 유형으로 법률에 명문화되어 있기도 하다.

④ 강경처벌정책

고전 범죄학은 현대의 범죄에 대한 강경처벌정책에 적용되고 있다. 1980년대 이후 미국의 '범죄와의 전쟁'이 대표적이다. 삼진아웃제, 중형 선고, 높은 실형 선고율, 청소년에 대한 강한 처벌(미성년자 사형 집행) 등은 대표적인 형사사법정책이다. 그러나 이와 같은 강경처벌이 범죄 억제에 미친 효과에 대한 경험적 결과는 회의적이며, 오히려 교도소 과밀현상, 사회적 비용 증가(경찰력 증원, 교도소 운영 등)와 같은 결과를 초래했다는 비판도 있다.

4) 고전 범죄학 평가

공리주의자들의 고전 범죄학은 근대 이전까지의 잔인하고 가혹한 형벌제도를 개혁하는 데 공헌한 바가 크다. 형벌개혁에 관한 공리주의자들의 주장은 1791년 프랑스의 「신형법」에 반영되었다. 이들의 주된 관심은 범죄가 일어나게 된 원인보다는 개인의 책임성을 근거로 한 처벌과 이를 통한 법의 공정성 확보였다. 이런 까닭에 고전 범죄학은 범죄행동의 원인을 설명하는 범죄학 이론이기보다는 형벌의 기능적인 측면을 강조하는 특성상 형벌에 관한 행정적 · 법률적인 면에서 사법제도에의 적용성이 큰 것으로 평가된다(이윤호, 2007: 205). 이에 반해 고전 범죄학에 대한 부정적 평가의 내용은 다음과 같다.

첫째, 내용 면에서 간과하고 있는 점들에 대한 지적이다. 법의 공정성에 대한 의문 없이 획일적인 집행을 주장한다는 점, 범죄는 자유의지가 아니라 어쩔 수 없는 외적 요인(범죄의 원인)에 의해 초래된다는 사실을 간과한 점, 사법결정(처벌)의 융통성을 허용하지 않음으로써 범죄인의 개별성이 감안되지 않는 결정을 내릴 수 있다는 점, 인간의 본성을 단순하게 이해함으로써 처벌의 두려움에 대한 인식이 사람마다 다르다는 것을 간과한 점 그리고 대부분의 범죄자가 처벌(비용)에 관한 지식도 없는 상태에서 범죄행위를 결정한다는 점을 언급하지 않고 있다는 지적이다(이윤호, 2007: 207-208).

둘째, 비공식적 제재가 범죄행위에 대해 미치는 억제효과에 주목하지 않는다. 고전주의 범죄학을 비판하는 이러한 입장의 논리는 사람들이 법을 준수하는 것은 처벌받지 않기 위해서가 아니라 내면화된 도덕성, 법에 구체화된 도덕적 가치 때문이라고 본다. 사람들은 대부분 법을 위반하고 남에게 피해를 주는 행위는 도덕적으로 하지 않아야 할 것으로 내면화하고 있다.

셋째, 사회적 결속력의 중요성을 간과하고 있다. 처벌로 인해 야기되는 것들(관계의 단절, 명예훼손, 직업 상실 등)과 같이 처벌로 인해 야기되는 비공식적인 비용이 범죄에 대한 억제효과가 크다는 주장이다. 공식적인 통제를 강화하기보다는 오히려 사회적 결속력을 강화할 수 있는 사회보장을 비롯한 사회정책이 더 효과적이라고 본다. 사회통합과 연대감, 공동체의 강화가 사회적 결속력을 강화시킴으로서 비공식적 제재를 통해 범죄예방효과를 가져올 수 있다고 보는 입장에서는 강한 처벌을 강조하는 고전 범죄학에 대해 회의적이다.

문화매체로 이해하는 범죄: 고전 범죄학의 강경처벌

▶ 영화 〈죽기에는 너무 어린(Too Young To Die?)〉(1990)

아만다 수 브래들리는 열다섯 살의 소녀로, 살인 혐의 때문에 미국 오클라호마주 당국에 체포된다. 그녀의 국선 변호인인 버디 소울은 사건 자료를 수집하던 중 아만다가 의붓아버지에게 상습적으로 성폭행을 당했고 어머니에게 버려졌다는 사실을 알게 된다. 또한 거리의 사기꾼의 덫에 걸려들었다는 사실도 알게 된다. 사기꾼인 빌리는 가출하여 의지할 곳 없는 청소년을 마약에 중독시키고 성매매를 강요하여 이득을 갈취하는 성인 남자이다. 무방비 상태로 세상 밖에 나온 아만다는 매춘에 이용되었고, 약물에 취한 상태에서 그녀를 배신한 전 애인 마이크를 살해한다.

검사를 비롯한 법정은 아만다를 성인으로 취급해서 법정 최고형인 사형을 언도한다. 이에 대해 변호인은 어린 피고인을 단순히 변호하는 데 그치지 않고, 당시 미국사회의 거대한 흐름인 강경처벌정책의 부당함을 지적하고 이에 대해 도전하는 것으로 맞대응하지만 이를 막아 내지 못한다. 결국 사형이 집행된다. 1989년 미국 대법원은 16세 이상 청소년에 대해서도 사형 집행이 가능하도록 함으로써 그 해 28명의 10대가 사형에 처해졌다.

▶ 생각해 보기

- 영화의 주인공이 흉악범이 된 것과 사형에 처해진 것은 청소년 자신이 자초한 결과인가?
- 범죄에 이르게 된 과정에서 사회의 책임이 있다면 무엇인가?
- 비행청소년에 대해 고전 범죄학의 강경처벌을 적용하였을 때 긍정적 측면과 한계는 무엇인가?

현대 범죄학 이론

1. 현대 실증주의 이론 개괄

현대 범죄학 이론은 고전 범죄학과 비교하여 어떤 특성이 있는가? 이 절에서는 범죄의 원인이 되는 요인이 무엇인지를 실증주의에 입각하여 설명하는 현대 범죄학 이론을 개괄한다. 또한 다음 절부터 이어지는 현대 범죄학 이론들에 관한 이해의 틀이 될 수 있도록 현대 이론을 구성하고 있는 요소들 그리고 이론의 유형은 어떻게 구분되는지에 대해 다룬다.

1) 실증주의 이론의 특성

현대 범죄 이론을 실증주의(positivism) 이론이라고 한다. 이론을 형성하는 지식 탐구를 경험적으로 밝혀 내고자 하는 것이 주된 특성이다. 범죄행동을 초래하는 요인들, 다시 말해 범죄의 원인이 되는 요인들을 경험적 연구과정을 통해 제시한다. 실증주의 이론들은 범죄 원인을 중심으로 범죄행동을 설명하고 있다는 점에서 고전 범죄학이 범죄행동의 억제를 위한 처벌방법에 관심을 가졌던 것과 비교된다.

19세기 말부터 발전하기 시작한 과학적 연구방법론은 자연현상에 대한 이해를 이성과 사고에 의존하기보다는 실험을 통해 관찰하고 분석했다. 모든 지식은 추측이나 직관이 아닌 직접적인 관찰을 통해 얻어질 수 있고, 지식을 얻는 과정은 과학적 연구방법을 사용해야 한다고 보았다. 원래 자연과학에서 발전한 이러한 연구방법은 인간의 행동과 사회에 대한 연구에 적용되었다. 이에 해당하는 초기적 학자인 오귀스트 콩트(Auguste Comte, 1798~1857)는 과학적 연구방법을 사회에 대한 연구에 적용했다(Siegel, 2020: 162-163).

실증주의 범죄학은 경험적 사실에 근거하여 범죄행위의 원인을 검증을 통해 설명한다. 현대 범죄 이론은 고전 범죄학과 달리 범죄행동을 개인의 자유의지(이성)에 의한 합리적 선택 행위라고 보지 않고 외적인 요인이 범죄행동의 원인으로 작용한다고 본다. 인간의 행위는 자신의 자유의지가 아닌 자신이 통제할 수 없는 개인의 특수한 소질 조건과 환경 조건에 의해서 결정된다고 보는 실증주의는 결정론적(determinism)이다(이윤호, 2007: 196).

범죄행동도 마찬가지이다. 범죄적 또는 비범죄적 조건을 인간이 스스로 자유로이 선택할 수 없다고 가정한다. 그리고 범죄자 혹은 범죄행위의 위험성이 있는 사람을 특정한 조건과 환경에 속한 사람들이라고 본다.

실증주의 범죄학은 범죄행위를 초래한 특정 조건이나 환경적 요인이 무엇인지를 밝혀내는 것에 관심을 둔다. 범죄의 원인이 된 요인(범인성, 犯因性)을 제거함으로써 범죄나 비행은 사전에 예방 혹은 반복을 차단할 수 있다고 본다.

2) 범죄 이론의 구성 요소

범죄 원인과 범죄인의 특성을 설명하는 이론들은 범행의 동기(motivation), 사회적 제재(통제)로부터의 자유(freedom from social constraints), 범행의 기술(skills), 범행의 기회(opportunity)라는 요소들을 중심으로 구성되어 있다. 범죄동기(의지)를 가진 사람이, 어떻게 제재를 받지 않고, 범행에 필요한 능력(기술)은 어떻게 가지게 되며, 범행의 기회는 누구에게 주어지는가에 관한 내용이다. 다시 말해, 범죄는 범행의 의지를 가지고 사회로부터 아무런 제재를 받지 않으며 범행을 할 수 있는 능력과 기술을 가진 사람에게 범행할 수 있는 기회가 주어질 때 실행된다(이윤호, 2007: 197).

① 범행 동기

'범행 동기'는 범죄에 대한 욕망을 이른다. 이는 어떤 사람들이 범행에 대한 욕구를 왜 가지게 되느냐에 관한 내용이며, 범죄행위에 대한 의향을 가지도록 만드는 조건을 이른다. 또한 기회가 주어졌을 때 범행에 대해 가지게 되는 욕망이 무엇인지를 의미한다. 예를 들어, 절대적 빈곤 혹은 상대적 빈곤자를 낳을 수밖에 없는 사회구조에서 먹고 살기 위해, 또는 남

들만큼 잘 살고자 하는 욕망을 가지게 된다. 따라서 범죄에 대한 이러한 욕구는 사회구조의 한계에서 비롯된다고 본다.

관련 이론으로 긴장 이론을 들 수 있다. 긴장 이론은 범행 동기가 어떻게 형성되는지 설명한다. 경제적 · 사회적으로 소외된 사람들은 자신이 성취하고 싶은 목표가 가능하도록 하는 기회구조에서 배제되어 있기 때문에, 이로 인해 긴장(분노, 좌절, 상대적 박탈감 등)을 느끼게 되며 이에 대한 대응으로 범죄를 통해 목표를 달성하고자 한다(Siegel, 2020: 240). 한편, 생물학적 이론들은 타고난 신체, 생리학적 요인들이 범죄에 대한 욕구를 가지게 한다고 본다. 예를 들어, 성범죄자나 폭력범죄자는 호르몬의 과다 분비와 같은 생물학적 요인이 범죄의 동기(원인)가 되는 것이다.

② 사회적 제재로부터의 자유

'사회적 제재(통제)의 제거'는 어떤 사람들이 혹은 어떤 상황에서 범죄에 대한 사회적 제재로부터 벗어날 수 있는가를 의미한다. 범죄행동을 제지하는 사회적 장애와 제재가 약화 또는 제거되면 범죄행위로 연결될 수 있다고 본다. 범죄를 억제하는 기능을 하는 제재는 외적 제재와 내적 제재가 있다. 외적 제재(external constraints)는 사회의 공식적인 통제 시스템에 의한 제재와 관습적인 집단과의 유대에 기반해서 이루어지는 통제를 의미한다. 외적 제재는 경찰력 등과 같은 공식적이고 물리적인 제재, 혹은 외부와의 유대와 같은 비공식적인 제재가 있다. 내적 제재(internal constraints)는 관습적인 집단의 구성원으로서 규칙을 내재화시키는 사회화 과정을 통해 얻어지는 제재이며(이윤호, 2007: 198), 사회화를 통한 규범의 내면화, 도덕심, 자기존중감 등이 있다.

많은 이론이 범죄행위에 대한 제재(통제)를 다루고 있다. 사회해체 이론에서는 지역사회 수준의 공식적 통제, 사회유대 이론에서는 친밀한 관계에서의 유대에 의한 직접 및 간접 통제와 내면적 통제, 자기통제 이론에서는 자신의 내적인 통제력이 강하면 범죄행위를 선택하지 않게 된다고 설명한다. 통제를 특히 강조하는 이론은 고전 범죄학이다. 고전 범죄학은 범죄를 통해 치러야 할 대가(비용)에 대한 인식력을 강화시키기 위해서는 법에 의한 엄격하고 확실한 제재가 필요하다고 본다.

③ 범행기술의 습득

'범행기술'은 범죄행위를 수행하기에 필요한 능력을 어떻게 가지게 되며 무엇을 배우느냐에 관한 내용이다. 범죄를 실제로 행할 수 있는 능력(기술)의 습득을 다루는 대표적 유형은 행동주의 이론들이다. 차별 접촉 이론에서 범행기술은 교제하는 사람에 의해 습득된다고 하며, 사회학습 이론에서 범죄는 모방과 관찰학습에 의해 습득된다고 본다. 한편, 하위문화 이론에서는 범죄에 호의적인 가치, 신념, 태도를 하위문화 속에서 학습한다고 본다.

④ 범죄 기회에의 노출

'범죄행동의 기회'는 어떻게, 누구에게 주어지는가에 관한 내용이다. 누구나 범죄의 유혹을 받는 상황을 경험하는 것은 아니다. 따라서 범죄의 유혹을 받는 기회에 노출되는 것은 누구에게나 동일하지 않고 사람에 따라 범행 기회에 취약한 여건을 가지고 있기도 하다.

관련 이론으로는 사회해체 이론(Social disorganization theory), 깨진 유리창 이론(Broken window theory)을 들 수 있다. 이 이론들은 범죄 기회에의 노출을 차단하기 위한 방법으로 강한 경찰력이나 지역사회 정찰활동 등을 강조한다. 또한 범죄예방 환경설계(Crime Prevention Through Environmental Design: CPTED)는 CCTV, 조명, 출입구, 감시창 등을 통해 범죄기회를 사전에 차단시키는 것을 중요한 수단으로 본다. 예를 들어, 범죄예방 환경설계가 잘 되어 있는 지역사회는 범죄행동을 할 기회에 노출될 가능성이 억제되므로 범죄 발생을 예방하게 된다.

한편, 차별기회 이론에서는 비합법적인 수단에 노출되기 쉬운 사람들이 있다고 본다. 이들은 범죄적 하위문화에 노출된 사람들로서 합법적 기회 수단은 가지지 못한 반면에 비합법적인 기회구조에의 접근은 가능하다.

3) 실증주의 이론의 유형

실증주의 이론들은 생물학적 접근, 심리학적 접근, 사회환경적 접근으로 구분된다. 생물학적 접근과 심리학적 접근은 개별 범죄인의 특성을 주목하는 개인적 수준의 이론인데 비해, 사회환경적 접근은 범죄인을 둘러싼 환경을 중심으로 설명하는 사회적 수준의 이론이다.

개인적 수준의 이론들은 범죄행위를 하는 개별 범죄인들의 특성을 이해하는 데 유용하다. 그러나 개인의 행동에 영향을 주는 환경의 영향력을 무시하고 있다는 지적을 받고 있다. 사회적 수준의 이론은 범죄인의 특성보다는 환경적 요인들에 주목한다. 이에 해당하는 이론들은 사회문제로서 범죄문제를 이해하는 데 유용하다. 그러나 환경의 중요성을 강조함으로써 범죄행위에 대한 개인의 책임성을 간과할 수 있다는 지적을 받기도 한다.

이론마다 어느 요인에 비중을 두어 설명하고 있어서 특정 이론에서 강조하는 어떤 요인이

범죄를 설명하는 데 절대적이지는 않다. 예를 들어, 유사한 사회 환경에 처해 있어도 개인에 따라 다른 반응을 하며, 생물학적 특성을 유사하게 가진 사람들도 개인에 따라 사회적으로 주어지는 자극에 다른 반응을 보인다. 나아가 생물학적 특성과 환경은 상호작용을 하고, 심리적 요인들과 환경적 요인들 역시 상호작용을 한다는 점에서 범죄 원인은 복합적이다.

생각해 보기: 이론의 특성(범죄 원인의 복합성)

2015년 7월 서울의 강남 어느 새마을 금고에서는 금고털이 강도사건이 발생했다. 강도는 장난감 권총으로 은행원을 위협하여 인질극을 벌이고 2,400만 원을 털어 달아났다. 범인을 잡은 후 범죄 원인으로 언론에 처음에 보도된 내용은 생계문제와 아들의 도박 빚을 갚기 위해 벌인 일이라고 보도했고 이에 일부 여론에서는 동정을 보냈다. 그러나 경찰 조사결과, 알고 보니 강도는 명문대 출신이며 교사로 재직하다 그만두고 부친 사업을 물려받아 일했으며, 사업이 부도난 이후에는 퀵 서비스 기사로 일했다. 아들에게 도박문제가 있기는 했지만 자신의 도박문제도 심각하여 훔친 2,400만 원 중 일부는 빚을 갚고 나머지는 강원도에 위치한 도박장으로 바로 가서 모두 탕진해 버렸다고 한다(출처: JTBC 뉴스, 2015. 7. 26.).

▶ 생각해 보기

이 사건에서 범행의 원인을 생계의 문제로 보아야 하는가, 아니면 도박에 빠진 정신적 문제로 접근해야 하는가? 각각의 입장에서 근거를 제시해 보자.

2. 생물학적 접근

학습개요

생물학적 이론은 현대 실증주의 범죄학 이론의 시작점에 위치했고 현대 과학과 결합되어 오늘날에도 여전히 일부 범죄자의 행동을 설명하는 데 적용된다. 범죄행동의 원인으로 주목되는 생물학적 요인들은 신체적 특성, 유전, 염색체 이상, 신경생리학, 생화학적 조건이다. 이 절에서는 범죄행동을 초래하는 생물학적 요인들을 다루는 이론들을 검토한다.

1) 신체적 특성과 범죄

실증주의 연구방법론을 범죄학에 적용한 초기의 범죄학 이론은 생물학적 이론이다. 롬브로소(Cesare Lombroso, 1835~1909)의 연구는 범죄자의 신체적 특성을 조사하여 발표한 최초의 실증적 연구라는 점에서 연구 결과의 타당성과 무관하게 범죄학 이론에서 역사적 의미를 갖는다. 생물학적 이론은 특정한 생물학적 특성이 범죄행동을 초래한다고 가정한다. 개인의 생물학적 특성은 대개는 타고난다. 인간의 행동을 결정하는 요인으로 유전과 환경, 선천성과 후천성, 타고난 본성과 교육이라는 대립적인 관점은 여타의 학문 분야와 마찬가지로 범죄학에서도 오래된 쟁점이며, 생물학적 이론은 전자(유전, 선천성, 본성)의 입장에 서 있다.

(1) 롬브로소

롬브로소는 범죄자에게 타고난 신체적 특징이 있다고 본다. 생물학적인 구조가 범죄의 원인이 되고, 특히 특정한 체형을 가진 사람이 법을 위반하는데, 이처럼 범죄자는 미리 결정된 생물학적 특징이나 열등성으로 인하여 범죄행동을 하게 된다는 것이다(Akers, 2000: 60). 이런 까닭에 롬브로소가 주장한 범죄자의 신체적 특징에 관한 이론은 생물학적 결정론(biological determinism)이다.

그가 범죄학의 아버지라 불리는 이유는 고전 범죄학과는 달리 실증주의 연구방법을 최초로 범죄학 분야에 적용하여 이론을 개발하였기 때문이다. 비록 불완전한 연구방법이었지만 그 결과 범죄인의 일정한 특성을 밝혀 내었다. 그는 이탈리아에서 사형이 집행된 범죄자의 신체(시신)를 조사하였고, 그 결과 반복적인 폭력과 절도를 행하는 중범죄자들은 인류의 덜 진화된 형태의 신체적 특성을 가지고 있으며, 그들을 격세유전으로 태어난 생래적 범죄자(born criminal)라 하였다.

그는 저서 『범죄인(The Criminal Man)』(1876)에서 범죄자의 신체적 특성을 인간 진화의 초기 상태의 모습으로 진화의 퇴행 상태로 보았다. 특히 생래적 범죄자들은 눈에 띄는 외형을 가지고 있는데, 얼굴이나 머리의 비대칭, 원숭이 같은 큰 귀, 두꺼운 입술, 들어간 턱, 뒤틀린 코, 불거진 광대뼈, 긴 팔, 많은 주름살, 정상보다 많은 손가락과 발가락 등이며 이 중 남자는 5개 이상, 여자는 3개 이상이면 생래적 범죄자라고 했다(Akers, 2000: 57). 범죄자의 유형으로 생래적 범죄자(born criminal) 외에 정신질환범죄자(insane criminals: 백치, 저능아, 간질환자, 정신병자), 우발적 범죄자(occasional criminal: 적절한 상황이 주어질 때 범죄행동을 표출하기 쉬운 욕구와 감정을 가지고 있는 사람)로 구분했는데, 이 중 생래적 범죄자가 진정한 의미의 범죄자이며 가장 위험하다고 보았다.

롬브로소의 이론은 범죄인류학(criminal anthropology), 범죄의 생물학적 결정론(biological determinism)으로 주목을 받았다. 그의 생물학적 관점은 어떤 인종이나 집단의 내재된 특질, 신체적 비정상성, 생물학적 열등성, 신체 유형, 저능성, 생화학적 불균형, 생물학적 결점과 역기능성을 다루는 현대적 이론들로 계승되었다(Akers, 2000: 57). 나중에 롬브로소는 모든 범죄자가 생물학적으로 퇴행한 사람이 아니라고 함으로써 자신이 주장한 생물학적 결정론의 한계를 인정했다. 후대 학자들에게 비논리적이고 경험적 검증이 어렵다는 이유로 비판받고 있지만, 그의 이론은 '과학으로서 범죄학'의 시작으로 평가받고 있다(Siegel, 2020: 165).

(2) 고링

고링(Charles Goring)은 그의 저서 『영국의 죄수(The English Convict)』(1913)에서 물리적 측정방식과 통계적 방법으로 3천 명의 영국 수형자들을 조사한 결과를 보고했다. 범죄자(수형자)와 일반인(대학생, 군인, 교수, 병원환자 등)과의 머리 크기, 눈 색깔, 얼굴 모양 등 37개의 신체적 특징과 행위 사이의 관계를 비교한 결과 신체적 차이가 통계적으로 유의하지 않은 것으로 보고하면서 롬브로소의 생물학적 결정론을 반박했다(Akers, 2000: 58). 그러나 범죄자들의 결손적 지능(defective intelligence)은 범죄행위와 관련이 있다고 주장함으로써 범죄적 특질을 가지고 태어난다(유전)고 한 롬브로소의 견해를 지지했다(이윤호, 2007: 219).

그는 법을 지키는 시민보다 모든 범죄자가 본래적으로 열등하다고 결론지었다. 범죄자의 신체적 특성의 유전성을 주장했으며, 사회계급과 연령을 통제한 상태에서 수형자와 일반인의 신장과 몸무게를 비교한 결과 수형자는 일반인보다 키가 작고 몸무게도 적으며 지능지수도 낮다고 주장했다. 그는 범죄자의 특성은 생래적인 것으로서 결함이 있는 신체와 낮은 지능, 내재된 도덕성 결여 등을 주된 특성으로 보았다(Akers, 2000: 58).

(3) 후튼

후튼(Ernest Hooten)은 그의 저서『범죄와 형벌(Crime and the Man)』(1939)에서 고링의 방법론과 연구 결과를 비판하면서 그가 수행한 교도소 수용자 17,000명에 대한 골상조사 결과를 보고했다. 수용자와 시민(대학생, 환자, 정신병자, 소방대원, 경찰 등)의 신체적 특징(이마, 콧마루, 턱, 눈 색깔, 눈썹, 문신, 귀, 신장 등)을 비교한 결과, 범죄자들은 생물학적으로 열등하다고 결론짓고 신체적 특징에 따른 범죄 유형을 제시했다(이윤호, 2007: 219). 특히 살인범은 일반범에 비하여 나이가 더 많고, 키가 크고, 체중이 많이 나가고, 가슴이 크고, 턱이 넓고, 어깨가 좁고, 몸통 길이가 짧고, 혐오스러운 치아를 가진다. 이러한 신체적 열등함은 유전에 의한다고 보았다. 나아가 신체적 특성은 정신적인 열등감을 초래함으로써 범죄행동의 원인이 될 것으로 주장했다.

후튼은 자신의 저서에서 범죄자는 유기체적 열등성에 근거하며 이러한 열등성은 모든 범죄 유형에 해당한다고 설명한다. 따라서 범죄자들이 있는 교도소는 흐르는 모래와 쿨렁거리는 늪과 같은 열등한 인간 유기체를 바탕으로 세워져 있다고 표현한다(Akers, 2000: 59).

후튼의 연구의 한계는 후대 학자들에 의해 다음과 같이 지적된다. 후튼의 연구에서 통제집단인 일반시민 중에는 신체적으로 우월한 특정 직업(소방관, 경찰관)의 비중이 높아 연구방법상의 문제를 가지고 있는 점, 범죄자와 시민과의 차이보다는 범죄 유형에 따른 범죄자 간의 차이가 더 크다고 발표한 연구 결과 그리고 범죄자와 일반인 간의 신체적 차이를 열등성으로 해석한 점이 타당하지 않다는 것이다.

(4) 셸던

미국의 심리학자 겸 외과 의사였던 셸던(William Sheldon)은 두뇌구조와 범죄와의 관련성을 조사했다. 그는 진화의 퇴행이나 유전에 관심을 두지는 않았고 특정한 생리학적·화학적 상태를 만들어 내는 특정 유전인자에 관심을 두었다. 또한 생리적·심리적 특성에 따라 신체긴장형(중배협우월형: 근육질, 활동적, 공격적), 내장긴장형(내배협우월형: 뚱뚱하고, 느리고, 무기력), 두뇌긴장형(외배엽우월형: 키가 크고, 마르고, 내성적)으로 유형화시켰으며, 이는 타고난다고 보았다. 그리고 체형은 기질 또는 인성과 밀접한 연관이 있기 때문에 사람의 체형으로 그 사람의 행위를 설명할 수 있다고 보았다.

청소년을 대상으로 조사한 결과인『다양한 비행청소년(Varieties of Delinquent Youth)』(1949)에서 비행청소년과 일반청소년을 각각 200명씩 비교하였다. 비행청소년의 상당수가 신체 긴장이 높고 두뇌 긴장은 낮았으며, 반대로 일반청소년은 두뇌 긴장은 높았으나 신체

긴장은 낮다고 했다(이윤호, 2007: 220).

셀던은 체형과 범죄와의 관련성을 검증하기 위해 비교적 체계적인 연구방법으로 조사를 수행했지만, 표본 추출상의 문제와 세 가지 유형의 체형 분류의 신뢰성 그리고 환경적 요인을 무시하고 있다는 비판을 받고 있다(이윤호, 2007: 221).

2) 유전적 요인과 범죄

① 가계연구

유전적 요인과 범죄와의 관련성에 관한 연구의 유형은 가계연구, 쌍생아연구, 입양아연구를 들 수 있다. 먼저, '가계연구'는 더그데일(Richard Dugdale)에 의해 19세기 말 주크가(Jukes family)를 대상으로 수행되었다. 1870년대 뉴욕주의 형무소 시찰을 통해 6명이나 되는 쥬크가 사람들이 수용되어 있음을 알게 된다. 그리고 쥬크가의 가족 천여 명의 75년을 추적하여 조사했다. 그 결과로 이들 가계에는 범죄자, 매춘부 등 사회의 일탈자가 많다는 사실을 발견했다. 이에 근거를 두고 더그데일은 범죄는 유전과 관계되는 것으로 보고했다. 그의 연구는 범죄 원인의 인류학적 접근에는 기여했지만, 가계 내에서 범죄적 기질이 전이된다면 그것은 유전되었다기보다는 가정환경이나 가족 간의 사회적 상호작용의 결과일 수 있다는 점을 무시했다는 비판을 받고 있다.

② 쌍생아연구

'쌍생아연구'는 쌍생아를 일란성 쌍생아와 이란성 쌍생아로 구분하고 두 종류의 쌍생아 간의 범죄행위 여부를 비교하는 연구방법이다. 범죄인 중 쌍생아를 찾아 그들의 나머지 한 명이 범죄자가 될 수 있는 가능성이 일란성이 높은가, 이란성이 높은가를 비교하는 것으로써 유전자의 일치율이 높은 일란성 쌍생아의 범죄 일치율이 높으면 유전의 영향력이 큰 것으로 본다. 대표적으로 랑게(J. Lange)의 연구를 들 수 있는데, 범죄인 중 일란성 쌍둥이와 이란성 쌍둥이 가운데 양쪽 모두 범죄인이 된 경우가 일란성이 이란성에 비하여 높은 것으로 보고했다. 생래적인 요인(유전)이 범죄행위에 미치는 영향력이 양육과 같은 환경적 요인에 비하여 영향력이 크다고 해석했다.

한편, 범인성에 관한 다른 쌍생아연구들은 대부분 일란성 쌍둥이의 일치율이 이란성 쌍둥이나 일반 형제들보다 높아 범죄에 대한 유전의 영향력을 지지했다. 쌍생아연구의 한계로 일란성과 이란성의 구분이 불확실하고, 지나치게 표본 수가 적으며, 공식적인 기록에만

의존하고 있다는 점, 유전적 요소가 범죄를 초래하는 과정에 대한 설명이 부재하다는 점, 무엇보다도 쌍둥이의 경우 성장과정에서 가정환경이 유사한 것이 범죄행동의 일치성에 영향을 미치게 된다는 점이 문제로 지적되고 있다(이윤호, 2007: 227).

특히 메드닉과 크리스티안센(Mednick & Christiansen)이 함께 수행한 쌍생아연구에서는 부모로부터 자녀에게 특정 유전적 요소가 전해지는지를 연구한 결과, 범죄에 대한 유전적 요인의 영향력은 중요하지만 사회적 변수에 따른 영향도 받는다고 결론지었다. 범인성에 대한 유전적 영향력이 하류계층보다 중류계층에 더 크게 미치는 이유는 하류계층이 사회경제적 요인의 영향을 더 많이 받기 때문이라고 설명했다(Mednick & Christiansen, 1977; 이윤호, 2007: 227 재인용). 이는 범죄와 관련된 생물학적 요인과 사회적 요인의 상호작용이 범죄행위를 초래한다는 생물사회 이론(biosocial theory)의 관점이다.

③ 입양아연구

'입양아연구'는 메드닉(Mednick)과 허칭스(Hutchings)가 함께 수행한 연구가 대표적이다. 덴마크의 코펜하겐에서 수행하여 보고한 입양아연구(1984)는 입양된 비행청소년들의 부모의 유전을 나타내는 친부모와 환경의 영향력을 나타내는 양부모로 구분하여 범죄성을 비교했다. 조사 결과, 친부모와 양부모 모두 범죄인인 경우에 속한 비행청소년이 가장 많고(24.5%), 그다음 친부모가 범죄인이고 양부모가 정상인(20%), 양부모가 범죄인이고 친부모가 정상인(14.7%), 양부모와 친부모 모두 정상인(13.5%)에 해당하는 비행청소년 순으로 나타났다. 이는 환경과 유전이 결합되었을 때 가장 영향력이 크지만 유전과 환경만을 비교할 때 친부모의 영향력(유전)이 양부모(환경)의 영향력보다 크다는 것을 보여 준다(이윤호, 2007: 229). 입양아연구의 한계는 입양기관에서 친부모와 양부모 가정을 서로 조화를 시키려고 하기 때문에 환경과 유전의 영향을 분리하기가 쉽지 않다는 점이다. 아울러 갓프레드슨과 허쉬(Gottfredson & Hirsch, 1990)가 표본오류 문제를 제거하고 메드닉의 분석 모형에 입각한 연구를 수행한 결과, 친부모의 범죄성과 자녀의 범죄성과의 관련성은 아주 약했고 유전적 효과의 크기는 거의 없다고 결론을 내려 범죄행위에 대한 유전의 영향력을 부정했다(Akers, 2000: 69).

초기의 생물학적 결정론은 연구방법론적으로 결함이 있고, 범죄자의 생물학적 특성이 유전의 결과가 아니라 열악한 영양이나 건강 상태와 같은 환경적 조건의 결과일 수 있다는 비판을 받으며 주류 이론으로 부각되지 못했다. 그러나 생물학 이론이 발전하면서 생물학적 요인들과 사회적 요인들이 상호작용을 통해 행동에 영향을 미친다는 생물사회 이

론(biosocial theory)의 관점이 대두했다. 1970년대 초 출간된 윌슨(Wilson)의 『사회생물학(sociobiology)』은 인간의 행동에서 생물학적 요인들의 영향에 관해 다시 관심을 가지게 하는 계기가 되었다(Siegel, 2020: 166).

3) 염색체 이상

어떤 사람들은 정상인들이 23쌍의 염색체를 가지고 있는 것과는 달리 이상염색체를 가지고 태어나는데, 이들이 범죄자가 될 위험성이 있다고 보는 이론이 있다. 정상인은 23쌍 46개의 염색체를 가지지만 간혹 Y염색체가 하나 더 있는 남성이 존재한다. 47XYY 핵형을 가진 남성처럼 Y염색체가 하나 더 많은 경우를 거대(초) 남성증후군 혹은 제이콥스 증후군(Jacobs Syndrome)이라고 한다. 이들은 보통의 남성들보다 키가 크고, 공격적 · 충동적 · 반사회적이며, 지적 능력이 낮은 사람으로 폭력적 범죄자가 될 가능성이 높다는 것이다(Akers, 2000: 62). 거대 남성증후군은 염색체 이상으로 남성호르몬이 과다분비되면서 폭력적 성향을 가진다.

염색체 이상(chromosomal abnormalities)과 범죄와의 관련성을 제기한 대표적 연구로는 제이콥스(Patricia Jacobs)가 수행한 197명의 교도소 수용자들의 염색체 조사이다. 조사 결과, 수용자 중 XYY 이상 염색체(거대 남성증후군)를 가진 수용자들은 1.5%로, 이는 정상인들(출생 남아 1천 명 중 1명 정도)에 비해 월등히 높은 것으로 보고했다(이윤호, 2007: 231).

제이콥스의 연구 결과는 염색체 이상이 범죄행동에 영향을 미칠 가능성이 있다는 인식을 가지게 했다. 그러나 이 연구는 범죄 원인을 설명하기에 한계가 많다고 지적받는다. 무엇보다 적용 대상이 제한적이고, 여성에게는 적용이 불가능하며, 경험적 증거가 뚜렷하지 않다는 점이다. 다른 연구에서는 수용자 중 XXY(클라인펠터 증후군)가 XYY(거대 남성증후군)보다 오히려 많거나 같다고 하여 제이콥스의 연구와는 상반된 연구 결과도 있었으나 염색체 이상과 범죄와의 관련성에 관한 연구들은 타당성이 적은 것으로 평가된다(Akers, 2000: 62-63).

결론적으로, 염색체 이상과 범죄와의 관련성에 관한 이론은 현대 과학에서는 지지되지 않고 있다. 남성호르몬과 범죄행위와의 관련성은 매우 약해서 남성의 성염색체인 Y염색체와 법 위반 및 반사회적 행동 간에는 관계가 없다고 본다. 또한 47XYY 남성 중 대부분은 자신의 핵형을 알지 못하고 살기 때문에 이 용어를 증후군(syndrome)으로 부르는 것이 적절한지에 대한 논란도 있다.

4) 신경생리학과 범죄

신경생리학(neurophysiology)은 인간의 두뇌활동을 연구한다. 신경학적 신체 이상은 태어나면서 혹은 외상으로 발생하며, 이러한 이상은 평생 동안 인간의 행동을 통제한다고 본다(Siegel, 2020: 172). 중앙신경계통은 인간의 자의적인 근육활동을 통제하는 기능을 하는데, 신경생리학 이론은 중앙신경계통의 비정상적 활동이 범죄행동과 관련이 있다고 보는 이론이다. 두뇌의 전자파(electronic pulses)를 측정하여 중앙신경계통의 문제를 파악하는 방법인데, 비정상적인 두뇌파형은 비정상적인 행동 유형과 관련되며 이를 범죄행동에 적용할 수 있다고 본다. 이상뇌파는 범죄행동의 직접적인 원인이 될 수 있다고 보기도 하지만, 생물사회학 이론의 관점에서는 반사회적 성격 특성을 발달하게 함으로써 범죄행동에 간접적 영향을 주거나 환경적 조건과의 상호작용을 통해 범죄행동에 영향을 주는 것으로 설명된다(Siegel, 2020: 172).

이상뇌파가 측정되는 사람들은 일반인에 비하여 충동에 대한 통제력이 낮고, 사회적응력이 낮으며, 적대감, 파괴적 특성을 가지고 있다. 특히 살인범자들에게서 비정상적인 두뇌의 전자파가 발견된다고 한다. 그런데 연구에 따라 차이가 있어서 범죄자들에게 과다하게 빠르거나 혹은 느린 뇌파활동이 관찰되거나, 비행청소년들에게서 일반청소년에 비하여 지나치게 느린 뇌파활동이 발견된다고 보고하기도 한다(이윤호, 2007: 232-233).

범죄행위가 뇌의 이상 작용이라면, 범죄는 인간의 자유의지에 의해 선택하고 결정한 행위가 아니라고 본다. 뇌 과학자 볼프 싱어(Wolf Singer)는 인간은 스스로를 자유의지에 따라 행동하는 존재로 인식하고 있지만 신경생물학적 관점에서 이는 환각일 뿐이라고 한다. 그는 불법행위 역시 자유의지에 의한 결정이 아니므로 범죄에 대한 개인의 책임성을 전제하는 것은 잘못된 가정이며, 인간의 모든 사고와 의도는 우리가 의식하지 못하고 통제할 수 없는 원인에 의해 발생한다고 주장한다(법무연수원, 2019: 671).

각 국의 형법에서 형사책임 연령에 대한 조항(「형법」 제9조)을 둔 것은 이와 무관하지 않다. 또한 심신상실자 및 심신미약자(「형법」 제10조), 농아자(「형법」 제11조)에 대한 책임능력을 차등화하는 것은 뇌와 관련된 장애 및 기능장애 등에 입각한 책임능력을 법적 판단에 반영한 것이다(법무연수원, 2019: 673).

이상뇌파와 범죄와의 관련성을 지지하는 경험적 연구들은 살인범의 뇌파를 조사하여 보통의 살인범이 아닌 동기가 분명한 살인범의 경우 이상뇌파가 측정되었고, 정신병이 있는 범죄자와 다른 집단을 비교한 결과 공격성 정신병자에게서 이상뇌파가 검출되었으며, 폭력적인 비행청소년 중에서 상습적 비행자가 첫 비행자에 비하여 이상뇌파 검출이 월등히 높은 것으로 보고한다(법무연수원, 2019: 671).

5) 생화학적 조건과 범죄

범죄가 인체 내의 생화학적 결핍이나 불균형이 초래한 감정적 장애에 의해 발생한다고 보는 주장도 있다(Siegel, 2020: 167). 호르몬이나 영양이 범죄에 미친 영향력을 조사한 연구들이 이와 관련된다. 생화학적 특징은 유전적으로 미리 결정되거나 혹은 음식, 특정 영양소의 결핍 등과 같은 환경적 조건에 의해서도 형성된다.

먼저, 호르몬의 영향에 대한 윌슨(James Q. Wilson)의 연구에 따르면, 호르몬, 효소, 신경전달 물질이 인간의 심리와 행동에 영향을 준다(Siegel, 2020: 169). 갑상선이나 부신 등 내분비선의 이상이 폭력적인 범죄자에게서 발견되는데, 이는 내분비선 이상이 정서를 방해하여 범죄행동에 영향을 주기 때문이라는 것이다. 호르몬의 불균형적인 분비에 의해 나오는 생화학적인 이상이 범죄와 관련되며, 특히 남성호르몬인 테스토스테론은 생물학적으로 공격적 성향이 있기 때문에 XYY 염색체 이상은 폭력범죄와 관련된다고 설명한다. 호르몬의 활동이 왕성한 청소년기에 반사회적 행동이 정점에 이르게 되고, 나이가 들어 남성호르몬이 감소할수록 폭력행동이 감소하는 점은 호르몬과 범죄행위와의 관련성을 보여 주는 증거라고 주장한다(Siegel, 2020: 169).

여성의 범죄행동도 호르몬의 영향을 받는다는 주장이 있다. 바로 월경전 증후군(premenstral syndrome)이다. 생리주기가 시작될 때 과다한 여성호르몬의 분비는 공격적인 행동에 영향을 준다는 주장도 있고, 생물사회 이론에 입각하여 피시바인(Diana Fishbein)은 월경 전후의 불안감이나 정서적 불안정이 범죄행위에 영향을 준다고 했다. 호르몬 이상을 여성범죄자에 적용하는 이론들은 비록 적은 비율이지만 생리 전 혹은 생리 기간 중에 불안감이나 적대감이 범죄행위에 대한 영향력을 미친다고 주장하는데, 대부분의 여성이 생리 전후의 정서적 불안정을 겪지만 모두 범죄행동을 하는 것은 아니기 때문에 월경전 증후군과 범죄행동과의 관련성은 미약하다는 반론도 있다(Siegel, 2020: 170).

한편, 영양과 범죄와의 관련성에 대한 이론은 음식의 생리적 · 화학적 작용을 주장하는데, 주된 내용은 다음과 같다. 대표적으로 비타민과 미네랄 결핍, 당의 과다섭취로 인한 저혈당증이 사회적 행동에 영향을 미친다고 보는 사회생물학적 설명이 이에 해당한다(Siegel, 2020: 167-169). 산모의 알코올과 흡연은 태아에 영향을 주어 청소년기의 문제행동에 영향을 줄 수 있다고 보거나, 14세 이전의 음주는 뇌의 학습과 기억과정에 장애를 줌으로써 청소년의 비행행동에 영향을 준다는 주장을 예로 들 수 있다. 한편, 화학물질이나 무기질의 과다섭취 혹은 결핍이 심리적·정서적 상태에 영향을 줌으로써 범죄행동을 초래한다는 주장도 있다. 수은, 철, 망간 등을 지나치게 많이 섭취하면 지적장애와 주의력결핍 과잉행동장애(ADHD)의 위험성이 있다는 것이다. 또한 당 섭취와 폭력성과의 관계에서 저혈당은 뇌 기능을 저하시켜서 공격적 행동으로 이어진다는 보고도 있다. 실제로 교도소 수용자들이 정상인에 비해 저혈당이 많다는 연구 결과는 범죄행동에 대한 영양 및 음식의 작용을 지지한다(Siegel, 2020: 169).

6) 생물학적 접근과 사회복지실천

범죄의 원인으로 생물학적인 근거를 찾는 생물학적 이론들의 경우 범죄자들은 일반인과 구분되는 특성을 가지고 있음을 가정하는 특성 이론(trait theory)이다. 생물학적 접근도 이론에 따라 타고난 신체적 특징, 유전의 영향, 염색체 이상, 신경생리학 및 생화학적 요인 등 비중을 두는 요인이 다르다. 생물학적 이론에 대한 부정적 평가는 비논리적이고 경험적 검증이 어렵다는 점과 연구방법론적 문제(소수 대상연구 등), 사회환경적 요인들의 영향을 간과한 점들을 지적한다(Akers, 2000: 60). 특히 생물학적 이론들은 인간의 신체를 대상으로 과학적 연구를 수행하기에는 방법론적으로 한계가 있어 실증적인 검증이 어려우며, 생물학적 요인들이 범죄행위로 이어지는 과정을 분석하지 못한다는 비판도 받고 있다(이윤호, 2007: 200).

사회복지적 측면에서도 실천에 적용하기가 쉽지 않다. 생물학적 요인들은 타고난 것이거나 유전적인 것이므로 의학적 수술을 통하여 뇌나 생화학적 기능들을 수정하는 의학적 영역이기 때문이다. 만약 생물학적 요인들을 변화시킬 수 없다면 사회과학에서 제시할 수 있는 대안은 생물학적으로 결함이 있는 사람의 재생산을 막는 것과 같은 방법이지만, 이는 반인권적·반윤리적이다. 이러한 한계 때문에 생물학적 원인론은 극소수의 범죄자에게 적용될 수는 있지만 범죄 원인에 관한 일반 이론이 되기는 어렵다.

생각해 보기: 범죄행동에 대한 생물학적 결정론은 타당한가

▶ 개요

- 생물학적 결정론은 범죄인이 태어나면서부터 범죄인으로 결정된다고 본다. 근대 이후 과학의 발달과 함께 인간 발달 및 행동에 대한 관점은 유전보다는 교육과 환경을 강조했고, 따라서 생물학적 이론은 크게 주목받지 못했다. 그러나 선천성, 본성을 주목하는 관점에서는 생물학적 요인들을 인간의 행동에 영향을 주는 결정적 요인으로 본다.
- 관련된 관점
  - 본성론: 우리 속담에 "잘 될 나무는 떡잎부터 알아본다." "제 밥그릇 크기는 타고 난다."는 인간의 타고 난 본래의 속성(생래적 특성)의 중요성을 표현하고 있다
  - 특성 이론: 범죄자에게는 생물학적 특성이 있다. 예를 들어, 태어나면서부터 테스토스테론의 분비가 많은 남자는 공격적인 폭력범죄자, 성폭력범죄자가 될 위험성이 있다.

▶ 생각해 보기

인간의 행동에 대한 생물학적인 결정론의 주장에 대해 자신의 생각을 점검해 보자. 생물학적 결정론에 동의 혹은 반대한다면 그 이유와 자신이 경험했거나 주변에서의 사례를 들어 보자.

 3. 심리학적 접근

학습개요

이 절에서는 범죄행동에 대해 심리학적 관점에서 설명하고 있는 이론들을 다룬다. 심리학적 이론들은 범죄행동의 원인을 범죄자의 내적인 특성에서 찾는다. 대표적으로 정신분석 이론, 범죄행동의 위험성을 내포하고 있는 정신장애 및 이상심리 이론 그리고 범죄와 관련된 성격 특성으로 낮은 자기존중감과 낮은 자기통제력에 대한 이론이 있다.

범죄에 관한 심리학적 이론, 즉 범죄심리학(Criminal Psychology)은 범죄행동을 초래하는 심리적 특성을 주목한다. 범죄심리학은 범죄행동의 심리학적 원리를 연구하는 학문이며, 범죄자의 심리와 행동의 원인을 설명하고 예측하여 범죄행동을 통제하는 데 목적을 두고 있다. 심리학자들은 인간의 행위는 모두 정신적 과정의 기능으로 보기 때문에 범죄심리학 이론들은 범죄행위는 범죄자의 정신의 문제 혹은 인격 특성의 장애로 본다(이윤호, 2007: 237). 범죄심리학 이론들은 공통적으로 범죄행위를 내적 장애의 표출로 이해한다.

그렇다면 인간의 내적 특성인 심리 및 성격은 어떻게 형성되는가? 심리학자들은 대체적으로 심리 및 성격은 타고난 성향이 일정 부분 있다고 본다. 다음에서는 범죄심리학에 관한 이론 중에서 상대적으로 주목받고 있는 정신분석 이론, 정신장애 그리고 인격 특성에 관한 이론을 중심으로 검토한다.

1) 정신분석 이론과 범죄

정신분석(정신역동) 심리학에서는 범죄를 어떻게 이해하는가? 정신분석 이론(psychoanalytic theory)의 기본적 원리는 인간의 모든 정신활동은 과거의 경험에 의해 형성된 무의식의 작용이라는 것이다. 과거에 형성된 무의식이 미래의 행동을 결정한다는 의미에서 정신결정론이다. 프로이트(Sigmund Freud, 1856~1939)에 의해 시작된 정신분석 이론은 오늘날까지 심리학의 중요한 위치에 있다.

프로이트는 유아기에 해결되지 않은 무의식 내부의 갈등이 전 생애에 걸쳐 작용하기 때문에 인간이 심리적 문제를 겪는다고 보았다. 이처럼 정신분석 이론은 인간 행동의 동기를 개인의 내부, 무의식에서 찾고 있다. 성격 형성의 결정적 시기는 세 살에서 여섯 살 정도까지(남근기)로, 이때 본능이 지배하는 원초아(id)에서 도덕적 속성을 가진 초자아(super ego)가 분화되어 발전하게 된다. 이 시기에는 주 양육자와의 애착관계가 유아의 성격 발달에 중요하다(Siegel, 2020: 182).[1] 이에 대해 클리나드(Clinard)는 "초기 아동기는 일탈을 지향하거나 멀리하는 인격 특성이 발전되는 마당이며, 이후의 인간의 행위는 기본적으로 이 시기에 형성된 성향의 발로이다."라고 했다(이윤호, 2007: 238). 프로이트 이론에 입각한다면 범죄의 원인은 개인 내부에 있고, 범죄의 이면에 있는 비합리적이고 무의식적인 동기의 작용에 의해 범죄행동이 초래된다.

초자아(super ego)의 미발달로 인한 인격적 미성숙이 범죄의 원인이 된다는 견해도 있다. 아이크혼(A. Aichorn)에 따르면 범죄는 규제되지 않은 원초아(id)의 표현이며, 이는 초자아가 발달하지 못했기 때문이다. 초자아가 발달하지 못한 것은 부모의 부재나 양육능력의 부족으로 인하여 친근한 유대관계를 형성하지 못한 데 원인이 있다(이윤호, 2007: 241). 초자아의 미발달로 인해 무의식의 세계에서 일어나는 불안신경증은 오이디푸스 콤플렉스나 엘렉트라 콤플렉스를 적절히 처리하지 못해서 야기되는 죄책감 때문에 발생한 것이다. 심한 불안감으로 정신·신체상의 장애를 느끼는 불안신경증은 범죄로 이어질 수 있는데, 이는 불안감을 해소할 수 있는 적절한 방법이 없을 때 범죄를 통해 자신의 불안감과 죄책감을 해소하려고 하기 때문이다(이윤호, 2007: 257).

프로이트에 따르면 원초아(id), 자아(ego), 초자아(super ego)로 구성된 성격구조는 세 가지 요인이 균형을 이루어야 심리적으로 건강하다. 만약 현실 원리에 의해 작동되는 자아가 과도해진 원초아를 통제하지 못하면 원초아의 쾌락 원리에 지배되어 절도, 폭력과 같은 반사회적 행동을 하게 된다. 또한 자아가 도덕 원리에 의해 지배되는 초자아의 과도해진 상태를 통제하지 못하면 죄의식, 수치심, 열등감 등이 발생하여 일탈행동이 발생하기도 한다.

프로이트에 기초를 두고 있는 정신의학적 이론에서 범죄는 초기 아동기에 경험한 욕구의 차단(blocked needs), 부모의 상실(parental deprivation or rejection), 부적절한 훈육(faulty discipline)과 관련되는 것으로 설명한다(이윤호, 2007: 238-239). '욕구의 차단'이란 인간의 보편적 욕구인 일차적·신체적 욕구가 약탈된 정도를 이르며, 이를 성취한 후에 가지는 감정적·심리적 안정이 충족되지 못할 때는 심리적 이상 증상을 보이게 된다. 모성이나 부성의

1) 초기 아동기는 프로이트의 5단계로 구분된 심리성적 발달 단계(성적 에너지인 리비도가 신체의 어느 부위에 집중하느냐에 따라 구강기, 항문기, 남근기, 잠복기, 생식기로 구분) 중에서 남근기(3~6세)까지를 이른다. 남근기는 초자아가 발달하는 성격 발달의 결정적 시기이다.

부재를 의미하는 '부모의 상실이나 거부'는 부모와 따뜻한 관계를 유지하지 못한 경험으로 인하여 타인과의 감정적 관계 형성 능력이 낮은 경우로서, 반사회적이고 폭력적 성향을 가진 사람들에게서 발견된다. 대개는 어머니와의 관계가 중요한 것으로 알려져 있지만, 가정 내에서 아버지의 역할 부재는 남자 아동 및 청소년들의 비행에 대한 통제력에 영향을 준다는 지적도 있다(신연희, 2002). 한편, '부적절한 훈육'은 부모의 폭력적이고 일관성이 없는 훈육을 특징으로 하며, 청소년들의 공격적이고 반사회적인 행동과 관련성이 있는 것으로 보고된다(Trojanowicz & Morash, 1992: 123).

정신분석 이론에서 접근할 때 범죄를 포함한 인간의 모든 행동은 정신역동의 일환이다. 범죄행동의 원인은 무의식에 있으며 환경 요인들은 특정 상황에서 범죄행동을 촉발하는 역할에 불과하다. 무의식에 자리 잡고 있는 억압된 죄의식, 절망이나 무력감, 억제된 공격성, 해결되지 않는 무의식의 정서적 고통을 처리하려는 역기능적인 시도 중의 하나로 범죄행동을 이해한다.

정신분석 이론에 기초한 범죄학 이론들에 대한 평가는 상반된다. 긍정적인 평가는 범죄자의 심리적 특성, 성장배경, 가족생활, 범행동기 등과 같은 개별적 특성에 관한 이론적 발달에 기여했다는 점이다. 또한 심리적 문제를 가진 범죄인을 이해할 수 있는 틀을 제공함으로써 범죄학 이론의 새로운 시각을 제공했다. 실천적인 면에서도 개별 클라이언트의 문제에 대한 분석과 상담이 가능하도록 하는 데 기여했다.

한편, 부정적 평가는 무엇보다 범죄예방에 관한 형사정책에의 적용이 어렵다는 점이다. 정신분석 이론에 따르면, 범죄행동은 자신의 의지에 의해 합리적으로 통제할 수 없으며, 범죄인은 책임능력이 없는 환자이므로 처벌로 대응하는 것은 부적절하다. 심리적 장애를 가진 환자에 대해서는 치료적 접근이 필요하며, 범죄자에 대한 처벌은 비효과적일 뿐이다. 정신분석에서 범죄의 원인이 된 무의식적인 동기를 의식 밖으로 끌어내는 것이 치료방법이 되므로 전문 정신의학적 방법에 의해 치료가 가능하다(Akers, 2000: 74). 다음과 같은 점들도 한계로 지적된다(이윤호, 2007: 241-243). 첫째, 주요 개념인 원초아, 자아, 초자아의 무의식에서의 대립은 직접 관찰할 수가 없으며, 이것들은 측정할 수 없는 단지 추론의 개념일 뿐이다. 따라서 무의식 속의 숨겨진 동기를 찾고자 하는 꿈의 분석과 같은 추론은 주관적이다. 둘째, 아동기 경험을 지나치게 강조함으로써 성장하면서 경험하는 학습의 효과를 간과하고 있다. 셋째, 지나치게 성적 욕구를 강조하고 있으나 범죄행위와 성취되지 못한 성적 욕망과의 관계는 검증되지 않았다.

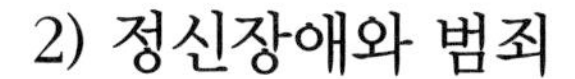

2) 정신장애와 범죄

(1) 정신장애와 범죄와의 관련성

정신장애의 일부 증상은 범죄와 관련되는 것으로 알려져 있다. 현대인들의 정신건강 문제는 심해지고 있고, 우리나라 교도소에서는 최근 들어 심리적 · 정신적 문제와 관련해서 약을 복용하는 수용자들이 점차 늘어가고 있어서 정신적 요인에 대한 관심이 필요하다.

① 적대적 반항장애

범죄와 관련된 심각한 정신장애로 적대적 반항장애를 들 수 있다. 적대적 반항장애(Oppositional Defiant Disorder)는 품행장애(Conduct Disorder)와 함께 주로 비행청소년들의 정신장애로 분류되고 반사회적 행동과 연결된다(Siegel, 2020: 186-187). 적대적 반항장애의 특징은 권위에 비협조적 · 반항적이며 적대적 행동을 보이는데, 자주 화를 내고, 어른들에게 반항하고 규칙을 어기며, 실수나 잘못을 남의 탓으로 돌리고, 분노와 앙심을 품기도 하며, 인격적으로는 자존감이 낮다(Siegel, 2020: 187).

② 품행장애

세계보건기구의 국제질병분류에 관한 정신 및 행동장애의 유형을 보면 '아동기 및 청소년기에 주로 발병하는 기타 행동 및 정서장애'에 주의력결핍 과잉행동장애(Attention Deficit Hyperactivity Disorder: ADHD)와 청소년기 품행장애가 있다. 청소년기의 품행장애는 적대적 반항장애보다 더 심각한 행동과 정서적인 문제를 보인다. 타인의 권리를 침해하고 기물 파손, 거짓말, 절도, 무단결석이나 가출, 폭력행위와 같이 사회 규칙을 어기는 행동을 반복적으로 한다. 행동적인 특성은 충동적 · 비계획적이며 육체적 싸움을 자주하고 호전성과 공격성이 강하다. 또한 자신이나 타인의 안전을 무시하는 행위를 하고 직업 활동을 꾸준히 하지 못하며 채무 불이행 같은 무책임한 행동을 한다. 그리고 타인에게 상처를 입히거나 학대를 하고도 무관심하며 이를 합리화한다(Siegel, 2020: 187).

품행장애의 원인을 설명하는 이론들은 다양하다. 이론에 따라 사회생물학적 요인, 심리학적 요인, 사회환경적 요인 등을 주목한다. 사회생물학적 관점에서는 전두엽과 뇌의 다른 부위 사이의 상호연결에서 나타나는 세로토닌 수준과 품행장애와 관련이 있다고 보기도 한다. 또한 품행장애가 가족 내에 집단적으로 발견되기도 하는데, 이는 유전적 요인과도 일부 관련된다는 주장도 있다(Siegel, 2020: 187). 한편, 부모의 양육태도가 강압적 폭력적이거나,

혹은 무관심하고 방임적인 태도는 심리학적으로 정신 발달의 장애 요인이 된다고 본다. 한편, 사회환경적 관점에서는 부모의 불화, 가정폭력, 아동학대, 결손가정, 부모의 정신장애나 알코올 사용 등과 같은 환경에서 성장한 청소년은 불만이 많고 화를 잘 내며, 충동적이고 공격적인 인성을 형성하게 된다는 입장도 있다.

품행장애가 불법행위로 표출될 때 법에 의한 제재를 받게 된다. 대표적으로 청소년이 사기나 절도, 폭력, 마약 등에 연루될 때 「소년법」이나 「형법」에 의해 처벌을 받는다. 아울러 소년의 지위에 부적절한 우범행위(가출, 무단결석, 성인유흥시설 출입 등) 역시 청소년의 건강한 육성과 보호를 위해 사회적인 제재가 가해진다.

청소년기 품행장애는 발병 시기에 따라 아동기 발병형(childhood-onset type)과 청소년기 발병형(adolescent-onset type)으로 구분된다. 아동기 발병형은 장기적이고 위험하며, 청소년기 발병형은 청소년기의 일시적인 일탈로 그치기도 한다. 18세 이상의 성인에게 진단되는 반사회성 성격장애는 갑자기 발병하는 증상이 아니라 청소년기의 품행장애가 성인기로 이전된 것이며, 청소년기 품행장애는 아동기의 주의력결핍 과잉행동장애가 조기에 치료되지 않았을 때 나타날 수 있는 증상이다.

③ 망상증

정신병(psychosis) 중에서도 특정 유형은 범죄행위와 관련이 있다. 정신병은 현실에 대한 지각이 왜곡되어 있는 정신 상태로서 사고, 정서적 반응, 의사소통, 현실 이해, 행동의 면에서 극심한 장애로 나타난다(Siegel, 2020: 187). 정신병의 한 유형인 조현병의 임상적 증상은 비합리적이고 괴이한 행동, 통제 불능이고 혼돈스러운 사고, 언어 불안이 있으며 비지성적 · 비현실적이다(이윤호, 2007: 254). 이러한 특성 중 일부는 다른 사람에 대해 적대적 · 위협적이어서 범죄행동을 초래하는 위험 요인이 되기도 한다.

조현병(schizophrenia) 중에서 특히 망상증(paranoia)이 위험하다. 조현병의 가장 흔한 증상은 피해망상과 과대망상인데, 망상은 범죄와의 관계에서 가장 위험한 증상이다. 피해망상이나 과대망상 중에서는 피해망상이 더 위험하다. 피해망상을 보이는 편집증은 망상적인 사고가 현실 접촉을 강력하게 방해할 때 나타나며, 망상적인 사고에 의해 행동하게 될 때 대인관계, 기분, 사고에서 문제를 일으킨다. 다른 사람이 자신의 생명을 위협하려는 음모를 꾸미고 있다고 의심하는 망상(피해망상증) 상태에서 남이 자신을 해치기 전에 먼저 해치려는 공격적 행동, 곧 범죄로 이어지기도 한다(이윤호, 2007: 255-256).

④ 소시오패스와 사이코패스

소시오패스와 사이코패스는 범죄와 밀접한 인격장애(성격장애) 유형이다. 정신장애진단에서 반사회적 인격장애(Antisocial Personality Disorder: ASPD)로 분류되는 소시오패스(sociopath)와 사이코패스(psychopath)는 범죄행동의 위험성이 매우 높다. 두 용어는 혼용하여 사용되기도 하고, 모두 반사회적 행동장애로 불리기도 한다.

소시오패스는 매력적인 외모와 그럴듯한 말솜씨, 타인과의 공감 결여, 비도덕적 및 반사회적 행동에 대한 부끄러움이나 죄책감 및 후회가 결여된 성격장애이다. 이와 유사한 사이코패스는 자신 내부의 결함이나 이상으로 인해 반사회적 성격을 갖는다. 또한 소시오패스처럼 자신의 행동에 죄책감이 없고 타인에게 동정심을 느끼지도 않으며 자기중심적인 것이 특징이다. 둘 다 반사회성 인격장애로 분류되지만, 소시오패스는 스스로의 행동이 잘못된 행동이라고 인식하고 사이코패스는 자신의 행동이 범죄라는 것에 대한 인식 자체가 없다. 또한 소시오패스는 방임, 학대와 같은 부적절한 양육환경의 결과인 반면, 사이코패스는 유전적 결함이나 출생 시 혹은 그 직후에 나타나는 조건들과 관련된다는 견해도 있다(Siegel, 2020: 197).

(2) 정신장애의 진단과 반사회성

① DSM-5(정신질환의 진단 및 통계 편람)

정신장애를 판단하는 도구로 널리 사용되고 있는 것은 DSM-5(Diagnostic and Statistical Manual of Mental Disorders)이다. 미국 정신의학협회가 2013년 발행한 DSM-5는 현재 가장 널리 사용되고 있는 정신장애의 분류체계(정신질환의 진단 및 통계 매뉴얼)이며, 정신장애의 범주를 11개로 나누었다.[2] 이 중 범죄행동과 관련이 있는 정신질환으로는 인격장애,[3] 성적

2) DSM-5에서는 정신장애의 범주를 정신이상, 감정장애(기분장애), 불안장애(외상후 스트레스장애는 불안장애의 하위 유형), 해리장애, 신체형통증장애, 인격장애(성격장애), 성적장애, 섭식장애, 수면장애, 적응장애, 충동조절장애로 분류하고 있다(APA, 2013).

3) 인격장애로도 불리는 성격장애(Personality Disorder)의 세부 유형은 A군 분열성, 분열형, 편집성/ B군 반사회성, 연극성, 경계성, 자기애성/C군 강박성, 회피성, 의존성이다. 이 중에서 반사회성에 속하는 B군이 위험하다. 인격장애(성격장애) 중 범죄행위와의 관련성이 높은 B군에는 반사회성(Antisocial), 연극성(Histrionic), 경계성(Borderline), 자기애성(Narcissistic)이 있다. 반사회성 인격장애(Antisocial Personality Disorder: ASPD)에는 소시오패스와 사이코패스가 있다. 연극성 인격장애 혹은 히스테리성 인격장애는 지나치게 극적이며 매우 흥분하기 쉽고 타인의 주목을 끄는 과장된 행동을 일삼아 연극을 하는 듯한 인격장애이다. 경계성 인격장애 또는 정서불안 성격장애는 정서·행동·대인관계가 매우 불안정하고 변동이 심한 이상성격으로 감정의 기복이 심한 인격장애에 해당하며, 우울, 약물남용, 식사장애, 자살시도 등을 보인다. 자기애성 인격장애는 과도하게 자신이 중요하다고 느끼고 타인에

장애(성도착증, 성기능장애 등), 충동조절장애(간헐적 폭발적 성격)가 있으며, 특히 인격장애의 특정 유형(B군)은 범죄의 위험성이 높다. 인격장애(성격장애) 중 범죄행위와의 관련성이 높은 B군의 유형에 반사회성이 속해 있으며 반사회적 인격장애(Antisocial Personality Disorder: ASPD)로는 앞서 언급된 소시오패스와 사이코패스가 있다.

② MMPI(미네소타 다면적 인성검사)

MMPI는 정신건강의학과 임상에서 가장 널리 사용되고 있는 심리검사 중 하나이다. 1943년 미국 미네소타 대학의 스타크 해서웨이(Starke Hathaway)와 조비안 매킨리(Jovian Mckinley)에 의해 정신병리적 증상을 객관적으로 측정하기 위한 도구로 개발되었고, 우리나라에서는 MMPI 한국판으로 표준화하여 인성검사 도구로 사용하고 있다.[4)]

다면적 인성검사는 사람들의 인성을 열 가지 유형의 임상척도로 분류한다. 임상척도는 건강염려증(심기증, Hs), 우울증(D), 히스테리(Hy), 반사회성(Pd), 남성성과 여성성(Mf), 편집증(pa), 강박증(Pt), 정신분열증(Sc), 경조증(Ma), 사회적 내향성(Si) 등 10개 척도이다(권석만, 2003: 142). 이 중 반사회성이 범죄행위와 밀접하다. 반사회성의 성격 특성은 사회 규범에 비순응적이며 권위에 적대적이다. 분노감, 충동성, 정서적 피상성 및 예측불능성, 타인의 고통에 대한 공감력 부족 등이 특징이다.

③ I-Level 검사(대인성숙도 검사, interpersonal maturity test)

비행청소년 보호시설에서 주로 사용되는 대인성숙도 검사는 비행청소년의 인격 발달 수준을 파악하는 데 유용하다. 이 검사는 사람의 인성 수준을 7단계로 구분하고, 단계가 상승함에 따라 사회적 또는 대인적 역량이 성숙하게 된다고 가정한다. 그런데 비행청소년은 일반청소년에 비하여 인격의 발달 단계가 낮은 단계에 머물러 있으며, 특히 2단계에서 4단계가 가장 많고, 하위 단계일수록 공격적이다. 2단계에는 반사회적 공격적 성향의 청소년들(반사회적 모사자), 3단계에는 비인습적인 규칙에 동조하는 청소년들(문화적 동조자), 4단계에는 신경과민과 정신 이상의 성향을 가진 청소년들(신경증적 행위자)이 많은 것으로 보고된다(이윤호, 2007: 245-246).

게 과도한 존경을 요구하며 타인에 대한 공감이 결여된 것이 특징이다(APA, 2013).

4) MMPI 한국판은 1963년 서울대학교에서 첫 출판 후 1994년 개정판이 출판되었다. 14개의 하위척도로 구성되어 총 문항 수는 550개이고 각 문항에 대해 '그렇다'와 '아니다'로 응답하도록 되어있다.

3) 성격 특성과 범죄

많은 경우에 범죄는 성장환경, 범행 당시의 상황 등과 같은 상황적인 요인들에 의해 일어난다. 그런데 상당수의 성인범죄자와 비행청소년들에게서 발견되는 성격 및 인격적 특성은 범행의 원인이 사회적인 요인으로만 충분히 설명될 수 없음을 의미한다. 수용자들에게서는 하지 말아야 할 일에 대한 확실한 경계가 부족하고, 미성숙한 사고와 책임 의식의 부족, 타인의 아픔을 살필 줄 모르는 것, 남에게 피해를 주는 일을 하지 않겠다는 사고가 몸에 배지 않은 것 등이 임상에서 발견된다. 성격(personality)이란 개인이 환경에 대한 적응을 결정짓는 특징적인 사고방식과 행동 양식(characteristic modes of thinking and pattern of behavior)을 이른다.

성격의 특성을 구성하는 요인 중 자아존중감과 자기통제력은 누구에게나 적용되는 성격의 일반적인 요소이지만 정도에 따라 건강한 인격 혹은 건강하지 못한 인격이 된다. 범죄학 이론에서 자아존중감 이론과 자기통제 이론은 범죄 행동에 대한 심리학적인 설명을 제공한다.

(1) 자아존중감 이론

자아존중감 이론(self-esteem theory)은 성격 특성과 행동 특성과의 관련성을 설명한다. 자아존중감을 범죄행동에 적용한 이론에서는 부정적인 자아정체감은 부정적인 행동을 초래한다고 가정하고, 낮은 자존감은 일탈이나 비행행동과 같은 부정적인 행동의 원인이 된다고 본다. 자아존중감이 낮은 사람은 직면한 상황에 대해 일탈적인 형태로 대응하는 경향이 있어서 부정적인 행동을 할 가능성이 높기 때문이다.

청소년의 비행행동과 자아존중감과의 상호관계에 관한 경험적 연구들은 자아존중감과 비행행동을 직접적인 인과관계로 보거나, 역으로 사소한 일탈을 저지르는 청소년에게 가해지는 주변의 낙인이나 비난이 자아존중감을 낮게 형성하게 함으로써 자아존중감이 손상된 개인들이 이에 대응하기 위해 비행행동을 하게 된다고 보기도 한다. 전자에 해당하는 대표적 이론은 로젠버그(Rosenberg)의 이론이며, 후자는 카플란(Kaplan)의 이론이다. 요약하자면 자아존중감이 낮은 사람은 상황에 대해 일탈적인 방법으로 대처하고(로젠버그의 이론), 일탈적인 행동을 통하여 자신의 손상된 자아존중감을 회복하려고 하는 과정에서 비행행동을 하게 된다(카플란의 이론).

① 로젠버그의 자아존중감 이론

로젠버그(Morris Rosenberg)는 인간의 행동에 영향을 미치는 자아존중감(자존감)의 역할에 대한 이론적 틀을 제공했다. 또한 자아존중감을 측정하기 위해 개발한 척도(Rosenberg Self-Esteem Scale: RSES)는 개인의 자아존중감을 파악하는 데 널리 사용되고 있다. 로젠버그는 자아존중감이란 개개인의 객관화된 자아를 평가하는 것이기도 하지만 자기수용(self-acceptance), 자기존중(self-respect) 및 자기가치감(feelings of self-worth)을 포함하는 의미라고 본다(Rosenberg et al., 1989). 그에 따르면 낮은 자아존중감은 낮은 학업성적, 우울증 그리고 청소년비행과 같이 부정적인 인간의 행동을 초래하는데, 이는 낮은 자존감은 상황에 대한 일탈적인 방식으로 대응하도록 작용하기 때문이다.

또한 로젠버그는 자아존중감의 형성에 관한 이해를 제공하고 있다(신연희, 2001). 첫째, 쿨리(Cooley)의 영상자아(looking-glass self) 이론에 입각해 있는데, 친밀한 사람들의 평가가 거울처럼 자신의 모습으로 비추게 한다는 것이다. 둘째, 자신에 대한 평가는 준거집단에 의한 자신의 평가에 입각한다. 셋째, 사람들은 자신의 행동을 관찰함으로써 스스로를 평가하여 자기 이미지를 만든다. 넷째, 자아의 구성 요소는 다른 사람들보다는 자기의 가치감에 보다 중점을 두고 있다. 셋째와 넷째 가정은 자기 스스로의 평가를 중시한다는 점에서 서로 연관되어 있으며, 특히 셋째는 열악한 가족관계, 주위의 비난 등으로 인해 자기 스스로를 낮게 평가하게 되고, 이는 결국 범죄행동을 초래하는 직접적인 원인이 될 수 있다고 설명한다.

② 카플란의 자기강화 이론

카플란(Howard B. Kaplan)의 자아존중감 이론은 자기강화 이론(self-enhancement theory)으로 불리기도 한다. 자아존중감을 통해 인간의 행동을 이해하고자 하는 로젠버그의 심리학적인 설명은 카플란에 의해 더욱 발전적으로 논의된다. 카플란은 자아존중감에 대해 자기보호가설(self-defence hypothesis)과 자기강화가설(self-enhancement hypothesis)을 적용하여 낮은 자존감으로 인해 비행을 하게 되면 비행을 통해 자존감을 강화시키는 과정을 경험적인 연구를 통해 보여 주었다.

자기보호가설 및 자기강화가설은 자아존중감이 낮은 청소년들은 부정적인 자기태도를 피하고 긍정적인 자기태도를 유지하기 위해 비행친구들과 어울리고 함께 비행을 저지르게 된다고 본다(Kaplan, 1978). 이처럼 청소년들이 낮은 자존감 상태에서 비행에 이르게 되는 동기에 대해 카플란은 청소년들이 관습적인 준거집단의 규범적인 기대에 따르지 못할 때 그러한 집단에서 배척당하게 된다고 본다. 이때 그들의 자아존중감이 위협을 받고 있다고 생

각하게 됨으로써 손상된 자아를 보호하기 위하여 일탈행위를 하도록 동기가 부여된다. 이에 따라 비행집단과 어울리게 된다면 비행에 연루될 위험성이 높아진다. 자기보호 및 자기강화가설에 의하면 청소년들이 비행을 통하여 정체감의 변화를 겪거나 자신에 대한 내면적 평가 등을 증진시킬 때 자아존중감은 성공적으로 보호되고 높아진다(신연희, 2001).

카플란은 청소년의 비행이 일어나는 경로과정을 다음과 같이 설명하고 있다(Kaplan, 1978). 먼저, 자신에 대해 부정적인 태도를 갖게 되면 자신이 속해 있는 동료집단의 신념이나 행동 유형들을 부정적이고 침울하게 보게 됨으로써 거기에서 벗어나는 행동을 하게 된다. 그다음 자신을 스스로 부정적으로 평가하게 되면 자기를 존중할 수 있는 동기를 충족시키기 위해 자신이 평가받지 못했던 정상적인 범주가 아닌 다른 것으로부터 대안을 찾을 필요성을 갖게 된다. 여기서 범죄행동은 낮아진 자아존중감을 강화시키기 위한 대안적인 방법 내지 하나의 수단이다.

③ 자아존중감과 비행 및 범죄행동에 관한 경험적 연구

자아존중감은 누구에게나 있는 성격 특성이지만, 자존감이 낮은 성격은 비행 및 범죄와 같은 부정적 행동을 할 것이라는 가정은 상당수의 연구를 통해 경험적으로 지지받고 있다. 대표적으로 다음의 연구 결과를 들 수 있다(신연희, 2001 재인용).

먼저, 아론슨과 메티(Aronson & Mettee, 1968)가 대학생들을 대상으로 조사한 결과로 낮은 자아존중감을 가진 학생들의 87%, 높은 자아존중감을 가진 학생들의 40% 그리고 중간 정도의 자아존중감을 가진 학생들의 60%가 시험 중 부정행위를 한 경험이 있는 것으로 나타났다. 이에 아론슨과 메티는 비도덕적인 행동과 낮은 자아존중감과의 관련성을 주장했다. 그라프(Graf, 1971)는 대학생집단을 대상으로 한 조사에서 정직하지 못한 행동을 한 자아존중감을 가진 학생들(40%)이 높은 자아존중감을 가진 학생들(14%)에 비해 이러한 행동을 더 많이 하게 되었음을 보여 주었다. 오언스(Owens, 1993)는 낮은 자아존중감이 청소년의 비행행동에 영향을 주는 경로에 대해 설명했는데, 스스로 내면적 평가와 사회적 비교를 통해 자아존중감을 갖게 된 청소년들은 자아존중감을 회복시키려는 동기를 충족시키기 위해 비행행동을 한다는 것이다.

국내에서도 자존감이 비행에 미치는 영향력을 지지한 연구가 있다(신연희, 2001). 이 연구에서 낮은 자아존중감은 비행행동을 유발하는 데 직접적인 효과가 어느 정도 있어서 청소년의 지위비행(음주, 흡연, 가출 등)에서부터 사이버 비행, 중한 수준의 비행(재산 및 폭력 비행)까지 영향을 미쳤다. 그런데 낮은 자아존중감이 청소년의 비행행동을 촉발하는 과정에서

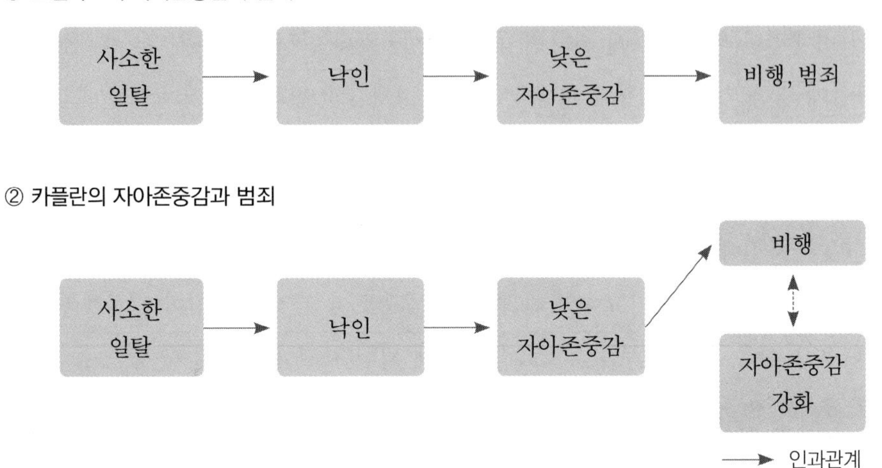

[그림 5-1] 자아존중감과 비행의 경로과정

어머니와의 관계가 긍정적일 때 비행행동의 발생을 감소시키는 효과가 있으며, 특히 지위비행은 차단될 수 있는 것으로 보고했다.

자아존중감이 비행 및 범죄를 초래하는 경로를 설명하는 로젠버그와 카플란은 공통적으로 범죄행위에 대한 심리학적 요인들의 영향력에 주목했다. 다만, 자아존중감이 비행에 이르는 경로에서 약간의 차이가 있는데 이는 [그림 5-1]과 같다.

(2) 자기통제 이론

① 자기통제 이론 개괄

자기통제 이론(self-control theory)은 범죄인의 성격 특성을 설명하는 데 자주 활용된다. 자기통제력은 인간의 성격특성의 중요한 부분이며, 범죄행동에 있어서도 영향력이 있는 요인으로 알려져 있다. 자기통제 이론은 범죄(비행)에 대한 개인 간의 차이가 행위자의 내적인 인격의 특성에 달려 있다고 본다. 허쉬(Travis Hirschi)와 갓프레드슨(Michael Gottfredson)의 자기통제 이론은 범죄행위의 유혹을 받는 위기상황에서 범죄욕구 및 충동을 자제할 수 있는 자기통제력이 범죄 여부를 결정하는 주요 요인이 된다는 대표적인 이론이다. 자기통제 이론은 범죄를 저지르거나 반대로 이를 벗어나도록 하는 요인으로 자기통제력을 제시한다.

허쉬는 1960년대 사회통제 이론을 대표하는 사회유대 이론(social bond theory)을 발전시

켰으며, 사회유대를 통한 범죄의 억제효과를 설명했다. 자기통제 이론은 사회유대 이론의 시각에서 벗어나 통제의 또 다른 유형인 자기통제에 근거한 이론을 동료인 갓프레드슨과 함께 제안한 이론이다(Akers, 2000: 114). 사회유대 이론이 범죄 원인으로 환경적 요인을 강조했고 사회유대를 바탕으로 한 범죄행동 통제에 관해 설명했다면, 자기통제 이론은 행위자의 내적 · 인격적 특성에 비중을 둔다.

자기통제력이 낮은 사람은 범죄를 저지를 가능성이 높은데, 이는 범법행위뿐 아니라 흡연, 음주, 약물남용 등과 같은 일탈적 행위에도 적용된다. 이에 비해 자기통제력이 높은 사람은 어떤 상황에서도 불법행위를 하지 않는다(Akers, 2000: 115). 알코올은 범죄행동과 밀접한 관련이 있으며, 알코올이 범죄행동에 직접적인 영향을 주기보다는 알코올의 영향으로 인해 낮아진 자기통제력이 매개되어 범죄행동을 초래하는 것으로 알려져 있다. 예를 들어, 성범죄자의 재범에 안정적으로 영향을 주는 위험 요인 중 하나는 자기통제력인데, 알코올 섭취는 자기조절력을 결정하는 요인으로 작용하여 알코올에 의해 자기통제력이 낮아진 사람들은 범죄위험성이 높아지기 때문이다(김병배, 2023:21-23).

허쉬와 갓프레드슨은 그들의 이론이 일반 이론(general theory)이 될 수 있다고 한다. 이는 실증주의 범죄학과 고전주의 범죄학을 통합하고 있기 때문이며, 따라서 범죄 유형에 상관없이 모든 범죄를 설명할 수 있다고 주장한다. 먼저, 실증주의 범죄학의 속성으로는 모든 범죄는 무계획적 · 순간적 · 우연적으로 발생하며 개인적 특성이 원인인데, 바로 자기통제력이 범죄의 위험 요인이다. 한편, 고전 범죄학적 속성으로는 고전 범죄학에서 주장하는 모든 범죄는 이익(재산, 쾌락, 재미, 스릴 등)을 위해 범죄인 스스로 결정하는 선택적 행위라는 가정처럼 자기통제 이론은 범죄위기 상황에서 범죄행위는 결국 개인의 선택행위라고 설명한다. 이처럼 범죄를 초래하는 원인적 요인(자기통제력)과 범죄행동을 개인의 선택적 행위로 접근하는 두 가지 차원이 결합되어 있으므로 자기통제 이론을 실증주의와 고전 범죄학을 아우르는 이론이라고 주장한다.

② 자기통제력의 형성과정

자기통제력은 어떻게 형성되는가? 허쉬와 갓프레드슨에 따르면 자아통제력은 어릴 때의 가정교육에 의해 형성되며, 한번 형성되면 개인의 안정된 성향이 되어 행동에 지속적으로 영향을 주게 된다. 어려서부터 아이가 원하는 대로 다 해 준다든지, 사달라는 대로 다 사 줄 경우 아이들은 자신의 욕구를 통제할 수 있는 능력을 상실하게 된다. 또한 아이들의 무계획적인 생활습관, 복잡한 일은 회피하고 단순하고 재미있는 일만을 추구하는 것 등을 방치할 경우 아이들은 인내심과 참을성이 없게 되고 자제력을 잃게 된다.

이처럼 낮은 자기통제력의 근원은 가정에서의 잘못된 자녀양육에 있다고 본다(Akers, 2000: 115). 즉, 가정환경과 부모의 역할이 자기통제력 형성에 중요한 요인이라는 것이다. 자녀에 대해 애정을 가지며 철저하게 관리하고, 자녀가 통제력이 부족할 때는 이를 즉각 인지하여 잘못된 부분에 대해 통제하는 부모는 자녀를 자기통제력을 지닌 사람으로 사회화시킬 수 있다. 이는 자기통제력의 형성에서 가족에 의한 양육환경의 중요성을 강조한 것이다.

자기통제 이론은 개인의 인격적 특성에 주목하지만 자기통제력이 범죄를 촉발하는 경로 과정을 들여다보면 환경적 요인의 중요성도 지적하고 있다. 어린 시절 가정에서의 초기 사회화에 의해 형성된 낮은 자기통제력은 나쁜 환경과 만나게 될 때 범죄에 대한 위험 요인으로 작용하지만, 좋은 환경에서는 상쇄된다고 설명한다(Akers, 2000: 117).

③ 자기통제력의 특성

자기통제력의 속성은 어떠한가? 자기통제력의 구성 요소는 다음과 같다. 첫째, 순간만족 욕구를 지연할 수 있는 능력의 여부이다. 이는 자신의 충동욕구를 통제할 수 있는지, 아니면 현재의 만족보다는 미래의 목표에 관심을 두는지를 말한다(충동성). 둘째, 단순한 작업을 선호하고 복잡하고 생각을 요하는 일은 회피하는지의 여부이다(단순성). 셋째, 재미있는 일을 지나치게 선호하고 모험을 좋아하며 스릴을 추구하는지의 여부이다(위험한 행동의 선호). 넷째, 정신적인 일보다 육체적인 일을 선호하는지의 여부이다(신체적 활동의 선호). 다섯째, 모든 일에 자기 중심적인지의 여부이다(자기중심성). 여섯째, 쉽게 화를 내는지, 좌절을 인내하고 극복할 수 있는 능력이 있는지의 여부이다(폭발적 성격).

이러한 특성을 가진 자기통제력은 비행(범죄) 행동을 결정하는 데 작용한다. 자기통제력이 낮은 사람은 범죄가 제공하는 즉각적이고 근시적인 이익을 바라보고 충동적이어서 무분별한 행동을 하기가 쉬운 반면, 자기통제력이 높은 사람은 범죄나 다른 유사한 행위가 장기적으로 큰 손해를 초래한다는 것을 인지하기 때문에 범죄의 유혹으로부터 자신을 지킬 수 있다. 이 이론에 따르면 일탈적 행동(학교공부를 소홀히 하거나, 학교에서의 폭력 행위 등)을 하는 청소년들은 자신의 장래를 내다보고 행동하기보다는 직면한 상황에 근시적으로 대응한다. 자기통제력이 낮은 사람은 범죄행동의 결과에 대해 장기적인 안목에서 보지 못하고 눈앞의 상황에만 집중하기 때문에 범죄의 유인에 대해 통제력이 약하다. 이는 범죄가 주는 단기적·즉각적인 이익만을 보는 대신 범죄에 따르는 고통이나 장기적인 손해는 고려하지 못하기 때문이다.

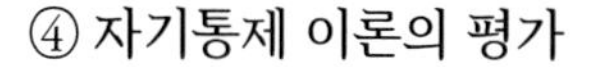

④ 자기통제 이론의 평가

자기통제 이론은 범죄자의 인격적 특성을 잘 반영하고 있는데, 특히 상당수의 폭력범죄자와 충동적 성향이 강한 청소년의 행동을 설명하는 데 설득력이 있다. 그러나 범죄 발생의 기회구조에 대한 설명력이 부족하다는 비판적 평가도 존재한다. 이는 범죄 발생 기회가 사람에 따라 다르기 때문이다. 자기통제 이론이 설명하는 범위에서는 사람들이 범죄 기회에 노출되지 않는다면 자기통제력의 역할은 무의미하다. 따라서 이 이론은 범죄 기회에 노출될 가능성이 적은 중산층에게 적용하는 것은 한계가 있다. 또한 범죄행동의 속성과 낮은 자기통제력의 속성은 동일하다는 지적도 있는데, 이는 동일한 속성의 두 개념을 인과관계로 설명하는 것은 모순이라는 의미이다.

4) 심리학적 접근과 사회복지실천

범죄행동에 관한 심리학적 접근이 사회복지실천에 기여한 점은 다음과 같다.

첫째, 심리적 문제를 가진 범죄인을 이해할 수 있는 틀을 제공함으로써 범죄학 이론에 대한 새로운 시각을 제공했다. 심리학적 접근을 통해 범죄자의 성격 발달에 관한 체계적인 이론이 정립될 수 있었다.

둘째, 범죄자의 성격 및 심리적 특성에 대한 인식력을 갖게 해 주었다. 심리학 이론들이 주목하는 것은 개별 범죄자의 심리적 특성이다. 특히 청소년비행에 대한 사회적 반응은 사회환경적 요인을 강조하고 있는 반면에 개인의 인격적 특성을 소홀히 하는 경향이 있는데, 성격 이론들은 개별 청소년에 대해서도 주목할 필요가 있음을 인식시키고 있다. 이는 실천적인 면에서 사회복지사가 개별 클라이언트의 문제에 대해 분석하여 상담 및 실천에 적용할 수 있도록 함으로써 개별상담이 실천의 중요한 방법으로 자리 잡게 하는 데 기여했다.

셋째, 범죄행동에 대해 과정 중심적인 이해가 가능하도록 했다. 범죄자의 성장환경, 친밀한 사람과의 관계, 가족생활, 범행동기 등과 같은 개별적 특성을 이해하고 특히 심리적 문제를 가진 범죄인에 대한 이해의 틀을 제공했다. 개별 범죄인의 문제행동을 이해할 수 있는 준거가 됨으로써 클라이언트를 비롯하여 관련된 사람들에 대해 개입할 수 있는 사회복지실천의 근거가 되고 있다.

넷째, 성격 형성과정에 대한 이해를 제공함으로써 성격을 변화시키기 위한 치료 및 개입방법을 안내한다. 정신분석 이론을 비롯하여 정신 및 인격적 특성에 관한 심리학 이론들은 범죄는 개인의 내적인 심리적 특성의 영향을 받는다고 본다. 심각한 유형의 정신장애에서부터 누구나 가지고 있는 성격 특성까지 심리적 영역은 광범위하다. 또한 심리적 요인과 범죄행동과의 직접적인 인과관계를 주장하는 이론 혹은 범죄자의 심리적 특성과 환경과의 상호작용을 강조하는 이론들은 범죄에 영향을 주는 부정적인 심리가 어떻게 형성되는지에 관한 설명을 제공한다.

다섯째, 성격 변화를 위한 실천 프로그램의 근거가 된다. 심리적 문제가 성장과정에서의 경험, 가정환경과 관련성이 있음을 가정하기 때문에 아동복지, 청소년복지, 가족복지 등을 통한 범죄의 예방적 접근에 대한 인식력을 갖게 해 준다. 아울러 범죄행동과 관련된 인격적 특성(낮은 자아존중감, 낮은 자기통제력)에 관한 이론들은 변화가능성이 큰 아동이나 청소년에 대한 사회복지실천 프로그램에 적용하기에 적절한 이론들이다.

심리학 이론에 대한 비판은 심리학적 접근이 기본적으로 장래에 그 사람이 범죄를 행할 위험성의 예측과 진단을 전제로 하고 있어 과연 위험성을 정확하게 정의할 수 있느냐 하는 점이다(이윤호, 2007: 260). 아울러 극히 소수에 해당하는 심각한 유형의 정신질환자, 혹은 특이한 성격 소유자에 의한 범죄행위에만 적용될 수 있다고 지적받는다. 또한 특정한 심리적 특성은 과거의 사회적 경험에 의해 형성되었고 이러한 심리적 특성이 범죄행동에 영향을 미친다고 보지만 범죄행동과 관련된 심리적 특성에 비중을 두고 설명하기 때문에 환경의 영향력을 소홀히 하는 경향이 있다는 점도 한계로 지적받는다.

사례로 이해하는 범죄: 반사회적 성격장애

▶ 사례 1

P 군의 부모는 요즘 아들(20대 중반)을 피해 집을 나와 친척집에 머물고 있다. P 군이 부모를 죽이겠다고 벼르고 있기 때문이다. P 군은 어려서 부산하고 장난기 많은 개구쟁이였으나 똘똘했다. 사업을 하는 아버지와 연예인인 어머니는 늘 바쁘고 불규칙적인 생활을 했으며 부부 사이가 좋지 않아 자주 다투었다.

P 군은 중학교에 진학하고 나서 부모에게 거짓말을 하거나 돈을 달라고 요구하는 경우가 많았고, 친구들과 싸움을 해서 부모가 학교에 불려 가는 일이 종종 있었다. 이런 경우에 부모는 아들을 심하게 야단치곤했으나 청소년기에 있을 수 있는 일이라고 생각했다. 그러나 고등학교에 진학한 후로 P 군은 성적이 최하위권으로 떨어졌고, 무단결석을 자주 했으며, 불량학생 모임의 주요 멤버로서 학생들을 괴롭히는 일이 자주 있어 부모는 학교에 불려 다니며 피해학생의 부모에게 사죄하는 일이 자주 있었다. 부

모는 P 군을 때리고 달래는 등 온갖 방법을 써 보았으나 소용이 없었으며, 반복되는 무단결석과 폭력으로 인해 결국에는 2학년 말에 퇴학을 당하고 말았다.

퇴학을 당한 후 P 군은 부모에게 자주 용돈을 요구했으며 부모가 이에 응하지 않으면 집에 있는 전자제품이나 귀중품을 무단으로 가지고 나가 팔아 쓰곤 했다. P 군은 며칠씩 집에 들어오지 않는 경우가 자주 있었고 친구들과 어울리며 유흥비로 많은 돈을 쓰고 있었다. 또한 자신에게 유산으로 줄 돈을 미리 달라고 하고 부모를 위협하며 돈을 빼앗아 가다시피 했다. 뿐만 아니라 폭행사건으로 2번이나 구속되어 부모가 피해자에게 배상해 주고 합의하여 P 군을 풀려 나게 하곤 했다.

참다못한 부모는 친척들과 상의하게 되었고, P 군을 변화시키려면 불량한 친구들과 격리시키고 당분간 정신병원에 입원시키는 것이 최선이라는 결론에 도달했다. 서울 근교의 친척 집에 함께 가자며 P 군을 속여 정신병원으로 데려가 강제로 입원시켰다. P 군은 퇴원을 요구했으나 부모에 의해 묵살되었다. 이후 2달 동안 모범적인 병원생활을 하고 있다는 소식을 전해 들은 P 군의 부모는 기뻐했다. 그러나 정신병원에서 퇴원하자마자 자신을 정신병 환자로 몰아 강제로 입원시켰다며 P 군은 부모에게 칼을 들이대면서 죽이겠다고 협박했다. 부모는 살기를 띠고 덤벼드는 P 군에게 싹싹 빌었으며, P 군이 대신 일주일 내에 돈 1억 원을 주면 살려 주겠다고 하여 부모는 어쩔 수 없이 약속을 했다. 약속한 날짜가 다가오고 있는 요즘 P 군의 부모는 불안 속에 떨고 있다(출처: 권석만, 2003: 316).

▶ 사례 2

중학교 2학년생인 A 군의 부모는 요즘 걱정이 많다. 초등학교 때에도 부산하고 과격한 행동을 나타내던 A 군이 중학교에 들어간 이후 성적이 매우 부진할 뿐만 아니라 또래학생을 심하게 때리는 일이 자주 발생했기 때문이다. 최근에는 저학년 학생을 때리고 돈을 빼앗는 일이 발생하여 A 군의 부모는 학교에 불려가 사죄를 해야 했다. A 군은 수업시간에 매우 산만하고 옆자리 학생들을 괴롭혀 수업 진행에 지장을 주고 결석과 지각을 자주 한다고 한다. 매일 아침 A 군을 제시간에 학교에 보냈던 부모는 이 말을 듣고 매우 놀랐으며, 집으로 돌아와 A 군을 다그쳐 물은 결과 학교 근처를 배회하거나 오락실에서 시간을 보냈다고 한다. 이런 A 군에게 부모는 매질을 가했고 다시는 그런 행동(친구 때리기, 돈 뺏기, 결석하기)을 하지 않겠다는 다짐을 받곤 했으나 전혀 개선되지 않았다. 요즘에도 A 군은 부모에게 거짓말을 자주하고 몰래 돈을 훔쳐 가는 일이 빈번하다(출처: 권석만, 2003: 523).

▶ 생각해 보기

앞서 제시된 사례들은 어린 시설의 주의력결핍 과잉행동장애가 청소년기에 품행장애로 발전하는 양상이다. 아동기의 바람직하지 않은 성격이 진행되는 것을 차단하기 위해 생애의 각 단계별로 아동복지, 청소년복지를 비롯한 사회복지 실천방법은 무엇인지 토론해 보자.

 4. 사회환경적 접근

학습개요

범죄의 원인에 대해 사회환경적 요인을 중심으로 설명하는 이론들은 현대 범죄학 이론의 주류를 차지하고 있다. 비중을 두는 요인에 따라 이론이 구분되며 범죄행동의 발생과정도 다르게 설명된다. 이 절에서는 범죄 원인을 사회학적 관점에서 접근한 사회해체 이론, 긴장 이론, 차별기회 이론, 비행하위문화 이론, 차별접촉 이론, 차별강화 이론, 사회유대 이론, 낙인 이론, 사회자본 이론, 회복탄력성 이론을 검토한다. 각각의 이론별로 이론의 형성 및 개요, 주요 내용, 사회복지실천의 적용에 대해 다룬다.

범죄를 사회문제로 접근하는 근거 중의 하나는 발생 원인의 사회성이다. 범죄자를 둘러싼 사회환경적 요인들이 범죄행동을 초래했다고 보는 이유는 범죄인의 다수가 취약한 집단인 것과도 관련된다. 이는 사회복지가 범죄문제에 주목해야 하는 이유이다.

사회학적 개념을 범죄학에 적용한 뒤르켐(Emile Durkheim, 1858~1917)은 일탈과 범죄를 사회현상으로 이해시킴으로써 현대 범죄학의 새로운 길을 열었다. 뒤르켐이 『사회분업론(The Division of Labor in Society)』에서 자살이나 범죄와 같은 일탈의 발생 원인을 사회구조적인 데에서 찾은 것은 기존의 생물학적 혹은 심리학적 결정론에 대한 도전이었다. 그리고 이는 범죄를 개인적 수준이 아닌 사회적 수준으로 이해하도록 하는 토대가 되었다.[5] 그는 범죄를 어느 사회에나 존재할 수밖에 없는 정상적 사회현상으로 보았고, 사회변화에 의해 초래된 아노미 상태에서 범죄는 증가한다고 했다.

5) 뒤르켐(Durkheim)에 앞서 범죄 원인에 사회학적 개념을 도입한 선구자로 벨기에의 수학자 케틀레(Adolphe Quetelet, 1796~1874)를 들 수 있다. 그는 연령과 성별, 계절, 날씨, 인구 구성, 빈곤, 교육 수준이 범죄성과 관련된다는 증거를 제시했다. 구체적으로 계절적으로는 여름에, 지역적으로는 남부 지역에서, 인구 구성으로는 이질적인 곳에서, 가난하고 교육 수준이 낮은 층에서 범죄율이 높다고 보고했다. 이는 범죄인들의 특성이 사회적 요인과 관련되어 있다는 증거이다(Siegel, 2020: 220).

1) 사회해체 이론

(1) 이론 개요

범죄의 원인을 범죄자를 둘러싼 사회적 환경에 초점을 둔 이론의 시작은 1920년대 미국 시카고 학파의 사회생태학 연구이다. 범죄의 원인을 범죄자의 개인적 속성에서 찾았던 기존의 범죄학 이론과 달리 사회해체 이론은 범죄가 사회환경적 특성과 관련된다고 보았다. 이 이론은 파크(Robert Park), 버제스(Earnest Burgess) 등을 비롯하여 시카고 대학을 중심으로 발전한 도시사회학자들의 이론이다. 시카고는 빈곤과 통제 부재로 어려움을 겪는 지역이 있는데 반해, 어떤 지역은 부(富)가 자연스럽게 형성되는 지역(자연지역, natural areas)도 있다. 이러한 차이는 거주민의 인종, 종교, 민족성과 무관하게 지역의 사회적 · 생태적 환경에 의해 형성된다는 것을 발견했다(Siegel, 2020: 221).

도시생태학은 사회해체 이론(Social Disorganization Theory)의 토대가 된다. 버제스의 도시생태학은 시카고 지역을 방사형으로 구분하여 지리적 위치와 지역사회 특성과의 관계를 설명하고 있다. 쇼와 멕케이(Shaw & Mckay)의 사회해체 이론은 도시 성장을 5개의 동심원 지역으로 파악한 버제스의 도시생태학의 원리에 입각하여 도시구조에서의 지리적 위치와 범죄율과의 관련성을 밝힌다(이윤호, 2007: 266). 사회적 해체(socially disorganized) 지역에서는 사회제도에 의한 공식적 통제가 기능할 수 없고 범죄로부터 주민들을 보호하는 데 필요한 사회적 유대가 존재하지 않는다. 따라서 이러한 지역에서의 높은 범죄율은 거주민인 범죄자 개인의 특성이 아니라 지역의 사회생태학적 조건이 서로 연결되기 때문이므로, 범죄는 개인적 병리가 아니라 지역적 요인과 같은 환경적 특성과 관련된다고 보았다(Siegel, 2020: 221).

(2) 주요 내용

① 사회해체 이론의 발전

시카고 학파의 쇼(Clifford R. Shaw)와 멕케이(Henry D. McKay)는 사회해체 이론을 발전시켰다. 그들은 1920년대 시카고의 급격한 도시화에 따른 인구 증가와 인구의 이질적 특성에 주목한다. 시카고를 동심원으로 구분한 버제스의 도시생태학 원리를 적용하여 지역별로 부유하거나 빈곤한 지역이 있으며, 특히 전이 지역(transitional neighborhoods)은 인구의 높은 유동성과 인구구성의 이질성에도 불구하고 높은 범죄율을 유지하고 있음을 발견하고, 도시환경 및 도시의 생태학적 특성이 범죄 및 일탈과 관련된다고 주장한다. 전이 지역은 동심원

지대에서 도시 외곽으로 나가는 지대 사이에 끼인 지역으로서 범죄 발생이 집중되고 있었는데, 이 지역에서는 인구구성의 지속적 변화, 전통적 문화의 붕괴, 이질적 문화구성, 도시화 · 산업화에 따라 사회조직이 와해되는 특성을 가졌다(Siegel, 2020: 231-232).

쇼와 멕케이는 개인의 비정상적인 특성이 아니라 환경적 요인들이 범죄의 근원적 원인이라고 보았다. 범죄는 지역주민의 인구 구성과 무관하게 존재하는 빈곤 지역의 일정한 속성이며, 이러한 지역은 공동체가 와해되어 공식적 · 비공식적 사회통제력이 효력을 발휘하지 못하는 소위 지역사회가 해체된 지역이다(Siegel, 2020: 232). 범죄가 환경적인 요인과 관련되어 있다는 것을 인식시켜 준 사회해체 이론의 주된 내용은 다음과 같다.

첫째, 도시의 지역적 특성에 따라 범죄율은 달라진다. 범죄(비행)란 범죄행위자 개인의 특성이 아니라 도시의 환경적 요인과 관련되는데, 전이 지역(transitional zone)에서의 높은 범죄율이 증거이다.

둘째, 도시화가 초래한 도시문제는 특정 지역에 범죄 발생이 집중하는 것으로 나타나며, 이는 그 지역사회가 해체되어 사회 통제가 부재하기 때문이다. 전이 지역은 물리적 파손, 열악한 주거환경, 결손가정, 높은 출산, 불안전하고 이질적인 인구구성, 낮은 소득과 교육 수준, 불안정한 직업 등과 같이 사회경제적으로 낮은 수준의 사람들이 거주하는 지역으로서 다른 지역에 비하여 범죄, 약물중독, 매춘, 정신병 발생률이 항상 높다. 이러한 지역에서는 사회조직이 와해(사회해체)되어 사회통합과 결속력이 약화되어 주민들을 공식적 · 비공식적으로 통제할 수 없게 한다. 통제가 없으면 범죄가 발생한다.

셋째, 지역사회의 해체가 범죄로 연결되는 메커니즘은 비인습적 역할 모형(unconventional role modeling)의 형성과 관련이 있다. 사회해체 지역에서는 사회통합과 결속력이 부족하기 때문에 비인습적 역할 모형(하위문화, 법 위반 문화)이 형성되는 것을 막지 못한다. 하위문화에서는 인습적 사회에서 수용되지 않는 불량배, 사기꾼, 절도 등과 같은 형태의 불법적 행위와 바람직하지 않는 역할 모형이 형성된다. 인습적인 가치 기준이 약화됨으로써 범죄와 같은 일탈적 행동의 징후가 묵인되고 나아가 삶의 일부로 받아들여진다. 이러한 비인습적 역할 모형은 그 지역사회의 문화가 되어 개인적 · 집단적 접촉을 통하여 이전됨으로써 범죄행동은 확산된다.

사회해체 이론에서 설명하는 범죄의 경로과정은 [그림 5-2]와 같다. 산업화 · 도시화에 따라 형성된 지역사회는 사회통합과 결속력이 부족하며(해체된 지역사회), 이러한 지역사회에서는 주민들을 통제할 수 있는 사회통제력이 약화 또는 부재(사회통제 약화)하기 때문에 지역사회 내에서 법을 위반하는 역할 모형(비인습적 역할 모형)이 형성되는 것을 막지 못함으

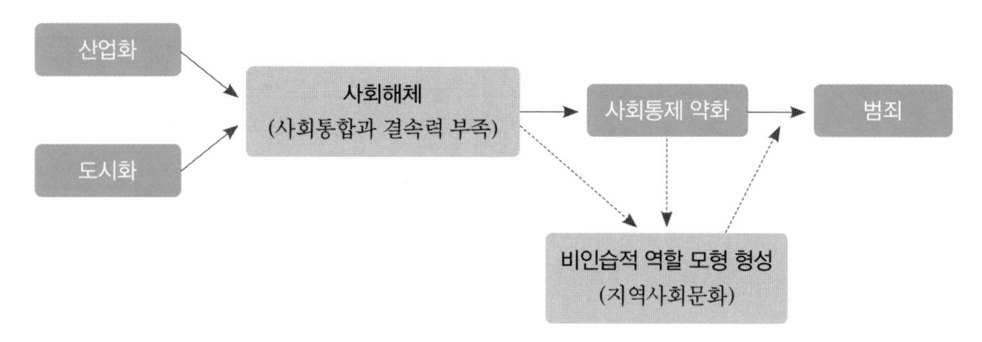

[그림 5-2] 사회해체 이론의 범죄 경로과정

로써(지역사회 문화로 정착) 범죄가 발생한다.

사회해체 이론은 범죄 원인의 환경적 특성을 주목하는 현대 실증주의 범죄학에 큰 영향을 미쳤다. 범죄인과 범죄 행동에 대한 새로운 관점을 제공함으로써 관련 학문과 범죄정책에 대한 의미가 크다. 그럼에도 불구하고 이론의 한계로 도시화 및 산업화가 완성된 현대사회에서 적용가능성이 제한적이라는 점이 있다. 또한 연구방법에서 지역별 범죄 발생률과 같은 공식 통계에 지나치게 의존하고 있다는 점도 있다. 나아가 범죄율이 높은 지역에 거주하면서도 범죄를 저지르지 않는 사람들의 행동에 대한 설명이 부족하다는 점도 지적받는다.

② 유사 이론: 깨진 창 이론

깨진 창 이론(Broken Window Theory)은 범죄를 지역사회의 무질서에 의해 초래된 결과라고 본다는 점에서 사회해체 이론과 유사하다. 1980년대에 발표한 윌슨과 켈링(James Q. Wilson & George Kelling)의 이론이다. 무질서는 거주자들에게 두려움을 조성함으로써 사회통제를 행사하기 위한 공동체의 능력, 즉 사회적 통제를 약화시키고 이러한 과정이 순환하면서 무질서가 범죄의 원인이 되고 범죄가 더 악화된 무질서의 원인의 되는 순환이 이루어진다. 예를 들어, 물리적으로 파손된 지역에서는 누군가가 창문을 깨거나 쓰레기를 방치하여도 수리하거나 정리하지 않으며, 이렇게 깨진 창으로 대표되는 공동체의 해체는 일탈이나 무질서한 행동이 묵인되는 곳이라는 메시지를 주게 됨으로써 또 다른 범죄를 끌어당기는 자석의 역할을 한다는 것이다(Siegel, 2020: 233).

지역사회의 특성과 범죄행동 간의 관계를 설명한 윌슨과 켈링의 이론에서 범죄는 지역사회 수준의 개입과 전략에 의해 통제될 수 있다는 것을 시사한다. 실제로 1980년대 이후 미국에서 지역사회 수준의 범죄예방활동과 낙후된 지역에 대한 공식적 통제를 강화하는 범죄통제정책의 이론적 근거로 활용되었다. 대표적으로 지역사회 경찰활동(Community-Oriented Policing: COP)은 시민들로부터 신뢰를 얻고 지역사회가 범죄로부터 안전하다는 느낌을 강화시키게 된다. 이는 시민들이 경찰과 협력하여 범죄를 사전에 예방하기 위한 목적인데, 질병에서의 예방의학과 같은 원리이다(Siegel, 2020: 262).

(3) 사회복지실천의 적용

사회해체 이론에서 범죄행동의 원인은 범죄인이 거주하고 있는 지역사회의 특성과 관련된다. 이러한 관점에 입각할 때 범죄문제에 대응하는 사회복지실천은 주로 빈곤층이 거주하는 열악한 지역사회를 일차적인 개입 대상으로 삼는다. 지역사회에 대한 환경개선활동, 지역주민들의 공동체 복원과 연대성 조성을 목표로 개입하며, 이때 지역사회 조직화는 적절한 실천전략이다. 지역사회 조직화는 지역사회 주민들의 집단적·협동적 노력과 개인 및 지역사회의 역량을 강화할 수 있도록 지역사회 조직을 만드는 과정이다. 이를 통해 범죄예방 사업들을 주민 주도, 주민자치 중심으로 운용한다. 지자체와 지역사회복지기관 및 관련 기관들과의 협력 그리고 주민 자원봉사 인력들을 동원하는 일의 중심에 사회복지사가 위치한다.

2) 긴장 이론

(1) 이론 개요

긴장 이론(strain theory)은 사회해체 이론과 함께 범죄 원인에 대한 대표적인 사회구조 이론이다. 이 이론은 범죄행동의 원인을 빈곤계층을 양산하는 사회의 구조적 특성에서 찾고 있다. 사회해체 이론이 지역사회 수준에서 접근한 데 비해, 긴장 이론은 보다 큰 거시적 수준의 사회구조에 관심을 갖는다. 대표적으로 머튼(Robert Merton)의 아노미 이론(anomie theory)은 어떤 사람들이 범죄행위를 하는지를 사회구조의 측면에서 분석했다.

긴장 이론에 따르면, 사회가 구조적으로 가지고 있는 한계인 경제적 문제나 지위의 불평등은 절대적 빈곤 혹은 상대적 빈곤자를 낳는다. 사회의 구조적 특성으로 소외된 일부 사람들은 문화적으로 공유된 목표와 그것을 획득하기 위해 합법적으로 사용할 수 있는 수단 사이의 괴리로 인해 발생하는 긴장에 대한 대응방식으로 범죄행위를 하게 된다. 하위계층은 현존하는 합법적인 수단(기회구조)에서 배제되어 있기 때문에 목표를 달성하기 어려운 상황에서 좌절 및 분노하게 되는데, 이것을 긴장(strain)이라고 한다. 긴장에 대한 대응방식 중 하나가 범죄이다.

(2) 주요 내용

① 머튼의 아노미 이론

머튼의 아노미 이론의 배경에는 뒤르켐의 아노미(anomie, 무규범 상태) 개념에 뿌리를 두고 있다. 뒤르켐에 따르면 산업화 이전 사회(기계적 연대사회)에서 후기 산업사회(유기적 연대사회)로 변화하면서 기존의 규범과 가치가 붕괴하여 무규범과 무질서 상태인 아노미가 초래되었다. 무규범 상태인 아노미는 급격한 사회변동의 산물이며, 그 결과 사회적 통제를 약화시켜 일탈이 증가한다고 설명한다(Siegel, 2020: 220-221).

머튼은 무규범 또는 사회적 규율의 부재라는 아노미의 수정된 개념을 미국에 적용하여 일탈행위를 설명한다. 머튼 이론의 기본적 가정은 다음과 같다. 첫째, 사회성원들이 달성하고자 하는 문화적 목표는 그들의 문화에 설정되어 있어서 사회성원들은 동일한 문화적 목표를 가지며 이는 사회화 과정을 통해 형성된다. 둘째, 제도화(합법적, 인습적)된 수단은 목표를 획득하기 위한 방법이지만 사회구조적으로 계층에 따라 차등적이어서 기회구조에서 배제된 계층이 발생한다. 이에 따라 특정 계층에게는 문화적 목표와 수단 간에 괴리가 존재한다.

머튼의 이론에서 아노미 현상은 문화적인 목표(가치)와 합법적인 수단이 불일치하는 사회적 불통합 상태를 의미한다. 머튼은 사회체계 내에서 문화적으로 정의된 목표(cultural goal)와 그 목표를 성취할 수 있는 수단(institutionalized means) 간의 불일치를 아노미로 규정한다. 동일한 문화적 목표와 차등적으로 분배된 기회구조로 인한 목표 및 수단 간의 간극(사회적 불통합)이 바로 아노미 상황이며, 이러한 상황은 분노와 좌절이라는 긴장을 초래함으로써 범죄의 원인이 된다(이윤호, 2007: 271-272).

머튼은 아노미 상태를 의미하는 '사회적 불통합'의 전형적인 예로 미국 사회를 분석했다. 그는 미국 사회를 모든 계층이 문화적 목표인 경제적 성공을 추구하지만, 이를 성취할 수 있는 합법적인 수단인 교육, 직업 등과 같은 기회나 조건은 균등하지 않은 사회라고 보았다. 교육 수준이 낮고 경제적 자원이 취약한 사람들은 합법적 수단에 대한 접근이 막혀 있을 때 소위 사회적 불통합의 상태(아노미 상태)에서 긴장하게 되고, 이에 대응하여 목표 달성을 위한 대안적 수단으로 범죄(절도, 폭력, 사기, 횡령 등) 혹은 일탈적 해법을 모색하게 된다. 한편, 경쟁과 성공은 공적 권위에 의해 인정되고, 학교의 교육 목표로 설정되며, 언론에서도 성공신화를 홍보한다. 나아가 승인된 수단이 아니더라도 목표를 성취하는 것이 더 중요하다는 압박을 주기도 한다. 성공에 대한 지나친 강조 때문에 수단의 정당성을 간과하는 경향이 생겨 불법적인 방법이라도 그것이 성공(문화적 목표)을 가져다주는 방법이면 선택하게 된다.

② 긴장에 대한 반응 형태

머튼은 아노미 상태로 인해 발생한 긴장에 대한 반응 유형을 제시했는데, 이는 〈표 5-1〉과 같다(이윤호, 2007: 272-274). 여기서는 첫 번째 유형인 순응형을 제외한 나머지 네 가지(혁신, 의례, 도피, 반항)는 모두 일탈적 형태의 반응이며, 특히 혁신은 전형적인 범죄자의 반응 유형에 해당한다.

표 5-1 목표와 수단에 따른 반응 형태

문화적 목표	합법적 수단	반응 형태
+	+	① 순응: 아노미 겪지 않음, 중산층 이상
+	−	② 혁신: 부정행위, 사기, 도박, 절도, 각종 거리범죄자들
−	+	③ 의례: 동기부여가 되지 않은 사람, 꿈이 낮은 사람
−	−	④ 도피(은둔형): 정신질환, 중독자
±	±	⑤ 반항: 혁명가, 사회운동가

• **순응형**

문화적 목표와 합법적 수단이 통합될 때 개인들은 순응이라는 행위 양상을 보인다. 순응(conformity)은 문화적 목표와 수단이 일치할 때이며, 범죄와 무관한 중산층 이상이 이에 해당한다.

• **혁신형**

문화적 목표와 수단이 불일치할 때 일탈적으로 대응하는 방식으로 혁신, 의례, 도피, 반항이 있다. 이 중 혁신(innovation)에 해당하는 유형은 범죄자의 전형적인 형태이다. 아노미 상태에 처한 개인은 사회적 · 심리적 긴장 상태에 놓이게 되며, 이러한 긴장 상태에서 벗어나기 위하여 개인들은 다양한 적응활동을 시도한다. 혁신 유형은 관습적(conventional) 또는 합법적 기회를 통하여 성공할 수 없기 때문에 사기, 도박, 절도, 폭력 등과 같은 비합법적 수단을 통해 문화적 목표를 성취하고자 한다.

• **의례형**

의례형(ritualism)은 성공할 수 있는 수단은 가지고 있지만 사회에서 널리 받아들여지고 있는 문화적 목표를 거부하는 형태로, 능력과 기회가 있음에도 문화적 목표를 달성하는 것을

포기하고 일상에 머물러 있는 경우이다. 이들은 범죄행위의 동기(욕구)가 되는 목표 달성을 포기했기 때문에 범죄행위를 가장 적게 한다.

• **도피형**

도피형(retreatism)은 사회의 목표와 수단 모두를 거부한다. 문화적으로 승인된 목표와 사회적으로 받아들여질 수 있는 수단을 모두 부정하여 스트레스에 적응하는 유형으로서, 머튼은 이들을 "사회 안에 있지만 사회적인 사람이 아니다."라고 말했다(Siegel, 2020: 242). 정신질환자, 알코올 · 마약 중독자, 노숙자 등이 있으며, 이들은 합법적 · 불법적 수단 모두를 사용할 수 없는 사람들이다.

• **반항형**

반항형(rebellion)은 문화적 목표와 수단을 대안적인 목표와 수단으로 대체하는 사람들을 이른다. 새로운 목표와 수단을 주장하는 이들은 기존의 목표와 수단을 모두 거부하면서 새로운 목표와 수단을 추구하며, 사회구조의 급격한 변화나 대안적인 생활양식이나 신념을 추구한다(Siegel, 2020: 242). 정치적 성격을 띤 사회운동가, 시민운동가, 정치범 등이 이에 해당한다.

머튼의 아노미 이론에서 설명하는 범죄 및 일탈행위의 경로과정은 [그림 5-3]과 같다.

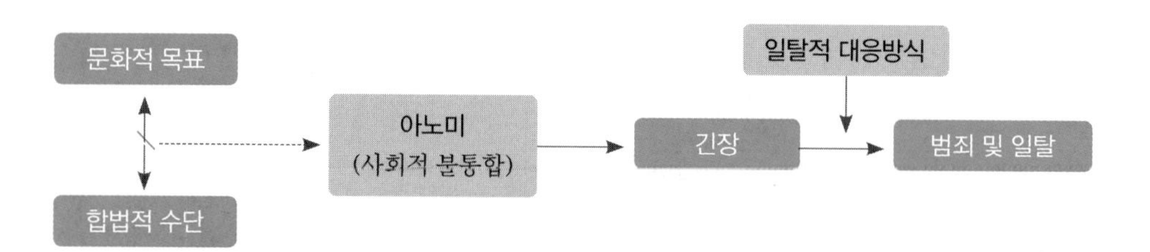

[그림 5-3] 아노미 이론의 범죄 경로과정

③ 아노미 이론의 평가

긴장 이론은 범죄행동이 개인의 특성에 기인하는 것이 아니라 불공평한 사회구조의 특성에 있다고 본다. 이와 같은 접근은 소외된 계층의 높은 범죄율을 이해하는 데 유용하며, 범죄 원인에 관한 사회구조의 한계를 인식시키는 데 기여했다. 또한 범죄와 관련된 사회적 조건을 제시함으로써 현대 사회에서 범죄를 감소시키고 통제하기 위한 정책에 지대한 영향을 미쳤다. 대표적으로 1960년대 미국의 존슨, 캐네디 대통령 시절에 진행된 범죄통제정책의 기조는 '빈곤과의 전쟁(war on poverty)'이었다.[6] 이 정책은 빈곤문제의 해결을 통해 범죄문제가 해결될 수 있다고 보았다. 또한 형 집행 단계에서 교육과 직업훈련을 포함한 다양한 교화 프로그램을 제공한 것은 출소 후 합법적 기회를 갖게 함으로써 재범 예방을 도모한 정책이다. 이러한 정책들은 범인성의 출발을 사회구조의 특성에서 본 아노미 이론에 영향을 받은 것이다(이윤호, 2007: 292).

또한 개인들의 좌절과 좌절로 인한 상대적 박탈감을 범죄의 원인으로 제시했다는 점에서도 범죄행동을 이해하는 지평을 넓혔다(Siegel, 2020: 242). 좌절로 인한 긴장이나 상대적 박탈감은 개인적 문제가 아닌 사회구조적 문제에서 비롯된다는 이해도 제공했다.

머튼의 이론에 대한 비판은 두 가지로 요약할 수 있다. 첫째, 사회적으로 공유된 문화적 목표에 대한 가정은 지나치게 단순하다는 점인데, 특정 사회 내에서도 다양한 문화적 목표가 존재하고 사람에 따라 중요시하는 가치가 다를 수 있기 때문이다. 둘째, 대부분의 사람은 아노미 조건에서도 이에 순응하며 살아가는데, 동일한 상황에서 왜 일부만 범죄자가 되는지에 관한 설명이 충분하지 못하다.

(3) 사회복지실천의 적용

긴장 이론은 범죄를 사회의 구조적 한계에서 초래된 사회문제로 이해한다. 사회구조의 한계가 범죄 원인이며 따라서 불평등한 기회구조에서 소외된 취약계층은 사회복지실천 대상자가 된다. 긴장 이론의 관점에서 접근할 때 사회복지는 사회적 목표(경제적 안정, 취업 등)를 달성할 수 있도록 기회구조에서 소외되어 있는 취약계층을 지원해야 한다. 보다 근본적인 실천방법은 사회의 구조적 한계가 보완될 수 있도록 취약계층에 대한 사회보장제도를 강화하는 것이다. 사회보장제도는 취약계층의 범죄를 사전에 예방하는 데 일정 부분 기여할 수 있다.

---

6) 존슨 대통령 시절의 법무부 장관이었던 램지 클라크(Ramsey Clark)는 "가난이 범죄의 원인"이라 말했다. "가난은 지나치게 인색한 생활보호자금이나 엉성한 사회복지사업에 기인한다. 그러므로 복지사업을 강화하고 보호자금을 증대시키면 가난이 사라지고 이어서 범죄도 사라질 것이다. 슬럼, 인종차별, 가난, 실업, 나태, 무지와 폭력, 부패와 무능함 등이 개개인의 인간성 말살에 영향을 미친다. 그리고 이것들은 얼마든지 통제가 가능하다."라고 말함으로써 범죄자는 가난의 피해자이고, 범죄는 가난이 낳은 것에 불과하다는 견해를 표현했다(Colson, 2002).

문화매체로 이해하는 범죄

▶ 관련 사례: 소설 『위대한 개츠비』(스콧 피츠제랄드 저, 1925)

이 소설은 미국 사회의 물신주의적 세태를 묘사하고 있다. 서부의 가난한 노동자 출신인 개츠비는 폭력업계와 손잡고 밀주 유통을 통해 부를 축적하고 신분세탁을 하여 상류사회에서 화려하게 산다. 성공에 대한 문화적 목표는 강하지만 이를 달성할 수 있는 합법적 수단이 결여된 상태에서 부정한 방법으로 목표를 달성해 가는 개츠비의 삶의 형태는 머튼의 아노미 이론에서 제시된 '혁신'에 가깝다. 이러한 삶의 과정을 지탱시킨 중심축은 돈과 신분 상승이다. 자신이 평생을 통해 얻고자 했던 여인(데이지)에 대한 마음은 진정한 사랑이라기보다는 상류사회에 속한 데이지를 통해 자신이 상류사회의 성원임을 인정받고 싶은 마음도 작용하는 것으로 보인다. 사랑을 얻고자 부자가 되려고 했다기보다는 부와 계급 상승을 달성한 모습으로 데이지와의 사랑을 원한 것이라는 해석도 있다.

▶ 생각해 보기

- 마이클 샌델(Michael Sandel)은 그의 책 『공정하다는 착각(The Tyranny of Merit)』(2020)에서 미국 사회는 목표를 성취할 수 있는 기회가 누구에게나 열려 있으나 계층에 따라 조건이 평등하지 못한 사회이기 때문에 기회가 보장되었다고 해서 공정한 사회로 보기 어렵다고 지적한다. 머튼의 이론에서 '수단'은 샌델이 언급한 '기회'와 '조건'의 개념을 포괄하는 의미로 볼 수 있다.
- 소설의 주인공인 개츠비와 같은 방식으로 달성한 성공에 대해 사회적으로 수용될 수 있다고 생각하는가?
- 취약계층 사람들이 성공에 대한 사회의 일반적 기준을 달성하기 어려운 이유는 무엇이라고 생각하는가? 사회구조의 특성을 중심으로 토론해 보자.

3) 차별기회 이론

(1) 이론 개요

차별기회 이론(differential opportunity theory)은 또 다른 유형의 긴장 이론이다. 클로워드와 올린(Richard Cloward & Lloyd Ohlin)은 문화적 목표와 이를 성취하는 수단의 차별적 기회(differential opportunity)를 합법적 수단뿐 아니라 비합법적 수단까지 포함하여 설명한다. 따라서 차별기회 이론은 기본적으로 머튼의 아노미 이론과 깊은 관련이 있다. 머튼은 목표를 달성하는 수단의 기회구조에 관해 합법적 수단에만 한정했고 비합법적 수단에 관해서는 설명하지 않은데 비해, 차별기회 이론에서는 합법적 수단에 대한 접근의 차단이나 제한이 어떻게 비합법적 수단으로 연결되는지에 관한 설명도 제공한다. 머튼의 아노미 이론에서는 문화적 목표와 합법적 수단과의 괴리에서 발생하는 긴장에 대한 대응방법으로 범죄를 한다고 보는 데 비해, 차별기회 이론에서는 합법적 수단을 가지지 못했다고 해도 비합적인 수단에의 접근가능성이 주어지느냐에 따라 적응하는 유형(행동 유형)이 달라진다고 본다. 한편, 차별기회 이론은 쇼와 맥케이의 사회해체 이론을 적용하여 합법적 수단이 없는 해체된 지역의 사람들은 지역사회의 하위문화에 의해 범죄를 학습할 기회를 가지게 된다고 본다.

(2) 주요 내용

차별기회 이론에 따르면, 문화적 목표를 수용하고 있지만 합법적 수단이 없다는 것 자체는 자동적으로 범죄행동으로 연결되는 것은 아니며 불법적 기회구조에 관련되어 있는가에 의해 범죄행동의 여부가 결정된다고 본다. 결국 범죄의 선택은 합법적 기회구조뿐만 아니라 불법적 기회구조 모두에 대한 접근 가능성에 의해 결정된다고 본다. 예를 들어, 하위계층 청소년들의 비행은 합법적 기회구조로부터의 배제에서 야기되지만 불법행위에 대한 기회에 영향을 미치는 지역사회의 특성에 따라 달라진다(이윤호, 2007: 282). 구체적으로 청소년이 속한 지역사회가 어떤 유형의 하위문화를 형성하고 있느냐에 따라 비합법적 수단에 대한 접근가능성이 달라지며 이에 따라 비행 여부도 달라지게 된다.

하위문화란 합법적 수단을 가지지 못한 사람들의 사회 적응 유형이며, 지역 특성에 따라 하위문화의 유형도 다르고, 이에 의해 범죄행위의 여부도 달라진다(이윤호, 2007: 282-283).

① 범죄적 하위문화

범죄적 하위문화(criminal subculture)는 주로 공격적인 범죄를 저지르는 조직화된 갱(gang)에게서 발견되는 특징이다. 범죄적 하위문화는 해체된 지역사회의 특성인데, 이 문화에서는 성공적인 범죄자가 공공연하게 활약하는 비인습적인 역할 모형이 형성됨으로써 이를 통해 비합법적 수단을 접하게 된다. 합법적 수단의 부재에 대해 대안적 수단인 비합법적 수단을 사용하는 이들의 적응 양식은 혁신으로, 절도, 공갈, 사기, 폭력범죄 등 불법적 행동을 하는 사람들의 전형적인 모습이다.

② 갈등적 하위문화

갈등적 하위문화(conflict subculture)는 난폭함과 싸울 수 있는 능력에 의해서 지위가 인정되는 폭력적 갱들에게서 발견된다. 이런 하위문화는 사회적으로 해체된 지역에서 합법적인 기회를 대체할 불법적 기회마저 매우 제한된 경우에 발견된다. 이러한 지역사회의 청소년들은 경제적 성공을 얻기 위해서 합법적인 또는 불법적인 기술 가운데 어느 하나도 발달시키지 못하고 그 어느 쪽에서도 지위를 얻는 방법을 배우지 못하며, 오직 폭력성을 일종의 지위와 원하는 바를 달성하는 수단으로 이용한다. 이들의 적응 양식은 공격이다.

③ 은둔적 하위문화

은둔적 하위문화(retreatist subculture)는 합법적이거나 비합법적인 수단이 모두 없으며, 폭력에 대한 용인도 없는 문화로서 주로 마약, 음주 등과 같은 일상적 쾌락에 몰입해 있는 문화이다. 인습적인 방법은 물론이고 비인습적인 방법으로도 성공할 수 없다. 통상적인 목표와 수단뿐만 아니라 불법적인 목표와 수단도 모두 포기한다. 클로워드와 올린은 이들을 "이중의 실패자"라 부른다. 이중의 실패자는 학교에서나 직장에서도 성공할 전망이 없고, 깡패나 싸움꾼도 되지 못하고, 마약과 알코올에 젖어 또 다른 은둔의 세계에 안주하는 사람들로서, 이들의 적응 양식은 은둔이다.

〈표 5-2〉는 목표와 수단이 불일치한 상황에서 어떤 하위문화를 접하느냐에 따라 달라지는 적응 유형이다. 또한 클로워드와 올린이 차별기회 이론에서 설명하는 범죄행위에 관한 경로는 [그림 5-4]와 같다.

표 5-2 하위문화 유형별 목표와 수단 간의 불일치에 관한 대응 양식

하위문화 유형	사회적 목표	합법적 수단	비합법적 수단	폭력에 대한 용인	적응 유형
범죄적 하위문화	+	−	+	+	혁신
갈등적 하위문화	+	−	−	+(예)	공격
은둔적 하위문화	−	−	−	−(아니요)	은둔

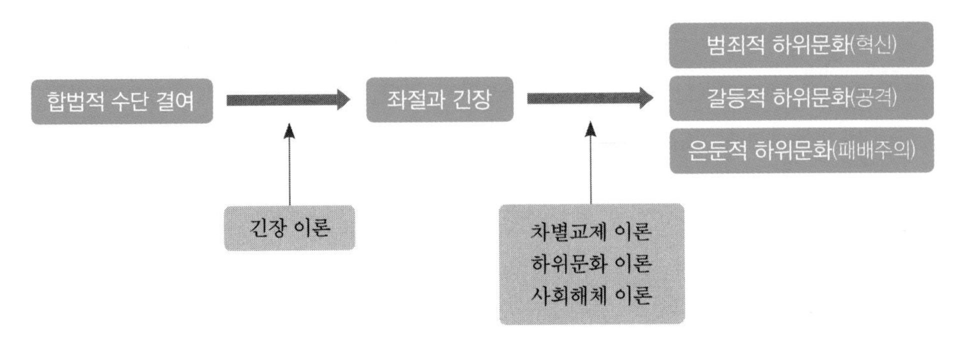

[그림 5-4] 차별기회 이론의 범죄경로

(3) 사회복지실천의 적용

차별기회 이론은 범죄의 근본적인 원인을 불평등한 기회구조를 가진 사회구조에 있다고 보는 점에서 머튼의 아노미 이론과 출발점이 동일하다. 그런데 차별기회 이론은 합법적인 기회구조에서 소외된 사람들이 비합법적 기회구조로 노출되는 과정까지 추가한다. 이에 입각할 때 사회복지실천은 기회구조에서 소외된 취약계층들에 대해 사회적 수준에서는 사회보장제도를 강화하고, 지역사회 수준에서는 취약계층에 대한 지원을 위해 개입한다. 아울러 합법적 기회에서 배제된 사람들을 비합법적 기회구조로 연결시키는 범죄적 하위문화를 막을 수 있도록 지역사회 개선활동도 필요한데, 이는 사회해체 이론에서 논의한 실천방법을 적용한다.

4) 비행하위문화 이론

(1) 이론 개요

하위문화(subculture)는 주 문화와 구별되는 독특한 가치체계, 신념, 전통을 가진 문화를 이른다. 주 문화와 구별되는 특징을 갖지만 대부분의 경우에 주 문화와 반목하지 않지만 일부 하위문화는 주 문화에 순응하지 않고 사회 규범에 저항하기도 하는데, 대표적인 것이 갱(gang) 문화이다.

청소년들의 일탈과 비행을 하위문화로 설명한 코헨(Albert Cohen)은 그의 책 『비행청소년(Delinquent Boys)』(1955)에서 하위계층 청소년들의 비행은 미국 중산층의 규범과 가치에 대한 반항의 표현이라고 주장했다. 코헨에 의하면 하위계층 청소년들은 그들이 처한 사회적 조건 때문에 정당한 방법으로는 성공할 수 없는 상황에서 지위 좌절(status frustration)을 경

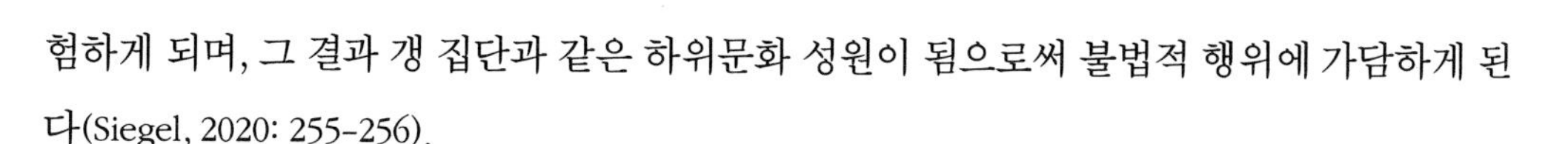
험하게 되며, 그 결과 갱 집단과 같은 하위문화 성원이 됨으로써 불법적 행위에 가담하게 된다(Siegel, 2020: 255-256).

하위계층의 청소년들은 중산층 기준의 측량잣대가 적용되어 성공적인 지위가 설정되는 사회적 기준을 달성하기 어렵고, 이로 인해 지위 좌절이라는 긴장을 가지게 된다는 점에서 머튼의 아노미 이론을 청소년의 비행하위문화(Subculture Theory)에 적용한다(Siegel, 2020: 256). 머튼은 물질적인 성공을 얻지 못하는 것에서 긴장이 생긴다고 보았으나 코헨은 통상적인 사회에서 지위를 얻지 못하거나 수용되지 못하는 것을 긴장의 원천으로 보았다.(Siegel, 2020: 255-257). 아울러 코헨은 비행청소년들의 하위문화가 어떻게 형성되었는가에 관한 설명을 제공하고 있다.

(2) 주요 내용

하위문화 이론은 왜 하위문화와 접촉하게 되는지에 대해 주 문화에서 얻지 못하는 지위의 박탈과 좌절로 인해 발생하는 긴장 때문으로 본다. 코헨은 청소년들이 하위문화를 형성하도록 만드는 긴장은 기존 사회에서 안정된 지위를 획득하지 못할 것에 대한 불안감 때문으로 보았다. 사회에서 청소년에게 요구되는 좋은 태도와 품행, 우수한 학업 성취, 학교활동의 적극적 참여 등과 같은 것들은 중산층의 청소년들에게 가능한 것으로서 중산층 청소년들은 이것을 성취함으로써 인정받고 지위를 획득할 수 있는데, 이러한 기준을 충족시킬 수 있는 조건들(부모의 후원, 충분한 자원 등)이 가능하기 때문이다.

그러나 하위계층의 청소년들은 이러한 기준을 만족시키기에는 조건이 갖추어져 있지 않은 경우가 많다. 그 결과 '모범적 학생' '장래가 촉망되는 청소년' 등과 같은 지위를 얻지 못하는 소위 지위 박탈(status deprivation)을 당하고, 지위 좌절(status frustration)을 경험한다. 주류사회에서 지위 좌절을 경험한 청소년들은 그에 대한 반동으로 비행하위문화(delinquent subculture)를 형성하여 폭력행위를 하는 경향이 있다(Akers, 2000: 145-146). 하위문화에서는 사회에서 청소년들에 통상적으로 요구하는 인습적인 기준과 달리 폭력, 공격적 행동 등과 같은 부정적인 행동에 의해 지위를 얻을 수 있거나 동료들에게 인정을 받는다(Akers, 2000: 146).

코헨은 지위 좌절에 대한 청소년의 대응 유형을 코너 청소년, 칼리지 청소년, 비행 청소년으로 구분했다(Siegel, 2020: 256-257). 먼저, 코너 청소년(corner boy)은 가벼운 일탈이나 비행을 하면서 하위계층 집단의 친구들과 어울리며 위안의 세계로 도피하고 큰 꿈을 포기하며 살아가는 유형이다. 지위 좌절을 경험한 대부분의 청소년이 이에 속한다. 칼리지 청소년(college boy)은 중산층의 문화적 · 사회적 가치를 기꺼이 받아들이고 그 기준에 순응해

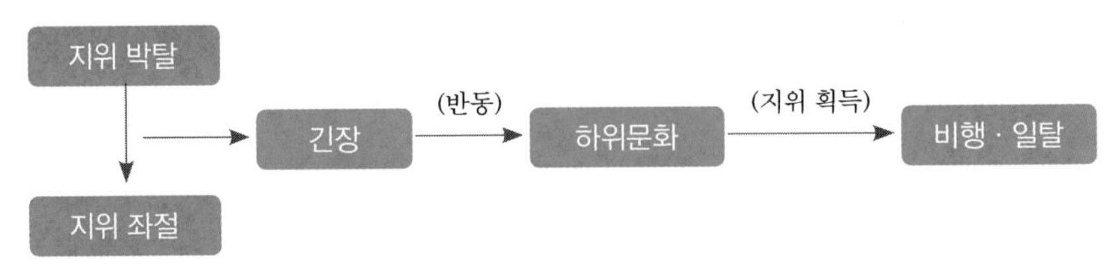

[그림 5-5] 비행하위문화 이론의 비행경로

서 성공하려고 노력하는 형태로서 그 중 일부는 목표한 바를 달성하기도 한다. 비행청소년(delinquent boy)은 중산층의 가치와 반대되는 규범과 원칙을 가진 하위문화를 형성하거나 그 성원이 되는 유형이다. 이들의 불법적 행동은 지위 박탈과 지위 좌절로 인해 발생한 긴장에 대한 반동이다. 코헨이 지위 좌절을 경험한 하위계층 청소년을 세 가지 유형으로 분류함으로써 대다수의 청소년이 왜 범죄자가 되지 않는지에 관해 이해를 제공한다. 비행하위문화에서 설명하는 청소년비행의 경로과정은 [그림 5-5]와 같다.

(3) 사회복지실천의 적용

하위문화 이론은 청소년비행의 원인에 대한 현실적인 이해를 제공하고 있다. 비행의 출발점이 되는 지위 박탈이 발생하게 되는 배경, 지위 박탈로 인한 지위 좌절과 이에 대한 반동으로 형성되는 하위문화, 하위문화 집단에서 집단성원 간의 교제와 학습을 통해 비행행동에 이르게 되는 경로의 전 과정을 설명한다. 하위문화 이론에 입각할 때 사회복지실천 대상자는 하위계층 청소년이다. 사회복지사는 하위계층 청소년들이 지위 박탈 및 좌절을 경험하게 되는 배경에 주목해서 개입방법을 계획한다. 통상의 기준에 부합할 수 있도록 부족한 조건을 보완할 수 있도록 지원한다. 이와 함께 통상의 기준과는 다르지만 자신의 강점과 능력을 성장시키는 데 목표를 두고 실천방법을 모색한다. 청소년을 대상으로 하는 실천인 만큼 청소년복지 및 아동복지, 학교사회복지, 청소년 관련 기관과 지역사회복지관 등 지역사회 여러 기관의 협력이 중요하다.

5) 차별접촉 이론

(1) 이론 개요

서덜랜드(Edwin H. Sutherland)의 차별접촉 이론(differential association theory)은 사회학습 이론에 뿌리를 두고 있다. 사회학습 이론에서 범죄행동은 범죄와 관련된 가치 및 행동을 학습

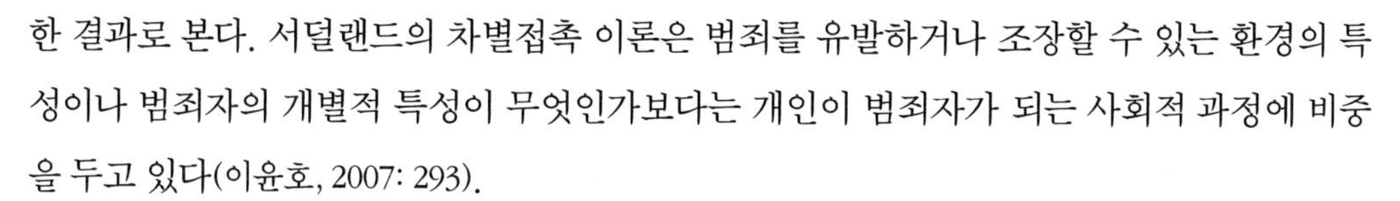

한 결과로 본다. 서덜랜드의 차별접촉 이론은 범죄를 유발하거나 조장할 수 있는 환경의 특성이나 범죄자의 개별적 특성이 무엇인가보다는 개인이 범죄자가 되는 사회적 과정에 비중을 두고 있다(이윤호, 2007: 293).

서덜랜드는 범죄 및 비행에 관한 사회학적 일반 이론을 발전시킨 20세기의 중요한 범죄학자로 인정받고 있다(Akers, 2000: 81). 법을 준수하는 사람과는 다른 차별적인 접촉을 범죄행위의 인과과정으로 설명했다. 우리에게 널리 알려진 고사성어 '근주자적(近朱者赤) 근묵자흑(近墨者黑)'의 의미는 범죄는 범죄행위를 배울 수 있는 사람과의 차별적 접촉에 의해 발생한다고 보는 서덜랜드의 주장과 유사하다.

(2) 주요 내용

차별접촉 이론은 누구와 교제하느냐가 그 사람의 행동을 결정한다는 입장이다. 사람의 행동은 인지적 · 행동적 · 환경적 요인 간의 상호작용에 의한다는 반두라(Albert Bandura)의 사회학습 이론을 범죄행동을 설명하는 데 적용했다. 범죄행동은 교제하는 사람으로부터 학습된 것이라고 본다. 학습과정은 상징적 상호작용을 통하여 이루어지며, 학습의 내용은 범죄수법, 범죄동기, 합리화, 태도 등이다.

서덜랜드는 차별접촉의 원리를 1947년에 출간한 범죄학 교재에 9개의 이론적 명제로 다음과 같이 제시했다(Akers, 2000: 82).

- 범죄는 학습된다.
- 범죄행위는 의사소통을 통한 상호작용으로 학습된다.
- 학습은 친밀한 집단에 의해 이루어진다. 학습과정은 개인이 교제하는 친밀한 일차집단과의 상호작용을 통하여 이루어진다.
- 학습의 내용은 범죄기술 및 수법, 범죄의 구체적인 동기나 욕구, 범죄행동에 대한 합리화, 태도 등을 포함한다.
- 범죄행위에 대한 구체적인 동기나 욕구는 법을 우호적 혹은 비우호적으로 정의하는 것에 달려 있는데, 다시 말해 불법적인 행동에 대해 호의적인 정의를 하는 사람들과 접촉함으로써 학습한 결과이다.
- 불법행위에 대해 호의적인 정의가 비호의적 정의보다 클 때 범죄행위를 저지르게 된다. 법 위반에 대해 호의적인 생각을 가질 때 범죄자가 된다. 이는 범죄에 호의적인 정의를 가진 사람, 집단, 사건과 더 자주 접촉했기 때문이다(Siegel, 2020: 282).

- 차별적 접촉 양상은 빈도(frequency), 지속성(duration), 우선성(priority), 강도(intensity)의 측면에서 다양하다. 단순히 범죄적 혹은 비범죄적인 사람들과의 접촉 여부에 따라 행동이 결정되는 것이 아니라 접촉의 양상에 따라 다양한 결과가 나온다. 예를 들어, 법 준수 정의보다 법 위반 정의에 우선성을 두고, 그들과 자주(빈도) 만나며, 그 접촉이 오랫동안(지속성) 유지되고, 강한 관계(강도)를 갖고 있다면 그 사람은 법을 위반할 가능성이 높게 된다.
- 차별적 접촉에 의한 범죄행위의 학습과정은 범죄 외의 다른 학습과정에 포함된 모든 기제를 포함한다.
- 범죄행위가 일반적 욕구와 가치의 표출이라고 하더라도 범죄가 아닌 행위들도 같은 욕구와 가치의 표현이기 때문에 그것 자체가 범죄의 원인이라고 볼 수 없다. 그러한 동기는 때로는 긍정적인 결과를 위한 행동으로 이어지기도 하기 때문이다. 일반적인 욕구와 가치가 범죄행동을 초래하는 것은 범죄에 대한 호의적인 정의에 더 많이 접촉함으로써 이를 학습했기 때문이다.

차별접촉 이론은 일부 하위계층의 반사회적 행동에 국한되지 않고 계층과 무관하게 학습에 의한 범죄행동을 설명할 수 있다는 평가를 받는다. 또한 범죄 유형과 무관하게 적용될 수 있는 일반 이론으로서 위치를 점하고 있다. 한계로 지적되고 있는 점은 차별적 접촉과정에 대한 설명이 부족하다는 것인데, 첫째, 차별적 접촉을 통해 어떻게 학습되는지에 관한 내용이 불충분하다. 이러한 한계는 범죄학의 사회학습 이론이라고 불리는 에이커스(Akers)의 차별강화 이론을 통해 보완된다. 둘째, 접촉 결과에 대한 반응이 사람마다 다를 수 있다는 점을 간과하고 있다. 범죄에 호의적인 정의를 하는 사람과 접촉했다고 할지라도 개인적 반응에는 차별성이 있어서 사람에 따라 학습하지 않을 수도 있다. 셋째, 차별교제와 범죄행동과의 인과관계의 순서, 즉 원인과 결과의 전도에 관한 의문이다. 범죄적 사람과의 접촉이 범죄의 원인이라기보다는 자신의 범죄가 그러한 종류의 사람들과 접촉하게 되는 원인일 수 있다는 지적이다. '한 무리로 모인 새는 깃털을 바꾼다'가 아니라 '깃털이 같은 새가 한 무리로 모인다'는 경우에 해당한다(Akers, 2000: 93). 어떤 사람은 범죄적인 사람으로부터 배워서 자신도 범죄를 저지를 수 있지만, 이와는 반대로 이미 비행이나 범죄를 저지른 사람이 자신과 유사한 동료를 만나기도 한다(유유상종, 類類相從). 이는 범죄적 태도의 내면화가 범죄행동에 선행한다기보다는 범죄의 결과로 범죄적 태도가 내면화될 수 있다는 것을 의미한다(Siegel, 2020: 284). 실제로 비행청소년 중에는 친구를 잘못 만나서 범죄에 가담했다기보다는 범죄적

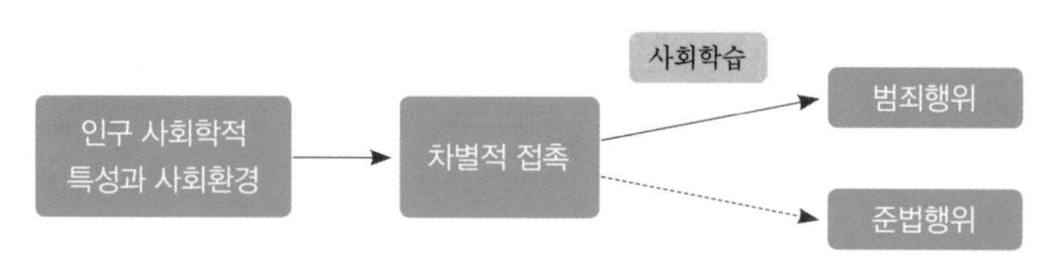

[그림 5-6] 차별접촉 이론의 범죄경로

소양을 가진 자신과 비슷한 친구들과 어울려서 함께 범죄를 저지른 경우가 많다.

차별접촉 이론에 입각한 범죄경로는 [그림 5-6]과 같다.

(3) 사회복지실천의 적용

차별접촉 이론에서 범죄행동은 학습되며, 특히 범죄성을 가진 사람과의 접촉을 통해 배운 가치관, 신념, 태도, 범행기술이 범죄행동을 초래하는 원인이라고 본다. 이러한 관점에서 접근을 할 때 사회복지사는 다양한 집단활동 프로그램을 설계해야 한다. 지역주민들에게 다양한 교제 기회를 제공하는 것은 적절하다. 지역사회복지관이 중심이 되어 주민들이 함께할 수 있는 프로그램들을 개발하고 운영하는 것을 예로 들 수 있으며, 지역사회보장계획에도 이러한 사업을 포함시킨다. 한편, 범죄인(비행청소년)에 대해서는 재사회화를 개입의 목표로 한다. 변화가능성이 큰 청소년이 우선 대상자가 될 것이며, 특히 비행 초기의 청소년에 대한 법교육 등은 유용하다. 청소년 관련 기관, 지역사회에 위치한 비행청소년 보호기관(비행예방센터 등) 그리고 학교와 연계하여 프로그램을 제공한다. 4차 산업혁명시대에는 집단활동을 통한 교제는 물리적 공간을 뛰어넘을 수 있고, 매체의 다양성도 확장된 만큼 실천과정에 이를 적극적으로 반영한다.

생각해 보기: 비행청소년 친구와 비행청소년 부모

▶ 사례

보호관찰소 교육에서 저자가 만났던 비행청소년들은 자신의 잘못된 행동의 원인을 친구를 잘못 만나서라고 말했다. 이들의 상당수가 나쁜 친구와 어울렸기 때문에 나쁜 짓을 하게 되었다고 말한다. 청소년기는 친구의 영향이 큰 시기인 것은 분명하다. 이와는 달리 비행청소년의 부모들은 자신이 아이를 잘못 키워서 자녀가 잘못된 것이라고 말하는데, 이는 대부분의 부모가 하는 자기반성이다.

▶ 생각해 보기

- 범죄자의 다수가 다른 사람들로부터 범죄자가 되는 법을 배웠기 때문에 범죄자가 된다는 데에 동의하는가? 자신은 착한데 나쁜 사람을 만났기 때문에 범죄를 하게 되었다고 말하는 것은 자신의 행동에 대한 책임회피이고 핑계라고 생각하는가?
- 비행을 저지른 청소년에 대해 부모가 전적으로 책임이 있다고 생각하는가? 정말로 부모는 자녀의 모든 행동에 대해 죄책감까지 가져야 하는가?

6) 차별강화 이론

(1) 이론 개요

차별강화 이론(differential reinforcement theory)은 차별접촉 개념과 사회학습 원리를 결합하여 범죄행동의 학습 기제를 설명한다. 차별강화 이론 혹은 차별적 접촉강화 이론(differential association-reinforcement theory)이라 불리는 버제스(Robert Burgess)와 에이커스(Ronald L. Akers)의 차별강화 이론은 "범죄는 학습된다."라는 명제에서 시작한다. 서덜랜드의 차별접촉 이론과 행동주의 심리학자인 스키너(Skinner)의 조작적 조건 형성에 따른 행동의 강화 혹은 소거의 원리를 결합했다. 그리고 반두라(Albert Bandura)의 사회학습 이론을 범죄학 영역에 적용하여 이론을 발전시켰다고 평가받는다(Siegel, 2020: 284)

버제스와 에이커스는(Burgess & Akers, 1966)는 반두라의 심리학에 근거한 학습 이론과 서덜랜드의 사회학에 근거한 차별교제 이론을 결합하여 범죄학에서의 사회학습 이론(차별적-강화 이론)을 만들었다. 사회학습 이론은 범죄행동도 다른 모든 일반 행동과 동일한 심리과정을 거쳐서 학습된다고 가정한다. 그리고 인간이 행동을 학습하는 다양한 방법으로 관찰학습과 모방에 대해 설명한다.

(2) 주요 내용

차별강화 이론을 구성하는 주요 개념은 다음과 같다(Akers, 2000: 86-89).

① 차별적 접촉

차별적 접촉(differential association)은 개인이 불법적 또는 준법적 행위에 호의적이거나 비호의적인 사람과 노출되는 과정을 이른다. 범죄자는 주로 범죄행위에 호의적인 태도를 가진 사람과 교제한다. 차별적 접촉에는 접촉하는 사람과의 행위적 상호작용 차원과 규범적 차원이 있다. 행위적 상호작용 차원은 특정 행위를 하는 사람과의 직접적인 접촉이나 상호작용뿐만 아니라 직접 관련이 적은 준거집단과의 동일시(identification)와 간접적인 접촉도 포함한다. 규범적 차원은 접촉을 통하여 상대방으로부터 학습하는 규범과 가치를 의미한다. 접촉은 1차집단인 가정과 친구가 가장 중요한 영향을 미치지만 이웃, 교회, 학교 교사와 같은 2차집단과 준거집단도 중요한 영향을 미친다. 서덜랜드의 차별교제 이론의 설명처럼 먼저 발생할수록, 오래 지속될수록, 자주 발생할수록, 행위자와 밀접한 관계를 가질수록 영향력이 크다.

② 정의

정의(definition)는 개인이 주어진 행위에 부여하는 의미나 태도를 말한다. 즉, 특정행동이 올바른 것인지, 선한 것인지, 바람직한 것인지, 정당한 것인지 여부를 규정하는 평가적 · 도덕적 태도, 합리화, 상황에 대한 규정 등을 포함한다. 보통 사람들은 범죄에 대해 비호의적으로 정의하는 반면, 범죄인들은 호의적으로 정의하기도 한다. 범죄에 대한 호의적 정의에는 정적인 정의와 중립화 정의가 있다. 범죄에 대한 정적인 정의나 중립화 정의를 강하게 가진 사람일수록 범죄 가능성이 커진다.

불법행위에 대한 정적인 정의(적극적 정의, positive definition)는 범죄행위가 도덕적으로 바람직하거나 전적으로 허용이 가능한 것으로 만드는 신념이나 태도이다.

중립화 정의(neutralizing definition)는 범죄를 정당화하거나 변명을 제공함으로써 범죄에 대해 호의적인 태도를 가지는 것이다. 위법행위를 저지를 때 스스로의 행위를 정당화하는 것을 중화기술이라고 한다. 범죄는 바람직하지는 않지만 상황에 따라, 용서할 수도 있고, 또는 그렇게 나쁜 일은 아니라는 식으로 합리화시킨다. 사이크스와 맛자(Sykes & Matza)는 범죄자가 되는 과정에 대해 태도, 가치, 기술 등을 학습한 결과이고, 특별히 범죄행위에 대해 중화(합리화, 정당화)시키는 기술(중화기술)은 학습의 작용이 크다고 본다. 주된 내용은 다음과 같다(오영근 외, 2013: 93-94).

중화기술은 범죄자가 스스로의 행위를 정당화하는 방법이다. 첫째, 원해서가 아니라 어쩔 수 없어서 할 수밖에 없었다는 '자기책임 부인'이다(예: 살기 위해서, 술 때문에, 자식 공부시키기 위해 등). 둘째, 피해자들은 나보다 더 잘 산다 등과 같이 '가해(손상)를 부인하는 것'이다(예: 피해자들은 이 정도로 상처를 입지 않는다. 그들의 재산은 보험에 가입되어 있어서 훔친 부분은 보상받을 것이다 등). 셋째, 피해자가 오히려 나쁘다고 생각하는 '피해자 부인'이다(예: 노출을 심하게 하여 나를 유혹했다. 나의 화를 부추겼다 등). 넷째, 그 누구도 죄에서 자유롭지 못할 것이라고 생각하는 '비난자에 대한 비난'이다(예: 나와 같은 상황이라면 그 사람도 범죄를 저질렀을 것이다 등). 다섯째, '고도의 충성심에 호소'하는 것(예: 국가를 위해, 사회정의를 위해, 친구 간의 의리 때문에 등) 등이 있다.

③ 강화

강화(reinforcement)는 특정행동의 결과로 나타난 보상과 처벌의 평가를 의미한다. 특정행위의 결과로서 보상의 취득(정적 보상)이나 처벌의 회피(부적 보상)가 주어질 때 그 특정행위는 강화된다. 반면에 행위의 결과로 혐오스러운 자극을 받거나(정적 처벌), 보상의 상실(부적 처벌)을 받게 될 때 그 행위는 약화 또는 소거된다.

이는 스키너의 행동주의 심리학의 원리이다. 스키너는 행동의 발생가능성은 결과에 의해 영향을 받는데(ABC 이론), A(Antecedents, 선행사건, 자극) → B(Behavior, 행동 또는 반응) → C(Consequents, 결과: 보상과 처벌이라는 선택적 작용, 조작적 조건화)의 과정을 거친다. 여기서 결과(C)는 다음 행동의 비율, 빈도, 형태를 결정한다고 본다. 보상에 의해 행동은 강화되고, 처벌에 의해 행동은 소거된다는 논리이다. 이를 범죄행동에 적용하면 범죄행위가 지속(강화)되거나 중단(소거)되는 것은 범죄행동에 대한 결과가 보상이냐, 처벌이냐에 의해 달라지게 된다. 다시 말해, 행위자가 주어진 시점에서 범죄 수행을 결정하는 것은 그 범죄행위와 관련된 과거, 현재 및 미래에 예상되는 보상과 처벌에 달려 있다. 범죄행위가 보상을 받는지, 아니면 처벌을 받는지에 따라서 범죄행위의 지속 여부가 결정된다. 가장 의미가 있는 보상과 처벌은 친구, 가족, 선생님 등과 같이 개인의 삶에 중요한 집단이 부여하는 것이다.

행동주의 이론에서 강화는 보상에 의한다. 강화는 정(+)적 강화와 부(−)적 강화로 나뉜다. 정적 강화는 원하는 것을 주는 것, 부적 강화는 싫어하는 것을 제거해 주는 것으로서 만약 자신이 범한 범죄행위가 보상을 받는다면 행동은 지속된다(강화). 행위자가 특정행위를 할 확률은 승인, 돈, 음식, 유쾌한 감정(칭찬)과 같은 정적 강화가 보상으로 작용할 때 커진다. 한편, 처벌은 행동에 대한 혐오스러운 결과로 행동의 빈도를 줄이거나 사라지게 하는 것이다(소거). 처벌의 유형은 정적 처벌과 부적 처벌로 나뉜다. 정적 처벌은 특정 행위에 부과되는 불유쾌하거나 고통스러운 결과이고, 부적 처벌은 보상이나 유쾌한 결과를 제거시키는 방법이다(나눔의집, 2022: 143-144).

행동주의에 뿌리를 두고 있는 반두라의 경우 인간 행동은 환경의 자극에 의해 발생한다고 보는 점에서 스키너와 유사하다. 그런데 여기에 인간의 행동에 대한 조절능력인 자기강

화(self-reinforcement)와 자기효능감(self-efficacy)의 개념을 추가한다(권중돈, 2021: 519)[7]. 무엇보다도 반두라는 관찰학습과 모방을 중심으로 학습의 기제에 관한 이해를 제공한다. 반두라는 인간은 타인의 행동을 관찰하고 모방해서 행동을 습득하며, 그 과정에서 자기강화와 자기효능감과 같은 인지의 개입도 행동에 작용한다고 본다.

④ 관찰학습과 모방

에이커스(Akers)는 학습의 기제(관찰학습, 모방)에 대한 반두라의 사회학습 이론을 적용한다. 먼저, '관찰학습'의 개념을 적용하면 사람은 행위모방을 통해서 폭력과 공격성을 학습한다. 주로 가족, 하위문화, 대중매체의 본보기(model) 행동이 사회적으로 전승된다. 관찰학습은 일정한 과정을 거쳐 진행되는데, 주의집중과정(주의 깊게 관찰하는 단계), 보존과정(머릿속의 기억장치에 저장하는 단계), 운동재생과정(관찰한 모델을 모방하기 위해 기억된 내용을 행동으로 전환하는 단계) 그리고 동기과정(자기강화과정, 행동의 결과에 의한 강화를 통해 이후 행동의 동기를 높여 주는 단계로서 이후 행동의 수행가능성을 결정하는 데 중요한 역할)으로 구분된다(나눔의집, 2022: 158-159). 실제로 범죄행동은 대중매체나 선행 범죄사례에 대한 관찰학습이 작용된 경우가 적지 않다.

한편, 모방(imitation)은 모델링(modeling)이라고도 하며 다른 사람의 행동을 관찰한 후에 그 행동을 학습하여 같은 행동 혹은 그와 비슷한 행동을 하는 것을 말한다. 다른 사람의 행동을 관찰한 후에 모방할 것인지의 여부는 본보기(model)가 되는 사람의 특성, 관찰된 행동이 가져오는 결과에 따라서 결정된다. 모델링은 관찰자와 모델이 유사하거나 관찰자보다 지위나 신분이 높을 때 모방하는 경향이 있다. 모방은 인지적 판단의 개입이 없이 따라하는 것을 의미한다.

차별강화 이론에 입각한 범죄경로는 [그림 5-7]과 같다.

7) 자기강화는 자신이 통제할 수 있는 보상 또는 처벌을 스스로에게 주는 것이다. 이는 자기행동을 스스로 개선 또는 유지하는 과정이다. 자기효능감은 자신이 특정한 행동을 성공적으로 수행할 수 있으며 긍정적인 결과를 도출할 수 있다는 믿음, 즉 특정 행동을 해낼 수 있다는 자신의 능력에 대한 믿음을 이른다(권중돈, 2021: 519).

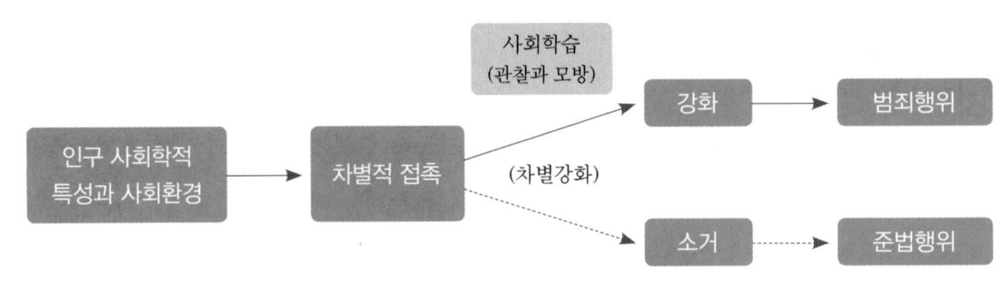

[그림 5-7] 차별강화 이론의 범죄경로

(3) 사회복지실천의 적용

문제행동의 수정을 목표로 하는 차별강화 이론은 범죄인의 문제행동에 적용하기에 유용하다. 이에 입각한 사회복지실천은 사회복지사의 적극적이고 주도적인 개입을 전제로 한다.

첫째, 문제행동(범죄적 가치관, 신념 등 포함)을 수정하고 바람직한 행동으로 만들어 가는 과정에 차별강화의 원리를 적용할 수 있다. 이때 사회복지사는 문제행동(범죄행동)을 소거시키기 위해 개입계획을 주도적으로 수립한다. 문제행동의 원인을 진단하고 개입의 목표설정 및 행동수정을 위한 개입의 전 과정에서 사회복지사는 행동수정 기법을 적용하는 전문가이며, 문제행동이 일어난 상황의 전후를 분석하고 행동의 변화를 도모하는 행동수정의 설계자가 된다.

둘째, 문제행동의 수정을 위한 실천기술로 모델링, 행동시연, 역할연습, 사회기술훈련(대인관계가 취약한 경우) 등과 같은 행동주의 이론의 일반적인 실천기술을 적용한다.

셋째, 반두라의 자기강화와 자기효능감의 개념에 입각할 때 손상 혹은 약화되어 있는 비행청소년 및 범죄인들의 자아존중감이나 자기효능감을 향상시키는 프로그램을 설계하는 방법도 적절하다.

〈표 5-3〉은 차별강화원리를 학교에서 친구들의 물건을 훔친 청소년의 문제행동교정에 적용한 예시이다.

표 5-3 비행청소년에 대한 행동주의적 접근

	정적	부적
강화 (행동의 증가)	정적 강화 • 긍정적 보상 • 행동의 강화 • 보상방법: 한 달 동안 절도하지 않는다는 조건(행동)에 대한 보상으로 용돈 인상, 원하는 물건 구매 허가, 핸드폰 사용 시간 연장 등	부적 강화 • 불쾌한 경험을 제거하는 부적 보상 • 행동의 강화 • 보상방법: 한 달 동안 절도하지 않는다는 조건(행동)에 대한 보상으로 전학조치 유보, 절도 사실 공개 유보, 교육과 봉사 시간 감면 등
처벌 (행동의 감소 또는 소거)	정적 처벌 • 행동에 대한 불쾌한 반응 • 행동의 감소 또는 소거 • 처벌방법: 절도행동 재발 시 전학 조치, 절도 사실 공개, 교육과 봉사시간 연장 등	부적 처벌 • 행동의 반응으로 유쾌한 것을 제거 • 행동의 감소 또는 소거 • 처벌방법: 절도행동 재발 시 용돈 감면, 상품 구매 제한, 핸드폰 빼앗기 등

7) 사회유대(통제) 이론

(1) 이론 개요

허쉬(Travis Hirschi)의 사회유대 이론(social bond theory, social control theory)은 사회통제 이론을 대표하는 이론이다. 사회통제 이론은 대부분의 사람이 법을 준수하는 이유에 주목한다. 인간은 끝없는 욕망의 존재이므로 법을 위반할 잠재성을 가지고 있음을 가정한다. 인간들의 이러한 속성에도 불구하고 범죄에 대한 유혹과 불법행위의 기회가 주어졌을 때 사회규칙을 준수하는 것은 사회통제, 즉 범죄행위에 대한 사회적 제재와 밀접히 관련된다고 본다. 사회통제 이론은 "일탈적 잠재력이 있는 대부분의 사람이 왜 사회규범을 준수하는가?"에 대한 질문에 답하고자 한다는 점에서 기존의 이론들이 무엇이 범죄를 야기하는지(범죄원인)를 규명하고자 하는 것과는 구별된다(이윤호, 2007: 311).

사람들이 법을 준수하도록, 다시 말해 범죄행동을 억제하는 것에 대해 고전 범죄학 및 합리적 선택 이론은 처벌에 대한 두려움 때문이라고 한다. 사회해체 이론이나 긴장 이론 및 차별기회 이론과 같은 사회구조 이론가들의 관점에서는 합법적 기회가 열려 있기 때문이라고 한다. 한편, 차별접촉이나 차별강화와 같은 사회학습 이론가들은 법을 준수하는 것을 사회화를 통해 학습한 결과라고 본다. 이에 비해 사회유대 이론에서는 사회와의 강한 유대는 통제를 가능하게 함으로써 범죄행위를 차단한다고 설명한다(Siegel, 2020: 291).

사회유대 이론은 사회통제 이론을 대표하는 이론으로 알려져 있지만 초기의 통제 이론에 토대를 두고 있다. 나이(Nye)는 그의 통제 이론에서 범죄를 억제하는 사회통제의 유형을 직접적 통제(direct control), 간접적 통제(indirect control), 내적 통제(internal control)로 분류했다. 그는 직접적 통제의 방법으로 공식적이고 법적인 통제에 대해서도 인정했지만 비공식적인 방법에 의한 직접적 통제와 간접적인 통제의 중요성을 강조했다(Akers, 2000: 104). 직접적 통제는 부모나 교사와 같은 가까운 사람들에 의해 이루어지는 감독이나 훈련을 의미한다. 간접적 통제는 자신의 범죄가 부모나 친밀한 사람에게 고통을 주기 때문에 자제하는 것이다. 내적 통제는 자신의 양심에 의해서 범죄를 억제하는 것이다. 예를 들어, 직접적 통제는 부모가 귀가 시간을 정해 놓고 외출을 금지하거나 계속 전화로 감독하는 것이고, 간접적 통제는 청소년이 자신의 나쁜 행동이 자신과 친밀한 사람(부모, 친구, 교사)을 실망시키고 아프게 할 것이라는 생각 때문에 자제하는 것으로서 애착과 같은 사회유대가 강할수록 간접통제는 강해진다. 한편, 내적 통제에서 범죄행동은 양심에 어긋나고 나쁜 짓이니까 하지 말자는 것으로서 관습적인 것에 대한 신념의 내면화 정도가 클수록 강해진다.

허쉬는 그의 저서 『비행의 원인(Causes of Delinquency)』(1969)에서 비행의 원인에 관해 여러 이론을 결합하여 설명한다(Hirschi, 1969). 허쉬의 과학적 연구방법은 당시로서는 획기적이었고 오늘날 범죄학 연구의 모델이 되고 있다. 1969년 허쉬는 캘리포니아주 콘트라 토스타 카운티의 중 · 고교생 4,000명을 대상으로 자기보고식 설문조사를 실시했고, 조사 결과로 사회유대 이론을 지지하는 상당한 증거가 발견되었는데 주된 내용은 다음과 같다(Siegel, 2020: 293). 먼저, 계층과 관계없이 부모와의 유대(의사소통 정도, 밀착도)가 강한 청소년들은 비행에 덜 참여하는 경향이 있고(애착의 영향력), 진학에 힘을 쓰고 사소한 규칙 위반을 멀리하는 등 관습적 목표에 관여하며 관습적 활동에 참여하게 된다(관여 및 참여). 이에 비해 경찰이나 법에 대한 동조 정도(신념)가 약하고 학습활동과 같은 관습적인 행위에의 참여 시간(참여)이 적은 학생들은 범죄의 경향이 있음을 보고함으로써 이론의 타당성을 경험적으로 검증했다.

(2) 주요 내용

사회유대(social bond)가 약화되면 누구라도 범죄행위에 가담할 수 있다고 보는 허쉬의 사회유대 이론은 "범죄는 개인의 사회유대가 약하거나 깨졌을 때 발생"한다고 본다. 유대를 구성하는 개념은 애착(attachment), 관여(commitment), 참여(involvement), 신념(belief) 네 가

지이다. 청소년의 경우 유대를 형성하는 중요한 관계는 개인에게 지대한 영향을 주는 1차집단으로서 부모, 학교 교사, 친구들, 기타 어른들이며 이들과의 유대가 강할수록 비행행동은 통제되고 반대로 이들과의 유대가 약할수록 법을 위반할 가능성은 커진다(Akers, 2000: 109). 유대를 구성하는 네 가지 요소는 상관관계가 높아서 상호 간에 영향을 주고받는다. 예를 들어, 1차적인 관계와의 친밀한 정도인 애착은 규범에 대한 순응(관여), 규범에 따른 활동에 참여(참여), 규범의 내면화(신념) 등에 영향을 준다.

① 애착

애착(attachment)은 다른 사람과 맺는 애정, 신뢰, 존경심을 포함한 감성과 관심을 의미하는 것으로서 부모, 교사, 동료와 같은 1차집단에 대한 감정적 결속을 나타낸다. 1차집단과의 결속이 강할수록 비행행동은 통제되는데, 청소년들은 행동을 하기 전에 자신의 행동에 대한 이들의 반응을 미리 고려하기 때문이다(이윤호, 2007: 317). 다만, 친구와의 관계는 비행친구가 아닌 관습적인 행동을 하는 유형의 친구들과의 결속력을 의미한다.

② 관여

관여(commitment, 수용, 전념)는 관습적인 생활방식과 관습적인 목표에 대한 열망을 의미한다. 관습적인 생활방식과 활동에 어느 정도 순응하느냐는 사회적 규범을 받아들이고 지키려는 개인의 의지를 나타낸다. 예를 들어, 적법한 교육 및 직업을 위한 투자는 관여를 형성하며 관여가 클수록 범죄행위로 인해 발생할 수 있는 상황을 위험하다고 생각하게 된다. 다른 사람들에게 애착을 가지지 못하는 사람들은 관습적인 사회행동에 관여할 가능성이 적은 반면, 관습적 활동에 강하게 관여할수록 그러한 노력과 투자를 위험에 빠뜨리게 할 수 있는 범죄와 같은 행동을 할 가능성은 낮아진다. 다시 말해, 관습적인 목표에 순응하는 행동에 쏟은 노력을 상실하는 비용 때문에 불법행위를 피하려고 한다는 점에서 범죄행동을 결정할 때 비용과 이익을 고려한다는 합리적 선택 이론의 논리와도 일정 부분 관련된다. 관여는 사회의 합법적인(관습적인) 목표에 대해 시간을 투자하도록 하는데, 예를 들어 교육적 목표의 성취에 대한 관여가 높은 사람은 대학 진학 등 교육 관련 활동에 열망을 가지고 있어서 흡연, 음주, 도박 등과 같은 비관습적인 활동을 피하게 된다.

③ 참여

참여(involvement)는 관여의 결과로서 실제로 관습적인 일에 참여하는 것을 의미한다. 얼마나 많은 시간을 관습적 활동에 보냈는가에 관한 것으로서 사회적 참여 수준이 높을수록 규범을 위반할 가능성은 줄어들어서 범죄행동에의 참여를 저지한다. 관습적 활동에 많이 참여할수록 불법적 행동을 할 가능성은 그만큼 줄어든다. 이런 면에 대해 허쉬는 학교, 건전한 여가 장소, 가정, 직장 등에서 많은 시간을 보내게 되면 범죄행위의 유혹으로부터 격리될 수 있다고 보았다(Siegel, 2020: 292). 어른들로부터 감독과 보호를 받는 사회활동이나 스포츠 활동, 교과 외 프로그램 등 관습적 활동에 참여하는 청소년들은 비관습적 여가활동이나 어른의 보호를 받지 않고 친구들끼리 형성한 여가활동에 참여하는 청소년들에 비하여 비행을 덜 저지른다는 결과를 보고한 다수의 연구는 허쉬가 주장한 비행에 대한 참여의 영향력을 지지하고 있다(Siegel, 2020: 294).

청소년 활동을 활성화하는 도시 공간의 활용은 '참여' 요인을 적용하는 방법이다. 예컨대, 청소년을 위한 쉼터, 체육시설, 편안한 문화 공간 등과 같은 건전한 놀이문화, 스포츠 활동을 위한 공간을 주택단지 혹은 지역사회에 확보하는 것은 청소년들이 사이버 공간에 갇히는 대신 실재 공간에서 관습적인 활동에 참여하도록 하는 방법이다(유병권, 2022: 55). 이런 측면에서 지역사회 수준의 도시계획 또한 사회유대 이론에 입각한 청소년 비행예방에 적용할 수 있다.

④ 신념

신념(belief)은 일반적이고 통상적인 가치와 규범에 대한 인정 그리고 이러한 것이 옳다는 것에 대한 믿음이다. 사회적으로 인정하는 가치에 대해 동의하고 이를 내면화하는 정도를 이른다. 신념은 사회규범이나 규율을 받아들이는 태도(믿음체계)로서 관습적 규범에 대한 내면화가 강할수록 규범을 위반할 가능성은 낮아진다. 신념이 강한 사람은 "법은 지켜야 한다. 학교에서 정한 학칙은 학생 신분에서는 순응해야 한다." 등과 같이 관습적인 규범에 대해 믿음을 가지는 데 반해, 신념이 낮은 사람들은 "문제가 있는 법은 지키지 않아도 된다. 내일을 위해 오늘을 희생하는 것은 어리석다." 등과 같이 생각한다. 신념이 약할수록 범죄행위의 위험성은 높아진다.

사회통제 이론의 틀 안에서 허쉬의 사회유대 이론과 나이의 통제 이론을 통합할 때 범죄의 경로는 [그림 5-8]과 같이 이해할 수 있다. 사회유대 약화는 범죄행위의 직접적 원인으로 작용하며, 이와 함께 사회통제를 약화시킴으로써 범죄행위를 초래한다.

사회유대 이론이 과학적 연구방법론을 적용한 것은 현대 범죄학의 모델이 되었고, 적용 대상자의 범위가 포괄적이라는 점은 긍정적으로 평가되고 있다. 그럼에도 불구하고 이론의

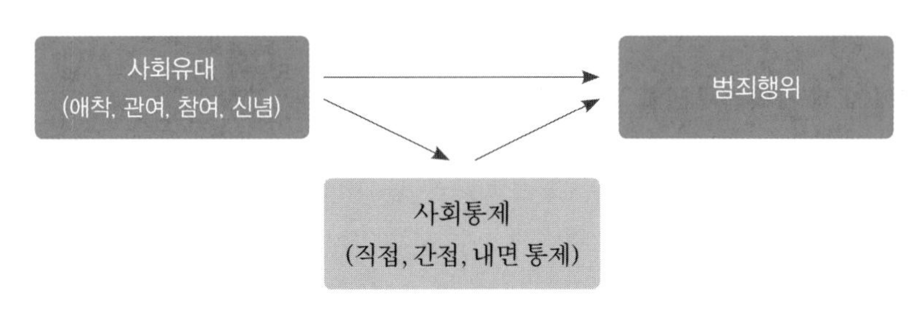

[그림 5-8] 사회통제 이론의 범죄경로

불완전성에 대한 몇 가지 지적이 있다(이윤호, 2007: 318). 첫째, 청소년들의 범죄의 정도와 유형에 관한 설명이 부족하여 어떤 청소년들이 특정 유형의 범죄를 저지르는지, 또 어떤 청소년들이 상습적인 범죄자이고, 어떤 청소년들은 단지 일회적이고 경미한 범죄에 그치는지에 관해 설명하지 않는다. 둘째, 유대(bond)의 형성과정에 대한 설명이 부족하다. 어떤 사람은 강한 사회적 유대를 가지는데 어떤 사람은 그렇지 못한가 하는 점을 설명하기에 부족하다. 셋째, 사회적 결속이 약한 사람이라도 범죄를 하지 않거나 반대로 사회적 유대가 강하더라도 범죄를 하는 경우에 대한 설명이 부족하다는 점 등이다.

(3) 사회복지실천의 적용

사회통제 이론으로 분류되는 사회유대 이론의 관점에서는 유대는 비행 및 범죄를 억제하는 보호요인이지만 반대로 유대의 약화는 통제, 특히 비공식적인 통제를 어렵게 함으로써 범죄를 초래하는 원인으로 작용한다. 사회유대의 약화는 범죄행동에 직접적 영향을 주거나 사회통제를 약화시킴으로써 범죄행동에 이르게 한다. 그렇지만 사회유대 이론은 범죄행동을 억제하는 보호요인으로서 유대의 영향력에 보다 주목한다.

이에 입각할 때 사회복지실천은 유대 강화를 위한 사업을 통해 범죄 및 비행 예방에 기여할 수 있다. 예를 들어, 지역주민들에 대한 건강가족사업은 가족성원들의 유대를 강화시킬 것이고 이를 통해 청소년자녀들의 비행을 예방할 수 있다. 출소한 범죄자나 사회 내 처우를 받고 있는 범죄자에 대해 가족 및 지역사회와의 유대가 복원될 수 있도록 개입한다. 예를 들어, 출소자의 가족관계 복원 및 강화를 위해 한국법무보호복지공단, 건강가정지원센터 등과 협력하여 서비스를 제공함으로써 재범 예방을 도모한다. 또한 공동체와의 유대 복원을 목표로 하여 개입한다.

생각해 보기: 사회통제 방법 적용하기

▶ **사례**

지역아동센터에서 자원봉사를 하던 중에 만난 여중생이 반복적으로 가출을 하고 있고, 가출 중에 성매매까지 했다는 사실을 상담과정에서 알게 되었다. 만약 여러분이 여중생의 멘토이고 통제를 통해 비행의 재발을 방지하고자 한다면 어떻게 하겠는가?

▶ **사회통제방법 적용하기**

사회통제 이론에서는 범죄를 억제하는 통제의 유형을 직접적 통제, 간접적 통제, 내적 통제로 구분한다. 앞의 사례에 적용하여 비행행동을 차단할 수 있는 방법을 논의해 보자.

- 직접적 통제방법:
- 간접적 통제방법:
- 내적 통제방법:

8) 낙인 이론

(1) 이론 개요

낙인 이론(labeling theory)은 범죄행동을 낙인의 결과로 본다. 현대 범죄학이 범죄의 원인이 되는 요인을 밝히는 데 주력한 것과는 달리, 낙인 이론은 낙인이 되는 과정과 낙인과 범죄행동과의 관계를 설명한다. 낙인 이론은 1960년대에 범죄 원인론에 집착했던 범죄사회학의 연구 경향을 비판하면서 등장한 비판범죄 이론이다. 낙인 이론은 범법행위의 원인 규명에 관해 큰 관심을 갖기보다 사회적 처벌과정에서 한 인간이 어떻게 범죄자로 만들어져 가는가에 관심을 둔다. 처벌(사회적 통제)에 관한 비판적 입장에서 형성된 낙인 이론은 고전 범죄학이나 사회해체 이론에서 중요시하는 공식적 통제의 강화에 대해 비판적 입장이다.

낙인 이론을 사회반응 이론이라고도 하는데, 그 이유는 쿨리(Charles Horton Cooley)와 미드(George Herbert Mead)의 상징적 상호작용 이론(symbolic interaction theory)에 뿌리를 두고 있기 때문이다(Siegel, 2020: 296). 사람들은 다른 사람의 상징적 태도(언어, 발성, 몸짓 등)를 보고 해석하며, 그 속에는 자신을 어떻게 보는지에 따라 자아 이미지를 발전시킨다. 이는 쿨

리가 주장한 거울 속의 자아(looking-glass self)이다. 중요한 타자가 자신에 대해 부여하는 이미지는 자기실현적 예언으로 작동하게 된다(Akers, 2000: 124). 현대 심리학 이론에서는 이를 피그말리온 효과 혹은 스티그마(오명) 효과라는 개념으로 칭찬의 긍정성과 낙인의 부정성을 설명한다(Carnegie, 2019). 칭찬과 격려가 사람을 변화시키는 힘이 되는 것은 피그말리온 효과이며, 부정적 이름이 붙여진 경우 그에 맞게 행동하는 것은 스티그마 효과이다.

상호주의적 관점을 이용하여 낙인 이론가들은 범죄를 사회적 구성물로 본다. 범죄는 어떤 행동에 범죄라는 꼬리표가 붙을 때만 존재하고 범죄자는 그러한 꼬리표가 사회적으로 붙을 때 진짜 범죄자가 된다. 이런 맥락에서 사회가 달라지면 사회적 가치도 변하게 되고 이에 따라 범죄와 범죄자의 개념도 변하게 되는 것으로 가정하므로 범죄에 대한 상대적 정의를 적용한다(Siegel, 2020: 297).

레머트(Edwin M. Lemert)는 낙인의 부정성을 1951년과 1967년 연구를 통해 체계적으로 분석했다(Akers, 2000: 125). 낙인의 영향력을 중심으로 범죄가 생성되는 과정, 즉 어떠한 행위자 혹은 행위에 범죄자 혹은 범죄로서의 낙인이 부여되며, 낙인이 부여되면 어떠한 과정을 통해 범죄자로 지속적으로 남게 되는지를 상징적 상호작용 이론(symbolic interaction theory)에 기초하여 설명한다.

(2) 주요 내용

① 낙인과 범죄와의 관계

낙인 이론은 사회에 의한 통제는 낙인을 가함으로써 범죄의 원인이 된다고 본다. 낙인 이론이 내세운 가장 기본적인 주장은 "사회통제 자체가 일탈을 발생시킨다."라는 명제이고, 이는 크게 두 가지 의미를 내포하고 있다. 첫째, 이 세상에는 한 번이라도 범법행위를 하지 않은 사람은 없다. 둘째, 그중에서 극히 일부만이 범죄자가 된다는 것이다. 즉, 사람들은 다양한 이유로 범죄를 하게 되지만 그중 어떤 사람만 사법기관에 의해 '범죄자'(criminal)로 규정되고 범죄자라는 규정(낙인)은 자아개념에 부정적인 영향을 줌으로써 2차적인 범죄(진짜 범죄자)를 행하게 한다.

낙인 이론에 따르면 공식적 낙인(공식적 제재) 이전의 일탈자의 법 위반(1차적 일탈자)은 비조직적이고 일관성이 없으며 상습적이지 않다. 그런데 이들을 범죄경력을 가진 지속적인 범죄자로 이끄는 계기는 공식적인 통제기관과 주변 사람들을 통한 사회적 반응이다. 만약 이러한 사회적 반응이 없다면 1차적인 일탈은 간헐적이고 비조직적인 사건으로 남기 쉽지만 사회적 반응으로 인하여 진정한 범죄자가 된다(Akers, 2000: 127). 그런데 누가 범죄자로 규정되느냐는 법 집행의 불공정성이 개입된다고 본다. 예를 들어, 똑같은 비행행동을 해도 빈곤하고 안정적이지 않은 가정의 청소년은 사법처분을 받아 비행청소년으로 규정되는 데 반해, 중산층의 안정된 가정의 청소년은 잠깐의 실수 또는 청소년기의 일시적인 반항행동으로 관대히 넘겨지는 일이 적지 않다.

낙인 이론은 누구나 사소한 일탈을 저지른다고 가정한다. 그런데 이러한 행동에 대해 주변과 사회의 공식기관에 의한 사회적 반응에 의해 범죄자로 규정된 사람은 자아 개념에 중대한 변화를 일으키게 될 뿐 아니라 대인관계는 물론 기회구조에도 중대한 변화를 맞게 되고, 결국 '2차적 일탈자(진정한 범죄자)'가 된다. 1차적 일탈에 대한 사회적 반응은 2차적 일탈의 매개변수인 셈이다. 또한 1차적 일탈이 2차적 일탈로 직결되는 것은 아니며 일탈자로 규정하는 낙인(사회적 반응)과 이에 대한 개인의 심리적 구조를 포함한 변화가 결국 다시 범죄를 저지르게 한다. 이때부터는 조직적인 형태로 범죄행위를 지속하게 됨으로써 2차적 일탈 및 상습적 범죄자가 된다. 따라서 2차적 일탈은 일탈자로 낙인찍히지 않았으면 범하지 않았을 부가적인 일탈에 참가한 결과인 셈이다(Akers, 2000: 127).

② 낙인과 범죄행동의 경로

사소한 일탈자가 진정한 범죄자가 되는 경로는 다음과 같이 설명된다. 1차적 범죄(일탈)에 대해 사회적 처벌을 통해서 범죄자로 낙인찍힌 사람은 자기 스스로를 나쁜 사람, 범죄자로 생각하게 됨으로써 자신을 부정적으로 평가하게 되고(자아존중 이론), 사귀는 사람들도 자기와 처지가 비슷한 사람들과 가까이 하게 되며(차별접촉 이론, 하위문화 이론), 전과자라는 낙인 때문에 법적인 형사처벌을 다 받고 난 이후에도 관습적인 기회구조에서 제약을 받게 되므로 비합법적 수단을 통해 목표를 달성하고자 한다(긴장 이론 및 차별기회 이론). 레머트는 2차적 일탈은 1차적 일탈에 대한 사회적 반응이 원인이라고 본다.

③ 낙인 이론의 독특성

첫째, 사회통제에 대해 부정적이다. 낙인 이론은 처벌 및 통제의 부정성을 지적한다. 이는 고전 범죄학과 억제 이론에서 처벌을 통해 범죄를 감소 내지 예방할 수 있다고 보는 것과 상반된다. 아울러 공식적 법적 통제를 강조하는 사회해체 이론, 사회적 유대를 바탕으로 한 통제를 강조하는 사회유대 이론, 범죄행동을 결정하는 데 자기통제력의 중요성을 강조하는 자기통제 이론과도 다른 특성이다.

둘째, 규범(법)의 상대성을 가정한다. 현대 실증주의 이론들에서 규범은 사회성원들의 가치 합의적인 것으로 가정한다. 이에 반해 낙인 이론은 규범을 가치 갈등적으로 정의한다. 실증주의 이론은 일탈행위란 가치합의적인 규범을 위반한 행위라고 본다.

그러나 낙인 이론가들은 규범은 상대적이어서 어떠한 상황에서는 규범의 위반이 되는 것이 다른 상황에서는 규범의 위반이 되지 않을 수 있다고 본다. 즉, 규범의 위반은 행위의 속성이 아니라 다른 사람들이 그 행위를 규범의 위반이라고 규정하는가의 여부에 따라 규범의 위반이 되기도 하고 그렇지 않을 수도 있다는 것이다.

셋째, 이론의 주된 관심은 범죄의 원인보다 낙인의 결과이다. 낙인 이론의 또 다른 특징은 현대 실증주의가 범죄행동의 원인 설명을 주된 내용으로 하는 데 반해, 낙인 이론은 일탈자에 대한 낙인의 결과에 관심을 갖는다. 누가 낙인을 받는가에 관한 언급도 있지만 보다 큰 관심은 낙인의 결과에 관한 것이다. 즉, 낙인이 발생하게 되면 어떠한 과정을 통해 어떠한 결과를 초래하는지를 1차적 일탈과 2차적 일탈이라는 행동 및 사회적 반응과 이로 인한 자기인식(자기 이미지)과의 상호작용으로 범죄자가 되는 경로를 설명한다.

낙인 이론에서 설명하는 범죄경로는 [그림 5-9]와 같이 이해할 수 있다.

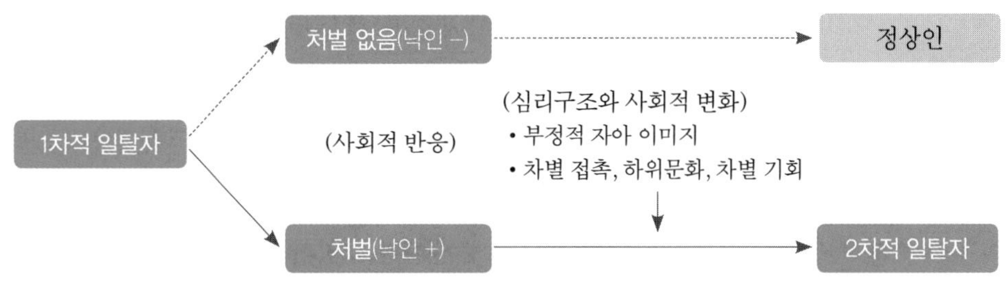

[그림 5-9] 낙인 이론의 범죄경로

④ 낙인 이론에 대한 평가

사회적 통제로 인한 낙인이 오히려 범죄를 초래한다는 낙인 이론의 가정은 범죄학계 및 형사정책에 미친 영향이 지대하다. 또한 범죄에 관한 갈등론적 시각에서 출발하고 있어서 범죄학의 새로운 관점을 제공했다. 갈등 이론에 따르면, 사회는 사회성원 간의 화합보다는 이해관계의 대립이 사회생활의 기본적인 요소이며, 사회는 동조보다는 유인과 강제성이 수반되고, 필연적으로 분열적이며, 결속관계가 토대가 되기보다는 배제와 대립과 적대감이 편재해 있는 탓에 구조적인 갈등과 분파적인 이해관계가 생기게 된다(Craid, 1989: 92). 이러한 갈등이 바로 일탈 내지는 범죄를 유발시키는 근본적인 원인으로 작용하게 되고, 법은 사회통제의 수단, 특히 권력을 가지지 않는 하위계층을 통제하는 수단이라는 사실에 대해 인식시켰다. 낙인 이론의 한계로 지적되는 사항은 다음과 같다(이윤호, 2007: 330-334).

첫째, 1차적 일탈의 원인에 대해 설명하지 않는다. 누구나 1차적 일탈은 한다고 가정하지만 개인의 인격적 특성, 상황적 특성, 범죄에 대한 욕구와 동기에서 차이가 있을 수 있다는 점을 간과하고 있다.

둘째, 낙인되는 사람과 낙인을 부과하는 사람의 구분을 지나치게 단순화하고 있다. 낙인 이론에 따르면 피낙인자는 주로 하위계층이고 낙인자는 지배계층이라고 하지만, 낙인은 죄질에 따른 사회적 반응이지 계층에 따른 반응은 아니다. 아울러 계층에 따라 구분하는 것의 또 다른 한계는 중상류층의 범죄는 낙인을 받는 자이면서 동시에 낙인을 하는 자가 된다는 점을 간과하고 있다는 것이다.

셋째, 낙인의 결과에 대한 의문이다. 자신에게 가해진 낙인을 그대로 수용하여 자아 이미지를 형성하고 이에 맞게 행동하는 수동적인 존재로 피낙인자를 파악하고 있다. 그러나 낙인에 대한 반응은 사람에 따라 다를 수 있고, 설사 낙인을 수용하더라도 그것으로 인해 행동을 유발하는 데에는 상황적 요인의 개입을 배제할 수 없다.

넷째, 낙인의 효과를 지나치게 과장하고 있다. 일탈자 중에는 공식적 낙인 이전부터 일탈적 정체성을 이미 형성한 사람도 있다. 또한 낙인에 따른 행동의 결정은 개인의 자유의지와 선택에 달려 있을 수 있다. 인간은 상황과 상호작용하는 존재이고 상황에 대한 반응과 행동을 결정하는 데 자신의 의지가 개입되는 능동적인 존재이기 때문이다. 따라서 1차적 일탈에 대한 낙인은 2차적 일탈을 설명하기에는 충분하지 않다. 낙인만 가지고는 2차적 일탈에 관한 설명이 충분하지 않기 때문에 낙인을 지나치게 과장하고 있다는 비판을 받는다.

(3) 사회복지실천의 적용

낙인이 미래의 일탈을 유발한다는 주장, 즉 사회통제체제가 범죄문제를 해결하기보다는 악화시킨다는 낙인 이론의 가정은 1960년대 범죄학자들에게 많은 관심을 끌었고 1970년대에는 정책담당자들로 하여금 범죄통제정책에 적용하도록 했다. 형사정책에서 낙인 이론은 지대한 공헌을 했다. 대표적으로 범죄자 처벌 유형으로 전환 프로그램(diversion program)이 비행청소년들을 대상으로 실시되었는데, 형사사법체계와의 접촉을 최소화하거나 피하기 위한 조치들이었다. 소년범에 대해서는 시설화를 가급적 줄이는 방법으로 보호관찰, 사회봉사와 같은 사회 내 처우 프로그램으로 전환(diversion)하도록 구성한 형사사법 프로그램들을 실시했고, 이는 낙인 이론에 기초한 것이다(Akers, 2000: 128). 이러한 형사정책은 서비스

및 처우를 중시하는 접근이므로 사회복지가 개입하기에 적절하다. 따라서 사회복지는 형사사법체계 내에서 진행되는 프로그램에서 사회복지 역할을 수행할 수 있다.

둘째, 낙인 이론의 관점에서 접근할 때 범죄의 원인은 사소한 범죄에 대한 과도한 통제이

문화매체로 이해하는 범죄행동: 낙인 이론

▶ 사례 개요: 소설 『그 많던 싱아는 누가 다 먹었을까』(박완서 저, 웅진책마을, 1992)

이 소설은 작가의 어린 시절 이야기를 다룬 성장 소설이다. 홀어머니가 일 나간 사이 방치된 초등학생인 작가는 심심함을 견디다 못해 날마다 어머니의 돈을 훔쳐 군것질을 하다가 갑작스런 사건이 발생하는 통에 그간의 일들이 모두 들통 난다. 그런데 어머니는 돈을 훔쳤다는 사실을 들추지 않고 그냥 넘어간다. 이에 대해 작가는 "그때 엄마가 내 도벽을 알아내어 유난히 민감한 내 수치심이 보호받지 못했다면 어떻게 되었을까? 나는 걷잡을 수 없이 못된 애가 되었을 것이다."라고 회고하며, 선한 사람 악한 사람이 따로 있는 게 아니라 사는 동안에 수없는 선악의 갈림길에 있을 뿐이라고 말한다(p. 105).

▶ 사진

▲『그 많던 싱아는 누가 다 먹었을까』

▶ 생각해 보기

작가는 누구에게나 선악의 가능성이 열려 있다고 이야기한다. 그래서 때로는 가만히 두어도 자연스럽게 치유될 일을 들추어내어 처벌하는 것 때문에 오히려 상처가 부각되기도 한다고 말한다. 작가의 이러한 관점을 비행청소년에 대한 사회적 제재에 적용한다면, 형사사법적 대응을 최소화하는 것이 낙인을 줄임으로써 청소년에게 오히려 유익할 수 있다. 이에 대해 동조하거나 동조하지 않는 이유를 제시해 보자.

고, 이때 법 집행의 불공정성으로 인하여 취약계층에게 더욱 불리하게 작용한다. 범죄인에 대한 사회복지실천이 다룰 문제는 낙인으로 나타나는 구체적인 현상들(고정관념, 사회적 관계의 배제, 기회구조의 제한, 범죄자의 부정적 자아 이미지 형성 등)이다. 특히 이에 취약한 취약계층을 우선적인 실천 대상자로 한다.

아울러 낙인 이론은 사회복지 영역에서는 범죄인에 대한 사회복지실천의 근거가 되는 이론으로 활용할 수 있다. 낙인 이론은 취약한 계층의 범죄자에 대한 온정적 접근의 필요성을 주장하는 근거가 되는 이론 중의 하나이다(Raynor, 1985: 19).

9) 사회자본 이론

(1) 이론 개요

사회자본 이론(social capital theory)은 사회학 이론이지만 범죄행동을 설명하는 이론으로도 적용되고 있다. 다음에서는 사회자본 이론의 주된 개념들을 검토한다.

사회자본(social capital)이란 사회적 관계 속에서 생성될 수 있는 자본을 이른다. 자신이 속한 집단 또는 사회성원이 됨으로써 확보할 수 있는 자본이다. 콜먼(James S. Coleman)과 포르테스(Alejandro Portes)는 사회자본 이론을 발전시켰다. 콜먼(Coleman, 1988)은 사회자본을 "사람들이 사회생활 속에서 자신의 목적을 추구하는 과정에 다른 사람들과의 연결을 통해 형성하여 생산적인 기능을 수행하는 데 동원되는 다양한 사회적 관계나 사회적 구조"라고 했다. 포르테스(Portes, 1998)는 "사회적 관계망 속에 있는 집단의 성원으로서 얻게 되는 이익"으로 정의했다.

사회자본의 정의는 미시적인 차원과 거시적인 차원으로 구분하여 볼 수 있다. 개인들 사이에 발견되는 다양한 관계의 특성, 즉 연결망(network)에 초점을 두어 접근하는 미시적 차원에서는 사회자본은 행위자가 자신이 속한 집단, 즉 연결망 속에 있는 자원에 접근함으로써 얻을 수 있는 자산으로 정의된다(신연희, 2008a). 한편, 거시적 연구들은 주어진 사회의 문화적 · 조직적 특성에 관한 분석을 통해 그 사회의 전통이 신뢰나 협동과 같은 호혜성에 기반한 가치나 관계를 어느 정도나 뒷받침하고 있는지를 중심으로 사회자본을 논의한다(유석춘 외, 2002: 21). 이와 관련하여 퍼트넘(Robert D. Putnam)은 한 사회의 주어진 문화적 전통이 시민적 참여를 강조하는가, 혹은 비도덕적 가족주의에 함몰되어 있는가로 구분하고, 상호간 이익을 위한 협력을 촉진시키는 연결망, 규범, 사회적 신뢰와 같은 사회조직의 특성이 사회자본이라고 정의하고 있다(Putnam, 1995).

사회자본 이론을 범죄문제에 적용한다면 사회자본이 풍부한 사회조직에서는 지역사회 성원들이 공동의 문제에 대한 연대감으로 문제 해결을 위한 참여가 가능하다. 이는 사회해체 이론과 같은 맥락에서 이해할 수 있다. 또한 취약계층은 주변으로부터 확보할 수 있는 자원이 없어 주변의 도움이 필요한 특정한 상황은 범죄행위에 대한 유혹의 계기가 될 수 있다.

사회자본과 유사한 개념으로 콜먼은 물질적 실체를 가지는 물질자본(physical capital), 개인이 소유하는 기술이나 지식 등의 인적 자본(human capital), 사람 간의 상호관계를 통해 형성되는 사회자본(social capital)으로 구분했다. 콜먼은 사회자본을 구성하는 개념으로 '신뢰를 바탕으로 한 의무와 기대' '사회적 관계를 통한 정보의 전달' '공동체 성원 간에 규범(norm)이 존재함으로써 효과적인 제재(사회통제)가 가능'하다고 했다(Coleman, 1988; 유석춘 외, 2002: 98-102 재인용). 한편, 퍼트넘(Putnam, 1993)은 연결망, 규범, 상호이익을 위한 협력과 조정을 용이하도록 하는 신뢰를 사회자본의 주된 특성으로 설명한다(신연희, 2008a). 사회자본에 관한 이론들에서 공통적으로 등장하는 개념은 연결망(network), 규범(norm), 호혜성(reciprocity), 신뢰(trust)이다(유석춘 외, 2002: 47).

특히 연결망은 사회자본을 구성하는 주된 개념으로서 사회적 관계망을 의미하는데, 이는 범죄학 이론인 사회해체 이론(쇼와 맥케이)에서 설명하는 지역사회의 공동체 형성과 같은 맥락이다. 사회해체 이론에 따르면 인구유동성 및 급격한 사회변동으로 동질성이 약화되어 해체된 지역사회는 사회적 관계망(social networks)이 붕괴(공동체 붕괴)되고, 이는 사회적 통제의 약화를 초래함으로써 결과적으로 범죄율을 높이게 된다.

(2) 주요 내용

사회자본 이론은 범죄행동에 관한 연구의 이론적 기반이 되기도 한다. 사회자본의 역할에 대한 경험적 연구에서 콜먼(Coleman, 1988)은 청소년의 학업 포기와 같은 일탈적 행동이 가족 내에서의 사회자본에 의해 달라질 수 있음을 보고했다(유석춘 외, 2002: 111).

퍼트넘(1993)은 도시 슬럼가의 높은 범죄율은 사회자본이 침식된 지역사회환경과 관련된 것으로 논의했다. 빈곤한 흑인과 라틴계가 주로 사는 도시 슬럼가의 만성적인 문제인 높은 범죄율은 실직과 교육의 부재 그리고 열악한 물리적 환경 등과 같은 각종 기회로부터의 차단에 기인하는데, 슬럼가의 이러한 조건들은 사회자본의 결핍과 관련된다는 것이다. 예컨대, 슬럼가의 주민들이 직면한 문제의 일부는 취업을 하고 싶어도 취업을 알선해 줄 수 있는 연계망이 없기 때문으로 본다.

케이스와 카츠(Case & Kats)는 청소년들의 개인적 특성에 관한 변수를 통제할 때 인종적 배경과 상관없이 시민 참여의 혜택을 받는 이웃과 함께 살고 있는 도심의 청소년들은 그렇지 않는 지역에 사는 도심의 청소년들에 비하여 학교 중퇴율이 낮고 취업율은 높은 반면에 마약 복용율 및 비행율이 낮게 나타나 청소년비행과 사회자본이 취약한 지역사회 특성과의 관련성을 검증했다(유석춘 외, 2002: 134).

사회자본 이론을 출소자 재범문제에 적용한 이론도 있다. 교도소 출소자의 성공적인 사회복귀 또는 재범 예방에 관한 사회자본의 효과를 중심으로 논의한 월프와 드레인(Wolff & Draine, 2004; 신연희, 2008a 재인용)은 교도소에 수용되어 있는 동안 사회자본을 유지 또는 강화하는 것이 사회와의 격리와 처벌로 인한 부정적인 충격을 완화하고 성공적인 사회복귀를 촉진시키는 것으로 보고했다. 이 연구에서는 수용자들의 가족 또는 친구 등 외부와의 관계가 질적으로 잘 유지됨으로써 수용생활의 적응력이 높아지고 출소 후 재범 예방에 영향을 줄 것으로 본다.

재범 예방에 관한 지역사회 수준의 접근은 출소자의 사회복귀과정에서 성공적인 사회통합을 위해 지역사회로부터의 지원이 어떻게 이루어져야 할 것인가를 중심으로 논의된다. 예컨대, 로즈와 클레어(Rose & Clear, 2002; 신연희, 2008a 재인용)는 출소자의 사회복귀과정에서 연계망이 강화될 때 출소자의 사회정착과 재범 예방을 도모할 수 있을 것으로 본다. 교도소에서 지역사회로 복귀하게 되는 출소자들은 대부분 인적 자본과 사회적 연계망(network)과 같은 사회자본이 약화된 상태에서 출소하며, 이는 사회적응력을 낮춤으로써 결과적으로 재범에 빠지게 된다는 것이다.

사회자본과 관련된 국내의 경험적 연구로는 우선 지역사회 연결망 구축을 범죄 예방방안으로 논의하고 있는 김성언(2004: 70-75; 신연희, 2008a 재인용)의 연구를 들 수 있다. 이 연구에서는 범죄문제를 공동체 전체의 문제로 인식하여 지역사회성원들이 문제 해결을 위한 연결망에 참여하는 것과 규범을 강화하여 규칙위반자를 견제하는 것이 필요하다고 제안한다. 한편, 한국법무형사정책연구원에서 수행한 연구(김승만, 신연희, 2005: 63-152)에서는 수용자들이 경험하는 대표적인 박탈인 가족관계의 해체는 출소 후 사회정착에 필요한 사회자본을 잃게 되는 것으로 지적하고 있다. 예컨대, 반복되는 재범으로 강력범죄자가 된 이들의 상당수는 출소 후 돌아갈 집, 반갑게 맞아 줄 부모나 친척은 물론 사회에 정착할 때까지 지원해 줄 수 있는 어떠한 연계망도 없는 것이 재범으로부터 벗어나지 못한 이유라고 지적한다.

사회자본이 출소자의 재범 예방과 사회적응 가능성에 미치는 효과를 교도소 수용자 대상 조사로 검증한 연구(신연희, 2008a)에 따르면, 수형자가 외부와의 접촉을 통한 연결망이 강할수록, 가족 및 외부의 지지가 많을수록, 그리고 출소 후 지역사회에의 결합가능성에 긍정

적인 태도를 가질수록 수형자들이 출소 후를 보다 적극적으로 준비하고 자기효능감도 높은 것으로 보고했다. 아울러 사회자본의 강화는 출소자 재범 예방을 위한 유용한 방안이므로 이를 위해 시설 단계에서는 가족 및 사회와의 연계를 강화하고 출소 후에는 지역사회성원으로 편입하는 데 필요한 지역사회 자원을 개발 및 동원해야 한다고 주장한다.

(3) 사회복지실천의 적용

사회적 관계 속에서 생성되는 사회자본은 범죄행위에 대한 보호요인이다. 자신이 속한 집단 또는 사회성원이 됨으로써 확보할 수 있는 자본이기 때문에 지지자원이 없는 하위계층의 경우 사회자본이 취약하며, 이는 범죄에 대한 보호요인이 부족함을 의미한다.

수용자에 대한 사회복지실천을 사회자본 관점에서 접근할 때 지지자원이 빈약한 취약계층이 사회적 관계망을 형성하도록 지원한다. 예를 들어, 교도소의 무의탁 수용자에게 자매결연을 주선하는 것이 있다.

둘째, 지역사회 차원에서는 지역사회성원들이 공동의 문제를 함께 풀어 가려고 하는 연대감을 형성하는 데 사회복지의 전문성을 활용한다. 사회자본은 경제적 요소가 아닌 사회적 요소 특히 사회적 결속력(social cohesion)으로 범죄문제에 공동 대처하도록 한다.

셋째, 시설에 수용된 수용자에 대해서는 가족 및 사회와의 연계를 강화하도록 가족관계 강화 프로그램에 참여하게 하고, 출소한 후에는 지역사회성원으로 성공적으로 편입될 수 있도록 필요한 자원을 지원해야 한다.

10) 회복탄력성 이론

회복탄력성 이론(resilience theory)은 사회복지실천에 자주 적용되는 이론이다. 사회복지실천모델로 강점 관점이나 권한부여 모델을 지지하고 있기 때문이다. 이론의 기본 가정은 시련과 위기는 극복될 수 있으며, 회복을 위한 탄력성은 누구나 가지고 있다고 본다. 회복탄력성 이론에서 접근하면 범죄문제 역시 극복할 수 있는 위기이다. 위기에 직면한 사람들은 잠재적으로 문제해결능력을 가지고 있으며 범죄문제에도 동일하게 적용된다.

(1) 이론 개요

회복탄력성(resilience)은 스트레스와 시련이 되는 생애 사건을 만났을 때 그 사건으로 생활이 파괴되기보다는 자기보정과 성장의 과정을 거쳐 곤경을 견디며, 회복하고, 자신을 치료하는 능력을 의미한다(신연희, 2012). 또한 고위험에 노출됨에도 불구하고 역경을 극복하고 성공적으로 되는 것, 억압하에서 역량을 유지하는 것, 부정적 생활 사건에 성공적으로 적응함으로써 외상으로부터 회복하는 의미로 정의되기도 한다(Greene, 2004: 56).

회복탄력성 이론은 위기의 극복가능성과 인간의 회복하는 능력 및 강점을 중심으로 접근한다. 사람은 누구나 시련을 경험하게 되지만 시련으로부터 보호해 주는 보호요인(protective factors)에 의해 시련에 대처하고 자신을 보호할 수 있을 뿐 아니라, 궁극적으로 시련을 극복한다(장승옥, 2008: 19). 시련과 위기는 극복될 수 있다고 보는 회복탄력성 이론에서 접근하면 범죄 및 재범 위기에 처한 사람들도 직면한 위기적 상황에 대한 해결가능성은 낙관적이다. 여기서 위기는 개인이 심각한 상태나 문제 상황의 발생을 경험할 가능성이 커진 상태를 이른다. 이때 위기요인의 영향에서 위기를 상쇄시키는 요인인 보호요인(protective factors)은 위기적 상황에서 완충적인 역할을 하는 인적 · 물적 요인들이다. 보호요인은 위기에 처한 사람들로 하여금 생존능력 또는 대처능력을 증가시키고, 위기에도 불구하고 건강하게 성장하게 하는 역할을 한다는 점에서 회복탄력성을 증진시키는 요인이기도 하다(Adalist-Estrin & Mustin, 2003; 신연희, 2012 재인용).

회복탄력성 이론은 위험에 처한 아동을 대상으로 시작한 연구이다. 대표적으로 센트루이스에서 수행된 종단연구에서는 학대, 빈곤, 약물중독 등과 같이 열악하고 위험한 상황에 처한 아동들이 종교집단에 깊이 참여하면서 위험한 상황에서 벗어나는 데 성공하고 건강해진 결과를 아동들의 회복탄력성의 관점에서 논의했다(양옥경 외, 2004: 21). 버나드(Benard, 1993)의 연구에서는 아동들의 문제를 증대시키는 조건들에 해당하는 위기요인들과 문제 발생을 완충 내지는 중단시키거나 예방하는 조건인 보호요인들을 검토했다. 이 연구에 따르면 부정적 혹은 외상적인 경험 때문에 아동들이 부정적 상태에 있음에도 불구하고 가정과 외부로부터 적절한 원조를 받음으로써 회복탄력성을 가지게 되어 문제를 해결하고 긍정적 정체성을 발달시킬 수 있다고 본다.

국내에서 회복탄력성 이론은 인간 심리의 긍정적 특성을 강조하는 긍정심리학(positive psychology)에서 시작했고, 실천 영역에서는 문제 위험성에 노출된 클라이언트에 대한 이해와 실천에도 적용이 확대되고 있다. 주로 가족문제와 아동의 발달 영역에서 다루어지는데, 특히 해체가정 아동과 빈곤가정을 위시하여, 폭력가정 아동, 다문화가정 아동, 한부모가정 아동, 조손가정 아동, 학교부적응 아동과 같이 위기에 노출된 아동들이 위기에도 불구하고 건강한 발달을 가능하게 하는 요인을 탐색하는 연구의 이론적 배경이 되고 있다. 특별히 사회복지학에서 회복탄력성 이론은 클라이언트를 이해함에 있어 문제의 결과에 주목하는 것

이 아니라 클라이언트가 가지고 있는 내 · 외적 강점을 강조하고 있는 강점 관점에 적용되고 있다. 클라이언트의 변화가능성을 신뢰하며 이를 실천 목표로 하는 사회복지실천의 특성상 회복탄력성 이론은 실천적 영역에서 적용이 확산되고 있다.

(2) 주요 내용

범죄학 및 교정 분야에서 회복탄력성 이론에 관한 적용은 긍정범죄학(positive criminology)에서 찾아볼 수 있다. 긍정범죄학은 특정 이론을 지칭하는 것은 아니며 다양한 모델과 이론을 포괄하는 관점이다. 긍정범죄학의 관점은 범죄로부터 멀어지도록 영향력을 행사할 수 있는 긍정적인 경험들에 주목한다. 기존의 범죄학 연구들이 범죄를 초래하는 위기요인들을 이해하는 데 관심을 두고 있는 것과는 달리, 긍정범죄학은 재범을 막거나 잠재적으로 예방하도록 하는 긍정적인 경험들에 비중을 두고 범죄를 설명한다.

따라서 범죄자에 대해 적절한 개입과 프로그램이 제공된다면 범죄인 혹은 그와 관련된 개인과 집단은 범죄로부터 멀어진 삶을 살 수 있다고 본다는 점에서 회복탄력성 이론에 기반하고 있다. 긍정범죄학은 한 번 범죄에 노출되었던 사람들이 재범을 하지 않도록 하는 요인들은 무엇인지에 대해 논의하고, 재범 위기에서 견딜 수 있도록 하는 보호요인을 누구나 가질 수 있다고 가정한다(Fraser, 1997; Kirby & Fraser, 1997). 예를 들어, 범죄자에 대한 사회적 수용은 범죄자로 하여금 사회에 대한 긍정적인 가치와 태도를 가지게 한다. 또한 비행청소년들이 신뢰와 애정을 동반한 자원봉사자의 활동에 참여하게 될 때 세상을 생존을 위한 전쟁터로 보던 기존의 생각을 바꾸어 다른 사람과 세상에 대한 긍정적인 가치관을 가지게 된다. 이러한 긍정적 가치관과 태도는 재범 및 재비행의 위기에서 벗어나게 하는 보호요인이 된다고 본다(Ronel, 2006).

범죄문제에서 회복탄력성 이론을 적용한 국내의 연구도 있다. 위기청소년이 직면한 환경을 긍정심리학의 관점에서 논의한 연구(이명숙, 2011)에서는 빈곤, 가정결손, 학업 부진 및 중퇴문제에 처한 청소년을 위기청소년으로 보고, 위기 상황에 있는 청소년들의 긍정적인 발달을 이끌어 낼 수 있는 요인 중의 하나로 자아탄력성을 다루고 있다. 한편, 교정복지현장의 전문가를 대상으로 조사한 연구(신연희, 2012)에서는 위기에 처한 수용자 가족을 위한 사회적 수준의 대안들로는 멘토링 프로그램을 통한 가족 내의 취약한 지지자원 보완, 위기수용자 가정 자녀들에 대한 상담 및 지지 서비스, 수용자 가족에 대한 사회적 인식 개선과 긍정적인 여론 형성 등을 제안했다. 이러한 보호요인들은 수용자 가족과 자녀들이 직면한 위기 상황에 대처하고 시련을 극복하도록 할 것으로 논의한다.

(3) 사회복지실천의 적용

회복탄력성 이론은 인간의 회복탄력성에 대해 긍정적이다. 위기의 극복가능성과 인간의 회복하는 능력과 강점을 중심으로 위기를 바라보며, 보호요인에 의해 위기를 극복할 수 있다고 본다. 보호요인에 의한 범죄문제로부터의 회복을 가정한다는 점에서 회복탄력성 이론과 사회자본 이론은 유사하다. 회복탄력성 이론에서 접근한다면 범죄의 위험성 혹은 범죄로 인해 직면한 상황은 위기이며, 이 또한 극복할 수 있다. 회복탄력성을 가능하게 하는 보호요인에 의해 시련을 극복할 수 있으므로 변화가능성에 대해서도 낙관적이다.

회복탄력성 이론에 기반할 때 사회복지실천은 문제 해결을 위해 보호요인을 강화하는 데 비중을 둔다. 실천 대상자를 범죄인과 지역사회로 설정했을 때 사회복지사는 다음과 같은 접근을 시도할 수 있다. 먼저, 범죄인에 대해서는 보호요인을 강화할 수 있는 교화 프로그램을 제공하는 것이 적절하다. 수용생활 및 출소 후 사회통합 과정에서 직면하는 위기(문제)는 보호요인에 의해 극복될 수 있기 때문이다. 따라서 강력한 보호요인으로 알려진 가족요인, 종교요인, 경제적 요인 등을 교화 프로그램 및 출소 후 적응지원 프로그램에 고려할 수 있다. 또한 지역사회 수준에서는 출소자에 대한 주민들의 인식을 개선하고 사회적 수용이 가능하도록 하는 인식 개선활동을 전개할 수 있으며, 나아가 출소자가 지역사회에 정착하는 데 필요한 자원을 지역사회로부터 연계하는 것도 사회복지사의 역할이다.

교정복지 실천모델

1. 실천모델 준거 틀

이 절에서는 교정복지 실천모델을 개괄적으로 살펴본다. 제시된 실천모델들은 사회복지의 일반적 실천모델들을 범죄문제에 적용한 것과 범죄문제라는 독특한 특성을 반영하여 개발한 실천모델도 포함되어 있다. 교정복지 실천모델이 추구하는 공통의 목적과 목표 그리고 실천모델을 구성하는 요소들에 관한 준거 틀을 다룬다.

이 장에서는 범죄문제에 관련된 사람들을 실천 대상자로 하는 사회복지 실천모델을 다룬다. 실천모델별로 토대가 되는 범죄학 이론들을 설명하고 이에 입각하여 영화 혹은 소설에서 선정한 범죄사례를 분석한다. 사례분석에는 문제의 원인과 실천 목표, 실천 대상자를 규정하고 문제 해결을 위한 사회복지 실천방법들을 다룬다.

사법 영역에서의 사회복지 실천원칙은 다음과 같다. 먼저, 형사사법체계에 연루된 범죄인을 대상으로 실천하는 사회복지사는 사회복지사의 고유 업무에 종사하면서 동시에 다분야 협력을 실천과정으로 한다. 다분야 협력에 관한 실천원칙은 전미사회사업가협회의 사회복지사 윤리강령의 윤리 기준을 참조할 수 있다.[1] 둘째, 실천의 목적은 사회복귀 관점에 입

1) 「전미사회사업가협회 윤리강령」에는 "윤리기준 중 동료에 대한 사회복지사의 윤리적 책임"과 관련하여 "다학문 간

각하여 범죄인을 변화시켜 성공적인 사회재정착을 돕는 것을 목적으로 한다. 셋째, 사회복지사는 형사사법기관의 통제 관점과 사회복지실천의 주된 관점인 사회복귀 관점과 조화를 이루도록 노력해야 한다. 넷째, 여러 분야의 전문가로 구성된 다분야 협력의 일원으로서 타 전문가의 가치를 존중하면서 균형을 추구하는 것도 형사사법체계에 종사하는 사회복지사에게 요구되는 실천원칙이다.

1) 실천모델 유형

사회복지 실천모델이란 실천 활동의 원칙과 내용을 구조화한 것이다. 실천모델은 사회복지실천에 대한 관점을 조직화하는 데 도움을 주며, 여러 이론에 토대를 두고 실천모델의 틀이 형성된다. 이론은 모델이 다룰 내용들의 기준이 되어 실천에 필요한 지식과 기술적 과정을 도출하게 된다. 모델별로 특정 유형의 문제 또는 특정 유형의 클라이언트에게 더 잘 적용될 수도 있는데, 이는 모델에 따라 비중을 두는 요인 내지는 강조하는 측면이 상이하기 때문이다. 실천모델은 클라이언트가 가지고 있는 문제 규정, 실천 목표의 설정 그리고 문제 해결을 위한 실천 활동들의 내용을 조직화한다(Rubin & Babbie, 2010: 69).

제6장에서는 심리사회 모델(2절), 행동주의 모델(3절), 역량강화 모델(4절), 지역사회개발 모델(5절), 회복적 정의 모델(6절)을 다룬다. 개입 수준을 기준으로 할 때 심리사회 모델, 행동주의 모델, 역량강화 모델이 개별 클라이언트를 중심으로 한 실천인데 비해, 지역사회개발 모델은 지역사회 수준에서, 그리고 회복적 정의 모델은 개별 클라이언트와 피해자, 지역사회 성원 모두를 실천 대상자로 한다.

2) 실천의 목적

교정복지실천의 궁극적 목적은 범죄문제 해결을 통한 사회 안정과 관련자들의 복지적 삶

협동에 관한 실천원칙"을 다음과 같이 명시하고 있다(서미경 외, 2015: 357-358).

① 다학문 간 팀의 구성원인 사회복지사는 사회복지 전문직의 관점, 가치, 경험을 가지고 클라이언트의 안녕에 영향을 주는 결정에 참여하고 기여해야 한다. 팀 전체로서 혹은 그 팀의 일원으로서 다학문 간 팀의 전문적 · 윤리적 의무를 분명히 확립해야 한다.

② 다학문 간 팀의 결정에 윤리적 우려가 있을 경우 사회복지사는 적절한 경로를 통해 불일치가 해결되도록 시도해야 한다. 만일 불일치가 해결되지 않는다면, 사회복지사는 클라이언트의 안녕에 부합되도록 자신들의 의견을 피력하는 다른 방법을 모색해야 한다.

이며, 이를 달성하기 위한 수단적 목적은 범죄인의 재범 방지와 사회재통합이다. 이와 같은 실천의 목적은 모든 유형의 실천모델에 동일하게 적용된다. 실천의 세부 목표들은 모델별로 다르게 설정되며 구체적인 프로그램 및 사업, 정책과 제도를 통해 달성된다.

3) 실천모델의 구성

실천모델에는 범죄인과 범죄행동을 설명하는 이론에 입각하여 문제 원인이 규명되고, 실천의 목적, 목적 달성을 위한 세부 목표 그리고 세부 목표 달성을 위한 개입의 내용이 포함되어야 한다.

여기서 개입의 내용이란 사회복지 실천 프로그램 및 사업을 의미하며 재범 방지 및 사회재통합에 목적을 두고 이를 달성하기 위한 세부 목표들에 관한 내용이다. 수용자 교화 프로그램의 세계적 모델이 되고 있는 APAC 모델에서는 준법시민이 되어 성공적으로 재정착할 수 있는지를 주거, 가족, 멘토, 직업, 신앙을 기준으로 예측하고, 이에 입각하여 프로그램을 구성한다. 출소 후 안정된 주거가 있는지, 함께 살거나 유대가 형성된 가족이 있는지, 문제에 직면했을 때 조언을 줄 수 있는 멘토가 있는지, 경제적 안정이 가능하도록 하는 직업이 있는지, 그리고 영적 변화 및 심적 안정에 강력한 영향력이 있는 신앙을 가지고 있는지 등과 같은 요소들이 포함되도록 설계한다(소망교도소, 2021: 314-315).

다음에서 다룰 교정복지 실천모델은 범죄인에 대한 사회복귀 관점에 토대를 두고 접근한다. 실천모델의 세부 목표들을 위한 사업 및 프로그램을 구성하는 기준은 가족을 비롯한 지지자원, 내적·심리적 안정, 경제적 안정, 지원 서비스로 설정한다. 범죄인의 변화를 통한 재범 차단과 성공적 재사회화를 돕는 사회복지실천은 지지자원의 보호(자원보호), 범죄인의 내적·심리적 변화(인격 변화), 경제력과 직업능력 강화(경제적 안정), 지역사회 및 제도적 서비스 제공(지원 서비스 강화)을 중심으로 개입하는 것이 적절하다.

첫째, 범죄인의 지지자원 보호를 위한 실천은 1차적으로 가족자원의 보호에 비중을 둔다. 이는 가족이 범죄 및 재범 예방에 결정적인 영향력을 가진 자원이기 때문이다. 가족자원의 보호는 수용으로 인해 경제적·심리적·사회적 어려움에 직면한 가족에 대한 인도적 차원과 재범 방지를 위한 가장 영향력 있는 자원을 보호하는 차원에서 모두 의미를 갖는다. 또한 범죄인들의 다수는 사회에 성공적으로 통합되는 데 필요한 자원이 부족하므로 지역사회 및 사회복지 제도와 서비스를 통한 지지자원은 재범 방지 및 사회복귀를 위해 필수적이다.

둘째, 범죄인의 내적·심리적 변화는 영성의 변화, 건강한 인격으로의 변화 그리고 법 준수 가치관을 비롯하여 도덕성과 사회적 책임감을 형성하도록 돕는 것 등을 포함한다. 내적 · 심리적 변화를 위한 실천의 또 다른 접근은 클라이언트의 건강한 인격 및 가치관으로의 변화를 위해 재사회화를 도모하는 방법이다.

셋째, 경제적 안정 및 직업능력은 성공적 사회정착과 재범 예방을 위한 가장 중요한 요인이다(Patterson, 2020: 90). 재범의 주된 원인은 경제적 이유이다. 따라서 지역사회에 복귀하여 적응할 수 있도록 수용자의 직업능력 향상을 위한 서비스를 제공하는 것은 출소 후에 과거의 습성이나 재범으로의 회귀를 예방하는 데 있어 중요하다.

넷째, 지지 서비스 강화는 재범 방지와 성공적 사회통합을 도울 수 있는 지역사회의 인적 · 물적 가용자원을 발굴하고 연계하는 것을 의미한다. 사회복지사는 코디네이터(coordinator)의 역할을 수행하게 된다. 지역사회와 범죄인을 호혜관계를 바탕으로 본다면 사업의 지속성은 증가한다.

실천모델별로 비중을 두는 요인이 다르므로 모델에 따라 특정 요인이 강조되기도 하고 반대로 특정 요인은 적게 다루거나 포함되지 않을 수 있다. 상기한 내용에 관한 교정복지 실천모델의 체계도는 [그림 6-1]과 같다.

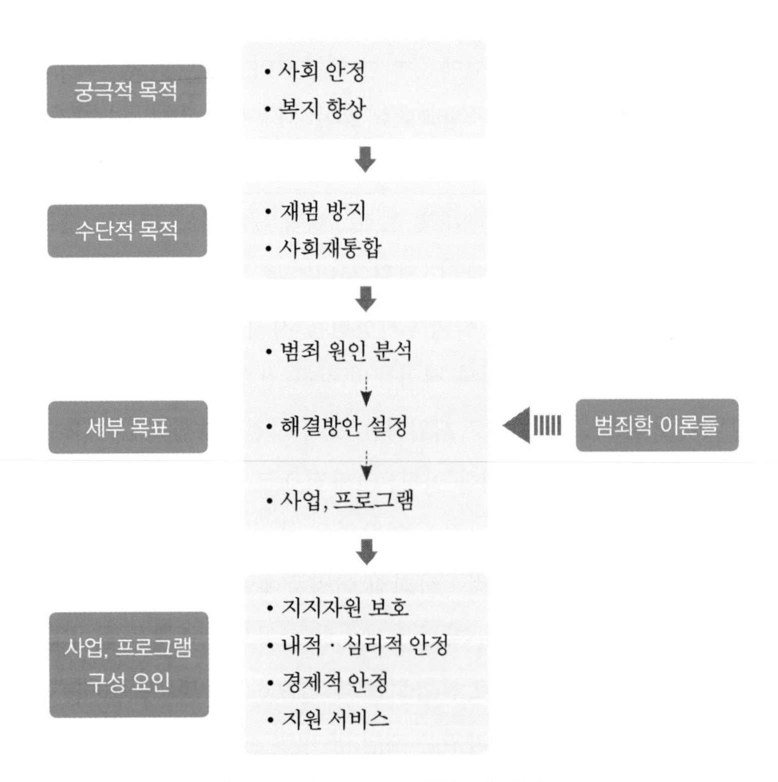

[그림 6-1] 교정복지 실천모델 체계도

2. 심리사회 모델

학습개요

심리사회 모델(psycho-social model)은 범죄인의 문제 해결을 위한 실천에서 내적 · 심리적 요인에 주목한다. 따라서 범죄심리학 이론들이 심리사회 모델의 주된 이론적 배경이 된다. 이 절에서는 소설『향수』에 나타난 범죄인의 특성 및 범죄 원인을 분석하고 실천의 목표와 세부 목표들에 입각하여 클라이언트의 문제에 대응한 사회복지 실천방법을 다룬다.

1) 실천모델 개요

사회복지실천에서 심리사회 모델의 기본 가정은 사람들이 직면한 문제가 개인의 내적인 심리적 · 정서적 특성에서 비롯된다고 본다. 이러한 특성은 사회환경적 요인들과의 상호작용에 의해 문제행동이 초래된다고 보는 것이다. 따라서 심리사회 모델은 개인의 심리적 특성뿐만 아니라 심리적 특성에 영향을 주는 신체적 · 생리적인 특성, 나아가 심리적 특성과 상호작용하는 사회환경적 요인까지 고려한다(최희철, 2021: 56).

심리사회 모델을 교정복지실천에 적용할 때 범죄행동의 1차적인 원인으로 범죄인의 내적(심리적, 성격 등) 요인에 주목한다. 따라서 범죄인의 변화를 도모하기 위한 실천의 주된 관심은 범죄인의 심리적 · 정서적 특성과 이에 영향을 준 환경적인 요인들이다. 개입의 초점은 범죄행동에 영향을 준 클라이언트의 심리적 · 정서적 요인들이 형성된 과정을 분석하고 클라이언트와 환경 모두에 개입한다.

2) 적용 사례

(1) 사례 출처

파트리크 쥐스킨트(Patrick Suskind)의 소설『향수: 어느 살인자의 이야기(Das Parfum: Die Geschichte eines Morders)』(1985)

(2) 사례 개요

『향수』의 주인공 그루누이는 태어나자마자 생선가게에서 일하는 어머니로부터 생선 내장

더미에 던져진다. 어머니는 갓 태어난 자식을 죽이려 했고 이전에도 네 명이나 죽였다는 이유로 교수형을 당한다. 고아가 된 그루누이는 아무런 냄새가 나지 않아 여느 아이들과 다르다는 이유로 여러 보모에게서 악마 취급을 받거나 버려졌으며, 고아원이나 수도원에서도 그루누이를 책임지고 싶어 하지 않는다. 사람들은 그를 착취하고 이용할 따름이다. 그런데 뛰어난 후각을 가진 그루누이는 향수 제조법을 배운다.

그는 그 도시에 있는 향수 작업실을 발견하게 된다. 그는 그곳에서 일을 하게 되었고 터무니없이 적은 임금에 비해 일을 많이 했다. 그곳의 도제에게 그는 자신이 모르는 향기를 채취하는 방법들을 익히면서 그곳의 도제보다 뛰어나게 되었다. 점점 그 도제는 작업실에 오는 날이 줄어들게 되고, 그루누이 혼자 작업실에 있는 일이 잦아졌다. 그는 그 시간을 이용하여 여러 가지 향수를 만들기 시작했다. 그 향수들은 아무런 냄새가 나지 않는 자신을 위한 향수였는데, 눈에 띄지 않도록 만드는 향수, 시간이 아주 촉박한 사람이라고 믿게 만드는 향수, 주목받게 하는 향수, 동정심을 유발하는 향수를 만들었다.

그는 그곳에서 유지(기름종이)를 이용해 향기를 채취하는 방법을 익혔다. 그 방법은 어떤 생물체에 적용하여도 그 향기를 오랫동안 유지시킬 수 있는 방법이었다. 그는 그 방법을 익힌 후부터 살인을 본격적으로 시작하며 아리따운 처녀들을 죽였다. 그는 그것을 살인이라 생각하지 않았다. 오로지 그는 완전히 사랑에 빠지게 할 수 있는 그런 향수를 만드는 것에만 집중했다.

그는 아름다운 처녀들을 죽인 후 향수를 빨아들이는 과정에서 잔인하게 사체를 훼손했다. 딸을 가진 부모들은 자신의 딸도 그렇게 되지 않도록 감시했으며, 혼자 돌아다니게 두지 않았다. 하지만 냄새로 모든 것을 판단하는 그루누이에게는 소용이 없었다. 그는 냄새로 모든 것을 판단했으며, 뒤처리까지 말끔하게 하고 사라졌기 때문에 사람들은 공포에 떨 뿐 범인을 잡을 수 없었다.

성장하면서 사랑을 받아 본 적이 없고 정상적으로 사람들과 교류하지 못한 그루누이의 첫 살인은 아름다운 소녀의 향기를 맡으려다 목 졸라 살해한 것이었다. 아름다운 소녀에 대한 그만의 잘못된 사랑 방식이었고, 그는 살인하는 동안 향기에 몰입해 있어서 죄책감도 느끼지 못했다. 그 일을 계기로 그는 자신의 뛰어난 후각능력을 깨닫고 오직 최고의 향기를 만들기 위해 아름다운 처녀들을 표적으로 삼아 살해하기 시작했다. 결국 그는 수십 명의 아름다운 여성들을 잔인하게 살해하여 향수를 만들었다. 하지만 살인행각이 드러난 그는 처형을 당하기 전에 자신이 만든 최고의 향수를 몸에 바르고 그의 몸에서 나는 향수에 취한 군중들에 의해 무참히 생을 마감한다.

그루누이는 태어날 때부터 보통 사람과는 다른 독특한 신체적 특성(냄새가 나지 않으나 예민한 후각의 소유자)을 가졌고, 누구에게도 사랑받지 못했다. 나아가 배척당하고 무시당하고 학대를 받았고, 사람들과 정상적인 감정교류와 관계 형성도 훈련되지 않았다. 그는 오직 최고의 향수를 만들겠다는 욕구 때문에 살인자가 되었고 그에게 있어서 향수는 인간이 추구하는 사랑이고 행복이었다.

3) 관련 이론

(1) 정신분석 이론

인간의 모든 행동은 개인 내부에 원인이 있다고 보는 정신분석 이론에 입각할 때, 그루누이도 정신적 문제로 인해 범죄행동을 한 것이다. 정신분석 이론에서 볼 때 무의식의 문제는 초기 아동기의 경험에 기초하여 형성되는 것으로, 그루누이의 죄책감이 전혀 없는 사이코패스적 살인행각은 어릴 적의 경험에 의해 형성된 무의식의 문제에서 비롯되었다.

태어나자마자 어머니에게 버림받고 세상의 무관심과 학대 속에서 성장한 그는 후각을 통해 세상을 바라보았고 냄새에 집착하게 되었다. 냄새는 주변으로부터 자신을 인정받도록 해 주는 것으로, 곧 자신의 존재의 이유가 된 것이다. 프로이트(Freud)는 인간이 겪는 심리적 문제는 내부에 존재하는 정신적 원인에 기인한다고 본다. 부모의 상실이나 거부로 인해 인격적으로 건강하게 성장하지 못한 사람들은 타인과의 감정적 관계 형성 능력에 손상을 받는다. 그루누이의 성장과정을 보면 어머니는 물론 다수의 보모들에게서 버림받은 어릴 적의 경험으로 인해 유아기의 발달 과업인 애착도 형성하지 못한다. 이로 인한 무의식에서의 갈등은 전 생애에 걸쳐 심리적 문제의 원인으로 작용한다. 그는 타인과 감정교류를 하지 못하여 타인의 아픔에 공감하지 못하며, 아름다운 소녀들의 생명은 최고의 향수 제조라는 자신의 욕망과 목적 달성을 위한 수단에 불과했다.

(2) 자기통제 이론

자기통제 이론은 범죄의 억제 요인으로 자기통제력에 주목한다. 자기통제력은 모든 사람에게 적용되는 인격 특성인데, 범죄행동의 기회에 직면했을 때 범죄행동을 선택 혹은 이를 피하게 하는 것은 자기통제력에 달려 있다고 본다. 자기통제력이 낮은 사람은 범죄가 제공하는 즉각적이고 근시적인 이익만을 바라보고 충동적이고 무분별한 행동을 하기 쉬운 반면, 자기통제력이 높은 사람은 범죄가 장기적으로 큰 손해를 초래한다는 것을 인지하기 때문에 범죄의 유혹에서 자신을 지키게 된다.

사례의 그루누이는 건강한 인격을 형성하지 못했다. 자기통제력은 성장과정에서 부모의 양육 태도의 영향력이 크다고 한다. 그런데 그루누이는 자신을 보살펴 주는 사람들로부터 적절하게 통제되거나 보호되지 않았고, 무관심과 무시 속에서 적절한 훈련도 받지 못했다. 자기통제력을 형성할 만한 경험과 훈련과정이 부재한 것이다. 그는 향수 제조라는 근시안적인 이익을 위해 아름다운 소녀를 만나면 즉각적·충동적으로 범죄의 유인에 반응한다. 살인이 주는 단기적이고 즉각적인 이익만을 보며 상대방의 아픔이나 자신에게 닥칠 장기적인 손해는 고려하지 못한다.

(3) 사회유대 이론

사회유대 이론은 범죄자의 내적 특성에 주목하는 이론이다. 사회적 관계를 통해 형성된 유대가 가지는 범죄행위에 대한 통제력을 다룬다. 그루누이 사례는 심리적 요인 외에도 사회환경적 접근에 해당하는 사회유대 이론으로도 범죄행동에 대한 이해가 가능한 면이 있으므로 사회유대 이론도 적용된다.

사회유대 이론은 범죄행동을 통제하는 요인이 무엇인가에 관심을 가지고 있으며, 가족, 학교, 친구 등과 같은 1차적인 관계와의 유대는 범죄에 대한 통제 기능을 한다고 본다. 사회유대가 약한 사람은 통제를 적게 받게 됨으로써 범죄가능성이 높아진다. 범죄행위를 억제시키는 통제는 애착, 관여, 참여, 신념으로 구성된 사회유대에 의해 결정되며, 사회유대의 약화는 범죄를 초래하는 원인으로 작용한다.

유대를 구성하는 첫 번째 요소인 애착을 형성할 경험은 그루누이에게 전혀 주어지지 않았다. 보살피는 사람이 자주 바뀌고 사랑도 받지 못해서 유아기에 애착이 형성되지 못했고, 성장과정에서 아무에게도 관심과 사랑을 받지 못했다. 한편, 인습적인 목표는 오직 향수 제조에 두고 이에 지나치게 몰입했으므로 사회유대를 구성하는 관여와 참여 역시 왜곡되어 있다. 내적 통제의 역할을 하는 신념도 형성되지 않았다. 도덕성을 내면화시킬 이유와 사회화 경험도 없었으므로 양심이라는 인격적 특성 역시 부재하다. 통제의 측면에서 볼 때 친밀한 사람도 부재할 뿐더러 이들로부터 부적절한 행동에 대한 통제 밖에서 존재하므로 직접적 통제를 받지 않으며, 친밀한 관계를 형성한 사람이 없으므로 위법행위에 대한 간접적 통제력도 없고, 내면화되어야 할 도덕성도 형성하지 못했으므로 내면적 통제에 의한 범죄행위의 억제효과도 기대하기 어렵다.

사회유대 이론에서 볼 때 그루누이는 사회적으로 유대를 형성하지 못했다. 그에게는 자

신뿐이었다. 그래서 사회통제 이론에서 말하는 부모에 의하여 감독이나 훈련이 이루어지는 직접적인 통제나 자신의 범죄로 인해 부모나 친밀한 사람에게 고통을 주지 않기 위해 자제하는 간접적 통제, 사회화를 통해 자신의 양심에 의해서 범죄를 저지르지 않는 내면적 통제 모두 부재했고, 통제의 부재는 범죄행동으로 연결되었다.

4) 실천의 구조화

(1) 문제 원인

소설 속 주인공의 범죄를 정신분석 이론, 자기통제 이론, 사회유대 이론에 입각해서 볼 때 문제행동의 원인은 다음과 같다. 그의 범죄행동은 무엇보다 어릴 적의 경험이 초래한 무의식의 문제가 발현된 정신질환과 같은 내적 · 심리적인 것에 원인을 가지며, 그는 사이코패스 범죄자이다. 한편, 성장과정에서 형성하지 못한 낮은 자기통제력은 범죄의 유혹에서 범죄행위를 결정하도록 했다. 무엇보다도 사회유대 이론의 관점에서 볼 때 사랑을 받아 본 적이 없고 친밀한 사람들과의 관계 형성의 경험이 부재한 그는 애착을 비롯한 유대를 형성하지 못했고, 이에 따라 범죄행동을 차단할 수 있는 통제도 부재했다.

(2) 개입의 목표와 방향

범죄의 원인을 정신질환과 무의식의 문제로 접근한다면 사회복지사는 심리 전문가에게 범죄자를 연계해야 한다. 사례관리자로서 사회복지사는 문제를 분석하고 문제 해결을 위한 개입계획을 마련하고 적절한 자원을 연계하는 코디네이터가 된다. 한편, 성장과정에서 형성하지 못한 낮은 자기통제력에 주목한다면 개입의 목표는 자기통제력을 강화하는 훈련에 두고 프로그램을 개발 및 운용하는 것이다. 그리고 사회유대의 약화를 범죄의 원인으로 접근한다면 클라이언트에게는 부재한 사회유대를 형성할 수 있도록 개입한다.

다음에서는 사회복지사의 전문성을 활용하기에 더욱 적절한 사회유대 이론에 비중을 두고 범죄자에 대한 실천 활동들을 검토한다. 사회유대 이론의 관점에서 접근할 때 유대는 범죄행위에 대한 보호요인이 되므로 유대를 구성하는 요인들인 애착, 관여, 참여, 신념을 강화시키는 방향으로 개입한다. 아울러 통제(직접적 · 간접적 · 내면적 통제)가 강화될 수 있도록 하는 실천전략도 고려한다.

심리사회 모델에서 사회복지사의 역할은 실천 대상자에 대한 사례관리자로서 심리적 문제를 치료하는 치료자이며, 사회유대 강화를 위한 촉매자, 필요한 자원을 연계하는 중개자의 역할을 수행한다. 목표 달성을 위해 사회복지사는 개입계획에서부터 실천 활동을 수행하고 필요한 자원을 활용하는 전반적인 과정에서 적극적이고 주도적인 역할을 하게 된다.

(3) 실천 활동(프로그램)

첫째, 사회유대 강화를 목적으로 한 사업은 가족관계 강화 프로그램이 적절하다. 청소년의 경우 가족은 물론이고 1차집단인 교사, 친구들도 포함되며, 그 외 친밀한 사람과의 관계 강화를 위한 프로그램도 적용할 수 있다. 사회유대 이론에서는 가족과 같은 가까운 사람과의 관계의 중요성을 강조하므로 가족관계 개선에 비중을 둔다. 교정시설 수용자와 사회 내 처분을 받고 지역사회에 있는 범죄자에 대해서는 가족관계가 잘 유지될 수 있도록 교도소에서는 가족 프로그램을, 지역사회에서는 범죄인 가족과 자녀를 대상으로 한 가정지원사업을 지역복지관과 건강가정지원센터가 주관하여 서비스를 제공한다.

둘째, 재범 방지를 위해서는(출소 후 단계 등) 가족 및 공동체와의 유대 상실, 개인적 선택의 상실, 수감으로 인한 낙인과 가족에게 미치는 해로운 결과를 최소화하는 데 관심을 두어야 한다. 오랜 기간 떨어져 지내던 가족성원의 복귀는 가족체계의 새로운 변화를 의미하므로, 이에 대해 사회복지사는 출소자 가족들이 변화에 적응할 수 있도록 지원해야 한다. 또한 사회복지사는 범죄인과 그 가족들이 그들 자신의 문제를 해결할 수 있는 능력을 개발할 수 있도록 도와야 한다.

셋째, 수용자 및 출소자에 대한 비공식적 통제가 가능하도록 하는 방법도 모색해야 한다. 사회유대 강화를 위해 친근한 사람과의 의사소통이 가능하도록 돕는다. 또한 대인관계 훈련으로 타인의 감정을 이해하도록 하는 훈련과 원만한 의사소통법을 터득하도록 돕는 것은 주변 사람들과의 유대관계를 형성하는 데 도움이 된다.

넷째, 자기통제력 강화와 같은 성격의 변화도 범죄 예방에 유용하다. 개별 범죄인에 대한 사례관리자로서 사회복지사는 범죄인이 변화하도록 동기를 부여하고, 미래에 범죄 행동을 피할 수 있는 방법을 찾도록 돕는다. 또한 자기통제력과 관련되는 알코올 남용, 불법 약물 오남용, 폭력 및 도박의 문제도 반드시 해결해야 한다(Scottish Government, 2015).

다섯째, 정신보건사업의 활성화를 통해서도 범죄 예방에 대한 효과를 기대할 수 있다. 사회 전체적으로 정신건강문제가 심해지고 있고, 심리적 · 정서적 문제로 관리가 필요한 교정시설 수용자의 수도 늘어가는 추세이다. 따라서 지역사회 수준에서 정신질환과 범죄와의 관련성을 주목하고 대응방안을 마련하는 것은 사전 예방적 차원에서 의미를 갖는다.

3. 행동주의 모델

학습개요

행동주의 모델은 범죄인의 행동교정을 목표로 한 실천에 적용하기에 유용하다. 사회학습 이론은 인간의 모든 행동은 학습에 의해 형성된다고 보기 때문에 문제행동 역시 변화할 가능성이 있다고 본다. 이 절에서는 범죄행동에 관한 사회학습 이론인 차별교제 이론과 차별강화 이론을 이론적 배경으로 하여, 영화 〈고잉 인 스타일(Going in Style)〉에 나타난 범죄인의 특성 및 범죄 원인을 분석하고 실천의 목표와 세부 목표들에 입각하여 클라이언트의 문제에 대응한 사회복지 실천방법을 다룬다.

1) 실천모델 개요

행동주의 모델은 인지행동 모델로 알려진 실천모델에 기반을 두고 있지만 여기서는 행동주의적 측면에서만 접근한다. 행동주의 모델에서는 개인의 내적 · 심리적 역동보다는 관찰 가능한 객관적 행동에 주목하며, 적응 또는 부적응적 행동에 관심을 둔다. 행동주의의 기본적인 가정은 부적응적 행동, 즉 문제행동은 내면적 갈등의 산물이 아니라 특정 자극에 대해 적합한 반응을 하지 못한 것이다.

또한 행동주의에서 문제행동은 개입을 통해 수정이 가능하다고 본다. 문제행동에 대한 강화와 처벌의 원리(스키너) 그리고 여기에 더하여 인지적 요인인 자기강화와 자기효능감도 중시함으로써 자극에 대한 상호관계성의 개념까지 도입(반두라)하여 행동 수정에 적용한다(권중돈, 2021: 519). 반두라(Bandura)가 제시한 개념인 자기강화와 자기효능감은 행동수정에 있어 사회복지사의 주도에만 의존하는 것이 아니라 클라이언트의 주체성도 주목해야 함을 의미한다.

행동주의 모델은 사회학습 이론이 설명하는 행동과정에 입각하여 범죄문제에 대한 사회복지사의 개입 방향을 안내한다. 스키너(Skinner)의 행동주의 이론에서 출발하여 이론적으로 발전시킨 반두라의 사회학습 이론은 인간의 행동은 평생에 걸쳐 학습된다고 가정한다. 학습의 과정은 스키너의 조작적 조건화, 반두라의 관찰학습 및 모델링이 대표적이다. 조작적 조건화는 선행 사건에 반응하는 행동에 어떤 결과가 발생하고 그 결과의 특성(반응에 대한 보상 혹은 처벌)에 따라 인간은 그 행동을 반복(강화)하거나 멈추게 된다(소거). 따라서 사소한 일탈적 행동을 통제하기 위해서는 긍정적인 행동은 보상하고 부정적인 행동은 처벌하거나 무시하는 방향으로 개입한다. 한편, 관찰학습은 타인의 행동을 관찰하고 모방해서 행동을 습득하도록 하는 개입이다. 학습하는 과정에서 인지의 개입과정을 중시하는 반두라는 인간의 환경에 대한 조절능력과 환경과의 상호작용에서 인간의 행동이 결정된다고 본다. 이에 입각한 실천은 학습과 함께 자기강화, 자기효능감과 같은 인간의 조절능력을 향상시키는 것이 개입의 초점이 된다.

행동주의 모델에서 사회복지사는 범죄자의 문제행동의 치료과정에서 능동적 · 지시적인 역할을 수행한다. 부적응적 행동(문제행동)인 범죄행동에 대한 원인을 진단하고, 행동의 수정(재범 방지)을 위한 전 과정을 주도한다(권중돈, 2021: 520-521).

2) 적용 사례

(1) 사례 출처

영화 〈고잉 인 스타일(Going in Style)〉(2017)

(2) 사례 개요

지금은 퇴직하여 뉴욕에 살고 있는 조, 윌리, 알버트는 평생을 함께해 온 친구들이며, 괜찮은 철강회사에서 30년이나 일을 했다. 그들이 퇴직 후 어느 날 평생직장이었던 회사는 공장을 베트남으로 옮기기로 결정했다. 미국 생산이 중단되면서 생산직에 종사하던 사람들은 일자리를 잃게 되었고 동시에 퇴직자들을 위한 연금 지급 역시 중단되었다. 연금을 받지 못하게 되자 조의 대출 상환금 체납은 누적되어 갔다.

조가 은행에서 이 문제에 대해서 상의를 하고 있을 때 마침 그 은행에 검은 복면을 쓰고 총을 든 강도 3명이 나타났다. 엎드려 있던 조는 은행 강도들이 돈을 훔치는 장면을 상세히 목격하게 되고, 증오심보다는 오히려 호기심을 가지고 강도들을 관찰한다.

조뿐만이 아니라 윌리, 알버트도 모두 평생을 일한 직장인 철강 회사가 다른 곳으로 매각되면서 연금이 나오지 않게 되자 집은 경매로 넘어갈 위기에 놓이고 생활고에 시달렸다. 조는 퇴직 후 일과의 많은 시간을 윌리, 알버트와 간단한 게임을 하거나 TV를 보거나 저녁을 함께하면서 사소한 행복을 누리고 살았다. 그러나 소득이 사라지고 대출금마저 체납되어 즐겨 먹던 파이마저 부담스러운 형편이 되었다. 세 노인은 모두 성실하게 살았음에도 불구하고 일상의 사소한 욕구마저 충족하기 어려운 노년기를 맞게 된 것이다. 그들은 평생의 수

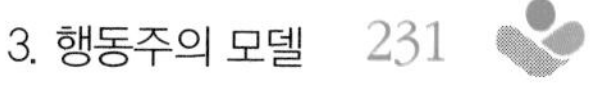

고가 보상은커녕 강탈당했다고 억울해했다.

조는 이혼을 한 딸과 손녀와 함께 생활하고 있다. 이제 열네 살이 된 손녀는 늘상 그랬던 것처럼 조에게 필요한 것을 요구하고 조도 그런 손녀의 부탁을 들어 주는 것이 기쁨이다. 그러나 강아지를 사달라고 조르는 손녀의 요청을 들어 주고 싶지만 조의 형편은 그럴 수가 없다. 한편, 윌리는 신부전증을 앓고 있어 하루라도 빨리 신장 이식 수술을 받아야 하지만 비용을 감당할 형편이 안 되며, 손녀가 너무 보고 싶지만 비행기 값이 부담이 되어 손녀를 만나러 가지 못하고 있다. 알버트는 가끔 색소폰 연주를 하며 돈을 벌고 있지만 푼돈에 불과하며 이제는 인생을 즐기면서 살고 싶지만 주머니 사정은 커피값조차 낼 수 없을 정도로 여유롭지 못하다.

조는 집이 압류당할 날이 앞으로 한 달밖에 남지 않게 되자 은행을 털어야겠다고 생각한다. 만약 체포된다면 교도소를 가겠지만 그곳에서는 식사와 주거가 해결되기 때문에 나쁘지 않을 것 같았다. 조는 두 친구를 설득하지만 불법행위를 거부하는 친구들을 설득시키기는 쉽지 않다. 그러나 처음에는 완강하게 거부하던 친구들도 조의 계획에 합류하기로 한다. 이들의 범행 동기는 명백하다. 바로 지금껏 수고한 것에 대한 보상으로 사소한 것을 누리면서 살고 싶다는 욕구이다. 그런데 평범하기까지 한 욕구가 비합법적 방법으로밖에 실현될 수 없는 상황에서 그들은 은행강도를 계획한다.

그들은 가게털이부터 시작하면서 범행을 연습했다. 엉성한 행동으로 가게를 털다가 걸려 세 노인은 도망치지만 붙잡힌다. 하지만 그들은 초범이고 사소한 범죄라는 이유로 가벼운 경고처분만 받는 것으로 끝이 난다.

첫 범죄가 실패했지만 그들은 멈추지 않는다. 진짜 목표인 은행 강도를 제대로 가르쳐 줄 수 있을 만한 스승이 필요했고, 범행에 필요한 기술을 전수할 수 있는 사람을 수소문하여 만난다. 전과자인 스승의 가르침을 배워 그들은 은행 강도를 실행할 계획을 본격적으로 세우고, 범행을 실천에 옮긴다.

3) 관련 이론

행동주의 모델은 행동의 학습성을 가정한다. 대표적으로 차별교제 이론, 차별강화 이론, 비행하위문화 이론을 들 수 있다. 해당 사례는 노인범죄를 다루고 있으므로 비행하위문화 이론은 사례의 특성상 제외한다. 노인들의 범행과정에는 관찰학습이라는 학습의 기제가 작용하고 있다. 아울러 고전 범죄학의 합리적 선택 이론도 사례를 설명하는 데 적용될 수 있다.

(1) 차별접촉 이론

범죄는 학습되는 것이며, 범죄성을 가진 사람과의 접촉에 의한 학습이 범죄행동을 초래한다. 학습은 위법행위에 대한 호의적인 가치, 신념 그리고 범행에 필요한 기술 등이며, 특히 친밀한 사람에 의한 학습의 효과는 크다. 영화에서 주인공인 조의 범죄행동에 대한 학습은 은행 강도들의 범행을 관찰한 것에 따르며, 윌리와 알버트는 친구인 조에 의해 범죄행동을 정당화하는 가치와 신념을 배운다. 또한 범행에 필요한 기술은 수소문하여 구한 전과자를 통해 배우고 연습한다. 결국 세 노인 모두 범죄행동에 대한 관찰학습과정을 거쳤으며, 범행성을 가진 사람으로부터 학습한 바를 범죄행동으로 표출한다.

(2) 차별강화 이론

차별접촉 이론과 마찬가지로 차별강화 이론 또한 범죄의 학습성을 가정한다. 범죄 이론에서 사회학습 이론을 대표하는 차별강화 이론은 범죄의 학습성을 가정하고 학습의 기제와 범죄행동의 강화과정에 대해 설명한다. 범죄는 관찰학습, 모방과 같은 학습에 의해 초래된다. 또한 범죄행위는 차별강화에 의해 강화 또는 소거될 수 있으므로 범죄행동에 대한 사회적 반응은 재범을 차단하거나 반대로 범죄행동을 발전시키는 데 작용한다. 조가 범죄행동을 선택하는 배경에는 편안한 노후라는 문화적 목표를 달성하는 데 필요한 합법적 수단이 부재한 것이 단초가 되므로 긴장 이론과도 일부 관련된다. 그렇지만 범죄행동의 직접적인 원인은 학습에 의한 것이므로 차별강화 이론을 적용하는 것이 사회복지실천에 보다 유용하다.

관찰학습 및 차별강화 원리에 따르면 세 노인이 저지른 은행 강도는 학습된 것이며, 연습 삼아 실시한 가게털이에서는 행동의 재발을 막을 만큼(소거) 정적 처벌이 가해지지 않았다. 경미한 처분만을 받게 되자 보다 치밀하게 범행을 준비하고 실행에 옮기는 것으로 범죄행동이 발전한다. 차별강화 원리에 의한다면 문제행동이 소거되지 않고 오히려 강화된 것이다.

그들이 은행 강도를 저지른 과정은 관찰학습의 원리에도 적용된다. 첫째, 주의집중과정(주의깊은 관찰)은 은행대출을 받으러 갔다가 은행 강도의 행동을 관찰하게 되는 단계이다. 둘째, 보존과정(저장, 기억)은 머릿속 기억 장치에 관찰했던 사실을 저장(전의식)하는 단계로, 집이 압류당할 날이 다가오고 있다는 사실은 동기 발생이 된다. 셋째, 운동재생과정(행동적 재현과정)은 외형적인 행동으로 전환하는 단계로, 가게털이를 연습 삼아 범죄행동을 실행에 옮긴다. 그 결과로 범행의지를 버리기에 불충분한 가벼운 처벌을 받게 된다. 넷째, 동기과정(자기강화과정)에서는 행동의 결과에 의한 강화를 통해 동기를 높여 주는 과정으로서 은행 강도라는 범죄행동을 실행한다.

(3) 고전 범죄학

고전 범죄학에서 범죄는 자유의지를 가진 인간의 합리적 선택의 결과라고 본다. 범죄행동은 범죄에 따른 비용(체포가능성, 법적 처벌가능성 등)보다 범죄행동의 결과로 얻을 수 있는 이익이 더 많다고 판단될 때 선택되는 행위이다. 범죄행위는 인간의 이성에 입각한 합리적 선택행위이다. 해당 사례에서 은행 강도를 실행한 세 노인은 지극히 이성적인 사람들이며, 범죄는 심사숙고 끝에 결정한 행동이다. 주인공은 범죄의 결과까지도 생각하며 "만약 체포가 된다면 교도소를 가겠지만 그곳에서는 식사와 주거가 해결되기 때문에 나쁠 것은 없을 것 같다."라고 말한다. 범죄를 통해 잃을 것(지불해야 할 비용)은 적지만 얻을 수 있는 이익(사소한 일상의 행복을 되찾고, 안정적인 노후를 보낼 수 있는 자금 확보)은 클 것으로 판단했기 때문에 범죄행동을 선택한 것이다.

4) 실천의 구조화

(1) 문제 원인

사회학습 이론은 행동의 학습성을 가정하며, 범죄행동 역시 학습에 의한 것이라고 본다. 따라서 세 노인의 범행은 차별접촉에 의한 학습, 차별강화 원리에 의한 행동의 강화가 초래한 결과이다. 한편, 고전 범죄학에서 접근할 때 문제의 원인은 처벌의 가벼움(가게털이에 관한 법적 처분)으로 인하여 재범의 억제효과를 가져오지 못했기 때문이다.

(2) 개입의 목표와 방향

차별접촉 이론에시 출발할 때 개입의 방향은 범죄에 호의적인 태도를 가진 사람과 접촉하는 대신 관습적인 행위를 하는 사람들과의 접촉 기회를 강화시켜 주는 것이다. 또한 범죄적 가치관에 노출된 사람에 대해서는 학습을 통한 재사회화를 개입의 목표로 한다. 차별접촉 이론에서 접촉은 중요한 요인이므로 프로그램을 설계할 때 접촉(교제)의 범위를 설정해야 한다. 현대사회에서 접촉에 의한 학습은 사람과의 직접적 접촉뿐만 아니라 대중문화, 인터넷 등 학습에 영향을 주는 매체의 다양성을 활용하여 개입계획을 세운다.

차별강화 이론에서 접근할 때 개입의 목표는 행동수정이다. 행동수정과정은 사회복지사의 적극적인 개입계획과 주도적 · 능동적인 치료과정이 필요하다. 잘 설계된 계획에 입각하여 바람직한 행동으로의 교정을 목표로 한다. 행동교정을 위해 사회복지사는 행동이 발생하게 된 상황의 전후를 분석하고 행동의 변화를 위한 계획을 수립해야 한다. 문제행동인 범죄의 원인을 진단하고 개입의 목표 설정 및 행동수정을 위한 개입의 전 과정은 사회복지사의 능동적이고 적극적인 역할에 의해 진행된다.

사회학습 이론은 행동주의 심리학에 입각하고 있는 만큼 그 원리를 범죄인에게 적용하여 범죄행동을 수정하는 데 유용하다. 적용할 수 있는 실천기술로는 모델링, 행동 시연, 역할연습, 사회기술훈련(대인관계가 취약한 경우) 등을 들 수 있다. 사회복지사의 주도에 따라 진행하는 만큼 때로는 실천 대상자의 자발성이 결여될 수 있다. 행동주의 실천모델을 적용하는 사회복지사는 개입의 목표와 절차에 대해 범죄인 및 비행청소년과 신뢰관계를 형성하고 개입과정에 관해 상호합의하는 것이 필요하다.

다음의 실천활동들은 사회학습 이론인 차별교제 이론과 차별강화 이론에 부합하는 실천방법들의 예시이다.

(3) 실천활동(프로그램)

첫째, 범죄의 사전예방적 접근은 사회규범에 순응적인 가치관 및 태도의 형성을 목표로 한다. 지역사회 수준에서는 지역주민에 대한 교육 프로그램을 운영한다. 범죄의 사전예방 차원에서 법 준수 교육을 제공하는 것을 예로 들 수 있다. 지역사회복지관 및 청소년 관련 기관, 혹은 학교에서 진행하며 형사사법기관들(대한법률구조공단, 청소년비행예방센터 등)과 협력하여 법 준수 교육을 제공한다. 비행에 취약한 청소년에 대해서는 재사회화를 위한 학습활동과 경험을 제공한다. 독서치료, 명사 강연, 체육 및 오락 프로그램을 통한 간접교육도 유용하다.

둘째, 비행청소년에 대해서는 멘토링 프로그램을 권장할 만하다. 모방학습의 원리를 적용하여 멘토가 되는 사람이 생각하고 행동하는 것을 보고 새로운 가치관과 행동을 학습하도록 한다. 학습의 내용에는 범죄행위에 대한 변명이나 합리화를 제공하는 중립화 정의에 대한 태도 교정도 포함한다. 비행청소년의 경우 일대일 멘토링을 통한 모델링은 학습의 기제로 유용하며, 성인이나 대학생 자원봉사자뿐 아니라 친구의 영향이 절대적인 시기인 만큼 또래상담도 적절하다.

셋째, 범죄인에 대해서는 관찰학습과 모방의 원리에 입각하여 규범 준수에 관한 가치관 및 태도를 학습시킨다. 교도소 수용자에 대해서는 교정교육과 교정상담을 통한 인성교육과 재사회화를 위한 교육을 실시한다. 또한 교정자원봉사자와의 일대일 멘토링 프로그램은 모델링의 효과도 기대할 수 있다. 교도소에 있는 사회복지사들은 수용생활에 관해 조언하거나 대처하는 것을 도우면서, 가족이나 건전한 친구 및 지인과의 접촉을 용이하게 할 수 있도

록 수용자를 돕는다.

넷째, 차별강화의 원리에 입각한다면 사람의 행동은 보상에 의해 강화되고 처벌에 의해 소거되는 만큼 범죄적 행동의 소거를 위해 정적 처벌 및 부적 처벌의 원리에 입각하여 개입 계획을 세운다. 보다 적극적이고 긍정적인 방법으로는 범죄행동을 하지 않았을 때 보상하는 강화의 원리도 포함시킨다. 행동주의의 조작적 조건 형성(조작적 조건화)에 따라 개발된 행동수정기법 중에서 혐오자극법,[2)] 토큰법,[3)] 타임아웃(격리법)[4)] 등과 같은 치료기법은 사소한 일탈 및 경미한 비행행동을 보이는 청소년들의 행동을 수정하는 데 유용하다.

2) 혐오자극법은 바람직하지 않은 행동을 할 때마다 불쾌한 자극을 주는 방법으로 임상에서는 술, 성도착증, 도박 등에 대한 욕구를 보일 때마다 전기충격이나 구토제 등을 사용한다. 이러한 방법은 인권침해 소지가 있어 사용이 제한적이며, 특히 청소년을 대상으로 하는 사회복지실천에서는 권장되지 않는다.

3) 토큰법은 자주 사용되는 기법으로서 바람직한 행동을 인정해 주는 것만으로는 별 효과가 없을 때 토큰을 줌으로써 원하는 물건과 바꾸게 하거나(정적 강화), 싫어하는 것을 변제하도록 하는 것이다(부적 강화). 토큰법은 일종의 강화방법이다.

4) 타임아웃은 부적절한 행동을 하면 모든 정적 강화를 차단하여 그 행동을 감소시키기 위해 일정 시간 동안 다른 장소에 격리시키는 방법이다. 실천 대상자가 부적절한 행동을 했던 장소에서 정적 강화 자극을 받은 경험이 있는 경우에 효과적이다. 타임아웃은 일종의 부적 처벌에 해당한다.

4. 역량강화 모델

학습개요

역량강화 모델은 위기에 처해 있으나 잠재가능성이 큰 클라이언트에 대한 실천에 유용하다. 이 절에서는 수용자자녀를 실천 대상자로 하여 인권보장과 건강한 육성을 목적으로 하는 사회복지실천을 다룬다. 또한 강점 관점에 입각하여 영화 〈7번방의 선물〉에 나타난 클라이언트의 상황 분석 및 회복탄력성 이론과 사회자본 이론에 기반한 세부 목표들의 설정 그리고 보호요인 강화에 관한 사회복지사의 실천에 대해 다룬다.

1) 실천모델 개요

역량강화(empowerment) 모델은 인간의 잠재된 회복가능성을 전제한다. 이는 인간의 변화가능성을 신뢰하는 사회복지 실천의 핵심 가치에 부합하는 실천임을 의미한다. 사회복지실천에서 역량강화란 자원이 부족하거나 위기상황에 대한 대처능력이 취약한 클라이언트가 자신의 삶을 충분히 통제할 수 있도록 원조하는 것이다. 그리하여 자기 삶에 대한 결정을 스스로 해 나갈 수 있도록 한다. 역량강화 모델에서 관심을 두는 실천 대상자는 자기 문제를 스스로 해결할 역량이 부족한 사람들이다. 이런 까닭에 빈민과 억압받는 사람들, 장애인, 노숙자, 낙인을 받거나 차별받는 사람들, 사회자원을 가지지 못한 사람들이 역량강화의 대상이 된다. 범죄인은 빈곤자, 사회적으로 낙인받고 차별을 받는 사람, 사회자본을 가지지 못한 사람들이라는 점에서 역량강화 모델은 교정복지실천에의 활용가능성이 크다.

문제를 가진 인간이 그가 속한 환경 속에서 자신의 삶에 대한 권한을 획득하거나 극대화하는 적극적인 참여과정과 결과를 포함하는 역량강화는 사회복지실천의 접근 관점이면서 실천방법론이다(최희철, 2021: 197). 사회복지실천의 관점으로서의 역량강화는 사회복지실천에서 사회복지사의 가치, 태도, 실천 대상자와 사회복지사 간의 관계에 영향을 미치며, 실천방법론으로서의 역량강화는 사회복지실천상의 지식과 기술의 활용에 영향을 준다. 달리 말해, 관점으로서 역량강화는 사회복지사가 실천 대상자를 중심으로 가치를 강화하도록 하고 이들을 잠재력을 가진 존재로 인식하고 접근하도록 한다. 방법론으로서 역량강화는 실천 대상자를 자기 삶의 전문가로 이해하고 이들이 자신의 욕구에 기반하여 목표를 스스로 설정하고 내적 · 외적 자원을 활용하여 문제를 해결할 수 있도록 돕는 일에 사회복지사가 관

여하기 때문에 실천과정은 실천 대상자 중심으로 진행된다(최희철, 2021: 197-198).

역량강화 관점에서 접근한 교정복지실천은 범죄문제로 인해 위기에 처한 사람(가해자, 피해자, 수용자가족 등)을 실천 대상자로 한다. 이들의 역량을 강화함으로써 직면한 문제들을 자기주도적으로 해결할 수 있는 잠재력을 가진 존재로 접근한다. 아울러 문제를 해결할 수 있는 클라이언트의 역량에 대해 긍정적이라는 점에서 사회자본 이론과 탄력성 이론이 이론적 기반으로 적절하다. 두 이론 모두 위기 극복에 대한 보호요인의 중요성을 강조한다. 보호요인은 클라이언트에 대한 사회복지 서비스를 통해 확보되거나 강화될 수 있다. 그 과정은 클라이언트의 역량을 강화하는 데 기여한다.

역량강화 모델을 교정복지실천에 적용할 때 범죄인 및 관련자들의 위기 극복 및 회복가능성을 가정한다. 또한 사회자본 이론과 회복탄력성 이론이 공유하고 있는 위기 극복에 대한 보호요인을 주시하고 보호요인 강화를 실천의 주된 내용으로 포함한다. 역량강화 모델은 문제의 원인보다는 문제의 극복에 비중을 두며 그 가능성에 대해 긍정적인 관점을 견지한다는 점에서 문제행동에 대한 원인을 주목하는 다른 실천모델과는 구별된다.

취약한 집단에 대한 역량강화를 목표로 하는 사회복지실천의 근거는 한국사회복지사협회의 윤리강령에서도 찾을 수 있다. 역량강화는 취약한 집단을 대상으로 하므로 인간존엄성의 가치가 무엇보다 중요하다. 「한국사회복지사 윤리강령」(5차 개정, 2023년)은 핵심 가치인 인간존엄성의 가치에 입각한 윤리적 원칙으로 클라이언트에 대한 역량강화를 명시하고 있다. 또한 인간존엄성을 구현해야 하는 사회복지 전문직에게 요구되는 윤리 기준에서도 사회적 약자 옹호, 인간존엄성에 입각한 실천, 클라이언트의 조건에 차별을 두지 않는 평등한 실천을 윤리적 실천원칙으로 제시하고 있다.

사회복지사의 윤리적 실천: 클라이언트 역량강화

▶ 핵심 가치 1. 인간존엄성

윤리적 원칙:

"사회복지사는 클라이언트가 역량을 강화하고, 자신과 환경을 변화시킬 수 있도록 지원한다. 사회복지사는 실천 과정에서 클라이언트의 개입과 참여를 보장한다."

▶ **사회복지사의 윤리기준 중 1. 전문가로서의 자세 1) 인간존엄성 존중**

가. 사회복지사는 모든 인간의 존엄, 자유, 평등을 위해 헌신해야 하며, 사회적 약자를 옹호하고 대변하는 일을 주도해야 한다.

나. 사회복지사는 모든 인간의 고유한 존엄성과 가치를 인정하고 존중하며, 이를 기반으로 사회복지를 실천한다.

다. 사회복지사는 클라이언트의 성, 연령, 정신 · 신체적 장애, 경제적 지위, 정치적 신념, 종교, 인종, 국적, 결혼상태, 임신 또는 출산, 가족 형태 또는 가족 상황, 성적 지향, 젠더 정체성, 기타 개인적 선호 · 특징 · 조건 · 지위 등을 이유로 차별을 하지 않는다.

출처: 「한국사회복지사 윤리강령」(5차 개정, 2023).

2) 적용 사례

(1) 사례 출처

영화 〈7번방의 선물〉(2013)

(2) 사례 개요

지적장애를 앓고 있는 아버지 이용구는 딸 예승을 위해 세일러문 캐릭터가 그려진 노란색 가방을 사는 것을 꿈꾸며, 매일같이 가방가게 앞에 들른다. 하지만 마지막으로 하나 남은 가방은 경찰청장의 딸의 것으로 넘어간다. 그 가방을 예승에게 사주고 싶었던 용구는 세일러문 가방을 메고 있던 경찰청장의 딸에게 집적대다가 경찰청장에게 맞는다. 다음 날, 용구가 가게 주차요원으로 근무하여 받은 월급을 계산하던 도중 가방을 사갔던 경찰청장의 딸을 만나고, 가방을 멘 아이는 용구에게 자신을 따라오라고 한다. 세일러문 가방을 파는 다른 곳을 알려 주려고 전통시장의 골목길을 뛰어가던 아이는 스스로 빙판에 미끄러져 넘어지면서 뒤통수가 깨지고 떨어진 벽돌에 맞아 사망하고 만다. 아이를 따라갔던 용구는 목격자의 신고에 따라 경찰청장의 폭력에 대한 보복으로 아이를 살해하고 강간한 것으로 억울하게 누명을 쓰고 결국 사형선고를 받아 교도소에 수감된다. 집에 혼자 남은 예승은 보육원으로 들어가게 된다.

수용자가 된 용구는 어느 날 같은 방을 쓰던 방장을 살리게 되고 방장은 용구에게 원하는 것을 말하라고 한다. 용구가 딸이 보고 싶다고 하자, 다른 수형자들의 도움으로 예승을 몰래 교도소의 방으로 들여온다. 이는 영화이니까 가능한 이야기이다. 하지만 얼마 안 가 납치범

에게 아들을 잃은 보안과장에게 이 사실이 발각되어 용구는 과장으로부터 미움을 받지만, 다른 수용자가 저지른 방화로 죽을 뻔한 보안과장이 용구에 의해 구조를 받게 된 후부터는 보안과장도 용구를 도우려고 한다. 결국 모든 수용자가 용구의 누명을 벗겨 주기 위해 탄원서를 작성하고, 용구가 재심 법정에서 할 말들을 미리 준비하여 알려 준다. 그러나 국선 변호사의 무성의한 변론 진행과 경찰청장의 협박·폭행으로 용구는 정작 현장에서 준비해 갔던 말들을 이야기하지 못하고, 거짓 자백을 하며 재심에서도 사형을 선고받아 형이 확정된다. 결국 용구의 사형은 집행된다.

해당 사례에서 수용자자녀인 예승이의 상황에 주목해 보자. 장애인 아버지가 홀로 키우는 물리적 양육환경은 취약했을 것이다. 그나마 유일한 보호자였던 아버지마저 수감되고, 영문도 모른 채 이별하게 되었는데 방송에서는 아버지를 흉악범으로 소개한다. 혼자 남겨진 아이는 낯선 보육원으로 갑작스럽게 옮겨진다. 부모와의 이별과 자신이 원치 않는 곳으로의 이전, 수감된 부모에 대한 걱정과 변화된 모든 것에 대한 두려움 등이 예승이가 처한 상황이다. 예승을 통해 상당수의 수용자자녀가 겪게 되는 심정을 짐작하게 된다.

한편, 예승은 교도소장의 지원과 부모의 역할을 대신해 주는 주변 사람들의 도움으로 잘 성장한다. 예승에게는 성장 잠재력이 있었으며, 그 가능성을 열어 준 주변 사람들의 도움은 예승이 위기에 대처할 수 있는 보호요인이 된 것이다. 시간이 지나 예승은 사법고시에 합격하고, 사법연수생이 되어 모의국민참여 재판에서 아버지의 누명을 벗기는 것으로 영화는 막을 내린다. 아버지가 사형당한 지 15년이 지난 후였다.

3) 관련 이론

(1) 사회자본 이론

다수의 범죄인과 그 가족들은 사회적 관계망이 약하거나 부재하므로 사회자본을 가지고 있지 못하다. 사회적 관계 속에서 생성될 수 있는 사회자본은 자신이 속한 집단 또는 사회성원이 됨으로써 확보할 수 있는 자본이다. 따라서 주변의 도움이 필요한 특정한 상황에서 지지자원이 없는 하위계층의 경우 범죄에 대한 유혹에 노출될 수 있는 반면, 사회자본이 풍부하다면 범죄행위를 막는 보호요인이 된다. 사회자본이 개인적 수준에서 자신을 둘러싼 연계망이라면 지역사회 수준에서는 공동체의 연대감과 결속력이다. 이러한 특성에 비추어 볼 때 구금으로 인해 사회자본이 훼손된 수용자와 출소자는 직면한 상황을 극복할 수 있는 가용자원이 없는 상태이다. 만약 사회자본이 없는 출소자가 빈곤이나 무직 등과 결합된다면 사회재통합에 실패할 가능성은 커진다.

그 반대의 경우를 가정해 보자. 사회자본은 직면한 어려움을 극복하게 하고 주어진 상황에 성공적으로 적응하도록 하는 보호요인이다. 수용자들의 가족 또는 친구 등 외부와의 관계가 질적으로 잘 유지되는 것은 사회와의 격리와 처벌로 인해 훼손될 수 있는 사회자본이 유지되는 것이다. 사회자본은 수용자로 하여금 수감으로 인한 부정적인 충격을 완화하고 사회복귀에 대한 동기를 가지도록 해 준다. 나아가 출소 후 사회복귀를 연결하는 가교로서 출소 후 적응과정에서 필요한 가용자원이 보존되도록 하여 결과적으로 재범을 막는 보호요인이 된다. 또한 지역사회로부터의 지지자원에 의해 연계망이 강화되는 것은 출소자의 성공적인 사회정착을 돕게 한다.

사례에서 수용자 자녀인 예승은 장애인인 아빠와 살다가 혼자 남게 되었으므로 그나마 있던 사회자본마저 상실한 셈이다. 그러나 아버지를 대신할 뿐 아니라 더 양질인 사회자본이 보완되는데, 그것은 바로 교도소장의 관심과 지원, 주변 사람들의 도움이다. 이는 사회자본의 1차적인 요인은 가족이지만 사회적 연결망 속에서 충분히 보완될 수 있다는 점을 보여준다. 수용자자녀인 예승은 사회자본을 모두 박탈당했지만 양질의 사회자본으로 대체됨으로써 일탈의 위험에서 벗어났다. 또한 역량강화를 통해 건강한 성인으로의 성장이 가능했는데, 이는 주변에 의해 새롭게 형성되어 예승에게 제공된 사회자본의 효과이다. 사회자본은 스스로의 인생을 성공적으로 이끌어 갈 수 있도록 하는 역량강화의 구성 요소이자 위기에서 벗어나도록 하는 보호요인이다.

(2) 회복탄력성 이론

회복탄력성 이론은 사회복지 실천에서 강점 관점과 깊이 관련되어 있다. 강점 관점에 입각할 때 사람들은 누구나 자신이 속한 환경과의 관계에서 긍정적인 지지를 받을 때 그들 자신의 삶을 해석하고 변화시킬 수 있는 회복탄력성을 가진다. 누구나 회복탄력성을 가지고 태어난다. 위기에 직면한 사람을 포함하여 모든 사람은 이를 극복할 수 있는 잠재력을 가지고 있으며 범죄자 및 범죄자의 가족도 마찬가지이다.

회복탄력성 이론은 어떠한 시련과 위기도 극복될 수 있다고 본다. 사회복지 관점에서는 이들이 위기를 극복할 수 있도록 보호요인을 강화시키는 방향으로 도와야 한다. 회복탄력성 이론에서 접근하면 수용자 가족과 자녀들이 직면한 위기적 상황은 해결이 가능할 수 있다. 사람은 누구나 시련을 경험하게 되지만 시련으로부터 보호해 주는 보호요인에 의해 시련을 대처하고 극복할 수 있는 잠재력을 가지고 있기 때문이다.

사례에서 제시된 예승은 극도의 위기적 상황에 처해 있었고 사회적 보호가 필요한 보호아동이었다. 그러나 신속하고 적절한 개입을 통해 보호요인들이 제공됨으로써 위기를 극복하고 건강한 사회성원, 나아가 젊은 인재로의 성장이 가능했다.

4) 실천의 구조화

(1) 문제 원인

사회자본 이론과 회복탄력성 이론은 위기상황에서의 보호요인에 초점을 둔다. 문제의 원인보다는 직면한 상황을 극복할 수 있는 방안에 비중을 둔다. 먼저, 사회자본 이론에서 접근할 때 범죄행위의 발생가능성을 줄이는 보호요인인 사회자본이 훼손되거나 부재할 때 범죄의 위험성이 높아진다. 사회적 관계 속에서 생성될 수 있는 사회자본이 취약한 하위계층의 경우 범죄행위에 대한 억제력을 가지지 못한다. 개인이 가지고 있는 연계망, 지역사회 수준에서는 연대감과 결속력은 개인들의 사회자본이 결정하며, 취약한 계층 그리고 구금으로 인해 사회자본이 훼손된 수용자와 출소자, 범죄인 가족과 자녀들은 보호요인의 결여로 인해 위기에 노출될 위험성이 커진다.

한편, 회복탄력성 이론에서는 범죄 위기에 처한 사람이라도 회복탄력성을 가진 사람은 위기를 극복할 수 있으므로 범죄행위에 빠지지 않을 수 있다. 그러나 보호요인이 부재한 경우 회복탄력성을 가지지 못한다. 사회자본 이론과 유사하게 회복탄력성 이론은 범죄자의 재범예방 및 범죄인 가족들의 회복을 위한 지원은 보호요인을 강화하는 방향으로 진행된다.

(2) 개입의 목표와 방향

사회자본 이론과 회복탄력성 이론의 공통점은 보호요인에 주목하는 것이다. 따라서 사회복지실천은 보호요인 강화를 통해 실천 대상자가 문제를 스스로 해결해 나갈 수 있도록 하는 역량강화를 실천의 목표로 두어야 한다. 범죄인 및 피해자 그리고 가족들을 대상으로 하는 사회복지실천은 보호요인을 중심으로 접근하고, 직면한 상황을 극복할 수 있도록 돕는다.

사회자본의 강화를 위한 사회복지의 미시적 차원에서의 개입은 지지자원이 빈약한 취약계층에 대해 가족, 친구 등과 같은 1차적 집단 혹은 이들을 대신할 수 있는 사람 간의 관계망 형성을 지원하는 것이다. 지역사회 차원에서는 지역사회성원들이 공동의 문제를 함께 풀어가려고 하는 연대감을 형성하는 데 사회복지의 전문성을 활용한다. 사회자본은 경제적 요소가 아닌 사회적 요소, 특히 사회적 결속력(social cohesion)으로 범죄문제에 공동 대처하는 것이므로 이에 입각하여 실천을 계획한다. 지역사회 수준의 연대감을 형성하도록 함으로써 범죄의 보호요인을 강화하는 것을 목표로 개입한다. 지역사회 차원에서는 지역사회성원들이 공동의 문제를 함께 풀어 가려고 하는 연대감을 형성하는 것이다.

회복탄력성 이론에 입각할 때 범죄자, 피해자, 가족은 모두 문제로부터 회복될 수 있다. 범죄자에 대해서는 재범에서 벗어날 수 있도록 긍정적인 경험을 할 수 있는 프로그램을 제공한다. 범죄피해로 인한 트라우마와 위기에 처한 피해자에 대해서도 회복탄력성에 입각하여 개입한다. 수용자 가족 및 자녀에 대해서도 위기에 대처할 수 있도록 원조함으로써 대처력을 향상시키는 방향으로 개입한다.

역량강화 모델에서 사회복지사에게 요구되는 역할은 심리사회 모델이나 행동주의 모델과는 다르다. 실천 대상자가 자신의 욕구에 기반하여 스스로 목표를 설정하고, 외부자원을 활용하여 힘을 얻게 됨으로써 스스로 문제를 해결하도록 하는 것에 실천의 목표를 둔다. 역량강화 모델에서는 전문가가 주도하는 실천이 아니라 클라이언트가 문제 해결을 주도하는 과정에서 사회복지사는 협력하는 역할을 한다(최희철, 2021: 198). 사회복지사는 협력자의 위치에서 클라이언트의 역량강화에 필요한 인적 · 물적 자원을 지원하는 중개자의 역할을 수행한다. 또한 이들의 사회적 권리보장을 위해서는 옹호자의 역할도 수행해야 한다. 역량강화과정에서 필요한 자원을 발굴하고 연계하고 지원한다는 점에서는 사례관리자 혹은 코디네이터의 역할도 수행한다.

(3) 실천활동

다음에서 제안된 실천활동들은 범죄문제에 대응하여 사회자본 이론과 회복탄력성 이론에 토대를 두고 클라이언트와 지역사회 수준에서 사회복지실천에 적용될 수 있는 예시이다.

첫째, 지역사회에서는 범죄인 및 남겨진 가족들의 취약한 사회자본을 대체할 수 있는 자원을 제공한다. 이를 위해서는 지역사회 내에서 범죄문제 해결에 대한 공감대를 형성하는 일이 필요하다. 범죄문제 해결을 위한 활동이 진행되기 위해서는 이러한 활동이 지역주민과 범죄인 모두에게 호혜적임을 인식시키는 일이 선행되어야 한다. 또한 지원은 주민 간에 협의를 통해 제공되어야 한다. 필요한 경우 사회복지사는 교도소 직원과 전문가, 지역사회에 기반을 둔 자원을 가진 기관 그리고 지자체와 협력한다.

둘째, 사회자본은 관계를 통해 형성되는 자본인 만큼 관계망 확충을 위한 활동이 적절하다. 사회자본의 1차적인 토대인 가족자원을 강화하는 방법은 용이한 접근이다. 가족유대와 친밀한 가족관계는 양질의 사회자본이다. 영국 스코틀랜드의 수용자에 대한 사회복지실천

의 국가 기준에 따르면(쓰루케어 38조), "수용자의 복지를 담당하는 사회복지사는 수용자가 가족과 지역사회와의 유대관계를 유지하도록 도우며, 필요한 경우 수용자, 가족 구성원 또는 지역사회의 복지기관과 협력해야 한다."(Scottish Government, 2015)라고 실천원칙을 명시하고 있다.

셋째, 출소자에 대해서는 사회통합에 필요한 자원을 지역사회로부터 발굴, 동원, 연계하는 데 비중을 둔다. 이때 사회복지사는 연계자 및 중개자의 역할을 담당한다. 출소자의 사회재정착에 필요한 물질적 · 심리적 · 정서적 프로그램을 제공하는 것은 출소자의 사회정착에 관한 전문기관인 한국법무보호복지공단과 협력한다. 지역사회 가용자원을 동원하는 과정에서 사회복지사는 네트워킹 전문가로서의 역량을 발휘해야 한다. 출소자를 원조하기 위해 지역사회 수준에서 접근할 때는 출소자와 지역주민 간의 호혜적 관계를 조성하는 것이 사회자본의 속성에 부합한다.

넷째, 수용자 가족과 자녀, 특히 사회적 보호 대상이 된 미성년 자녀들에 대해서 사회복지사의 특별한 관심이 필요하다. 회복탄력성 강화를 위해서는 신뢰할 수 있는 지원자를 아동에게 연계하는 것도 방법이다. 특별히 보호 대상으로 의뢰된 수용자자녀에 대해서는 「아동복지법」에 따른 아동보호체계와 연계하는 일, 청소년복지체계 및 학교사회복지체계와 협력하는 일은 사법 영역의 사회복지사의 네트워킹능력에 달려 있다. 역량강화 모델에 입각한 실천에서 사회복지사는 수용자자녀의 성장가능성과 잠재력에 대한 관점을 견지해야 한다.

5. 지역사회개발 모델

학습개요

지역사회개발 모델은 범죄의 원인 및 해결방안이 근본적으로 지역사회에 있다고 본다. 이 모델은 취약계층의 범죄자를 실천 대상자로 주목하며, 이들에 대한 사회복지의 개입을 지역사회 수준에서 계획하고 실천하는 데 유용하다. 이 절에서는 사회해체 이론과 긴장 이론에 입각하여 범죄문제에 대응한 사회복지 실천모델을 구성한다. 영화 〈해바라기〉 사례를 중심으로 범죄 원인 분석, 세부목표들의 설정 그리고 사회복지 개입의 방향을 제시한다.

1) 실천모델 개요

지역사회개발 모델은 본래 지역사회복지에서 다루는 개념이다. 여기서 지역사회복지는 지역사회 수준에 개입하여 지역사회에 존재하는 각종 제도에 영향을 주고 지역사회의 문제를 예방하고 해결하고자 하는 일체의 사회적 노력을 의미한다(최일섭, 이현주, 2006: 25). 지역사회개발 모델은 이러한 목적 달성을 위한 실천모델의 하나로서 지역사회 수준에서 접근하는 거시적 실천이다.

지역사회복지는 지역주민이 주도하고 주민의 자치에 입각하여 지역사회 공동의 이해와 관련되는 문제 해결과 지역사회 발전을 위해 주민들이 협력하며 각종 제도에 영향을 주는 일체의 활동이다. 이를 위한 지역사회복지의 실천모델들은 지역사회의 문제를 해결하기 위해 사회복지 서비스와 연계하여, 지역사회성원들의 자율성 · 자발성에 입각하여 문제를 해결하고자 한다. 따라서 지역주민들의 자원과 능력을 최대한 활용하여 지역주민에게 적합한 서비스를 제공하는 것을 특징으로 한다. 이를 위해 지역사회성원들의 참여와 의견 수렴, 자원 조성 및 활용, 사회적 네트워크 형성 등을 통해 문제를 해결하는 것을 강조한다. 따라서 지역사회복지에 관한 실천모델들은 지역주민들의 자치와 협력, 지역사회성원들의 자율성과 책임성을 강조한다.

지역사회개발 모델은 1960년대에 미국의 사회학자 로스먼(Rothman)에 의해 제시된 지역사회복지 실천모델의 세 가지 유형(지역사회개발, 사회계획, 사회행동) 중 하나로서, 지역사회를 변화(개선)시키기 위해 주민들이 목표 설정과 실천행동에 참여하는 것이 특징이다. 로스먼은 지역사회개발 모델에 관한 5단계로 '사회조사 단계'(지역사회의 현 상황과 문제점 파악),

'사회자원 조사 단계'(지역사회의 자원과 능력을 파악), '목표 설정 단계'(문제 해결을 위한 목표 설정), '전략 수립 단계'(목표 달성을 위한 전략 수립), '실행 및 평가 단계'(수립된 전략 실행, 결과 평가)로 구분한다.

지역사회개발 모델의 주된 특징은 지역사회 주민의 적극적인 참여와 주민들이 가능한 한 최대의 주도권을 가지고 지역사회의 경제적 · 사회적 조건을 향상시키기 위해 협력하는 것으로서, 민주적인 절차와 자발적인 협동, 지역주민과 지도자에 의한 개발 그리고 교육에 역점을 둔다(백종찬, 2014: 8). 지역사회개발 모델은 지역사회 주민들은 비공식적인 결속력이 약해져 있고 서로 고립되어 있어서 지역사회가 당면한 문제를 스스로 해결하기 어려운 상황임을 전제한다. 따라서 지역사회의 문제 해결 및 개선을 위해 사회복지사는 주민들을 참여시키고 문제 해결을 위한 활동을 주민들이 주도하도록 하는 조직화 과정에서 조력자, 격려자, 변화 매개자의 역할을 한다. 조력자로서 사회복지사는 실천과정을 조직화하고 의사소통이 원활하도록 하며, 지역문제 해결을 위해 목표를 설정하도록 돕는다. 격려자로서 사회복지사는 주민들의 주도능력을 키우고, 책임감을 갖게 하며, 주민자치와 민주적 역량을 갖도록 격려하는 역할을 수행한다. 한편, 변화매개자로서 사회복지사는 지역사회의 변화를 위한 수단으로 과업 지향적인 소집단을 조직하고 이들의 활동을 돕는 역할을 수행한다(백종찬, 2014: 11).

지역사회개발 모델에 입각한 교정복지실천은 지역사회복지에서 다루는 실천과정과 크게 다르지 않다. 만약 지역사회가 범죄 발생률과 범죄의 위험성이 높은 상태라면 지역사회는 심각한 문제에 직면해 있다는 것이다. 따라서 지역사회가 당면한 범죄문제의 해결을 통해 지역사회의 발전을 도모할 수 있다는 점에서 지역사회복지의 일반적 실천모델을 그대로 적용할 수 있다. 사회복지사는 주민들을 참여시키고, 문제해결을 위한 과정을 조직화할 수 있도록 돕고, 소집단들을 구성하여 주민자치를 주도할 수 있도록 하는 일에 대한 조력자의 역할을 한다. 또한 지역사회가 당면한 범죄문제 해결을 위해 주민들이 주도하고 협력하고, 주민자치에 의해 민주적으로 의사결정이 이루어질 수 있도록 격려자의 역할도 한다. 또한 지역사회의 변화에 영향을 미칠 수 있는 중앙정부와 지자체, 법과 제도, 지역사회의 관련 기관 및 자원들을 연계하는 코디네이터의 역할을 수행할 수 있다.

「한국사회복지사 윤리강령」은 지역사회개발 모델의 필요성에 관한 근거 조항을 두고 있다. 이에 따르면 사회복지사는 지역사회가 직면한 문제(예: 범죄문제 등) 해결을 위해 적극적으로 참여하며, 이를 위한 정책에서부터 사업을 개발하고 주도하는 것은 지역주민들의 복지 증진을 위해 사회복지사가 마땅히 행해야 할 윤리적 행위원칙이다. 이러한 실천은 사회복지가 추구하는 사회정의 가치에 부합한다.

사회복지사의 윤리적 실천: 지역사회에서의 사회정의

▶ 핵심가치 2: 사회정의

윤리적 원칙: 사회복지사는 개인, 가족, 집단, 지역사회의 다양성을 존중하는 포용적 지역사회를 만들기 위해 노력한다.

▶ 사회복지사의 윤리기준

V. 사회에 대한 윤리기준

1) 사회복지사는 자신이 일하는 지역사회의 문제를 이해하고, 클라이언트가 지역사회에서 서로 도우며 함께 살아가도록 지원해야 한다.

출처: 「한국사회복지사 윤리강령」(5차 개정, 2023).

2) 적용 사례

(1) 사례 출처

영화 〈해바라기〉(2006)

(2) 사례 개요

이 영화의 주인공인 오태식은 고등학교 중퇴 후 술과 싸움으로 살아가는 소문난 깡패이다. 지방 소도시의 막강한 싸움꾼이었던 그는 조폭과 시비가 붙어 싸움을 하던 중 우발적으로 한 명을 죽이게 되고, 이 일로 교도소에 수감된다. 이런 그에게 면회를 온 건 다름 아닌 태식이 죽인 남자의 어머니 양덕자이다. 자신의 아들을 죽였음에도 불구하고 그를 따뜻하게 대해 주는 덕자의 태도에 감화된 태식은 교도소에서 개과천선하기로 결심한다. 술 마시지 않기, 싸움 안 하기, 울지 않기 등 소소한 목표를 수첩에 적으며 출소 후에 이것들을 지키며 살 것이라고 다짐한다. 시간이 흘러 태식은 출소하여 마을로 다시 돌아와 덕자가 사는 마을에 정착한다. 영화 제목인 '해바라기'는 덕자가 운영하는 식당의 상호이다. 출소 후 그는 해바라기 식당을 운영하는 덕자 가족과 진짜 가족이 되어 과거의 삶과 단절하기 위해 하루하루 열심히 살아간다.

영화는 출소자 오태식의 삶을 그려 낸다. 태식은 출소 후 하나의 수첩을 들고 '해바라기 식당'을 찾아간다. 식당에는 아주머니 한 분과 그의 딸 희주가 살고 있다. 태식은 이제 10년

전처럼 절대 살아가지 않겠다고 다짐하며 수첩에 있는 글들을 본다. 그 글은 덕자가 태식의 감옥생활 중 면회를 갔을 때 해 주었던 말이다.

태식은 이제 평범한 삶을 살아간다. 카센터에 취직도 하고, 목욕탕도 가고, 소풍도 가고, 대학진학을 준비하고, 몸에 있는 문신도 지운다. 그런데 과거 조폭시절에 태식과 함께 생활했던 사람들은 평범한 태식의 삶을 건드리기 시작한다. 태식이 수감되어 부재중인 틈을 타서 마을을 차지하려던 병진은 사창가 포주였던 조판수와 함께 마을을 접수했다. 지역 건달들의 보스 격인 시의원 조판수는 지역 일대를 재개발하려고 하고 그 과정에서 지역 건달들을 동원하여 폭력을 행사한다. 해바라기 식당도 재개발 대상이다. 덕자처럼 재개발을 원하지 않는 상가의 소상공인들과 지역주민들은 건달들과 충돌한다. 지역 건달들은 주민들의 편에 서 있는 태식의 힘을 두려워하여 쉽사리 태식을 건드리지 못하지만 그를 제거하기 위해 안간힘을 쓴다.

급기야 해바라기 식당을 부수면서 태식을 돌보던 모녀에게까지 위협을 가하고 태식이 일하는 카센터를 습격해 태식을 집단으로 폭행하며 사장의 팔까지 부러뜨린다. 덕자 모녀는 태식에게 가족이며, 카센터의 사장은 태식의 정비기술을 인정해 준 사람이다. 소도시의 불량집단에 의한 이와 같은 폭력과 불법이 난무하는 동안 경찰에 의한 통제는 부재하며 폭력에 대항할 힘이 없는 지역주민들은 폭력의 희생자가 되어 간다.

그에게 새로운 삶을 살게 해 준 사람들을 괴롭히고 급기야 덕자를 죽음에 이르게 한 상황에서 태식은 "그렇게 다 빼앗아 가야 속이 시원하냐?"라며 절규한다. 출소 후 과거와는 다른 새로운 삶을 살기 위해 열심히 살아 보았지만 세상은 그런 그를 응원하기는커녕 오히려 절망만 안겨 준다.

가족처럼 대해 주었던 덕자와 희주가 자신 때문에 불행하게 되자 태식은 수첩에 적어 둔 세 가지의 다짐을 깨버린다. 태식은 과거에 자신의 불량배 동료였지만 지금의 자신이 사랑하는 주변 사람들을 아프게 한 불량배들을 찾아간다. 마침 조판수는 자신이 세운 나이트클럽에서 자축 파티를 하고 있었다. 이에 태식은 "사람이 죄를 지었으면 벌을 받는 게 세상 이치라더라, 알아들었냐? 지금부터 내가 벌을 줄 테니까 달게 받아라."라고 말하며 일당들을 모조리 처치한다. 그리고 건달패거리의 대장으로 온갖 악행을 저질러 온 조판수를 죽이는 것으로 싸움은 끝이 난다. 태식은 불로 뒤덮인 나이트클럽을 빠져 나가지 않고 그 자리에서 생의 마지막을 맞는다.

3) 관련 이론

(1) 사회해체 이론

사회해체 이론에서는 범죄를 범죄자의 개인적 특성이 아닌 범죄자를 둘러싼 환경적 요인, 특히 지역적 특성과 관련된다고 본다. 대부분의 범죄자는 재범에서 벗어나기를 원하고 굳은 결심을 하지만 출소 후 상당수가 재범을 하게 되는 현실을 이 영화를 통해 어느 정도 이해할 수 있다. 영화에서 출소자가 거주하는 지역사회는 재개발을 앞둔 상황에서 공동체가 붕괴되어 주민 간의 결속력이 약해졌으며, 폭력과 같은 비인습적인 행위가 난무하고 공권력에 의한 사회통제는 효력을 발휘하지 못하는 상황이다. 공식적 통제 대신 폭력배에 의한 위법적 방법이 주민들의 생활에 관여하는 양상이다.

사례의 주인공 태수는 청소년기에 품행장애의 전형적인 모습이다. 그는 학교와 일상생활에서 무질서하고 친구들과 패싸움을 했으며 주먹의 힘을 세상 질서의 중요한 원칙으로 삼고 살았다. 성인기까지 이어진 반사회성은 의도치 않게 발생한 일이지만 결국 살인범죄로 교도소 수감자가 되는 것으로 귀결된다. 대다수의 범죄자가 교도소 수감생활 동안 재범을 하지 않겠다고 결심하듯이 그도 스스로에게 다짐한다. 특별히 피해자 어머니의 용서에 의해 자신의 잘못을 깨닫고 새 삶을 살겠다고 결심한 그는 교도소에서부터 다짐한 세 가지를 적은 수첩을 가지고 피해자의 어머니가 살고 있는 해바라기 식당이 있는 곳에서 터를 잡는다. 결심한 바를 지키며 살아가려고 혼신의 노력을 다하고 교도소에서 배운 기술로 자동차 정비공이 되어 실력도 인정받으며 성실히 살려고 하지만 그를 방해하는 힘은 너무 강력하다. 결국 그의 결심은 사랑하는 사람들을 지키기 위해 무너지고 다시 범죄행동을 선택한다.

사례는 지역사회의 질서를 통제하는 위치에 공권력 대신 지역의 폭력배들이 차지하고 있는 소도시의 환경을 보여 준다. 해바라기 식당을 둘러싸고 일어나는 출소자의 갱생을 향한 노력과 이를 방해하는 여건 속에서 결국 사회재통합은 실패하고 재범에 이른다. 여기서 우리는 태식의 사회복귀 터전인 지역사회의 특성을 주목하게 된다. 건달과 불법이 난무하며 이들에 의한 폭력은 지역주민들의 삶까지 방해한다. 지역사회에는 폭력이 용인되는 하위문화가 형성되어 있으며 이를 제어할 수 있는 인습적인 문화나 지역주민들의 노력도 찾아볼 수가 없다. 가장 심각한 문제는 공권력에 의한 사회통제가 부재하다는 점이다. 태식이 건달들의 횡포에 직접 나서기로 한 것은 죄를 지은 사람에 대해 마땅히 받아야 할 벌을 자신이 직접 응징하기 위해서이다. 그 까닭은 불법을 일삼는 이들이 공권력 밖에 위치하고 있음을 알고 있기 때문이다.

(2) 긴장 이론

긴장 이론에서 범죄의 근본적인 원인은 사회의 구조적 한계에 있다고 본다. 문화적 목표와 이를 성취할 수 있는 수단 간의 불일치, 즉 사회적 불통합을 양산하는 사회구조가 범죄 원인이며 이러한 기회구조에서 소외된 취약계층은 범죄에 취약하다. 대안적인 수단인 불법적 방법을 택하기 때문이다.

사례에서 태수는 과거 동네 건달패거리로 활동하며 폭력과 같은 불법적인 방법으로 원하는 바를 취하며 사는 청소년기를 보냈다. 그는 타고난 자원이 부족한 하위계층의 자녀였다. 그는 법에 대해 악의적인 태도를 가지고 합법적인 기회구조에서는 달성할 수 없는 현실에서 대안적인 방법으로 원하는 바를 성취하는 비행청소년으로 살았다. 성인이 되어서는 흉악한 범죄를 저지른 대가로 수감생활을 했고, 출소 후에는 수용생활 동안 만난 새로운 사회자본(덕자 가족)에 힘입어 갱생의 의지를 실천해 가지만, 결국 평범한 시민으로 정착하지 못하고 재범자가 된다.

4) 실천의 구조화

(1) 문제의 원인

범죄는 해체된 지역사회에서 발생한다. 해체된 지역은 물리적으로 낙후되고 사회통합과 결속력의 부족으로 공식적 및 비공식적 통제가 약하다. 또한 비인습적 역할 모형(준법에 비호의적인 하위문화)이 형성되는 것을 막지 못하므로 범죄 발생의 징후도 묵인되며 범죄적 가치관과 태도가 확산된다. 사회해체 이론에서 범죄행동의 원인은 범죄인이 거주하고 있는 지역사회의 특성과 관련된다고 본다.

또한 범죄 발생은 사회의 구조적 한계와도 관련된다. 성공하고 물질적 풍요를 누리는 것은 대부분의 사람이 원하는 삶의 목표이다. 그러나 이를 달성하는 기회구조는 불평등하며 이와 같은 사회구조가 양산하는 결과로 범죄는 발생한다. 불평등한 기회구조에서 소외된 사람들은 이로 인해 발생하는 긴장에 대해 일탈적 방식으로 대응한다. 불법행위에 대한 유혹과 불법적 기회구조에 노출되기 용이한 지역사회에 거주하는 것도 범죄행동에 영향을 준다.

(2) 개입 목표와 방향

사회해체 이론에 입각할 때 범죄 예방을 위한 개입의 목표는 지역사회에서의 공식적 및 비공식적 통제를 강화하는 것이다. 이를 위해서는 물리적 환경 개선, 공동체의 연대감 형성,

경찰과 결합한 통제력의 강화 등이다. 지역사회의 공동체 형성은 경제적 요소에 비중을 두기보다는 지역사회성원 간의 사회적 결속력(social cohesion)으로 범죄문제에 공동 대처하는 것을 중요하게 본다. 사회복지는 열악한 지역에 대한 환경 개선 활동, 지역주민들의 공동체 복원과 연대감 조성을 목표로 사업을 진행한다. 사업의 운영은 주민주도, 주민자치 중심이며, 지자체와 지역사회복지기관 및 관련 기관과의 협력 그리고 주민 자원봉사 인력들을 동원하는 중심에 사회복지가 위치한다.

한편, 긴장 이론에서 접근할 때 기회구조에 불평등한 사회구조의 한계를 보완하는 것이 범죄에 대응하는 방법이다. 이는 제도와 정책을 비롯한 거시적 차원에서의 실천이 기본이 된다. 취약계층을 대상으로 한 예방적 접근으로는 사회보장제도를 강화하는 것이다. 아울러 출소자의 재범 방지를 위해서는 전과자에 대한 차별로 인해 더욱 제한된 기회구조에 개입한다. 개입은 거시적 접근과 기회구조에서 소외된 사람들에 대한 미시적 접근 모두를 포함하여 진행된다.

(3) 실천활동

다음에서 제안되고 있는 실천활동들은 사회해체 이론과 긴장 이론에 토대를 둔다. 주로 지역사회 수준에서 범죄문제에 대응하기 위해 예방적으로 혹은 사후적으로 사회복지가 개입하는 데 적용될 수 있는 예시이다.

첫째, 지역의 물리적 환경 개선을 목표로 개입한다. 우리나라에서 도시재생사업의 일환으로 전개된 주민주도형 환경 개선사업들을 예로 들 수 있다. 이 사업은 지역주민 스스로가 함께 협력하고 지자체가 지원하여 지역의 물리적 환경을 개선하는 사업이다. 이와 같은 활동으로 물리적 환경 개선에 더하여 주민 간의 공동체를 회복하고 지역성원으로서의 연대감을 형성하게 되면 사회적 결속력을 강화함으로써 범죄 및 비행에 대한 공식적 및 비공식적 통제의 기능도 담당할 수 있다.

둘째, 사회통제를 통한 범죄 예방활동도 수행한다. 공식적인 통제와 사회복지가 결합하는 범죄 예방활동도 적절하다. 지역 내에서 낙후되고 으슥한 구역에 대한 환경 정화활동이나 지역사회 범죄예방 활동으로 시민이 주도하여 경찰이 함께하는 순찰활동 등도 가능하다. 한편, 비공식적 통제를 강화하는 방법으로 지역 공동체 조성 및 연대감 형성을 위한 사업을 계획할 수 있는데, 지역주민들의 집단 및 어울림 활동은 연대감 및 결속력을 강화시켜 범죄에 대한 비공식적 통제를 향상시킬 수 있기 때문이다.

셋째, 지역사회성원들의 기회구조를 개선하는 일이다. 사회적 목표(성공, 취업 등)를 달성

할 수 있는 능력과 기회에서 소외되어 있는 취약계층과 범죄인들을 지원할 수 있는 사회보장제도를 강화하는 것은 중요한 접근이다. 사회보장제도를 통해 빈곤층에 대한 지원 강화, 지역주민 중 특히 취약한 계층을 대상으로 한 직업능력 강화, 교육기회 제공 등과 같은 지원서비스를 통해 원하는 목표를 성공적으로 달성할 수 있는 능력을 길러 주는 것은 범죄의 사전적 예방을 위한 개입이 될 수 있다.

넷째, 지역사회성원들이 자치적으로 범죄문제를 해결하도록 소집단활동을 돕는 방법도 있다. 소집단활동을 통해 형성된 주민들의 연대감과 결속력은 출소자의 성공적 사회 정착을 가능하게 한다. 지역사회의 가용자원을 동원하는 것은 코디네이터로서 사회복지사의 역량에 좌우된다. 지역주민들의 참여를 독려하기 위해 지역사회 언론매체(신문, 지역방송, 지자체 홈페이지 및 블로그 등) 등을 동원하는 것은 변화매개자로서의 사회복지사의 역할이다.

다섯째, 출소자를 실천 대상자로 할 때 미시적 접근도 병행한다. 지역사회개발 모델은 거시적 수준의 접근이지만 사회적응과정에 있는 출소자를 돕기 위한 사회복지사의 개입은 미시적 수준이다. 수감생활로 인해 초래된 가족 및 지역사회와의 유대 상실, 개인적인 기회의 상실, 징역으로 인한 낙인 등을 최소화하고 시정할 수 있도록 돕는다. 또한 출소자와 가족들이 자신들의 문제를 해결할 수 있는 능력을 개발할 수 있도록 돕고 지원이 필요한 경우에는 지역사회자원을 연계하여 도움을 준다.

 6. 회복적 정의 모델

학습개요

회복적 정의 모델은 범죄에 대한 공동체의 연대성과 책임을 전제한다. 또한 실천과정을 중시하는 특성을 가지고 있어서 사회복지실천에의 활용가능성이 높다. 이 절에서 다루는 회복적 정의 모델은 형사사법의 회복적 정의 이념과 사회복지의 실천방법을 결합하여 개발되었다. 소설『우리들의 행복한 시간』을 사례로 하여 범죄행동을 초래한 원인 분석과 대응방안 모색을 차별기회 이론과 낙인 이론에 입각하여 전개한다. 아울러 이론에 근거를 두고 범죄 예방 및 재범 방지를 위한 목표들을 설정하고 실천활동 및 프로그램을 다룬다.

1) 실천모델 개요

회복적 정의 모델은 형사사법의 새로운 이념인 회복적 정의와 범죄문제에 대응한 사회복지실천의 가치와 지식을 결합하여 형성된 실천모델이다. 법과 사회 시스템의 변화를 추구하는 회복적 정의는 처벌 이념이면서 법과 사회 시스템의 변화를 위해 실천을 강조한다는 점에서 기존의 처벌 이념들(통제, 사회복귀, 적법절차, 불간섭, 평등한 정의)과 구분된다. 회복적 정의 이념은 사회복귀 이념과 함께 형사사법 영역에서 사회복지실천의 토대가 된다.

기존의 형사사법제도를 기본적으로 인정하면서 법과 제도, 도덕과 정의의 회복을 통한 형사사법과 사회 시스템의 변화를 도모한다는 점이 회복적 정의의 특성이다. 실천과정에서 범죄문제에 대한 연대성과 사회성원 모두의 참여를 중요시한다는 점은 사회복지실천의 과정과 유사하다. 회복적 정의는 범죄로 인해 발생된 것들을 바로잡고 치유하기 위해 범죄인을 포함하여 이해관계가 있는 사람 모두가 참여하여 책임과 의무를 함께하는 과정 및 실천을 중시한다. 중심적 내용은 범죄로 인한 손해를 복구하고 장래에 일어날 수 있는 손해를 줄이는 데 초점을 둔다는 점이다. 이를 위해 범죄자 개개인으로 하여금 객관적인 법의 지배하에서 자기 행동에 대한 책임을 지도록 하고, 그 책임은 공동체적 맥락에서 이루어지도록 하며, 범죄자의 변화가능성과 깨진 관계 및 도덕적 질서의 치유가능성을 전제한다(Colson, 2002: 137).

회복적 정의는 처벌 이념의 한 유형이지만 동시에 범죄를 취급하는 실천적 접근에 관한 관점이기도 하다. 범죄는 사회적 환경과 사람들과의 관계 속에서 발생하며 범죄 예방을 위

한 효과적인 방법은 범죄를 야기한 환경을 개선하려는 책임을 사회성원 전체가 지는 데 있다고 주장한다. 가해자에게 책임감을 부여하며, 피해자의 치유를 중요시하고, 범죄문제에 대한 공동체의 연대감과 공동체의 역할을 강화하는 것 또한 회복적 정의의 중요한 개념이다. 또한 회복적 정의는 가난이 범죄행위의 변명거리가 되어서는 안 되며, 가해자의 책임감이 전제되어야 한다고 주장한다. 아울러 공동체적 결속(community cohesion)은 지역사회 차원의 비공식적 통제를 가능하게 함으로써 범죄의 사전 예방을 가능하게 하므로 범죄문제 해결을 위한 공동체의 노력도 중요한 것으로 접근한다.

회복적 정의는 피해자의 상처와 고통을 치유하는 것, 가해자의 책임의식을 인식시키는 것, 공동체의 참여를 독려하는 것, 법과 도덕의 정의 회복을 위해 법과 사회 시스템의 변화를 촉구하는 실천적 운동으로 범죄에 관한 기존의 시각 전체를 바꾸는 데 기여했다. 가해자와 피해자 그리고 사법체제를 포함하여 사회 전체적으로 정의를 세워 가는 과정으로 접근하는 회복적 정의는 가해자뿐 아니라 피해자, 피해자 가족, 지역사회 모두가 회복의 대상이 된다. 이처럼 범죄와 관련된 모든 사람을 다루는 인간 중심적 접근이며, 사람 간의 관계 중심적이고, 범죄문제에 대해 사회와 공동체 성원 모두의 역할과 참여를 전제하고, 범죄문제를 해결 중심적으로 접근하는 것은 사회복지실천이 전개되는 과정과 유사하다.

이 모델에서 사회복지실천의 목표는 회복이며 이는 변화를 전제로 한다. 실천원칙은 공동체의 연대성과 결속, 범죄문제에 대한 공동체 전체의 책임감, 무엇보다도 법과 정의, 도덕의 회복을 위해 사회 전체적인 참여를 강조한다. 이와 같은 실천원칙은 「한국사회복지사 윤리강령」에서도 근거를 찾을 수 있다. 강령에서는 사회복지실천의 핵심가치인 '사회정의'에 입각하여 사회복지 전문직이 준수해야 할 윤리적 원칙으로 사회변화와 이를 위한 연대활동

사회복지사의 윤리적 실천: 사회정의와 연대성

▶ 사회복지의 핵심가치 2: 사회정의

윤리적 원칙:

- 사회복지사는 부적절하고 억압적이며 불공정한 사회제도와 관행을 변화시키기 위해 사회의 다양한 구성원과 협력한다.
- 사회복지사는 포용적이고 책임 있는 사회를 만들어 가기 위해 연대활동을 한다.

출처: 「한국사회복지사 윤리강령」(5차 개정, 2023)

을 명시하고 있다. 이에 입각하면, 지역사회가 직면한 범죄문제 해결은 공동체의 문제이며 정의의 회복이 필요한 일이다. 이를 위해 지역사회성원들이 협력하여 대응해야 한다. 이는 사회복지가 추구하는 사회정의를 회복하는 일이다.

2) 적용 사례

(1) 출처

소설『우리들의 행복한 시간』(공지영 저, 2005)

(2) 사례 개요

소설의 주인공인 윤수는 살인을 저지른 사형수이다. 성장환경은 불우하기 그지없다. 가정폭력을 행사하는 아버지에게 맞고 자라던 윤수는 폭력에 시달리던 엄마마저 도망가 버리자 동생 은수와 함께 고아원으로 간다. 고아원에서도 괴롭힘을 당하고 불행했던 형제는 도망쳐 나와 거리의 아이들이 된다. 어린아이들은 길거리를 전전하며 지하철 바닥에 신문지를 덮고 자고 어른들에게 폭행을 당하면서 구걸을 하며 살게 된다. 자연스럽게 굶주림과 폭력 속에서 생활하며 비행행동에도 물들어 간다. 어렵게 엄마를 찾아가 보았지만 재혼하여 새 가정을 꾸민 엄마는 찾아온 아이들을 학대했고 결국 쫓겨나다시피 그 집에서 나온다. 아버지에게 학대당하고 엄마에게 두 번씩이나 버림받은 셈이다.

동생이 생일에 컵라면이 먹고 싶다는 말에 슈퍼에서 컵라면을 훔치다가 발각된 윤수는 엄한 처벌을 받는다. 경미한 사건이고 딱한 사연이 있었음에도 불구하고 보호자가 없고 거리를 떠돌며 사는 소년은 불량배이고 우범소년이라고 평가받은 것이다. 거리의 소년에 대해 사회는 보호가 필요한 아동이 아니라 장래 범죄위험성이 높은 소년으로 대응했으며, 그 결과 윤수에게는 소년원을 다녀온 범죄자라는 낙인이 시작되었다.

소년원에서 퇴원한 후에도 마땅히 갈 곳이 없는 아이들은 길거리에서 노숙생활을 계속하게 된다. 그들은 달리 살아갈 수 있는 방법도 모르고 그럴 능력과 자원도 없기 때문이다. 그러던 중 동생은 열악한 환경에서 열병이 들고 치료를 받지 못하여 눈이 멀게 되고 결국 거리에서 죽게 된다. 세상에서 유일했던 유대관계는 사라졌고, 이제 윤수는 열심히 살 이유도 사라졌다. 이후 윤수가 살아가는 방식은 거리의 비행청소년들과 어울려 크고 작은 비행을 저지르며 교도소를 들락거리는 일이었고, 성인이 되어서도 이런 삶에서 벗어나지 못한다.

그러던 중 사랑하는 여인을 만나게 되자 인생의 변화를 꿈꾼다. 가정을 꾸미고 자녀를 낳

고 새 삶을 살겠다는 의지와 희망을 가지게 된다. 어둠 속에서 희망 없이 살아가던 차에 사랑과 행복이라는 감정을 가지게 되었다. 그러나 불행하게도 임신한 배우자는 수술비 삼백만 원이 당장 필요한 상태이지만 비용을 마련할 방법이 없다.

마침 선배로부터 딱 한 번만의 범죄행위를 하자는 제안을 받는다. 금은방을 털기로 하고 장소를 보러 가는데 역을 잘못 내려 평소에 알던 돈이 많은 한 여자를 우연히 만나 그 여자의 집에서 함께 술을 마시게 된다. 술에 취한 상태에서 선배는 그 여자의 딸을 강간하고 모녀를 죽인다. 윤수는 선배의 말에 따라 얼떨결에 집에 있던 돈과 패물을 훔쳐서 나오다가 가정부와 마주치게 되고 놀란 마음에 가정부를 살해한다. 그런데 변호사를 통해 선배는 자신의 죄를 윤수에게 모두 덮어 씌웠고 윤수는 흉악한 죄질로 사형수가 되었다.

사형집행일만 기다리고 있는 윤수는 교도소 안에서 수녀, 목사와의 접견에도 냉소적이다. 삶에 대한 어떠한 의욕과 희망도 없이 죽고 싶다는 마음만 가지고 하루하루 무의미한 삶을 살고 있다. 소설에서는 그런 윤수와는 반대로 부유한 가정에서 부족함 없이 자랐지만 15살 때 사촌오빠의 성폭행으로 인한 상처가 마음 깊이 자리 잡고 있어서 3번의 자살기도를 하고 정신과 치료를 받고 있는 대학교수 유정이 등장한다. 이 둘은 서로의 다르면서도 닮은 상처를 보듬고 우정과 사랑을 나눈다. 그들은 서로 너무나 다른 삶을 살았지만, 살고 싶지 않다는 비슷한 마음과 아픈 경험을 공유하면서 서로의 상처를 치유해 간다. 살고 싶지 않았던 두 사람은 살고 싶다는 게 무엇인지 알아가게 된다. 소설의 결말은 사형수 윤수의 사형집행을 예고하고 있다. 어릴 때부터 온갖 비행을 저지르고 결국 살인범이 된 그는 흉악무도한 범죄자인가? 윤수와 유정의 대화를 통해 드러난 윤수의 삶을 과정 중심적으로 볼 때 사회는 과연 버려지고 방치된 아동과 극한 상황에서 비행행동에 익숙해진 청소년에 대한 책임에서 자유로울 수 있는지에 대한 의구심을 갖게 된다.

3) 관련 이론

(1) 차별기회 이론

차별기회 이론은 취약계층에 의한 범죄 발생을 주목한다. 사회의 기회구조는 불평등하며, 기회구조에서 소외되고 제한적인 기회를 가진 계층이 존재할 수밖에 없는 사회구조가 범죄 발생의 근본적인 원인이라고 보기 때문이다. 여기에 더하여 합법적 기회를 가지지 못한 사람 중에 비합법적 기회구조에 노출되는 경우, 특히 범죄적 하위문화에 노출될 때 범죄행동에 이르게 된다.

윤수의 사례를 차별기회 이론에 적용하면, 길거리의 아이로 내몰린 윤수가 먹을 것을 훔치고 불법적 태도를 가진 불량배들과 어울리는 것은 선택할 수밖에 없는 생존방법일 수 있다. 아버지에게 폭력을 당하고 부모로부터 버림받은 아이들은 보육원에서도 보호받지 못했고, 병든 동생과 노숙생활을 하는 동안에 사회로부터도 도움을 받지 못했을 뿐 아니라 어른들은 오히려 폭력과 괴롭힘을 가함으로써 하위문화를 수용하도록 한다. 생계문제를 정당하게 확보할 수 있는 합법적인 기회는 주어지지 않았고 이를 성취할 능력도 없는 윤수는 어린 아이들을 돈벌이로 이용하는 어른들에 의해 자연스럽게 불법적인 방법에 익숙해져 간다. 불법적 행위에 호의적인 사람들과 교제하면서 불법적 기회구조에도 쉽게 노출된다. 결정적으로 새 삶을 살아 보겠다고 꾸민 가정에 닥친 위기를 대응할 수 있는 합법적인 자원(돈)이 없는 상황에서 평소에 속해 있던 범죄적 하위문화는 불법적 기회에 참여하도록 유혹한다.

(2) 낙인 이론

낙인 이론은 낙인이 범죄자를 만든다고 보며 형사사법의 강력한 통제 시스템을 비판한다. 또한 사소한 일탈에 대해 가해지는 사회적 통제에 의한 낙인이 진정한 범죄자를 만든다고 본다. 아울러 사회적 통제는 취약계층에 불공평하게 작용하며 이들에 대한 법집행의 불공정으로 인하여 취약계층은 범죄자가 될 가능성이 커진다. 범죄자들의 상당수가 가난한 사람들로 직업이나 가정이 불안정한 사람들이 많은 것은 법 집행의 불공정성과도 관련된다고 주장한다.

윤수의 사례를 낙인 이론에 적용하면 비행의 시작은 동생을 위해 먹을 것을 훔치는 사소한 행위였다. 어린아이에 의한 생계형 범죄임에도 불구하고 법은 거리의 불량소년에 대해 엄한 처벌을 가한다. 법 집행의 불공정성으로 인해 전과자라는 낙인이 시작된 것이다. 어린 윤수가 비행에서 벗어나지 못하고 성인 범죄자가 된 이유로 소년원을 갔다 온 사람에게 가해지는 낙인의 효과를 들 수 있다. 이로 인해 성인이 되어서도 안정적인 소득을 보장받는 직업을 얻지 못하고, 재범의 유혹에 취약한 상황에서 벗어나지 못한다. 대중은 도둑질을 일삼는 비행청소년이라는 자극적인 단어에만 초점을 맞추며 "세 살 버릇 여든까지 간다. 어릴 때부터 그렇게 산 애들은 평생 그렇게 사니까 교도소에 평생 가두어야 한다."라고 말한다. 이는 대중이 불우한 어린 시절이나 법 집행의 불공정성을 인지하지 못하기 때문이다. 윤수는 자연스럽게 교제하게 된 하위문화의 성원들과 불법행위를 반복하고 자신에 대한 존중감도 낮을뿐더러 의지가 되는 유일한 사람이었던 동생까지 죽은 후부터는 삶에 대한 희망도 부정적이다. 폭력과 불법이 난무하는 거리생활에서 자연스럽게 시작한 비행행동은 교정할 기회

를 가지지 못했고, 오히려 차별적인 법과 지나친 통제가 초래한 낙인은 비행을 반복하며 소년원을 드나드는 상습적 비행청소년이 되도록 하는 계기가 된다. 결국 성인이 되어서는 살인까지 저지르는 중대 범죄자가 되는 과정에는 사회적 작용이 있었다.

4) 실천의 구조화

(1) 범죄 원인

차별기회 이론과 낙인 이론 모두 범죄자가 되는 과정에서 취약계층에게 불리한 상황을 주목한다. 먼저, 차별기회 이론은 자원이 부족한 하위계층이 불법적인 기회구조에 편입되는 과정을 설명한다. 사회구조는 기본적으로 기회가 불공평하게 분배되어 있으며, 원하는 바를 달성할 수 있는 기회와 자원과 능력을 소유하지 못한 취약계층들은 대안적인 방법으로 비합법적 방법을 선택하는 것이 범죄의 원인이 된다. 한편, 낙인 이론은 동일한 일탈행위에 대해서도 하위계층에게 엄격하게 가해지는 사회적 통제와 이로 인한 낙인이 범죄행위의 원인이 된다고 본다. 그러나 낙인 이론은 범죄 원인보다는 낙인의 효과를 경고하며, 낙인을 초래하는 사회통제의 부정성을 주목한다.

취약계층에 불리한 기회구조나 불공정한 법 집행으로 인해 범죄자가 된다면 결국 범죄문제는 공동체 모두가 책임져야 할 부분이 있다. 이와 함께 범죄인도 자기행동에 대한 책임을 져야 하며, 동시에 범죄로 인해 발생한 피해자(범죄의 직간접적인 피해자)의 상처도 회복되어야 한다. 따라서 범죄문제에 대한 공동체 전체의 각기 다른 역할을 강조하는 회복적 정의 모델은 범죄문제에 대응하는 사회복지실천에 적용하기에 적절하다.

(2) 개입의 목표와 실천 방향

차별기회 이론에서 접근할 때 개입의 목표는 불평등한 사회구조의 한계를 보완하는 것이다. 기회구조에서 소외된 취약계층에 대한 사회복지 개입은 사회보장제도를 마련하고 강화하는 것이다. 아울러 지역사회 수준에서는 자원이 부족한 주민들을 지원할 수 있는 방안을 모색해야 한다. 한편, 개별 클라이언트에 대한 실천은 비합법적 기회구조에의 노출을 차단하는 방안을 모색한다.

낙인은 재범의 원인으로 작용하므로 재범 방지를 위해서는 범죄인에 대한 사회적 반응(낙인)을 주목한다. 개입의 목표는 낙인으로 나타나는 구체적인 현상들인 고정관념, 사회적 관계의 배제, 기회구조의 제한, 범죄인의 부정적 자아 이미지 형성과 같은 문제에 개입한다.

또한 낙인을 방지하기 위해 대상구금을 대신할 수 있는 사회 내 처분들을 사회복지 차원에서도 옹호하는 한편, 사회 내 처분자에 대해서는 보호관찰소 및 한국법무보호복지공단과 협력하여 이들의 재범 방지와 사회통합을 위해 사회복지 서비스를 제공한다. 특히 취약계층을 우선적인 실천 대상자로 하여 이들에 대한 옹호자의 역할을 수행한다.

회복적 정의 모델에서 사회복지사의 역할은 사회정의 실현을 위한 행동가, 법 집행의 공정성을 촉구하고 취약계층을 대변하는 옹호자, 취약계층의 제한된 기회구조를 보충할 수 있는 자원연계자의 역할을 하는 중개자, 지역사회성원들에 대한 인식 개선을 위한 소모임 활동을 지원하는 변화매개자, 가해자와 피해자의 갈등을 조정하고 화해를 모색하는 중재자의 역할을 수행한다.

(3) 실천활동

다음에서 제안된 실천활동들은 거시적 수준에서 범죄 원인과 대응방안을 안내하고 있는 차별기회 이론과 낙인 이론에 토대를 두고 있다. 회복적 정의 모델에서 범죄문제에 대응하는 사회복지사의 실천에 적용할 수 있는 예시이다.

첫째, 사회정의와 법 집행의 공정성을 위한 행동가, 옹호자로서 사회복지사는 법과 제도, 형사사법체계 내에서 사회복지의 실천방안을 모색한다. 구체적으로 취약계층에 대한 사회보장제도의 강화와 법 집행은 엄격하되 불공정한 법 집행 사례에 대해서는 옹호하며, 취약계층의 범죄자에 대해서는 대변을 통해 전체 사회와 사법 영역에서의 정의가 회복되도록 한다. 특히 재판제도는 피해자와 가해자에게 필요한 요구를 채우는 데 중점을 두어야 하고, 법 집행의 공정성은 회복되어야 할 것이며, 이와 함께 치안 유지나 신속한 법적 대응과 같은 공식적 통제와 같이 사법기관에게 요구되는 회복적 정의의 실현을 위해 사법체계 내의 사회복지사는 협력해야 한다. 거시적 차원에서 법 집행의 불공정성은 취약계층이 낙인을 받기 쉬운 것과 관련된다. 변호인의 조력을 받기 어려운 취약계층 범죄자에 대해서는 대한법률구조공단을 비롯한 법률 서비스에 연계할 수 있다. 제도 마련 및 보완을 위한 법률적 지지 및 옹호 활동도 사회복지사의 실천 방안에 포함된다.

둘째, 범죄인에 대해서는 잘못을 반성하고 책임감을 통감하도록 한다. 가해자의 변화는 자신의 행동에 대한 책임감 진작에서 시작되며 이는 회복적 정의에서 중요하다. 사회복지사는 범죄인이 자신의 범죄와 그로 인한 피해자, 가해자 가족 그리고 적절한 경우 공동체에 끼친 결과를 직시할 수 있도록 도와야 한다. 가장 좋은 방법은 피해를 배상하도록 하는 것인데(Scottish Government, 2015), 배상주의(restitution)는 범죄로 인한 피해자의 피해에 대해 가

해자가 직접 배상함으로써 피해자 인권 측면에서 의미가 있다. 이때 사회복지사는 범죄인의 사례관리자이면서 협력자, 피해자와의 관계에 대한 중재자가 된다.

셋째, 범죄인의 내적 변화를 통해 도덕성을 회복하도록 한다. 범죄인들의 인격적 특성은 자기책임감과 죄책감이 부족하고 자기 중심적이며 도덕성이 결여되어 있다. 범죄인들을 변화시키는 일에는 내적인 변화가 선행되어야 함을 의미한다. 종교활동은 내적 변화를 위한 가장 좋은 방법이며, 종교를 통해 양심을 회복하는 것은 도덕성을 회복하는 길이기도 하다. 사회복지사는 수용자가 원하는 종교활동에 참여하게 하면서 멘토링 프로그램을 통해 영적 멘토를 연계하는 것을 사회복지 서비스의 일환으로 제공한다.

넷째, 피해자에 대해서는 화해를 통한 심리적 보상, 물질(피해자의 니즈) 보상을 받도록 한다. 피해자가 입은 상처는 반드시 치유되고 회복되어야 한다. 현재 사법제도는 검사, 즉 국가가 피해자를 대신하여 가해자에 대응하는 시스템이기 때문에 피해자가 실종하게 된다. 이처럼 당사자를 배제시키는 것은 정의를 달성할 수 있는 본질적인 요소가 빠져있다고 볼 수 있다. 피해자를 포함시키는 방법에 대해 회복적 정의에서는 '화해'를 강조한다. 피해자가 가해자에 대해 갖는 복수심은 고통과 분노를 일으키기 때문에 피해자의 회복에 도움이 되는 것이 아니며, 오히려 가해자와 화해하는 것은 결국은 피해자에게 이익이 된다고 본다. 자신에게 치명적인 해를 입힌 가해자와 화해하는 것은 어려운 일임이 분명하지만 사회복지사는 가해자와 피해자와의 화해를 통해 가해자의 책임감을 진작시키고 피해자를 범죄의 아픈 기억에서 회복될 수 있도록 하는 일에 중재자 역할을 한다. 아울러 피해자에 대한 사례관리자이자 치유에 필요한 지역사회자원을 발굴하고 연계하는 코디네이터로서 중개자 역할을 수행한다. 아울러 범죄 가해자와 피해자의 지원을 위한 국가기관, 사회단체, 시민단체의 통합적인 네트워크 구축의 중심에시 네트워킹 전문가이며 중개자로 활동한다.

다섯째, 회복적 정의는 지역사회 수준의 개입도 중요하게 다룬다. 사회복지사는 훈련받은 민간자원봉사자들로 하여금 소규모 공동체활동을 통해 피해자를 지원하고 가해자가 사회에 재적응할 수 있도록 돕는 일에 관여한다. 이러한 활동을 위해 사회복지사는 지역주민들의 참여를 촉구하고 소규모 집단의 형성을 촉진해야 한다. 출소자에 대한 지원은 지역사회자원이 절대적이다. 취업 기회를 지역사회 자원과 연계하고, 사회재정착에 필요한 물질적·심리적·정서적 프로그램을 한국법무보호복지공단과 협력하여 제공한다면 출소자가 과거의 생활로 복귀할 가능성은 줄어들 것이다.

여섯째, 범죄인에 대한 낙인과 편견을 없앨 수 있도록 대국민 인식 개선활동도 필요하다. 취약계층 범죄자의 상당수는 범죄를 대신할 수 있는 지원과 기회가 제공된다면 재범에서 자유로워질 수 있다. 낙인과 편견은 사회에 재정착하는 데 방해요인이며, 나아가 재범 촉발 요인으로 작용할 뿐이다. 범죄인에 대한 편견, 차별과 같은 낙인 대신 자원을 활용하여 제공하는 것은 재범을 방지함으로써 결국 지역사회에도 유익하다. 재범위험성이 없고 변화가능성이 큰 출소자들에 대해서는 취업 기회를 보장할 수 있도록 지역사회 자원과 연계하여 취업 알선 또는 직업능력의 강화를 위해 한국법무보호복지공단과 협력할 수 있다. 이 일을 위해 사회복지사는 자원을 연계하는 중개자로서 사회복지 서비스를 제공한다. 범죄문제는 문제 발생의 원인에서부터 범죄의 결과에 이르기까지 사회성원이라면 누구도 그와 무관하지 않기 때문이다.

제3부

사법제도와 사회복지

Social Welfare in Criminal Justice System

시설수용제도와 사회복지

1. 시설수용의 이념과 기본법

형사사법제도에서 시설수용은 형사사법절차의 진행 단계와 형의 집행 단계가 포함된다. 교정시설은 최협의의 교정복지 실천현장이다. 이 절에서는 범죄인에 대한 시설수용의 이념과 기본법인 「형의 집행 및 수용자의 처우에 관한 법률」의 주된 내용을 사회복지와의 관련성을 중심으로 검토한다.

1) 시설수용의 이념

(1) 범죄통제 관점

범죄인에 대한 시설수용의 근거가 되는 주류 이념은 범죄통제 관점이다. 범죄인에게 죄에 상응하는 고통을 부과하고 자유 박탈을 통해 잠재적 범죄를 무력화하는 것을 형벌의 목표로 두는 '범죄통제 관점'은 범죄인에 대한 사회적 제재의 이유를 범죄인에 대한 통제와 재범 예방에 있다고 본다.

범죄통제 관점에 대한 논리적 근거는 다음과 같다. 먼저, 범죄행동을 저지하기 위해 정확하고 엄격한 처벌의 필요성을 강조하기 때문에 범죄인을 격리하고 자유를 박탈하는 것은 범죄행위에 대한 응보의 수단이다. 격리와 구금은 장래의 잠재적 범죄를 차단하는 억제의 효과를 기대할 수 있다. 아울러 신체적인 무력화를 통한 자유 박탈로 범죄행동을 차단함으로써 범죄의 위험으로부터 시민들을 지킬 수 있다. 특히 현대 형벌의 주류를 차지하고 있는 자유 박탈(자유형)은 범죄인을 구금하여 사회로부터 격리시키는 소위 무력화를 통하여 사회를 보호하고 범죄인의 또 다른 범행을 차단한다는 논리이다(이백철, 2020: 23).

자유형에서 범죄통제 관점을 선호하게 된 사회적 배경은 사회복귀 이념에 입각한 형벌정책의 효과에 대한 의문제기와 무관하지 않다. 대표적으로 미국은 1960년대를 거치면서 범죄의 원인을 빈곤으로 보고 범죄인에 대한 다양한 지원 서비스와 교화 프로그램을 제공했지만 범죄율은 증가했고 이에 따라 범죄피해에 대한 시민들의 두려움도 늘어갔다. 한편, 복지국가의 재편에 따라 복지정책이 축소하게 되는 1970년대 중반 이후의 거시환경과 맞물리면서 범죄인에 대한 강경처벌과 시설수용은 확대되었다.

(2) 사회복귀 관점

사회복귀 관점(rehabilitation perspective)은 현대 자유형의 또 다른 처벌 이념이다. 시설수용의 이념은 범죄통제 관점과 사회복귀 관점이 균형을 이루어야 한다. 사회복귀 관점은 시설수용에 해당하는 자유형의 목적이 범죄인을 변화시키는 데 있다고 본다. 범죄인의 변화를 통해 미래의 범죄행동을 예방할 수 있는데, 그 방법은 범죄를 초래한 원인에 입각하여 교화 프로그램을 제공하는 것이다. 사회복귀 관점은 교정현장에서 진행하는 사회복지실천의 이념적 토대로 적합하다. 사회복귀 관점에 입각한 교화 프로그램들은 시설수용자에 대한 처우와 서비스이며, 사회복지의 가치에 부합하고 지식과 기술을 적용하기에 적절하다. 사회복귀 관점에서 볼 때 교정시설은 범죄에 상응하는 처벌을 목적으로 하는 곳, 처벌에 대한 두려움을 인식시켜 주는 공간, 나아가 자유 박탈이 실행되는 장소가 아니다. 즉, 수용시설은 범죄인이 사회복귀를 준비하는 장소로서의 의미를 가지며, 시설에 수용된 기간(형기)은 출소 후 성공적인 재정착을 준비하고 이에 필요한 처우와 서비스를 받는 시간이 된다.

사회복귀 관점의 중요성이 부각되는 이유는 높은 재범율과도 무관하지 않다. 수형자의 25% 정도가 3년 이내에 재복역하며 범수(犯數)가 증가할수록 재복역율은 더욱 높아진다(법무부 교정본부, 2022: 174). 출소자의 재범 방지를 위해서는 사회복귀 관점에 입각한 처우가 보다 확대되어야 함을 보여 준다. 격리를 위한 교도소의 기능은 획일적 처우보다는 소수의 고위험군을 선별 및 분리하여 처우하고 나머지 다수의 수용자는 구금 자체로 스스로 억제 기능을 발휘하기 때문에 교도소 안과 밖을 유사한 환경으로 만들어서 사회와 격리하지 않고 사회복귀에 장애가 없도록 노력하는 것이 중요하다(이백철, 박연규: 2021: 247-251). 일부 고

위험군을 제외한 다수의 수용자에 대해서는 기존의 통제 위주보다는 사회복귀 준비를 목적으로 한 처우 중심의 서비스가 적절함을 의미한다. 이는 교화 프로그램의 효과적 운영을 위한 전문인력으로 사회복지사의 역할이 요구되는 이유이다.

2) 기본법: 「형의 집행 및 수용자의 처우에 관한 법률」

시설수용에 관한 기본법은 「형의 집행 및 수용자의 처우에 관한 법률」(이하 「형집행법」)이다. 이 법은 범죄인에 대한 형의 집행과 수용자 처우에 관한 전반적인 사항을 포괄하고 있다. 법률의 내용은 제1편 통칙(법률의 목적, 기본계획 수립 등), 제2편 수용자의 처우(수용, 물품지급, 금품관리, 위생과 의료, 접견 · 편지수수 · 전화통화, 종교와 문화, 특별한 보호, 수형자의 처우: 분류심사, 교육과 교화 프로그램, 작업과 직업훈련, 귀휴, 미결수용자 처우, 사형확정자, 안전과 질서, 규율과 상벌, 권리구제), 제3편 수용의 종료(가석방, 석방, 사망), 제4편 교정자문위원회, 제5편 벌칙으로 구성된다.

「형집행법」은 시설수용의 목적이 사회복귀에 있음을 명시하고 있는데, "수형자의 교정교화와 건전한 사회복귀를 도모하고, 수용자의 처우와 권리 및 교정시설의 운영에 관하여 필요한 사항을 규정함"을 목적으로 한다(동법 제1조). 「형집행법」에 나타난 핵심 개념인 교정(敎正, corrections)은 범죄자 또는 범죄의 우려가 있는 자에 대해 잘못된 품성을 바로잡아 재사회화를 유도하는 국가의 일체의 활동을 이른다(김영식 외, 2021: 52). 한편, 교화(敎化, reformation)는 수용자의 사회복귀 및 성공적 사회정착을 위해 수용자를 변화시키는 것을 이른다. 교정과 교화는 유사한 의미로서 혼용되어 사용되기도 하지만, 교정이 이념적이고 추상적인 데 비해 교화는 수용자의 변화를 도모하는 특성상 '교화 프로그램' '교화활동' 등과 같이 구체적인 의미를 갖는다.

한편, 시설수용의 목적을 교정 · 교화를 통한 사회복귀에 둔다면 교정시설은 사회로부터 격리시키기 위한 공간이 아닌 사회통합을 준비하는 개선 공간이 되어야 하며, 이를 위해 교도소는 가급적이면 사회와 유사한 환경일수록 좋다(이백철, 박연규: 2021: 247-251). 특히 개선 가능성이 높은 수용자를 구분하여 교화 프로그램을 제공하는 것이 적절하다. 이는 사회복지사의 전문성이 요구되는 영역이며 사회복지실천 지식과 기술을 적용하기에 적절하다.

 2. 시설수용 현황

학습개요

이 절에서는 시설수용의 현황을 다룬다. 범죄자 처리절차에 관한 형사사법체계에서 수용자가 교정시설에 유입되는 위치, 교정시설의 관리조직과 종사자 인력 그리고 수용자의 현황을 공식 통계자료에 입각하여 검토한다. 시설수용에 관한 현황 정보는 사회복지실천의 대상자와 서비스 전달체계를 이해하는 기본 정보에 해당한다.

1) 범죄자 처리 절차와 수용자

(1) 시설수용자의 위치

교정시설의 수용자는 형사사법 진행과정에서 [그림 7-1]의 네모 안에 위치한다. 검찰 송치로 교정시설에 수용(미결 피의자)되는 것을 시작으로 기소와 재판을 거쳐 형이 확정되어 정해진 형량을 복역하고 만기석방되거나 가석방되기 이전까지 교정시설에 수용된다. 수용자는 기결수형자와 미결수용자로 구분되며, 기결수형자는 징역형 · 금고형 · 구류형 확정자와 벌금 · 과료 미납으로 노역장 유치명령을 받은 수형자를 말하며, 미결수용자는 피의자 또는 피고인 신분이다(법무연수원, 2022: 341).

(2) 시설수용의 단계

[그림 7-2]는 교정시설에 수용되어 출소할 때까지 수용생활의 세부 단계를 나타낸다. 다음에서는 교정시설에 입소하여 출소하기까지를 6단계로 구분하고 각 단계별 수용생활의 세부 내용을 정리한 것이다.

- 1단계: 구체적으로 수용자의 교정시설 입소는 검찰에 송치되는 것으로 시작하며, 구치소 혹은 교도소의 미결사동에 입소한다.
- 2단계: 이어 미결수용자의 신분으로 검찰조사 및 재판을 받게 된다. 접견과 운동, 교화프로그램 등을 비롯하여 각종 처우 프로그램에 참여하지만 형이 확정되기 이전이므로 작업은 제외된다.
- 3단계: 재판을 받고 징역형이 확정되면 수형자로 신분이 바뀌게 된다. 재판을 받고 죄

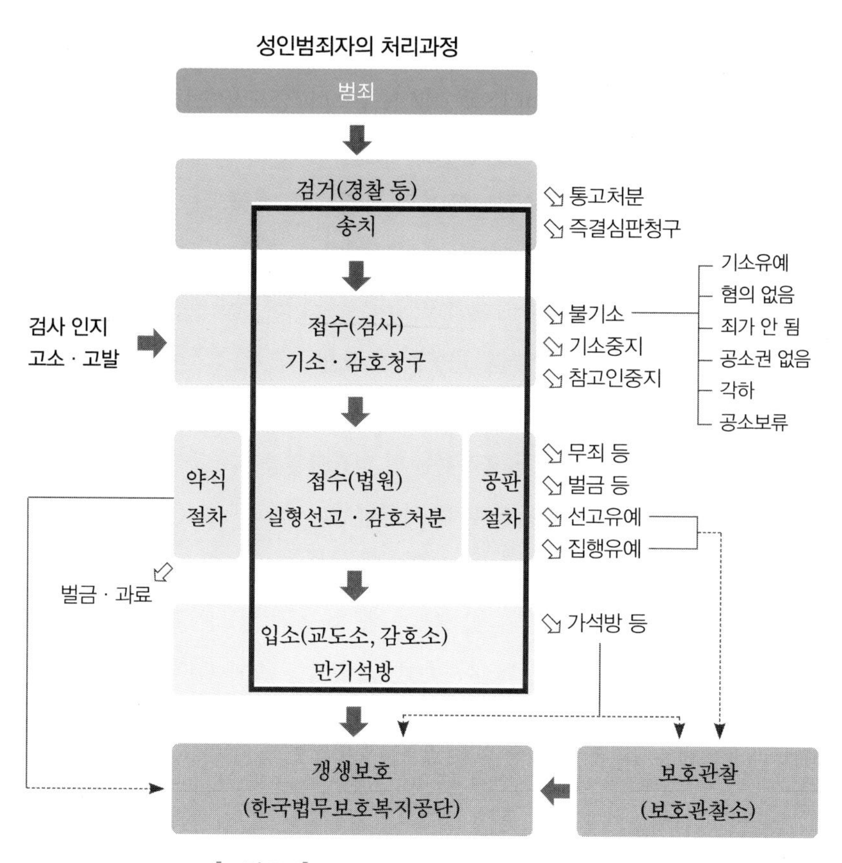

[그림 7-1] 형사사법 과정과 시설수용자의 위치

출처: 법무연수원(2022), p. 235.

가 인정되더라도 사회 내 처분(기소유예, 선고유예, 집행유예)을 받는 경우 사회로 복귀하여 형사사법기관의 관리감독을 받게 되며, 구속적부심사를 통해 출소하여 사회에서 거주하면서 형사절차에 참여하는 경우도 있다. 소년의 경우 소년부로 송치된다면 형사절차가 아닌 소년사법 절차를 따르게 된다.

- 4단계: 형이 확정된 수형자는 분류심사를 통하여 복역하게 될 교도소로 이전한다. 분류심사를 통해 수형자의 특성에 맞는 교도소를 결정하게 되는데, 교정시설은 특수 기능별로 구분되어 있다.
- 5단계: 이전한 교도소에서 기결수형자로 복역하게 되며, 교정교육 및 교화 프로그램에 참여하게 된다. 교도작업, 교화활동, 학과교육, 직업훈련, 가족관계 프로그램(가족만남의 집 등), 특기활동, 귀휴, 사회견학 등과 같은 프로그램의 참여는 분류처우에 입각하며, 수용생활의 모든 활동은 수용자 인권보호의 원칙이 적용된다.

[그림 7-2] 수용생활의 세부 단계

출처: 법무부 교정본부(https://www.corrections.go.kr/corrections/1058/subview.do)

- 6단계: 마지막 단계는 출소하여 지역사회로 복귀하는 단계이다. 정해진 형량을 종료한 경우가 다수이며, 가석방 출소, 사면이나 형집행정지로 인한 출소도 있다. 가석방 출소자를 포함하여 출소자의 일부는 출소 후 사회에서 일정 기간 보호관찰대상자가 된다.

2) 수용시설 관리조직

(1) 관리조직

관리조직은 서비스 전달체계에 해당한다. 수용자를 관리하는 조직은 법무부와 교정기관이다. 법무부 교정본부가 총괄기관이며, 중간관리기관으로는 지역별로 4개 지방교정청(서울지방교정청, 대구지방교정청, 대전지방교정청, 광주지방교정청)을 두고 있다. 각 지방교정청별 산하 교정기관은 2023년을 기준으로 총 54개 기관으로서 서울지방교정청(17개 기관, 민영교도소인 소망교도소 포함),[1] 대구지방교정청(18개 기관), 대전지방교정청(10개 기관), 광주지방교정청(9개 기관)이 산하 교정기관을 각각 관찰한다(법무연수원, 2022: 343).

교정기관의 공통적인 업무부서로는 총무과, 보안과, 분류심사과, 사회복귀과, 복지과, 의료과, 시설과 등이고, 각 기관의 특화된 기능에 따라 소송 관련 업무를 담당하는 출정과, 직업훈련과, 심리치료 및 교육을 담당하는 심리치료센터가 운용되고 있다(법무연수원, 2022: 345).[2] 이 중 사회복지적 특성을 가진 부서는 수용자 교육 · 교화 · 종교 업무와 귀휴 등 사회적 처우와 관련된 프로그램을 담당하는 사회복귀과와 재범 및 고위험 성폭력사범과 마약류사범에 대한 심리치료 프로그램을 운영하는 심리치료센터와 심리치료과이다. 아울러 수

1) 민영교도소는 「민영교도소 등의 설치 · 운영에 관한 법률」에 의거하여 2010년 12월 1일 경기도 여주시에 개소한 '소망교도소'가 우리나라 최초이다. 민영교도소의 설치 · 운영은 「형의 집행 및 수용자의 처우에 관한 법률」에 근거를 두고 있으며 동법 제7조(교정시설 설치 · 운영의 민간위탁)제1항에 "법무부장관은 교정시설의 설치 및 운영에 관한 업무의 일부를 법인 또는 개인에게 위탁할 수 있다."라고 규정하고 있다.

2) 출정과는 미결수용자의 재판을 담당하는 부서로서 교정기관에서 검찰청 및 법원으로의 이동을 비롯하여 소송 관련 업무를 담당하게 된다. 구치소는 미결수용자들이 수용되는 기관이므로 출정과를 두고 있다. 2021년 11월 18일부터 전국의 교도소와 구치소에서 원격화상재판이 실시됨에 따라 출정과의 업무는 달라지고 있다. 피의자에 대한 원격화상재판을 조건부 석방제도와 결합하는 전자(電子)조건부 석방제도가 도입된다면, 피고인에 대한 원격화상재판은 피고인의 구금화를 전제로 교정시설에서 시행되고, 향후 전자조건부 석방제도가 시행된다면 조건부 석방상태에서 피의자 혹은 피고인 자신의 주거지에서 원격화상재판을 받게 될 수도 있다. 한편, 직업훈련과는 직업훈련 프로그램을 운영하는 교정기관에 설치되어 있으며 2022년을 기준으로 전국 34개 교정기관에 직업훈련 프로그램을 두고 있다. 심리치료센터 및 심리치료과는 심리치료 프로그램을 제공하고 있는 기관에 설치되어 있으며 2022년을 기준으로 심리치료센터는 7개 교정기관, 심리치료과는 5개 교정기관에 설치되어 있다.

용자의 보건의료를 담당하는 의료과와 수용자의 개별처우를 위한 분류심사와 교육 및 작업 적성 판정과 가석방 업무를 담당하는 분류심사과 그리고 수용자 직업훈련, 교도작업 운영, 작업장려금 등의 업무를 담당하는 직업훈련과에서 제공하는 상당수의 프로그램이 사회복지적 성격을 가지고 있다.

(2) 인력

교정기관에서 서비스를 제공하는 인력은 교정공무원이다. 교정직 공무원은 국가공무원이며 공개채용, 혹은 특별채용 절차를 거친다. 교정시설에서 사회복지실천을 원하는 사회복지사라면 국가공무원 채용절차를 거쳐 교정직 공무원이 되어야 한다. 한편, 민간 전문가들도 교정위원의 신분으로 교정기관 및 지역사회에서 서비스를 제공한다. 민간 전문가들은 교화 분야, 종교 분야, 직업훈련 분야, 교육 분야, 의료 분야에서 각각의 전문성을 살려 수용자 교정 · 교화에 참여한다(법무연수원, 2022: 495-500).

3) 수용자 현황

우리나라 전국 54개 교정기관에 수용된 수용자의 인구 현황은 다음과 같다. 먼저, 수용자의 일일 평균 수용인원은 5만 명대 수준으로 [그림 7-3]과 같다(법무연수원, 2022: 349). 이들의 연령별 구성을 기결수형자에 한정하여 볼 때 40~50대가 절반을 차지하고 있고, 25세 미만의 청소년 인구는 7% 내외의 수준이며, 60세 이상 노인범죄자의 비율은 15%를 육박하면서 해마다 증가하는 현상을 보이고 있는데 이는 〈표 7-1〉과 같다(법무연수원, 2022: 353).

한편, 실형을 선고받은 범죄인(수형자)의 죄명은 비율을 보면 사기 · 횡령, 성폭력범, 살인, 절도, 과실범, 폭력, 강도, 마약 등의 순이며 [그림 7-4]와 같다(법무연수원, 2022: 356). 이는 형법범죄 유형별 발생 건수를 기준으로 한 구성비와는 다소 상이한데 우리나라 형법범죄의 주된 유형은 사기, 절도, 폭행, 횡령, 손괴 등이다(〈표 2-1〉, 〈표 2-2〉 참조). 교정시설 수형자 중 성폭력, 살인, 강도 등과 같은 강력범죄자가 상당수를 차지하고 있는 것은 이와 같은 강력범죄자에 대한 실형 선고가 많기 때문이다.

아울러 수형자의 형기는 1년 이상 3년 미만이 40%가량으로 가장 많고 1년 미만은 12.7%로서 절반 이상의 수형자가 3년 미만의 형이며, 이에 반해 10년 이상과 20년 이상의 장기형은 합하여 10% 정도이고, 무기징역과 사형은 합하여 4% 정도인데 이는 〈표 7-2〉와 같다(법무연수원, 2022: 357).

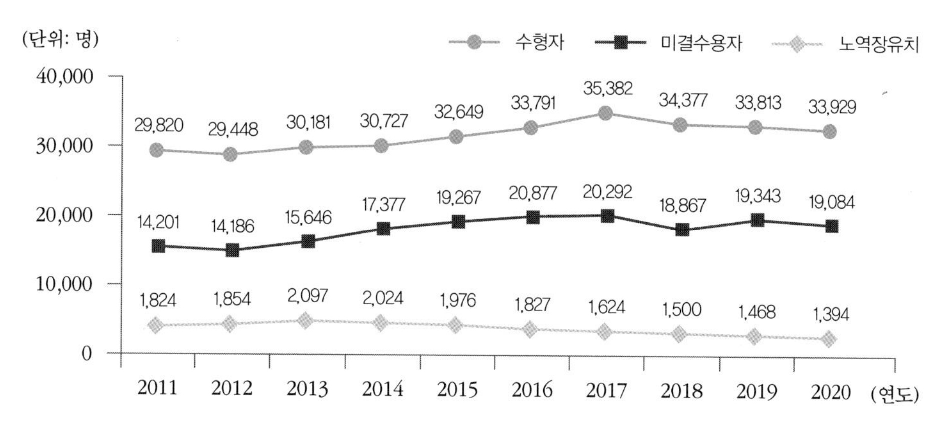

[그림 7-3] 수용자 일일 평균 수용인원(2011~2020년)

출처: 법무연수원(2022), p. 349.

표 7-1 수형자 연령별 인원(2011~2020년)

(단위: 명, %)

연령 \ 연도	2011	2012	2013	2014	2015	2016	2017	2018	2019	2020
계	31,198 (100)	31,434 (100)	32,137 (100)	33,444 (100)	35,098 (100)	36,479 (100)	36,167 (100)	35,271 (100)	34,697 (100)	34,749 (100)
16세 미만	2 (0.0)	16 (0.1)	6 (0.0)	3 (0.0)	–	2 (0.0)	4 (0.0)	1 (0.0)	0 (0.0)	1 (0.0)
18세 미만	49 (0.2)	70 (0.2)	55 (0.2)	50 (0.1)	47 (0.1)	46 (0.1)	45 (0.1)	35 (0.1)	41 (0.1)	45 (0.1)
20세 미만	231 (0.7)	251 (0.8)	280 (0.9)	270 (0.8)	262 (0.7)	290 (0.8)	244 (0.7)	248 (0.7)	231 (0.7)	233 (0.7)
25세 미만	2,153 (6.9)	2,147 (6.8)	2,327 (7.2)	2,514 (7.5)	2,609 (7.4)	2,642 (7.2)	2,484 (6.9)	2,335 (6.6)	2,255 (6.5)	2,378 (6.8)
25세 이상	2,899 (9.3)	2,539 (8.1)	2,366 (7.4)	2,247 (6.7)	2,244 (6.3)	2,450 (6.7)	2,562 (7.1)	2,779 (7.9)	2,860 (8.2)	3,058 (8.8)
30세 이상	8,018 (25.7)	7,681 (24.4)	7,677 (23.9)	7,584 (22.7)	7,678 (21.8)	7,678 (21.0)	7,543 (20.9)	7,059 (20.0)	6,834 (19.7)	6,488 (18.7)
40세 이상	9,708 (31.1)	9,714 (30.9)	9,714 (30.2)	9,986 (29.9)	10,310 (29.5)	10,275 (28.2)	9,712 (26.9)	9,307 (26.4)	8,637 (24.9)	8,427 (24.3)
50세 이상	6,344 (20.3)	6,866 (21.8)	7,362 (22.9)	7,989 (23.9)	8,624 (24.5)	9,255 (25.4)	9,330 (25.8)	9,067 (25.7)	9,033 (26.0)	8,941 (25.7)
60세 이상	1,794 (5.8)	2,150 (6.8)	2,350 (7.3)	2,801 (8.4)	3,324 (9.7)	3,841 (10.6)	4,243 (11.6)	4,440 (12.6)	4,802 (13.8)	5,178 (14.9)

주: 1. 법무부 교정본부 통계, 각 연도
2. 피보호감호자 및 노역장유치자 포함

출처: 법무연수원(2022), p. 353.

표 7-2 수형자의 형명·형기별 인원(2011~2020년) (단위: 명, %)

형명·형기 \ 연도		2011	2012	2013	2014	2015	2016	2017	2018	2019	2020
계		31,198 (100)	31,434 (100)	32,137 (100)	33,444 (100)	35,098 (100)	36,479 (100)	36,167 (100)	35,271 (100)	34,697 (100)	34,749 (100)
징역	소계	29,831 (95.6)	30,024 (95.5)	30,738 (95.6)	32,006 (95.7)	33,637 (96.0)	34,991 (95.9)	34,679 (95.9)	33,790 (95.8)	33,232 (95.8)	33,287 (95.8)
	1년 미만	5,421 (17.4)	5,322 (16.9)	5,078 (15.8)	5,312 (15.9)	5,724 (16.3)	6,362 (17.4)	6,050 (16.7)	6,173 (17.5)	5,599 (16.1)	4,401 (12.7)
	1년 이상	9,666 (31.0)	9,829 (31.3)	10,344 (32.2)	10,898 (32.6)	12,001 (34.2)	13,010 (35.7)	13,208 (36.5)	12,587 (35.7)	12,819 (36.9)	14,053 (40.4)
	3년 이상	6,610 (21.2)	6,493 (20.7)	6,613 (20.6)	6,866 (20.5)	6,870 (19.6)	6,747 (18.5)	6,727 (18.6)	6,587 (18.6)	6,340 (18.3)	6,428 (18.5)
	5년 이상	4,335 (13.9)	4,601 (14.6)	4,912 (15.3)	5,088 (15.2)	5,216 (14.9)	5,195 (14.2)	5,029 (13.9)	4,888 (13.9)	4,902 (14.1)	4,902 (14.1)
	10년 이상	3,344 (10.7)	3,317 (10.6)	3,299 (10.2)	3,335 (10.0)	3,283 (9.4)	3,127 (8.6)	3,071 (8.5)	2,927 (8.3)	2,903 (8.4)	2,784 (8.0)
	20년 이상	455 (1.5)	462 (1.5)	492 (1.5)	507 (1.5)	543 (1.7)	550 (1.7)	594 (1.6)	628 (1.8)	669 (1.9)	719 (2.1)
금고	소계	45 (0.1)	84 (0.3)	53 (0.2)	60 (0.2)	67 (0.2)	86 (0.2)	73 (0.2)	81 (0.2)	66 (0.2)	86 (0.2)
	6월 미만	2 (0.0)	2 (0.0)	1 (0.0)	4 (0.0)	5 (0.0)	8 (0.0)	1 (0.0)	1 (0.0)	5 (0.0)	3 (0.0)
	6월 이상	23 (0.1)	51 (0.2)	32 (0.1)	33 (0.1)	37 (0.1)	39 (0.1)	31 (0.1)	29 (0.1)	27 (0.1)	24 (0.1)
	1년 이상	15 (0.0)	26 (0.1)	16 (0.1)	19 (0.1)	17 (0.0)	28 (0.1)	28 (0.1)	41 (0.1)	25 (0.1)	45 (0.1)
	3년 이상	5 (0.0)	5 (0.0)	4 (0.0)	4 (0.0)	8 (0.0)	11 (0.0)	13 (0.0)	10 (0.0)	9 (0.0)	14 (0.0)
무기징역		1,264 (4.1)	1,268 (4.0)	1,288 (4.0)	1,320 (3.9)	1,337 (3.8)	1,345 (3.7)	1,358 (3.7)	1,343 (3.8)	1,343 (3.9)	1,320 (3.8)
사형		58 (0.2)	58 (0.2)	58 (0.2)	58 (0.2)	57 (0.2)	57 (0.2)	57 (0.2)	57 (0.2)	56 (0.2)	56 (0.2)

* 주: 1. 법무부 교정본부 통계, 각 연도

출처: 법무연수원(2022), p. 357.

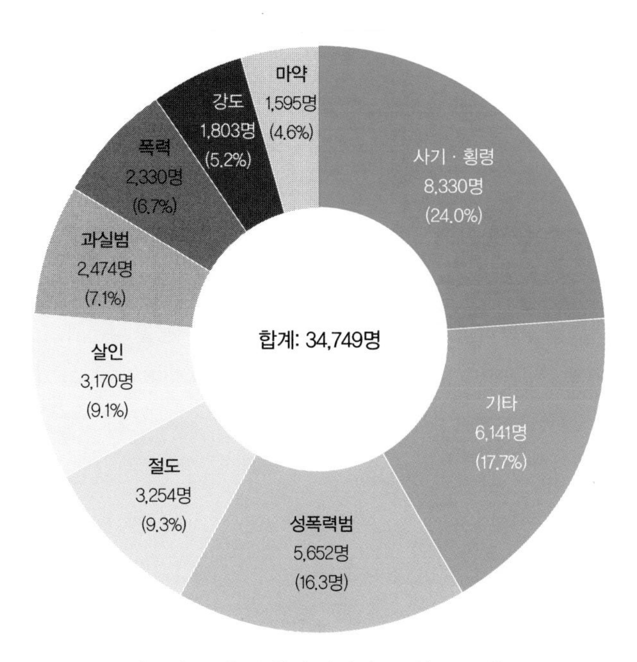

[그림 7-4] 수형자 죄명별 구성(2020년)

출처: 법무연수원(2022), p. 356.

3. 관련 제도 및 프로그램

이 절에서는 시설수용자를 대상으로 한 사회복지실천과 관련된 제도와 프로그램을 다룬다. 사회복귀 관점에서 접근할 수 있는 제도 및 프로그램은 사회복귀 프로그램, 심리치료 프로그램, 수용자의 권리구제로 유형을 구분하며, 각각의 유형별로 세부적인 내용을 다룬다. 상기한 제도와 프로그램은 교정시설이 주된 실천현장이지만 사안에 따라 외부와 연계되기도 하고 자원 동원 측면에서 지역사회로도 실천 범위가 확장된다.

1) 사회복귀 프로그램

(1) 교정교육과 교화 프로그램

교정교육은 수용자에게 제공되는 일체의 교육 및 교화 프로그램을 포괄하는 개념이다. 교정시설 수용자를 변화시켜 사회에 성공적으로 통합할 수 있도록 교정시설 내부와 외부에서 시행되는 모든 학습 지원활동으로서, 학습자의 변화를 목적으로 한다는 점에서 교정교육은 평생교육의 일환이라고 할 수 있다(유주영, 강대중, 2021). 학업, 직업 및 진로, 인성교육, 내적 변화를 위한 종교 활동 등과 같이 수용자의 취약한 인격 및 행동적 특성을 바로잡고 출소 후 사회적응력을 키우도록 지원하는 모든 프로그램은 교정교육 및 교화 프로그램에 해당한다. 다음은 현재 우리나라 교정기관에서 제공하고 있는 대표적인 교정교육 프로그램들이다.

교화 프로그램(reformation programs)은 수형자에 대해서는 교육, 상담, 심리치료, 작업, 직업훈련, 그 밖에 교화 프로그램 등을 통하여 교정·교화를 도모하고 사회생활에 적응할 능력을 함양하는 데 목적을 두고 있다. 교화 프로그램의 유형으로는 문화 프로그램, 문제행동 예방 프로그램, 가족관계 회복 프로그램, 교화상담, 기타 프로그램이 있다(김영식 외, 2021: 77).

① 석방예정자교육

석방예정자교육은 출소를 앞둔 수형자에 대한 출소 준비교육이다. 지역사회로의 복귀를 준비하고 있는 출소예정 수형자를 대상으로 사회복귀에 필요한 정보 제공을 주된 내용으로 한다. 장기수형자의 경우 출소 후 사회적응을 위해서는 무엇보다도 사회와 격리된 동안 변화된 사회와의 간격을 줄여야 하므로 사회변화 및 경제 동향에 관한 정보가 중요하다. 또한

자립을 위한 취업 및 창업 정보 제공, 빈곤 출소자를 위한 국민기초생활보장제도를 비롯한 빈곤계층에 관한 사회보장제도 안내와 한국법무보호복지공단이 제공하는 출소자 사회정착 지원에 관한 갱생보호사업들에 관한 정보 제공, 경제적 자립지원을 위한 신용 회복 등에 대해서도 안내한다. 한편, 단기수형자에게는 구금된 동안 위축된 자신감을 회복할 수 있도록 출소자 성공사례 강연 등이 교육과정으로 편성되어 있다.

② 학과교육

학과교육으로는 수용자의 학력 결손을 보충할 수 있도록 운용되고 있는 검정고시반과 대학교육을 들 수 있다. 검정고시반은 정규 교육과정의 졸업학력을 검정고시를 통해 받도록 하는 것으로서 초등학교, 중학교, 고등학교 과정이 있으며, 방송통신고등학교 과정도 운영하고 있다. 대학교육은 수형자가 독학으로 학위 취득의 기회를 가질 수 있도록 2023년을 기준으로 전국 28개 교정기관에 학사고시반을 운영하고 있으며, 4개 교정시설에서는 방송통신대학 과정이 설치되어 있고 순천교도소에서는 교정시설 내에 전문대학 위탁교육과정을 운영하고 있다.[3)]

③ 인성교육

인성교육은 수용자 교정교육의 대표적인 프로그램이다. '수용자 정신교육'으로 불리던 초기적 형태에서는 수용자의 건전한 민주의식과 준법정신을 함양시키고 개과천선을 촉진시키는 것을 목적으로 했지만, 2008년부터 '수용자 인성교육'으로 명칭을 변경하여 감수성 훈련, 인간관계 회복, 도덕성 회복, 시민의식 및 준법정신 함양 등을 포괄하는 체계적 · 전문적 교육으로 발전하고 있으며 교도소가 위치한 지역사회 대학, 전문기관 등과 협력하여 교육이 이루어지고 있다. 2015년부터는 형이 확정된 모든 수형자를 대상으로 형기 등에 따라 교육과정을 구분하여 70~120시간의 체계적인 교육 프로그램으로 구성된 '집중인성교육'을 실시하고 있다(법무연수원, 2022: 369). 2021년을 기준으로 전국 교정기관에서 실시된 인성교육은 400여 건이고 참여인원은 7,000여 명이 넘는다(법무부 교정본부, 2022: 142).

3) 2021년의 경우 독학에 의한 학위 취득 32명, 방송통신대학교 학사학위 17명, 전문대학 위탁교육 전문학사 15명이다(법무부 교정본부, 2022: 139).

④ 문화 프로그램

문화 프로그램은 수용자의 인성 함양, 자기존중감 회복 등을 위하여 음악(음악공연 등), 미술, 독서(독서치료 등) 등 문화예술과 관련된 다양한 프로그램으로 구성된다(김영식 외, 2021: 77). 문화 프로그램은 문화행사 및 활동을 통해 수용생활 적응을 도울 수 있으며, 수용자의 심성을 순화시킴으로써 교화효과도 기대할 수 있다. 문화공연과 다양한 취미반이 대표적 유형인데, 문화공연은 인근 지역사회 자원봉사인력에 의해 제공되며, 취미반은 서예, 국악, 노래교실, 합창반, 악기연주반, 미술반, 캘리그라피반, 독서반, 글쓰기반, 연극반, 종교 소모임 등 교정기관에 따라 다양하게 운영된다. 문화 프로그램 역시 주로 지역사회의 자원봉사 인력에 의해 제공된다.

⑤ 종교 프로그램

수용자의 내적 변화(inner change)의 효과적인 방법은 종교인 것으로 알려져 있다. 수용자 교화에서 내면의 변화를 강조한 접근은 오랜 전통을 가지고 있다. 18세기 후반에 시작된 미국의 초기 감옥개혁 운동은 수용자의 행동을 변화시키려면 영성의 변화가 선행되어야 한다는 전제로 출발했다.[4] 영성이 변해야 양심을 일깨울 수 있다는 이와 같은 신념은 수용자의 영적이고 내적인 변화에 종교의 역할을 강조하는 것으로서 시설 내 처우에서 종교 프로그램으로 이어지고 있다(신연희, 2016a).

종교는 수용생활의 적응을 돕는 데 중요한 역할을 한다. 『교정통계연보』에 의하면 기결수형자의 70% 정도가 종교를 가지고 있다(법무부 교정본부, 2022: 113). 또한 이들의 종교에 대한 의존도는 높기 때문에 종교 프로그램은 수용생활에서의 내적인 평화와 다른 사람과의 원만한 관계 등과 같은 수용생활의 적응, 수용 기간 동안 가족건강성 유지 그리고 재범 예방에 미치는 효과가 큰 것으로 보고된다(신연희, 2016a). 현재 우리나라에서는 종교에 기반을 둔 다양한 프로그램이 운용되고 있는데, 정기적인 종교집회, 종교상담, 교리지도, 종교위원과의 자매결연 그리고 동일한 종교 성향을 가진 수형자들을 위해 특정 거실에서 자유롭게 신앙생활을 하도록 보장해 주는 것 등을 들 수 있다.

4) 미국의 초기 감옥개혁 운동은 1790년 펜실베이니아주의 필라델피아 월넛가 감옥(Walnut Street Jail)에서 시작되었다. 퀘이커 교도들에 의해 기독교 정신을 바탕으로 하나님의 용서가 임하도록 수형자의 반성을 강조했으며, 1823년 미국의 오번(Auburn) 교도소에서 시작된 오번제는 수형자들이 낮에는 노동하고 야간에는 독거실에서 성경을 읽고 명상하도록 운영했다(김안식, 2010: 18-20).

대표적인 종교 프로그램은 민영교도소에서 운영하는 프로그램을 들 수 있다. '속사람의 온전한 변화와 회복'을 교도소 운영의 목표로 두고 있는 소망교도소의 프로그램들은 신앙 기반(faith-based) 교화 프로그램을 통해 수용자의 내적 변화에 비중을 둔다. 소망교도소의 교육교화 프로그램 모델인 '내적 변화와 회복을 위한 개별화된 프로그램(Individualized Programs for InnerChange and Restoration: IPIR)'은 수용자의 실질적인 변화와 회복을 목표로 개개인의 특성을 고려하여 설계된다. 교도소 수용 시점부터 출소하여 사회적응까지 5단계로 구성되어 있는데, 입소과정(1단계), 여럿이 함께(2단계), 치유와 회복(3단계), 출소 전 교육(4단계), 새로운 시작(5단계, 출소 후 사회적응 단계)으로 나누어 진행된다. 모든 과정은 수용자의 개별 특성을 반영하여 설계되어 있고 신앙심을 기반으로 한 내적 변화에 역점을 두고 운용된다(소망교도소, 2021: 84). 특별한 목적을 가지고 설립된 소망교도소는 '소망공동체'라는 연대성이 운용상의 중심 가치인데, 이는 '소망공동체'의 기도문에 잘 나타나 있다.[5)]

(2) 교도작업과 직업훈련

① 교도작업

교도작업은 수형자에게 작업을 부여하여 근로정신을 함양시키고 기술을 습득시켜 사회에 안정적으로 적응할 수 있는 건전한 시민으로 복귀시키는 데 목적이 있다. 본래 징역형의 근간은 작업이 부과되는 것이며, 교도소에서의 생활에 게으름과 무료함이 없도록 할 뿐 아니라, 부지런한 습성을 함양하는 교화효과도 기대할 수 있고, 작업장려금(소득)으로 출소자금을 마련하고 특별한 경우 가족의 생계지원도 할 수 있다(Colson, 2002: 129).

교도작업은 직영작업, 위탁작업, 개방작업의 형태가 있으며, 교도작업 수익금은 교도작업특별회계 수입금으로 국가재정에 귀속된다(법무연수원, 2022: 374). 한편, 작업에 참여한 수형자에게는 작업장려금이 지급되는데, 이는 근로의욕을 고취하고 사회복귀에 대비하여 취업능력을 강화시키기 위함이다. 작업장려금은 작업의 종류, 작업 성적, 교정 성적 등을 고려하여 일정한 금액이 지급된다(법무연수원, 2022: 375).

---

5) 국내 유일의 민영교도소인 소망교도소는 2010년 개소한 이래 종교(기독교)에 입각하여 수용자 교정교화와 사회복귀, 인권보장을 목적으로 운영되고 있다. 소망공동체 기도문에는 직원들의 자세로 "양떼의 형편을 부지런히 살피는 목자가 되게 하소서. 수용자 형편을 부지런히 살피는 교도관 되게 하소서."를 강조한다.

② 직업훈련

수형자의 직업훈련은 사회에 복귀하여 활용할 수 있는 기능 연마를 통해 출소 후 생활 안정과 재범 방지를 도모하는 데 목적을 두고 있다. 직업훈련은 교정시설(소망교도소 포함)에 일반 및 공공 직업훈련소를 설치하여, 2020년 기준으로 15개 분야, 88개 직종에 걸쳐 210개 과정이 운영되고 있다(법무연수원, 2022: 376). 직업훈련은 공공직업훈련과 일반직업훈련으로 나누어진다. 공공직업훈련은 「국민 평생 직업능력 개발법」 등 관계 규정에 따라 고용노동부장관이 정한 훈련 기준 및 권고사항 등을 참고하여 실시하는 훈련이며, 일반직업훈련은 교정시설의 장이 교화상 필요한 경우 및 그 밖의 사정을 고려하여 「국민 평생 직업능력 개발법」의 기준 외의 방법으로 실시하는 훈련이다.

직업훈련을 수료한 수형자는 각종 기능자격시험이나 면허시험에 응시할 수 있는 기회가 부여되며, 이에 응시하여 자격증을 취득한 수형자는 2021년 기준으로 기사 7명, 산업기사 85명, 기능사 2,978명이 있다(법무부 교정본부, 2022: 149).

(3) 사회적 처우

사회적 처우는 사회복귀를 준비하면서 교정 · 교화 효과를 도모할 수 있는 프로그램들로 구성된다. 개방시설에서 처우하거나 시설에 수용된 동안 귀휴, 가족만남의 날, 가족만남의 집, 가족사랑캠프, 부모교육(아버지학교, 어머니학교) 등과 같은 교화 프로그램 참여를 통해 사회와의 격리로 인한 부작용 보완, 사회생활에 대한 적응력 향상, 가족관계 강화 등을 통해 재범을 방지하고자 하는 데 목적을 두고 있다. 사회적 처우는 수형자의 자율성과 책임감에 대한 신뢰를 바탕으로 하며, 시설 내 처우의 단점을 최소화하기 위한 제도이다(법무연수원, 2022: 379). 특히 효과성이 큰 것으로 평가되고 있는 가족관계 회복 프로그램은 수용자와 가족 간의 관계를 유지 · 회복시키는 데 목적을 두고, 수용자의 가족들을 참여시키는 각종 프로그램으로서 가족만남의 날, 가족만남의 집, 가족사랑캠프, 가족접견 등이 있다.

① 귀휴

귀휴제도는 수용자의 사회적응력을 키우는 데 목적을 둔 대표적인 사회적 처우제도이다. 귀휴는 잠시 휴가를 내어 집으로 돌아오는 것을 이르며, 귀휴 기간은 형 집행 기간에 포함된다. 교정 성적이 양호하고 도주의 위험성이 적은 수형자에게 일정한 요건하에 기간과 행선지를 제한하여 외출 · 외박을 허용하는 제도이다. 수형자의 석방 후 생활준비, 가족과의 유대관계를 유지하도록 함으로써 구금으로 인해 손상된 사회와의 유대를 강화시켜 사회적응

력을 키워 주고자 하는 것이 제도의 취지이다. 2007년 12월 21일 개정된 「형의 집행 및 수용자의 처우에 관한 법률」의 규정에 의해 가족 또는 배우자의 직계존속 사망, 직계비속의 혼례가 있는 때에는 5일 이내의 특별휴가를 허가하는 등 귀휴의 범위가 확대되고 있다(법무연수원, 2022: 379).

② 사회견학과 봉사활동

사회견학과 봉사활동에 참여하는 것은 수용생활로 인한 사회와의 단절을 완화시키는 데 목적을 두고 있다. 보통 사회견학과 봉사활동은 함께 이루어지며 문화 유적지, 사회복지시설, 산업시설, 성공적인 사회교육 현장 등을 견학하고 봉사활동도 수행한다. 사회견학 및 봉사활동에 참여한 수형자는 2016년부터 2019년까지는 연간 5,000명 전후의 규모이다(법무연수원, 2023: 370). 사회견학은 빠른 속도로 변화하고 있는 사회의 실상을 교정시설 밖의 지역사회 현장에서 직접 체험하도록 하는 프로그램이다. 봉사활동은 지역사회에 기여함으로써 사회에 피해를 끼진 책임을 배상한다는 의미도 있고 수용자에 대한 이미지도 개선할 수 있다. 아울러 지역사회의 어려운 사람들을 대상으로 실시하는 봉사활동은 어려운 사람들을 도와주었다는 보람, 자신도 사회에 좋은 일을 할 수 있는 사람이라는 자기 이미지 개선, 나아가 삶의 자세를 바로잡는 계기가 되는 것으로 알려져 있다.

③ 가족만남의 날

가족만남의 날, 가족만남의 집, 가족사랑캠프, 부모교육 등은 수용자의 가족관계 강화를 위한 처우 프로그램이다. 수용자 교화 프로그램의 중요한 위치를 점하고 있는 가족관계 프로그램은 '가족관계 회복' 또는 '가족건강성 향상'에 목적을 두고 있다. 또한 수용자와 가족들이 상호유대를 유지하게 하고, 심리적 안정, 가족의 해체방지, 가족을 매개로 사회와의 연대 강화 그리고 출소 후 사회적응력을 향상시키는 데 기여하고 있다. 가족관계 회복을 통하여 수용자 가정을 건강하게 유지하고 수용자가 수용생활뿐만 아니라 출소 후 원만한 사회적응을 도모하게 하는 것이 궁극적인 목적이다. 교정시설 수용자들은 구금으로 인하여 가족과 분리되며, 수용된 동안 가족이 해체되거나 가족관계가 불안정하게 되어 혼인관계가 해제되거나 사실상 이혼 그리고 자녀와 단절되기도 한다(신연희, 2011; 전영실 외, 2007: 63, 68).

가족만남의 날은 과거의 폐쇄적이던 수용자 교화주의 교정정책에서 가족의 중요성에 주목하여 도입된 제도로 1993년에 처음으로 실시되었다. 개방된 공동 공간에서 많은 수의 가족이 몇 시간 동안 프로그램에 구애되지 않고 자유 시간을 가진다. 시행 초기에는 우수 수형자의 사회복귀 준비와 무기수형자 및 고령자에 한정했으나 점차 대상자가 확대되고 있다. 수용자가 가족과 유대를 강화하고 가족관계를 회복하여 수용생활의 안정을 도모하고 장래를 적극적으로 준비하게 함으로써 결과적으로 사회적응능력을 배양하는 데 효과가 있을 것으로 보고 있기 때문이다. 가족만남의 날은 집단으로 실시하는 교화 프로그램으로서 차단시설이 없는 일반 접견실 외의 장소(잔디밭, 강당 등)에서 40여 명의 수용자를 대상으로 3명 내외의 가족들과 2시간 동안 함께 식사와 대화를 나누는 행사이다.

④ 가족만남의 집

가족만남의 집은 개별 가족 단위로 숙식을 함께하는 프로그램이다. 교정시설 내에 수용동과 분리되어 별도로 설치된 일반주택 형태의 건축물에서 수형자와 그 가족이 숙식을 함께 하는 것으로, 수용생활로 인하여 단절되고 소원해진 가족관계를 복원하여 건강한 가족관계와 가족유대를 강화하는 데 목적을 두고 있는 교화 프로그램이다. '부부만남의 집'이라는 명칭으로 1999년 국내에서는 처음으로 4곳의 교정기관에서 실시되었는데, 오랜 구금생활로 인해 단절되고 훼손된 가족관계를 회복하도록 함으로써 수용생활의 안정화를 기하도록 만들어진 프로그램이다. 2003년 '가족만남의 집'으로 명칭이 변경되었고 실시기관도 확대되고 있다. 가족만남의 집을 이용한 수형자는 2019년에는 2,000여 명에 육박할 정도로 확대되었다. 수형자가 교정시설 내에 설치된 별도의 장소에서 1박 2일간 가족들과 숙식을 함께하며 가족관계를 복원하고, 가족과의 만남을 통해 심리적 · 정서적 안정을 찾고 수용생활에 적응할 수 있어서 단기적으로는 수용생활의 안정을, 장기적으로는 교정 · 교화에 도움이 되는 것으로 평가된다(법무연수원, 2022: 381).

⑤ 가족사랑캠프

가족캠프(가족사랑캠프)는 10여 가족 내외가 집단으로 프로그램에 참여하는 구조화된 프로그램으로 전문가의 주도하에 진행된다. 가족캠프는 다른 가족 프로그램에 비하여 비교적 늦게 실시되었다. 수형자 가족관계의 중요성에 관한 인식이 교정정책 담당자들에게 확대되면서 '가족사랑캠프'라는 이름으로 2006년 청주여자교도소의 여성 장기수형자와 그 자녀를 대상으로 2박 3일간 교정시설 밖에서 실시된 것이 시작이다. 2007년 8월에는 부산교도소에서 장기수형자를 대상으로 한 가족캠프가 2회 실시되었는데, 배우자와 자녀를 포함한 9가족(28명) 캠프와 배우자와 함께 4쌍(8명)의 부부로 구성된 캠프가 각각 1박 2일로 진행되었다. 가족사랑캠프는 오랫동안 그리워했던 가족들이 서로 밀착된 생활을 할 수 있는 시간을

통해 가족 간에 친밀감을 높이고 사랑을 확인할 수 있는 좋은 프로그램인 만큼 2011년의 시범사업 이후 전국 교정기관으로 확대되었다(신연희, 2011).

가족캠프는 교정기관이 지역사회와 협력하여 제공되는 프로그램으로서 공공과 민간이 협력하는 대표적인 교화 프로그램이다. 프로그램의 계획과 평가는 개별 교정기관별로 실시하지만, 프로그램의 운영은 교정시설 인근의 건강가정지원센터를 비롯한 전문기관에 위탁하여 운영하고 있다. 보통은 5~10가족으로 구성되는 집단 프로그램이며 주중 혹은 주말을 이용해 시설 내의 강당 등의 장소에서 통상 오전 10시부터 오후 4시까지 진행된다. 가족은 부모, 배우자, 자녀들이 주로 참여하고 자녀들이 있는 수용자가 우선적으로 프로그램 대상자로 선발된다. 참여한 자녀들에 대해서는 별도로 집단 상담이 진행되기도 한다.

⑥ 부모교육[6](아버지학교 및 어머니학교)

아버지학교와 어머니학교는 수용자를 대상으로 한 부모교육 프로그램이다. 2004년 국내에서는 처음으로 실시된 아버지학교는 가정에서의 아버지 역할과 바람직한 아버지상을 정립하도록 하고, 심성 순화의 효과에 대한 기대가 크다. 남자수용자에게는 가족의 소중함을 일깨워 주고, 아버지로서 담당해야 할 바람직한 역할에 대한 교육을 통하여 안정된 가정과 건강한 사회인이 되는 자질을 갖추도록 하는 데 목적을 둔다. 아버지학교는 가족캠프와 유사하게 지역사회기관에 위탁하여 운영된다. 대표적으로 아버지학교는 두란노 아버지학교와 같이 전문성이 있는 외부 민간기관의 지원을 받아 프로그램을 운영하거나 교정시설에서 자체적으로 운영하기도 하는데, 주당 1회씩 총 4회(1회당 2~3시간씩 소요)에 걸쳐 진행되는 것이 대부분이다(신연희, 2011).

한편, 어머니학교는 가족과 자녀의 삶에 중심을 차지하고 있는 여자수용자에게 특별한 의미를 가진다. 여자수용자들의 경우 수용생활의 가장 큰 고통은 가족에 대한 그리움이고, 특히 자녀를 둔 어머니인 경우 그 정도가 심하다. 여자수용자들의 대다수는 출소 후에 자녀와 재결합하고 어머니의 역할로 복귀할 것이기 때문에 여자수용자들에게 어머니학교의 의미는 크다(신연희, 2011). 어머니학교는 2004년 여주교도소에서 시작했으며, 프로그램의 운

6) 부모교육은 아버지학교와 어머니학교가 대표적이다. 아버지학교는 외부 민간단체(두란노 아버지학교)에 의한 위탁운영 형태인데, 2003년 여주교도소에서 남자수용자 120명을 대상으로 시작하여 2010년까지 500명 이하이던 것이 2011년에 1,163명으로 급증했고, 이후 2016년에는 1,501명이 수료하는 등 꾸준히 성장하면서 안정적으로 유지되고 있다. 한편, 어머니학교는 2004년 여주교도소 여성수용자 58명을 대상으로 소규모로 시작하여 이듬해에는 150명으로 일시적으로 증가했으며, 현재 여주교도소와 몇 개의 교정기관에서만 운영되고 있다(신연희, 2020a).

영은 인근 지역사회기관과 협력하여 실시한다. 대표적으로 두란노 어머니학교 주관으로 실시하는 프로그램의 세부 내용은 어머니 및 가족 내 여성의 역할 등에 관한 강연, 소그룹 세미나, 편지 쓰기, 세족식 등으로 구성된다.

수형자의 지역사회 봉사활동

"사회에 해악만 끼치는 사람이 아니라 도움이 되는 사람일 수 있다."

▶ 수형자의 사회봉사 사례 1

사회봉사는 모범수용자를 중심으로 사회적응 및 사회유대 관계 회복 그리고 수용자의 자존감을 향상시킬 수 있는 프로그램 형태로 실시되고 있다. 2006년 하반기에 실시한 몇 개의 사례를 보면, 우선 의정부교도소의 경우 모범수형자 21명(1급 7명, 2급 14명)이 사회복지기관에서 청소 및 빨래 봉사에 참여했으며, 군산교도소의 경우 모범수용자 14명이 장애인 공동체를 방문하여 장애인을 수발하는 봉사활동을 했다(신연희, 2008a).

▶ 수형자의 사회봉사 사례 2

안동교도소에서는 모범수용자 15명이 장애인의 날에 정신지체장애우가 수용되어 있는 애명복지촌을 방문하여 봉사활동을 실시했다. 이날 참석한 수용자들은 장애우 돌보기, 목욕시키기 등에 참여하면서, 비록 사회에서 소외된 장애우이지만 용기를 잃지 않고 살아가는 모습을 보고 사지 멀쩡한 자신들이 그동안 어리석은 삶을 살아온 것에 대해 후회하면서 출소 후에는 건전한 사회일원으로 열심히 생활할 것을 다짐했다. 이날 봉사활동을 마친 수용자 김 ○○(34세)는 "이번 봉사활동을 하기 전에는 자신이 세상에서 가장 힘들게 살고 있다고 생각하고 사회를 원망하면서 살아왔는데, 나보다 더 어려운 환경에서도 웃음을 잃지 않고 살아가고 있는 장애우들을 보면서 많은 것을 느꼈다. 그동안 타인에게 피해만 주고 살았지만 나도 누군가를 위해 도움을 줄 수 있다는 것에 대해 뿌듯함을 느끼는 소중한 기회가 되었다."라고 소감을 밝혔다. 안동교도소는 매년 정기적으로 6회 정도 수용자 사회체험 및 지역사회 봉사활동을 실시하고 있다. 이와 같은 활동은 수용자들의 사회적응력 향상 및 정서함양과 긍정적 사고를 형성하는 데 효과가 있는 것으로 보고하고 있다(출처: 법무부 교정본부 인터넷 자료, 2006. 4. 25).

수형자 가족 프로그램

▶ 교정시설 내 가족 프로그램 실시 근거

첫째, 수용자 인권보장을 위함이다. 이는 가족 간의 분리로 인한 정서적 · 경제적 · 사회적 어려움은 추가적인 형벌일 수 있기 때문이다.

둘째, 교정교화에 탁월한 효과가 있다. 가족은 수용생활의 적응과 교화활동에의 참여 동기를 자극하여 결과적으로 출소 후 재범가능성을 줄여 준다.

셋째, 가족들에 대한 인도적 의미를 갖는다. 가족은 무고하게 고통받고 있으며, 사회적으로 소외되어 있으므로 수용된 가족과의 만남을 보장하는 것은 인도적으로 필요하다.

넷째, 가족자원의 보호를 위해서이다. 가족자원은 출소 후 사회적응의 기반이 되며, 수용 중 그리고 출소 후 적응을 돕는 지지자원이다. 수용자에 대한 교정교화의 동인이므로 결과적으로 재범예방을 위한 강력한 보호 요인이다.

▶ 사진

▲ 가족만남의 날 행사

▲ 가족만남의 집

사진 출처: http://www.lawissue.co.kr

2) 심리치료 프로그램과 교정상담

(1) 심리치료 조직 현황

법무부 교정본부는 성폭력사범의 심리분석 및 치료와 사회복귀를 돕기 위해 2011년 10월부터 서울남부심리치료센터를 시작으로 포항 · 밀양 · 청주 · 군산심리치료센터를 운영해 왔다. 이후 성폭력사범 및 정신질환 수용자, 중독사범의 체계적 · 효과적 심리치료를 위해 프로그램을 확대 시행하고 있다. 교정시설 내 심리치료센터는 2021년을 기준으로 전국 7개 교정기관에 설치되었고, 과로 운영되고 있는 기관은 5개이다(법무부 교정본부, 2022: 160).

(2) 심리치료 프로그램과 교정상담

① 심리치료 프로그램

심리치료 프로그램은 수용자의 변화를 위한 치료적 접근이다. 기존의 강의식 교육으로는 교정 · 교화에 한계가 있다고 보고 치료적 접근이 필요한 성폭력, 마약, 알코올, 아동학대, 불특정 다수를 대상으로 범죄를 저지른 동기 없는 수용자에 대해 맞춤형 심리치료 프로그램 개발 등 특성별로 차별화된 심리치료 시스템을 구축하여 프로그램을 제공한다. 아울러 정신질환 수형자, 규율위반 수형자, 우울증 수형자, 가정폭력 수형자, 소년수형자에 대한 심리상담도 제공하고 있다. 심리치료 프로그램 수료자는 매년 10만 건이 넘는 것으로 보고된다(법무부 교정본부, 2022: 161).

수용자 심리치료 상담은 초기상담, 위기상담, 심층상담, 외부 전문가상담, 고충상담, 추수상담으로 구분하여 실시하며, 2021년에는 코로나19 확산을 계기로 '화상상담 시스템'을 도입하여 외부 전문가 화상상담도 실시되고 있다. 일부 대상자(성폭력, 가정폭력, 마약류 사범 등)의 경우 법원의 이수명령에 따라 이수명령 집행을 위해 치료 프로그램이 제공되고 있다. 예를 들어, 성폭력 수형자를 대상으로 한 치료 프로그램은 재범위험성 또는 성폭력 치료프로그램 이수명령 시간에 따라 기본 · 심화 · 유지 · 특별로 구분하여 수준별 맞춤형 프로그램이 제공된다. 마약류 수형자 대상 치료 프로그램은 범죄 횟수 · 재범위험성 · 이수명령 시간을 고려하여 기본 · 집중 · 심화로 구분된다. 알코올 관련 수형자에 대해서는 알코올 검사 수치를 고려하여 기본 · 집중 · 심화로 구분하여 맞춤형 프로그램이 제공된다(법무부 교정본부, 2022: 161-162).

현재 교정기관의 심리치료센터 및 심리치료과에서 진행하고 있는 심리치료 프로그램 담당 전문인력은 임상심리사, 상담심리사 등이고 외부의 전문인력도 참여하고 있다. 사회복지사가 참여하게 된다면 심리치료자의 사례관리과정에서 치료계획을 설계하고 치료자와 필요한 자원을 연계하는 코디네이터의 역할을 수행할 수 있다.

② 교정상담

교정상담은 사법 영역에서 이루어지는 상담을 통한 실천방법을 이른다. 교정시설의 심리치료센터 및 심리치료과에서 제공하는 심리치료 프로그램은 물론이고 수용자를 대상으로 실시되는 모든 형태의 상담을 통한 개입을 의미하는 포괄적인 개념이다. 교정상담은 수용환경에서 비롯되는 각종 문제 혹은 수용자의 변화를 위해 전문적인 지식과 기술을 가진 상

담자와 수용자 간에 이루어지는 의도적이고 계획적이며 목적을 가진 실천이다(이백철, 2020: 492-493). 현재 우리나라는 교정상담사라는 직책이나 용어가 실제 업무 속에 정착되어 있지 않아서 교정공무원, 교정위원과 같은 자원봉사자 혹은 심리치료를 맡고 있는 임상심리사나 상담심리사, 사회복지사가 수용자의 문제해결을 위해 개입하고 있으며 이들에 의한 상담활동의 일체를 교정상담이라고 한다.

교정상담은 범죄자를 대상으로 한다는 점을 제외하고는 일반상담 기술이 그대로 적용되지만 다음의 점에서 교정상담의 기술은 특징이 있다.

첫째, 교정상담에서는 내담자인 수용자의 복지를 최우선적으로 고려하는 것이 아니라 수용질서와의 균형을 함께 고려해야 한다. 이는 통제와 교화 서비스가 균형을 이루어야 하는 것 그리고 사회 안정을 추구하면서 동시에 사회복지 본연의 목적인 삶의 질 향상이라는 복합적 목적을 달성해야 하는 교정복지의 독특성과도 관련된다(제1장 1절 참조).

둘째, 사회복지사와 수용자와의 관계는 상담자와 내담자 관계이면서 동시에 수용생활의 평가자인 직원과 평가를 받는 대상자 관계이기도 해서 라포(rapport) 형성에 장애가 생길 수 있다. 상담자인 사회복지사는 이 점을 주시하면서 수용자와의 신뢰관계를 잘 구축해야 한다.

셋째, 상담자와 내담자 간에 정보의 불균형이 존재하며, 내담자가 상담자를 선택할 수 없는 권력의 불균형도 존재한다. 상담자는 내담자에 관한 정보를 내담자에게 도움이 되는 범위에서 활용하되 인권이 침해되지 않도록 유의해야 한다. 한편, 상담자인 관리자와 내담자인 수용자와의 권력의 불균형문제를 최소화하기 위해서는 교정상담의 과정이 대등한 상호작용의 과정이 될 수 있도록 상담자의 면밀한 주의가 필요하다.

넷째, 내담자의 다수는 타의에 의해 강제적으로 상담에 임한다. 문제를 일으킨 수용자나 수용생활에 부적응하는 수용사처럼 자신의 의지와는 무관하게 상담을 받고 있기 때문이다. 이러한 특성을 주목하여 사회복지사는 상담과정에 대한 내담자의 협조와 자발성을 끌어낼 수 있도록 상담이 내담자에게 도움을 주고자 한 것임을 설명하고 상담의 범위와 방법에 관해 상호 합의할 필요가 있다.

다섯째, 교정상담은 수용자 개인에게 한정하지 않고 수용자를 둘러싼 환경에도 초점을 두어야 한다. 같은 거실 및 작업장의 문제, 위기에 처한 가족 및 미성년 자녀들의 문제 등을 발견한다면 적절한 자원과 연계하거나 개입을 확장해야 한다. 이때 사회복지사는 개별 수용자에 대한 사례자로서 수용자의 변화와 필요한 욕구에 부응할 수 있도록 자원을 발굴하고 연계하는 네트워킹 전문가 및 코디네이터의 역할을 수행한다. 이는 교정시설에서 다른 분야의 전문가와 협력하여 공동의 목표를 수행하는 다분야 협력 실천에서 사회복지사가 특화된 전문성을 발휘할 수 있다.

여섯째, 수용자의 변화를 상담의 목적으로 둔다면 수용자에 대한 이해는 생애과정으로 접근해야 한다. 현재 직면한 범죄행동과 교정이 필요한 품성 및 행동은 오랜 기간의 성장과정을 통해 형성된 것이기 때문이다.

3) 수용자 권리구제

범죄자라고 할지라도 인간으로서의 존엄성이 보장되어야 한다. 따라서 수용자 처우는 인도적이고 공평하며 법이 정한 바에 따라 이루어져야 한다(배임호 외, 2007: 431-432).

인도적이라 함은 인간존엄성을 침해하지 않는 범위에서 형이 집행되어야 함을 의미하는데, 근거가 되는 「헌법」 조항은 인간존엄성과 행복추구권(제10조), 신체의 자유(제12조), 인간다운 생활보장(제34조 제1항) 등이다. 범죄인의 인권보장을 명시한 국제법규는 「세계인권선언」(1948년), 「피구금자 처우에 관한 최저기준규칙」(1955년), 「피구금자 처우에 관한 기본원칙」(1990년)을 들 수 있다(제1장 2절 참조).

공평한 처우는 법 앞의 평등 이념에 따라 인종, 성별, 언어, 종교, 국적, 사회적 지위 등에 따른 차별을 해서는 안 된다는 것을 의미한다. 우리나라의 「형집행법」에서는 수용자의 기본적 인권에 대한 존중과 차별금지 원칙 그리고 수용자에 대한 절차적 · 실질적 권리보장에 관한 내용을 명시하고 있다(이백철, 2020: 449).[7]

법에 따른 처우는 형의 집행과 수용자 처우에 관한 기본법인 「형집행법」이 정한 바에 따라 처우가 이루어져야 함을 의미한다. 「헌법」이 채택하고 있는 법치주의의 원리인 자유와 평등과 정의를 실현시키는 실질적인 법치주의에 입각할 때 범죄자에 대한 자유 제한의 정도는 국가나 사회에서 얻는 이익과 비교할 때 자유의 제한과 침해의 정도가 현저히 균형을 잃을 정도이면 정의롭지 않다. 이를 반영하여 「형집행법」에서는 수용자의 권리구제방법으로 소장 면담(동법 제116조), 청원(동법 제117조), 정보공개청구(동법 제117조의2)를 명시하고 있다. 이하에서는 수용자 권리구제를 위해 마련되어 있는 소장 면담, 청원, 정보공개청구, 진

7) 「형의 집행 및 수용자의 처우에 관한 법률」의 제4조(인권의 존중)에서는 "이 법을 집행하는 때에 수용자의 인권은 최대한으로 존중되어야 한다.", 제5조(차별금지)에서는 "수용자는 합리적인 이유 없이 성별, 종교, 장애, 나이, 사회적 신분, 출신 지역, 출신 국가, 출신 민족, 용모 등 신체조건, 병력(病歷), 혼인 여부, 정치적 의견 및 성적(性的) 지향 등을 이유로 차별받지 아니한다."라고 명시하고 있다.

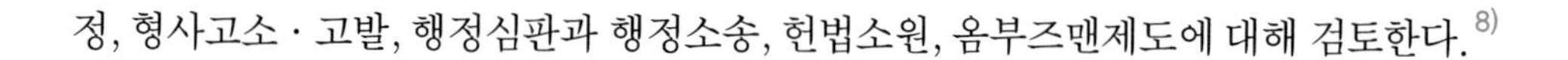
정, 형사고소 · 고발, 행정심판과 행정소송, 헌법소원, 옴부즈맨제도에 대해 검토한다.[8]

(1) 소장면담

수용자는 그 처우에 관하여 소장에게 면담을 신청할 수 있다. 교도소장은 매주 1회 이상 면접일을 정해 처우 또는 일신상의 사정 및 고충에 관해 면담을 원하는 수용자를 면접해야 한다. 소장 면담은 수용자가 처우에 대한 불복 이외에 일신상의 사정 등을 호소하기 위해 신청할 수 있다는 점에서 처우 불복을 내용으로 하는 청원과 구별된다.

(2) 청원

수용자는 그 처우에 관하여 불복하는 경우 법무부장관, 순회점검 공무원 또는 관할 지방교정청장에게 청원할 수 있다. 청원은 청원서를 작성하여 봉한 후 소장에게 제출하거나 순회점검 공무원에게는 말로도 할 수 있으며 이때 교도관은 참여하지 않는다. 청원은 교도소의 부당한 모든 처우에 대하여 할 수 있으며, 모든 수용자는 청원권을 갖는다. 소장은 청원서를 개봉하지 않은 상태에서 지체 없이 이를 법무부장관, 순회점검 공무원, 관할 지방교정청장에게 전달하여야 한다.

(3) 정보공개 청구

수용자는 「공공기관의 정보공개에 관한 법률」에 따라 법무부장관, 지방교정청장, 소장에게 정보의 공개를 청구할 수 있다. 정보에는 형기의 기산일과 종료일 등이 포함된다.

(4) 진정

진정은 수용자가 교정시설의 업무수행과 관련하여 「헌법」 제10조(인간존엄성, 행복추구권)를 비롯하여 「헌법」이 정한 인권을 침해당하거나 평등권 등 차별을 당한 경우에 국가인권위원회 또는 법무부 인권국에 그 구제를 요청할 수 있는 권리구제 수단이다. 또한 「국가인권위원회법」에 명시된 "인권침해의 조사와 구제"에 입각하여 인권침해와 관련된 조사 대상, 시설수용자의 진정권 보장, 수사기관과 위원회의 협조 등을 보장하고 있다.

---

8) 범죄인에 대한 기본적인 권리는 수용자를 포함하여 형사제재를 받는 모든 사람에게 해당되는 것으로서, ① 구속적부심사제도, ② 체포, 구속의 이유 등의 고지를 받을 권리, ③ 변호인의 조력을 받을 권리, ④ 진술거부권(묵비권) 등을 들 수 있다.

(5) 형사고소 · 고발과 행정소송

일반적으로 수형자의 신체에 대한 직접 강제 사용에 따른 문제와 관련하여 고소 등 형사소송이 가능하다. 처우방법에 대한 인권침해를 이유로 한 행정소송도 물론 가능하다.

(6) 행정심판

행정심판은 현행법상 행형관계에 있어서 권리를 위법 부당하게 침해당한 수형자가 「행정심판법」에 의하여 상급 행정관청인 법무부장관에게 청구하는 권리구제 수단이다.

(7) 헌법소원

헌법소원은 교정당국에 의한 공권력의 행사 또는 불행사로 인하여 헌법상 보장된 기본권을 침해받은 수형자가 헌법재판소에 제기하는 수용자의 권리구제 수단이다. 다만, 다른 법률에 구제절차가 있는 경우 그 절차를 모두 거친 후에 청구할 수 있다.

(8) 옴부즈맨제도

옴부즈맨(Ombudsman)이란 공무원의 직권남용이나 불량행정의 횡포로부터 국민을 보호하기 위하여 국회나 정부가 임명한 일종의 사법관을 이른다. 옴부즈맨은 원래 스웨덴 의회에서 1809년에 도입한 것으로서 행정기관의 위법 부당한 행위로 제기된 민원을 조사하고 해결하는 사람이다. 우리나라 교정행정에서도 옴부즈맨제도가 도입되어 있으며 옴부즈맨은 수용자나 민원인으로부터 제기된 민원을 소장에게 건의하는 등의 방법으로 교정행정에 참여한다.

사회 내 처우제도와 사회복지

1. 사회 내 처우 이념과 기본법

학습개요

사회 내 처우는 제도의 목적과 지역사회에서 진행된다는 특성상 사회복지실천과 밀접하며 사회복지사가 개입한 오랜 전통이 있다. 이 절에서는 사회 내 처우제도에 관한 기본적인 이해를 목적으로 한다. 사회 내 처우의 의미와 등장 배경 및 처우의 이념을 다루고, 제도운용의 근거가 되며 복지법의 특성을 가진 「보호관찰 등에 관한 법률」의 주된 내용을 사회복지와의 관련성을 중심으로 검토한다.

1) 사회 내 처우 이념

(1) 사회 내 처우의 의미

사회 내 처우란 구금대체 처분자(보호관찰 대상자)와 출소 후 사회에 복귀하는 갱생보호 대상자에 대해 지역사회에서 이루어지는 재범 방지 및 사회통합 서비스에 관한 제반활동을 이른다. 사회 내 처우(지역사회 처우)의 대표적인 형태인 보호관찰제도는 범죄인에 대한 시설수용을 대신하여 사회 내 보호관찰관 등에 의한 지도와 원호를 통한 사회적 제재방법이다.

보호관찰제도는 전환제도(diversion)이다. 전환제도란 범죄자를 공식적인 형사사법절차와 과정으로부터 비공식적인 절차와 과정으로 우회시키는 제도로서, 이를 통해 낙인을 최소화하고 범죄자의 사회복귀를 촉진시키는 데 목적을 두고 있다(이백철, 2020: 262). 형사사법 단계에 따른 전환(diversion)의 유형은 먼저 경찰 단계에서는 훈방, 경고, 통고처분, 보호기관 위탁 등과 같이 주로 비공식적 전환이며, 검찰 단계에서는 검사에 의한 기소유예처분을 들 수 있고, 법원 단계에서는 약식명령(벌금형), 선고유예, 집행유예를 선고하는 것이며, 보호 단계에서는 법원의 판결에 따라 보호관찰, 사회봉사, 수강명령, 전자감시제도 등을 실시하는 것이다.

보호관찰제도는 유죄가 인정된 범죄인에 대하여 교정시설 또는 소년원 등에 수용 · 처벌하는 대신 일정한 기간 사회 내에서 정상적인 자유 활동을 허용하면서 전문지식과 소양을 갖춘 보호관찰관의 지도 · 감독과 원호를 받게 하여 건전한 사회복귀를 도와줌으로써 재범을 방지한다. 아울러 범죄로부터 사회를 보호하고자 하는 구금대체처분으로서의 형사제재 수단이다(법무연수원, 2022: 412). 따라서 범죄인은 교도소나 소년원 등 수용시설에 구금되는 대신 가정과 학교 및 직장에서 정상적인 생활을 하지만 보호관찰관의 지도 · 감독을 통해 준수사항을 지켜야 하며 사회봉사명령이나 수강명령이 부과되었다면 이를 이행해야 한다.

(2) 사회 내 처우의 등장 배경

사회 내 처우가 등장하게 된 사회적 배경은 미국의 사례로 이해하면 용이하다. 1960년대 미국에서는 범죄인을 구금하는 처벌에 대한 의문이 확산되었다. 시설수용은 범죄인의 교정보다는 악풍감염 효과가 더 크다는 인식, 범죄의 유발 요인이 사회에서 비롯된 만큼 해결방법도 지역사회에서 찾아야 한다는 논리, 시설수용은 낙인으로 인하여 출소 후 사회적응력을 떨어뜨릴 수 있다는 우려, 사회와의 격리를 피할 수 없는 시설수용은 직장을 잃게 하고 인간관계 및 가족관계의 훼손 등을 초래하는 것과 같은 구금의 부정적 효과가 부각된 것이다. 이로 인해 출소 후 사회부적응과 재범위험성을 높인다는 점, 수용에 따른 국가의 비용 부담이 크다는 점 그리고 빈곤층 수용자들은 법 집행의 불공정성이 불리하게 작용했기 때문이라는 형사사법제도에 대한 불신 등이 시설수용의 대안(alternatives to incarceration)으로 요구되었다(이백철, 2020: 260-261).

사회 내 처우의 주된 형태는 구금을 대체하는 사회 내 처분과 출소자에 대한 지원사업(갱생보호제도)을 포함한다. 사회 내 처분은 시설구금으로 인한 사회적 낙인과 사회부적응 문제에 대응하는 방안으로 대두된 보호관찰제도(사회봉사, 수강명령, 전자감독 포함)이다. 갱생보호제도는 출소자 지원을 통해 지역사회에 성공적으로 재통합하여 재범 예방과 사회안정을 도모하는 제도이다. 다음에서는 사회 내 처우제도로서의 보호관찰제도와 갱생보호제도를 다룬다.

(3) 처우 이념

사회 내 처우의 목적은 사회재통합을 통한 재범 예방과 지역사회 보호에 있다. 사회재통합(reintegration)은 지역사회에서 정상적인 생활을 함으로써 시설구금으로 인한 부작용을 막고 건전한 사회인으로 정착하도록 하여 재범을 예방하고 범죄로부터 지역사회를 보호하는 것이다. 이러한 목적을 달성하기 위해 전문지식과 소양을 갖춘 보호관찰관의 지도·감독과 원호를 받게 하며, 이는 형사제재 수단으로서의 의미를 갖는다.

처우 이념은 사회 내 처우제도에 관한 기본법인 「보호관찰 등에 관한 법률」의 제1조(목적)에 내포되어 있다. 해당 조항에 따르면 "이 법은 죄를 지은 사람으로서 재범방지를 위하여 보호관찰, 사회봉사·수강 및 갱생보호 등 체계적인 사회 내 처우가 필요하다고 인정되는 사람을 지도하고 보살피며 도움으로써 건전한 사회복귀를 촉진하고, 효율적인 범죄예방 활동을 전개함으로써 개인 및 공공의 복지를 증진함과 아울러 사회를 보호함을 목적으로 한다."라고 규정하고 있다.

사회 내 처우의 토대가 되는 이념은 사회복귀 관점(rehabilitation perspective)이다. 범죄자가 지역사회에서 일상적인 사회활동을 지속하면서 사회로부터 일정한 감시와 통제를 통한 지도 그리고 재범 방지에 필요한 지원을 받음으로써 이전과는 다른 변화된 삶을 살도록 한다는 점에서 사회복귀 관점이 바탕이 된다. 사회복귀 관점에 토대를 두고 있는 사회재통합(social reintegration)은 사회 내 처우의 목적이며, 범죄인이 이전과는 다른 모습의 삶으로 지역사회에 정착하도록 돕는 데 제도의 목적이 있음을 의미한다. 한편, 사회 내 처우가 재범 방지를 위해 범죄인들을 관리하고 지도함으로써 지역사회의 안전과 보호를 도모한다는 점에서 범죄통제 관점의 억제(deterrence) 이념도 일부 적용되고 있다.

아울러 사회 내 처우를 통해 인권 가치와 연대성 가치도 실현할 수 있다. 범죄인을 교도소나 소년원에 구금함으로 인해 초래되는 사회와의 단절을 방지하는 한편, 가족관계가 잘 유지되게 함으로써 범죄인 스스로는 물론이고 가족이 겪어야 하는 경제적·정신적 고통을 줄일 수 있다는 점에서 인권의 가치에 부합하며, 지역사회를 기반으로 이루어지기 때문에 지역사회의 뜻 있는 민간자원봉사자나 단체가 함께 협력하여 범죄인 선도에 참여할 수 있다는 면에서 사회문제에 대한 연대성의 가치도 실현할 수 있다.

2) 기본법: 「보호관찰 등에 관한 법률」

보호관찰제도는 역사적으로 사법 영역에서 실천하는 사회복지 서비스의 출발점이었다.

오늘날에도 보호관찰제도는 형사사법체계에서 종사하는 사회복지사들의 주된 실천현장이다. 기본법인 「보호관찰 등에 관한 법률」은 우리나라에서는 1988년에 제정되었고, 2011년 「사회복지사업법」의 개정에 따라 사회 서비스법률에 편입되었다. 이로써 동법은 사회 내 처우의 기본법으로서의 의미는 물론이고 사법 영역에서의 사회복지실천의 근거가 되고 있다는 점에서도 의미가 크다.

법률의 구성은 제1장 총칙(법률의 목적, 대상자 등), 제2장 보호관찰기관(보호관찰 심사위원회, 보호관찰소), 제3장 보호관찰(판결 전 조사, 형의 선고유예 및 집행유예와 보호관찰, 가석방 및 임시퇴원, 환경조사 및 환경개선 활동, 보호관찰, 보호관찰의 종료, 보호관찰사건의 이송 등), 제4장 사회봉사 및 수강, 제5장 갱생보호(갱생보호의 방법 및 개시, 갱생보호사업자, 한국법무보호복지공단, 갱생보호사업의 지원 및 감독), 제6장 벌칙으로 구성되어 있다.

이 법에서 명시하고 있는 목적에 비추어 볼 때 사회복지실천의 가치와 부합한다. 제1조(목적)에서는 "이 법은 죄를 지은 사람으로서 재범 방지를 위하여 보호관찰, 사회봉사, 수강(受講) 및 갱생보호(更生保護) 등 체계적인 사회 내 처우가 필요하다고 인정되는 사람을 지도하고 보살피며 도움으로써 건전한 사회복귀를 촉진하고, 효율적인 범죄예방활동을 전개함으로써 개인 및 공공의 복지를 증진함과 아울러 사회를 보호함을 목적으로 한다."라고 명시하고 있다. 이에 따르면 사회 내 처우 대상자는 보호관찰, 사회봉사, 수강명령과 같은 구금대체처분형을 받은 보호관찰대상자와 사회복귀과정에 있는 갱생보호대상자이다.

이 법은 범죄자의 사회복귀 촉진, 복지 증진, 사회보호가 목적임을 명시하고 있다. 여기서 범죄자의 성공적인 사회복귀 및 사회재통합과 복지 증진을 달성하는 일은 사회복지 서비스와 밀접히 관련되며, 사회복지사에 의한 전문적인 개입이 요구되는 일이다. 이런 특성 때문에 「보호관찰 등에 관한 법률」은 형벌적 측면에서는 형사사법적 성격을 띠고 있지만 범죄인의 재활 및 사회재통합을 위한 원호적 측면을 강조한다는 점에서 사회복지법적 성격이 강하다(이무웅, 2013: 157). 특히 개선가능성이 높은 수용자를 구분하여 교화 프로그램을 제공하는 것은 사회복지사의 전문성이 요구되는 영역이며 사회복지실천 지식과 기술을 적용하기에 적절하다.

2. 사회 내 처우 현황

학습개요

이 절에서는 사회 내 처우제도의 현황을 다룬다. 범죄자 처리절차에 관한 형사 및 소년사법체계에서 사회 내 처우 대상자가 유입되는 과정, 사회 내 처우의 대표적인 제도를 보호관찰과 갱생보호로 구분하여 관리조직과 종사자 인력 그리고 대상자의 현황을 공식 통계자료에 입각하여 검토한다. 사회 내 처우제도에 관한 현황 정보는 사회복지실천 대상자와 서비스 전달체계를 이해하는 데 필요한 기본 정보에 해당한다.

1) 범죄자 처리 절차와 사회 내 처우 대상자

사회 내 처우 대상자가 유입되는 경로는 「보호관찰 등에 관한 법률」에서 명시하고 있다. 동법에 따르면 보호관찰 사업의 범위는 보호관찰(동법 제3장), 사회봉사 및 수강(동법 재4장) 갱생보호사업(동법 제5장)이다. 동법 제3조에서는 보호관찰 대상자 선정에 관한 사항을 명시하고 있다. 동법 제3조의 제1항은 보호관찰 대상자, 제2항은 사회봉사 및 수강에 대해, 그리고 제3항은 갱생보호 대상자에 대해 규정하고 있다.

제3조(대상자) ① 보호관찰을 받을 사람(이하 "보호관찰 대상자"라 한다)은 다음 각 호와 같다.

1. 「형법」 제59조의2에 따라 보호관찰을 조건으로 형의 선고유예를 받은 사람
2. 「형법」 제62조의2에 따라 보호관찰을 조건으로 형의 집행유예를 선고받은 사람
3. 「형법」 제73조의2 또는 이 법 제25조에 따라 보호관찰을 조건으로 가석방되거나 임시퇴원된 사람
4. 「소년법」 제32조제1항제4호 및 제5호의 보호처분을 받은 사람
5. 다른 법률에서 이 법에 따른 보호관찰을 받도록 규정된 사람

② 사회봉사 또는 수강을 하여야 할 사람(이하 "사회봉사 · 수강명령 대상자"라 한다)은 다음 각 호와 같다.

1. 「형법」 제62조의2에 따라 사회봉사 또는 수강을 조건으로 형의 집행유예를 선고받은 사람
2. 「소년법」 제32조에 따라 사회봉사명령 또는 수강명령을 받은 사람
3. 다른 법률에서 이 법에 따른 사회봉사 또는 수강을 받도록 규정된 사람

③ 갱생보호를 받을 사람(이하 "갱생보호 대상자"라 한다)은 형사처분 또는 보호처분을 받은 사람으로서 자립갱생을 위한 숙식 제공, 주거 지원, 창업 지원, 직업훈련 및 취업 지원 등 보호의 필요성이 인정되는 사람으로 한다.

종합하자면, 사회 내 처우 대상자는 크게 구금대체형인 보호관찰 대상자(보호관찰, 사회봉사, 수강명령 등)와[1] 갱생보호대상자(출소자 등)로 나뉜다. 보호관찰 대상자의 세부 유형은 선고유예, 집행유예, 「소년법」상 보호관찰처분(소년보호 4호, 5호 처분), 가석방, 임시퇴원, 가출소 및 가종료, 가정보호, 성매매보호, 선도위탁, 존스쿨, 형기종료, 벌금대체 사회봉사, 이수명령 벌금 등이다(법무연수원, 2022: 425). 한편, 갱생보호제도는 범죄자의 성공적인 사회재통합을 통해 재범을 방지할 수 있도록 사회재정착을 지원하는 제도이다.

[그림 8-1]은 성인범죄자 및 비행청소년들이 사회 내 처우자로 유입되는 경로를 형사사법처리 절차에 따라 위치를 표시했다. 아울러 [그림 8-2]는 갱생보호 사업이 진행되는 과정에 관한 내용이다(법무연수원, 2022: 476).

1) 보호관찰 대상자로 분류되는 세부 유형은 보호관찰, 사회봉사명령(벌금미납 사회봉사 포함), 수강명령(이수명령, 기소유예교육 등 포함), 보호관찰조사, 전자감독(전자장치부착조건부 보석 포함), 치료명령(정신건강 상담 · 치료 조건부 기소유예 포함), 성충동 약물치료명령 등이다(범죄예방정책국, 2022: 24).

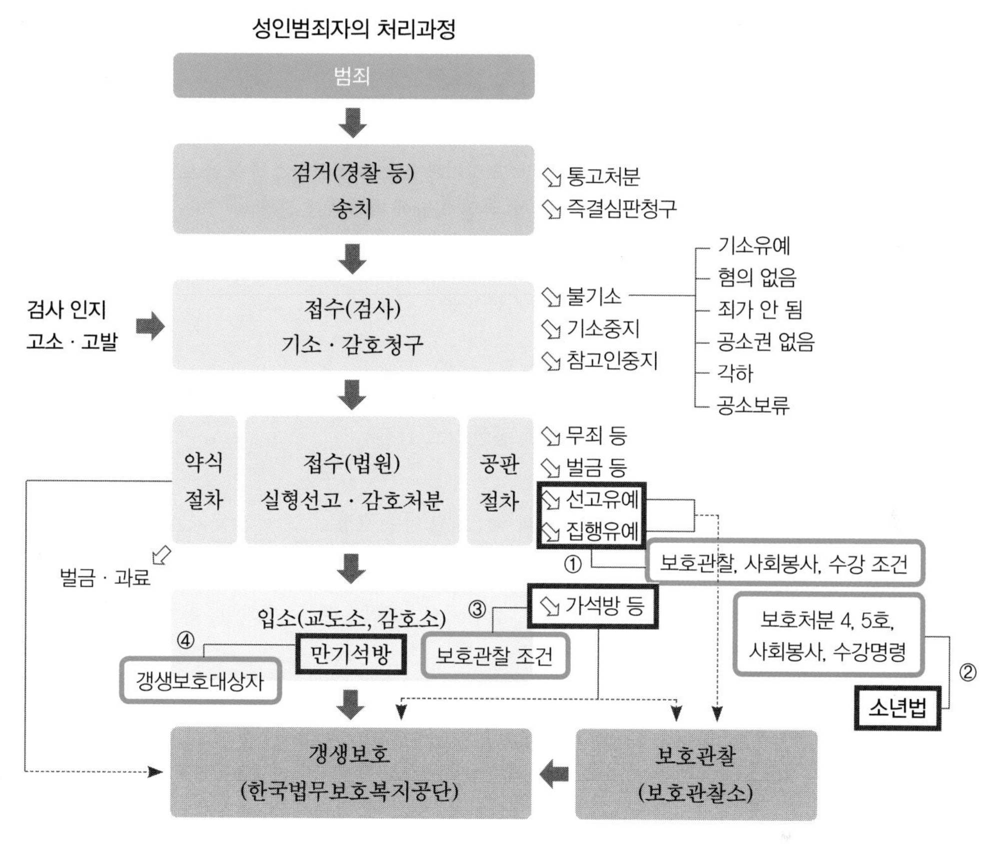

[그림 8-1] **범죄자 처리과정과 사회 내 처우 대상자의 위치**

출처: 법무연수원(2022), p. 235 재구성.

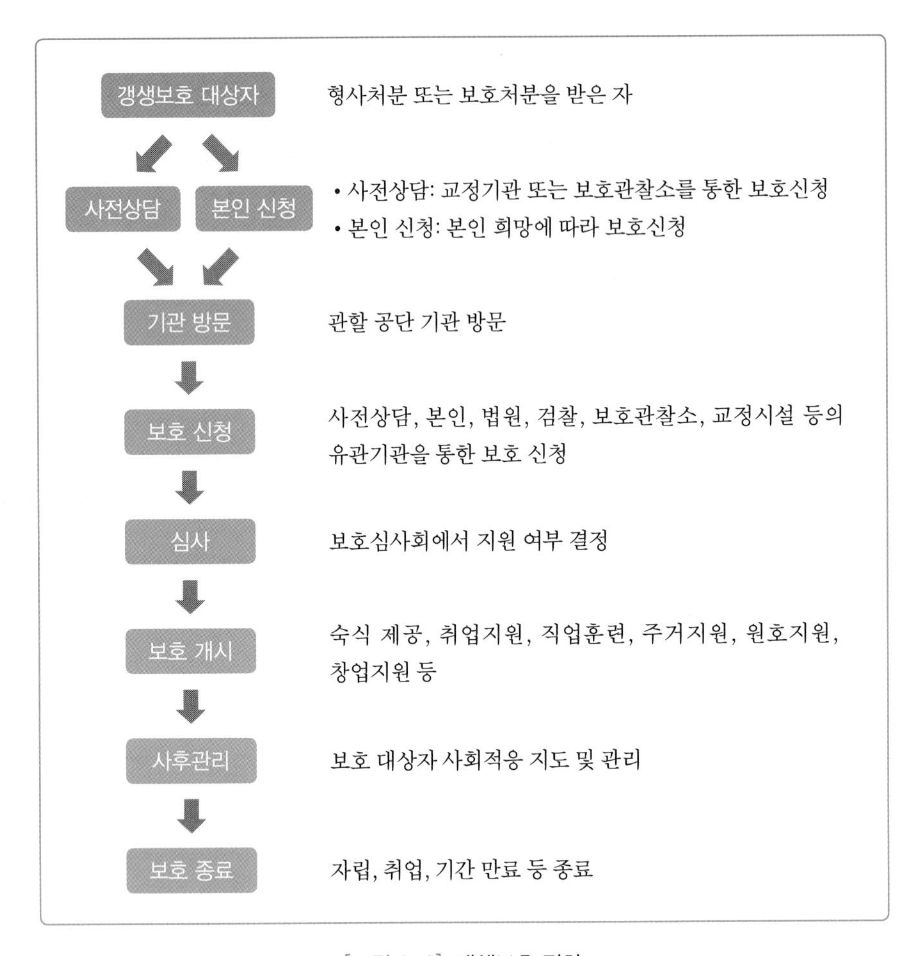

[그림 8-2] 갱생보호 절차

출처: 법무연수원(2022), p. 476.

2) 사회 내 처우 관리조직

범죄인에 대한 사회 내 처우의 관리는 보호관찰 심사위원회와 보호관찰소가 보호관찰을 맡고, 한국법무보호복지공단이 갱생보호를 맡는다. 법무부가 중앙정부의 소관부처이고, 법무부의 범죄예방정책국이 총괄 감독기관이다.

(1) 보호관찰

보호관찰제도를 시행하는 보호관찰소는 1988년 「보호관찰 등에 관한 법률」이 제정되고 1989년 22개의 보호관찰기관이 개청되어 보호관찰에 관한 업무를 시작했다(제3장 3절 참

조). 보호관찰 대상자 전산관리시스템이 구축된 1995년부터 보호관찰소의 기능은 과학적으로 체계화되었으며, 2023년 현재 보호관찰소 18개소와 보호관찰지소 39개소를 합하여 총 57개소와 위치추적관제센터 2개소가 운용되고 있다. 보호관찰소는 지역사회에서는 '준법지원센터'라는 명칭으로 운영되는 지역사회시설의 성격을 갖는다. 보호관찰소의 직원은 2020년을 기준으로 1,567명으로 직원 1인당 관리 사건 수는 125건으로 집계된다(법무연수원, 2022: 22).

보호관찰소의 조직과 기능은 [그림 8-3]과 같고(법무연수원, 2022: 415), 보호관찰소의 업무는 [그림 8-4]와 같다.

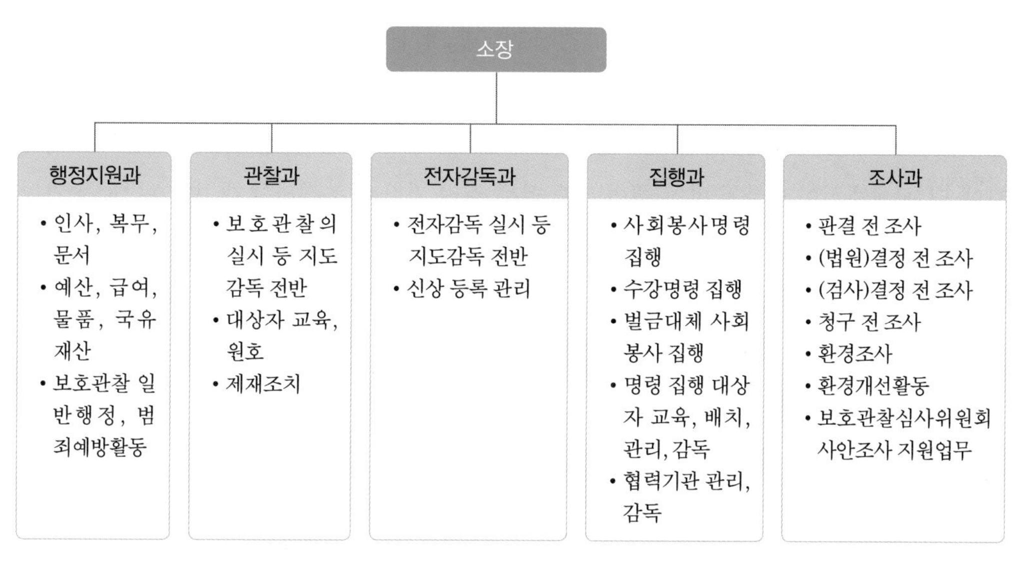

[그림 8-3] 보호관찰소의 조직과 기능

출처: 법무연수원(2022), p. 415.

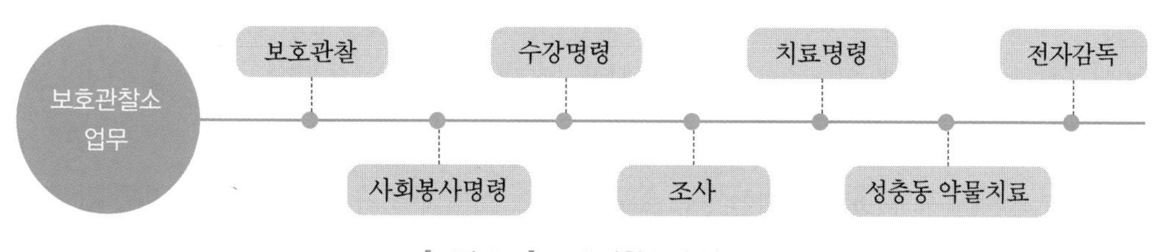

[그림 8-4] 보호관찰소의 업무

출처: 법무부 범죄예방정책국(인터넷 자료, 2023).

(2) 갱생보호

갱생보호란 갱생보호 대상자에 대하여 정신적 · 물질적 원조를 제공함은 물론, 건전한 사회인으로 복귀할 수 있는 기반을 조성시켜 재범을 방지하고 사회재적응을 돕는 활동이다(「보호관찰 등에 관한 법률」 제1조, 제4조). 「보호관찰 등에 관한 법률」 제3조 제3항은 갱생보호 대상자를 "형사처분 또는 보호처분을 받은 자(이하 "보호대상자")로서 자립갱생을 위한 숙식 제공, 주거지원, 창업지원, 직업훈련, 취업지원 등 보호의 필요성이 인정되는 자"라고 규정하고 있다(법무연수원, 2022: 475).

갱생보호사업은 1961년 「갱생보호법」 제정에 따라 제도적 운용이 시작되었다. 갱생보호는 보호관찰제도에 선행하여 만들어진 제도이며, 범죄인에 대한 복지적 접근을 가능하게 한 제도라는 점에서 역사적 의의가 있다. 「갱생보호법」의 제정에 근거하여 갱생보호 대상자의 재범방지 업무를 담당해 온 '갱생보호회'는 1995년 '한국갱생보호공단'으로 새 출발을 했고, 법무부는 보호관찰제도를 보완하고 갱생보호제도를 획기적으로 활성화하여 갱생보호 대상자에 대한 체계적이고 효율적인 재범방지 업무 추진 기반을 조성하고자 1995년 「보호관찰법」과 「갱생보호법」을 통합하여 「보호관찰 등에 관한 법률(법률 제4933호)」을 제정 · 공포하게 되었다(법무연수원, 2022: 474). 나아가 '갱생보호'라는 명칭의 거부감을 해소하고자 기존의 갱생보호공단의 명칭을 2009년 '한국법무보호복지공단'으로 변경했다.

갱생보호제도 운용에 관한 조직 및 사업은 「보호관찰 등에 관한 법률」에서 사회 내 처우의 유형으로 갱생보호를 명시하고 있고(동법 제1조), 갱생보호사업에 대한 국가와 지자체의 협력(동법 제2조)과 보조금 지원(동법 제94조), 갱생보호의 방법(동법 제65조)에 근거를 두고 있다. 한국법무보호복지공단과 지부 및 지소는 출소자의 성공적인 사회복귀를 위한 서비스 전달체계의 중심에 위치하고 있다. 한국법무보호복지공단은 2023년 기준으로 전국에 19개 지부, 9개 지소가 설치 · 운용되고 있다. 개별 지부와 지소는 법무보호과(주거지원, 숙식 제공, 학업지원, 심리상담 및 프로그램, 수형자 가족지원, 기부금품 관리, 합동결혼식 등), 취업지원과(허그 일자리지원 프로그램, 창업지원, 취업알선지원, 긴급지원 등)로 구분되어 갱생보호 서비스를 제공하고 있다(한국법무보호복지공단, 2023, 인터넷 자료).

갱생보호 대상자에 대한 지원사업은 공단 소속의 직원들과 공단의 자원봉사자인 법무보호위원과 협력하여 진행된다. 법무보호위원들은 범죄 예방 분야의 봉사활동에 관심을 가진 사람 중에서 법무부장관 또는 공단 이사장이 위촉한다. 이들은 보호 대상자에 대한 취업알선, 재정지원, 상담, 지역사회에서 범죄 예방활동 등의 역할을 담당하고 있으며, 2020년을 기준으로 6,616명이다(법무연수원, 2022: 484).

(3) 인력

보호관찰소에서 서비스를 제공하는 인력은 보호직 공무원이다. 보호직 공무원은 국가공무원이며 공개채용 혹은 특별채용 절차를 거친다. 사회복지사가 국가공무원 채용절차를 거친다면 보호직 공무원이 된다. 한편, 민간 전문가들도 보호관찰위원의 신분으로 보호관찰관의 업무를 지원한다(법무연수원, 2022: 491-494). 한편, 공법인인 한국법무보호복지공단의 종사자는 공개채용 절차를 거쳐 임명된다. 민간인은 자원봉사자로 참여하며, 대학생도 대학생 자원봉사자로 참여하고 있다.

3) 대상자 현황

(1) 보호관찰 대상자

① 보호관찰 대상자

보호관찰 대상자가 되는 근거 법령은 12개로서 「형법」, 「소년법」, 「보호관찰 등에 관한 법률」, 「치료감호 등에 관한 법률」, 「성폭력방지 및 피해자보호 등에 관한 법률」, 「가정폭력방지 및 피해자보호 등에 관한 법률」, 「성매매방지 및 피해자보호 등에 관한 법률」, 「보호관찰소 선도위탁 규정」, 「아동 · 청소년의 성보호에 관한 법률」, 「아동학대범죄의 처벌 등에 관한 특례법」, 「전자장치 부착 등에 관한 법률」, 「성폭력범죄자의 성충동 약물치료에 관한 법률」이다. 처분 유형은 일곱 가지로서 선고유예, 집행유예, 가석방, 임시퇴원, 소년보호처분(단기 보호관찰과 장기 보호관찰), 기타로 구분된다(범죄예방정책국, 2022: 82, 84). 또한 연령 구분을 두어 19세 미만인 소년과 성인보호관찰 대상자로 구분한다.

보호관찰자 현황은 우선 접수 사건을 기준으로 볼 때 2021년 한 해 동안 175,473건이다.[2] 한편, 보호관찰 실시 사건은 같은 해에 93,654건이며, 범죄 유형 실시 사건의 현황은 〈표 8-1〉과 같다. 여기서 보호관찰 대상자는 보호관찰, 사회봉사명령(벌금미납 사회봉사 포함), 수강명령(이수명령, 기소유예교육 등 포함), 보호관찰조사, 전자감독(전자장치부착조건부 보석 포함), 치료명령(정신건강 상담 · 치료 조건부 기소유예 포함), 성충동 약물치료명령 등이다(범

2) 보호관찰 접수 사건의 세부 유형은 2021년 기준으로 보호관찰 43,992건(25.1%), 사회봉사명령 43,161건(24.6%), 수강명령 58,696건(33.4%), 보호관찰 조사 23,175건(13.2%), 전자감독 5,983건(3.4%), 치료명령 453건(0.3%), 성충동 약물치료 명령 13건(0.0%) 등이다(범죄예방정책국, 2022: 24).

죄예방정책국, 2022: 24).

보호관찰제도에 관한 국민적 정서는 호의적인데, 수용으로 인한 사회적 비용을 절감하면서도 국가에 의한 지도를 포함하고 있어 범죄자에 대한 처벌적 요소도 가지고 있다는 점에서 국민들의 정서에 부합할 수 있기 때문이다. 이에 따라 형사사법과정에서 시설에 수용하게 되는 정기형보다는 구금하는 대신 사회 내에서 국가의 관리를 받는 사회 내 처분이 월등히 많으며 대상자가 확대되어 가는 추세이다.[3)]

보호관찰 대상자는 2020년 개시 인원을 기준으로 227,020명이다. 〈표 8-2〉에 의하면 보호관찰 대상자로 유입되는 경로는 처분별 유형으로 인원이 많은 순서대로 집행유예, 「소년법」상 보호관찰, 가정 보호, 가석방, 벌금대체, 선도위탁, 이수명령 벌금, 형기 종료, 존스쿨, 임시퇴원, 가출소 · 가종료, 성매매 보호, 선고유예의 순이다. 보호관찰 처분별 실시 인원은 〈표 8-2〉와 같다(법무연수원, 2022: 424-425).[4)] 한편, 보호관찰 대상자의 죄명 유형은 〈표 8-1〉에

표 8-1 보호관찰 실시 사건의 범죄 유형별 현황

(단위: 건, %)

사범 연도	계	폭력	교통	절도	사기 횡령	강력	마약	풍속	성폭력	경제	기타
2017	105,705	26,130	17,356	13,312	10,825	3,337	3,871	4,614	9,004	1,350	15,906
	100%	24.7%	16.4%	12.6%	10.2%	3.2%	3.7%	4.4%	8.5%	1.3%	15.0%
2018	104,850	25,371	18,344	11,775	11,186	3,315	3,909	4,119	9,340	1,453	16,038
	100%	24.2%	17.5%	11.2%	10.7%	3.2%	3.7%	3.9%	8.9%	1.4%	15.3%
2019	101,089	24,841	18,175	10,295	11,755	3,069	3,918	3,434	8,897	1,525	15,180
	100%	24.6%	18.0%	10.2%	11.6%	3.0%	3.9%	3.4%	8.8%	1.5%	15.0%
2020	95,861	22,110	19,015	9,671	11,329	2,826	3,591	2,671	8,627	1,449	14,572
	100%	23.1%	19.8%	10.1%	11.8%	2.9%	3.8%	2.8%	9.0%	1.5%	15.2%
2021	93,654	19,781	19,649	8,806	11,740	2,810	3,675	2,389	8,525	1,357	14,922
	100%	21.1%	21.0%	9.4%	12.5%	3.0%	3.9%	2.6%	9.1%	1.4%	15.9%

출처: 범죄예방정책국(2022), p. 95.

3) 제1심 형사공판 사건의 종국처리 현황은 2020년을 기준으로 정기형은 26.1%(63,941명), 집행유예는 34.3%(84,046명), 벌금 26.7%(65,313명), 선고유예 0.7%(1,817명)로 시설에 구금되는 정기형보다는 사회 내 처분에 해당하는 집행유예, 벌금, 선고유예를 합할 때 정기형의 2.4배 정도이다(법무연수원, 2022: 310, 312).

4) 보호관찰의 가장 많은 부분을 차지하는 집행유예 선고를 받은 인원의 다수인 66.2%는 보호관찰 등 부가처분을 받고 있다. 2020년을 기준으로 가장 많이 선고된 부가처분은 사회봉사(26.1%), 사회봉사와 수강명령(21.3%), 수강명령(20.3%), 보호관찰과 사회봉사명령(11.0%)의 순이다(법무연수원, 2022: 316).

표 8-2 보호관찰처분별 실시 인원(2011년~2020년)

(단위: 명)

연도 \ 대상자		계	선고유예	집행유예	소년법상 보호관찰	가석방	임시퇴원	가출소 · 가종료	가정보호	성매매보호	선도위탁	존스쿨	형기종료	벌금대체	이수명령벌금
2011	개시	179,767	22	82,171	60,116	7,044	1,650	1,179	2,412	1,008	7,938	8,936	597	6,341	125
	종료	118,563	7	51,594	38,289	5,510	1,052	529	1,822	629	5,517	7,734	144	5,472	90
	현원	61,204	15	30,577	21,827	1,534	598	650	590	379	2,421	1,202	453	869	35
2012	개시	178,199	32	83,942	61,850	6,462	2,009	1,156	2,589	1,018	7,516	5,954	708	4,282	308
	종료	115,201	17	52,212	39,245	5,071	1,223	514	1,832	670	5,249	4,834	136	3,654	243
	현원	62,998	15	31,730	22,605	1,391	786	642	757	348	2,267	1,120	572	628	65
2013	개시	175,319	32	84,135	55,724	6,040	2,091	1,145	3,150	503	11,849	3,997	1,573	4,668	412
	종료	112,922	18	52,429	36,283	4,715	1,413	507	1,910	393	7,604	3,432	304	3,621	293
	현원	62,397	14	31,706	19,441	1,325	678	638	1,240	110	4,245	565	1,269	1,047	119
2014	개시	184,362	23	92,996	45,831	5,526	2,043	1,179	7,183	1,310	10,453	3,223	2,228	7,765	4,602
	종료	118,991	14	57,495	28,841	4,309	1,382	512	5,172	771	7,663	2,533	501	6,226	3,572
	현원	65,371	9	35,501	16,990	1,217	661	667	2,011	539	2,790	690	1,727	1,539	1,030
2015	개시	199,713	36	102,555	42,318	5,356	1,732	1,147	9,693	500	14,777	3,464	2,532	10,032	5,571
	종료	130,269	13	64,712	26,816	4,255	1,240	457	7,263	348	8,761	2,676	533	8,631	4,564
	현원	69,444	23	37,843	15,502	1,101	492	690	2,430	152	6,016	788	1,999	1,401	1,007
2016	개시	233,100	64	133,289	31,001	6,775	1,762	1,380	9,786	938	18,323	12,510	2,844	9,892	4,536
	종료	153,876	39	86,531	17,422	5,187	1,110	515	7,088	520	13,870	9,082	653	8,348	3,511
	현원	79,224	25	47,694	12,599	1,588	616	865	2,778	418	4,453	3,428	2,191	1,544	1,025
2017	개시	240,073	65	130,321	38,675	8,385	1,807	1,377	12,241	1,921	17,026	9,237	2,909	9,819	6,290
	종료	161,401	28	82,206	24,187	6,282	1,140	485	9,619	1,570	13,617	8,510	579	8,344	4,834
	현원	78,672	37	48,115	14,488	2,103	667	892	2,622	351	3,409	727	2,330	1,475	1,456
2018	개시	227,733	60	127,670	38,145	9,252	1,963	1,391	10,465	873	13,688	3,947	3,218	9,062	7,999
	종료	152,768	39	82,227	24,221	6,787	1,233	537	7,699	702	10,952	3,269	837	7,707	6,558
	현원	74,965	21	45,443	13,924	2,465	730	854	2,766	171	2,736	678	2,381	1,355	1,441
2019	개시	223,072	36	126,189	34,842	10,911	1,787	1,196	12,125	406	12,744	3,138	3,181	8,709	7,808
	종료	148,869	26	80,868	21,719	8,571	1,169	517	8,873	336	10,056	2,649	674	7,190	6,221
	현원	74,203	10	45,318	13,123	2,340	618	679	3,255	70	2,688	489	2,507	1,519	1,587
2020	개시	227,020	29	134,476	34,699	10,172	1,582	930	11,199	275	9,664	1,888	3,320	10,561	8,225
	종료	108,522	12	52,399	18,646	8,288	1,035	330	7,817	165	5,798	983	671	6,622	5,756
	현원	118,498	17	82,077	16,053	1,884	547	600	3,382	110	3,866	905	2,649	3,939	2,469

* 주: 1. 법무부 범죄예방정책국 통계, 각 연도
2. 개시 인원은 전년도 이월 인원 포함
3. 2009년 징역형 종료 이후 부착 대상자에 대한 전자감독, 벌금대체 사회봉사자 집행 개시(항목신설)
4. 2011년 벌금형 대상자에 대한 이수명령 개시

출처: 법무연수원(2022), pp. 424-425.

서 2021년을 기준으로 폭력이 가장 많고(21.1%), 이어서 교통(21.0%), 사기횡령(12.5%), 절도(9.4%), 성폭력(9.1%) 등의 순이다. 폭력사범과 성폭력 사범이 높은 비중을 차지하고 있다(범죄예방정책국, 2022: 95).

② 사회봉사 · 수강명령 대상자

사회봉사명령은 1989년 「소년법」상 보호처분의 일환으로 최초 도입된 이후 1996년 「보호관찰 등에 관한 법률」 개정에 따라 사회봉사명령에 관련된 규정이 신설되어, 1997년 「형법」상 형의 집행유예 조건으로 확대되었고 2009년 벌금 미납자도 미납벌금을 사회봉사로 대체할 수 있도록 「벌금 미납자의 사회봉사 집행에 관한 특례법」이 제정되어 실시 인원이 증가했다(범죄예방정책국, 2022: 215).

수강명령은 유죄가 인정되거나 보호처분의 필요성이 있는 사람을 교화 개선하고자 일정 시간 동안 범죄성 개선을 위한 교육 또는 치료활동에 참여하도록 명하는 것이다.[5] 이수명령은 범죄인의 재범 예방에 교육과 치료가 중요하다는 인식에 따라 2010년 도입되어, 형의 집행을 유예하는 경우에만 부과하던 것을 벌금형 또는 징역형의 실형을 선고할 경우에도 치료 프로그램으로 적용되고 있다(범죄예방정책국, 2022: 250).

사회봉사 및 수강명령 실시 현황을 2020년을 기준으로 볼 때, 사회봉사와 수강명령 모두 5만 건을 상회한다. 또한 대상자가 매년 증가하는 추세인데, 소년범에 대해서는 사회봉사는 감소하고 수강명령은 증가하는 추세여서 성인범과 소년범 간의 다소 다른 경향을 보인다(법무연수원, 2022: 23). 사회봉사와 수강명령은 단독명령 혹은 보호관찰과 병과처분이 내려지고 있다. 2020년을 기준으로 사회봉사명령 처분은 51,449명, 수강명령 처분은 50,357명으로서 〈표 8-3〉과 같다(법무연수원, 2022: 431). 사회봉사 · 수강명령을 집행하는 기관은 보호관찰소에서 직접 집행하기도 하지만 지역사회 전문기관과 협력하여 집행하기도 한다. 보호관찰소 직접집행 비율은 2020년을 기준으로 사회봉사명령은 35.2%이고, 나머지 65% 정도는 협력집행인데 이를 수행하는 분야는 사회복지가 가장 많다(54.5%). 한편, 수강명령에 대해서는 보호관찰소가 대부분 직접집행(97.1%)을 하고 있다(〈표 8-4〉 참조)(법무연수원, 2022: 436).

5) 수강명령은 1989년 최초 도입되었고, 1995년 12월 「형법」의 개정과 연이은 특별법들의 제 · 개정으로 대상이 지속적으로 추가 · 확대되어, 현재 교육과 치료가 필요한 다양한 범죄인에게 적용하고 있다. 이수명령은 2010년 도입되어 「아동 · 청소년의 성보호에 관한 법률」에서 최초 시행된 이후 「성폭력방지 및 피해자보호 등에 관한 법률」, 「아동학대범죄의 처벌 등에 관한 특례법」, 「산업안전보건법」, 「마약류관리에 관한 법률」, 「가정폭력방지 및 피해자보호 등에 관한 법률」, 「스토킹범죄의 처벌 등에 관한 법률」 등에서 순차적으로 법제화했다(범죄예방정책국, 2022: 250).

표 8-3 사회봉사 · 수강명령 처분별 현황(2018~2020년)

(단위: 건, %)

연도	구분		2018	2019	2020
사회봉사명령	계		51,224(100)	49,788(100)	51,448(100)
	보호처분	단기보호관찰	2,643(5.2)	2,095(4.2)	1,817(3.5)
		장기보호관찰	2,113(4.1)	1,991(4.0)	1,924(3.7)
		단독명령	1,958(3.8)	1,819(3.7)	1,914(3.7)
		가정폭력	610(1.2)	616(1.2)	612(1.2)
		성매매	72(0.1)	13(0.03)	15(0.03)
		아동학대	108(0.2)	88(0.2)	92(0.2)
	집행유예	보호관찰부	12,128(23.7)	11,638(23.4)	12,231(23.8)
		단독명령	30,411(59.4)	30,690(61.6)	32,395(63.0)
	기소유예	선도위탁	1,181(2.3)	838(1.7)	448(0.9)
수강명령	계		41,884(100)	42,408(100)	50,357(100)
	보호처분	단기보호관찰	2,704(6.5)	2,111(5.0)	2,528(5.0)
		장기보호관찰	1,363(3.3)	1,140(2.7)	1,511(3.0)
		단독명령	1,727(4.1)	1,738(4.1)	2,489(4.9)
		가정폭력	4,700(11.2)	5,299(12.5)	4,914(9.8)
		성매매	305(0.7)	171(0.4)	158(0.3)
		아동학대	584(1.4)	715(1.6)	918(1.8)
	집행유예	보호관찰부	8,010(19.1)	8,208(19.4)	9,187(18.3)
		단독명령	22,491(53.7)	23,026(54.3)	28,652(56.9)
	기소유예	선도위탁	–	–	–

* 주: 1. 법무부 범죄예방정책국 통계, 실시사건 기준임, 각 연도
2. 보호관찰부는 사회봉사 또는 수강명령을 보호관찰과 병과한 처분을 의미
3. 단독명령은 사회봉사 또는 수강명령만을 단독으로 부과한 처분을 의미

출처: 법무연수원(2022), p. 431.

표 8-4 사회봉사·수강명령 집행 분야별 현황 [단위: 명(%)]

연도 \ 구분			2019	2020
사회봉사명령	계		37,453(100)	18,450(100)
	직접집행		5,775(15.4)	6,501(35.2)
	협력집행	소계	31,678(84.6)	11,949(64.8)
		자연보호	53(0.1)	7(0.0)
		복지 분야	29,718(79.4)	10,057(54.5)
		공공시설	899(2.4)	991(5.4)
		대민지원	725(1.9)	678(3.7)
		기타	283(0.8)	216(1.2)
수강명령	계		31,472(100)	19,373(100)
	직접집행		29,977(95.2)	18,811(97.1)
	협력집행	소계	1,495(4.8)	562(2.9)
		약물	2(0.0)	1(0.0)
		준법운전	81(0.3)	3(0.0)
		심리치료	313(1.0)	56(0.3)
		가정폭력	61(0.2)	109(0.6)
		성폭력	70(0.2)	57(0.3)
		기타	968(3.1)	336(1.7)

* 주: 1. 법무부 범죄예방정책국 통계, 각 연도
2. 전년도 이월인원 및 미집행인원 제외, 집행완료 인원 기준

출처: 법무연수원(2022), p. 436.

(2) 갱생보호 대상자

갱생보호 대상자는 형사처분 또는 보호처분을 받은 자로서 자립갱생을 위해 지원이 필요한 사람이다. 교정기관 출소자와 보호관찰제도에 의해 보호처분을 받은 사람들을 대상으로 한다. 갱생보호 대상자 중에서 출소자의 경우 가석방 출소자는 보호관찰 대상자로서 갱생보호 대상자가 된다. 아울러 만기출소자의 경우 출소예정 1개월 전에 사전상담을 위해 한국법무보호복지공단의 직원이 교정시설을 방문하여 해당 출소 예정자와 사전상담을 실시한 다음 보호신청을 하도록 하거나 출소 후 보호신청을 했을 때 보호심사회에서 지원 여부를 심사 후 갱생보호를 개시한다. 보호 대상자에 대해서는 숙식 제공, 취업지원, 직업훈련, 주거지원, 원호지원, 창업지원 등과 같은 서비스를 기간을 정해 받을 수 있다. 갱생보호사업의

총 실적은 2020년을 기준으로 10만 건 이상이며, 사업 유형별로 가장 많은 실적을 낸 순서는 사전상담, 사후관리, 자립지원, 심리상담, 원호지원, 허그 일자리 프로그램, 취업지원, 직업훈련 등의 순이다. 갱생보호의 현황을 사업 유형별로 구분하면 〈표 8-5〉와 같다(법무연수원, 2022: 480).[6]

표 8-5 갱생보호사업 실적 현황

(단위: 건)

구분/연도	계	숙식 제공	직업 훈련	주거 지원	창업 지원	취업 지원	허그 일자리	가족 희망	심리 상담	학업 지원	원호 지원	사전 상담	사회 성향상	기타 자립	사후 관리
2011	54,183	2,440	1,533	152	43	3,615	3,440	–	–	–	3,507	15,798	3,134	10,709	9,812
2012	56,201	2,517	1,732	158	31	3,736	3,975	–	–	–	3,795	15,833	3,400	10,138	10,886
2013	57,124	2,303	1,774	152	18	3,871	4,328	31	3,573	–	4,710	15,949	3,264	6,760	10,391
2014	59,716	2,237	1,757	152	12	3,779	4,328	297	3,808	919	3,963	19,213	3,244	6,014	9,993
2015	69,034	2,340	2,505	152	13	4,174	5,014	331	4,899	1,059	4,708	22,113	3,551	7,182	10,993
2016	81,076	2,273	2,882	152	14	4,715	4,997	386	5,103	973	5,136	27,272	3,743	11,103	12,327
2017	93,459	2,167	3,003	152	3	4,382	5,655	437	9,322	1,163	5,659	30,795	3,863	12,515	14,343
2018	97,432	1,846	3,602	220	3	3,687	5,726	467	11,759	1,280	6,139	30,630	3,671	13,258	15,144
2019	105,490	1,568	4,305	278	5	3,864	6,117	806	12,694	1,418	7,033	32,052	3,674	14,528	17,148
2020	101,763	1,634	4,280	235	2	4,659	6,605	788	12,669	1,651	7,619	21,332	3,716	17,401	19,172

* 주: 법무부 범죄예방정책국 통계, 각 연도
출처: 법무연수원(2022), p. 480.

6) 갱생보호사업은 2011년 54,183건이던 것이 2020년 101,763건으로 꾸준히 증가했는데, 이는 2011년 허그일자리, 2013년 가족 희망사업 및 심리상담, 2014년 학업지원 등 지속적으로 새로운 사업을 시행한 것에 기인한다(법무연수원, 2022: 23).

3. 관련 제도 및 프로그램

학습개요

이 절에서는 사회 내 처우자를 대상으로 한 사법제도와 프로그램을 다룬다. 제도의 유형을 크게 보호관찰제도와 갱생보호제도로 구분하고, 보호관찰의 세부 프로그램인 명령집행 및 감독, 은전조치와 제재조치, 원호활동, 존스쿨, 판결 전 조사, 환경조사와 환경 개선에 대해 유형별로 주된 내용을 소개하며, 갱생보호제도의 세부 사업도 유형별로 검토한다. 사회 내 처우는 사회복지 프로그램의 적용가능성이 큰 만큼 휴먼 서비스 전문직 내지 원조 전문직으로서 사회복지의 역할에 대해 각각의 사업별로 다룬다.

1) 보호관찰제도

보호관찰제도의 프로그램은 보호관찰 대상자에 대한 지도감독, 명령집행 및 감독, 은전조치 및 제재조치, 원호활동으로 구분된다. 지역사회에서 일상적인 생활을 하면서 준수사항을 이행할 것을 지도·감독함으로써 범죄행위에 대한 국가형벌권을 구현하는 한편, 범죄인의 성공적인 사회재통합을 지원하여 재범을 방지하고자 하는 데 목표를 두고 있다.

보호관찰 업무는 공무원인 보호관찰 공무원과 민간 전문자원봉사인력인 보호관찰위원(2020년 기준 6,418명)에 의해 수행된다. 보호관찰 담당 공무원은 보호관찰 대상자에 관한 지도감독 및 명령집행과 원호 업무를 수행하며, 2020년 기준으로 보호관찰 직원 한 명당 보호관찰 대상자 관리 사건 수는 125건이다. 한편, 민간자원봉사자인 보호관찰위원은 각 지역 보호관찰소에 소속되어 보호관찰 대상자 지도감독 보조, 사회봉사 협력집행 감독, 원호 및 멘토링 활동으로 보호관찰관을 도와 범죄 예방 자원봉사활동을 수행한다(법무연수원, 2022: 415, 422).

(1) 지도·감독

지도감독은 개별지도와 집합교육으로 구분된다. 개별지도는 보호관찰 대상에게 부과하는 일반준수사항(주거지에 상주하고 생업에 종사할 것, 주거를 이전하거나 1개월 이상 국내외 여행을 할 때에는 미리 보호관찰관에게 신고할 것 등)과 특별준수사항(개별 보호관찰자의 특성 및 환경 등을 고려하여 부과하는 준수사항)의 이행 여부를 확인하고 독려하기 위해 지도·감독권을 행

사하는 것을 의미한다. 지도 · 감독은 보호관찰 대상자와 긴밀한 접촉을 가지고 항상 그 행동과 환경을 관찰하는 것, 보호관찰 대상자에게 준수사항을 이행하도록 적절한 지시를 하는 것, 보호관찰 대상자의 건전한 사회복귀를 위하여 필요한 조치를 하는 것 등이다(법무연수원, 2022: 418).

집합교육은 준수사항교육과 보호자교육, 전문 처우 프로그램으로 구분된다. 준수사항교육은 보호관찰 기간 중 지켜야 할 준수사항을 고지하는 것과 함께 인격 형성과 사회적응에 필요한 교육을 실시하는 것이고, 보호자교육은 보호관찰 대상 소년의 보호자들에 대한 교육을 통해 소년의 건전한 사회복귀에 가족의 참여와 협력을 유도하는 데 목적을 둔 교육이며, 전문 처우 프로그램은 보호관찰 대상자의 재범 방지와 원만한 사회복귀지원을 목적으로 제공하는 프로그램으로서 보호관찰 대상자와 상담전문가 등과의 일대일 멘토링, 문화예술 체험, 미술치료, 숲 교육, 심성순화 프로그램 등이 있다(법무연수원, 2022: 418-419).

지도감독은 보호관찰관의 고유한 업무에 해당하지만 사회복지사의 개입가능성은 열려있다. 사회복지사는 보호직 공무원이 되거나 혹은 보호관찰위원과 같은 자원봉사의 형태로 지도 · 감독에 참여할 수 있다. 보호관찰 대상자와 직접 대면하는 과정에서 개별적인 상황에 대한 정보를 파악하여 원호활동에 반영할 수 있다. 특히 보호관찰 대상자와의 일대일 멘토링 프로그램의 멘토로 개입한다면 사회복지사는 사례관리자의 역할을 수행하게 된다.

(2) 명령집행 및 감독

명령집행 및 감독은 보호관찰관이 보호관찰 대상자 및 사회봉사명령과 수강명령을 부과받은 대상자에 대해 그 명령의 집행을 지시하고 감독하는 것을 이른다. 보호관찰 대상자가 지켜야 할 일반준수사항의 이행, 사회봉사명령 대상자의 무보수 강제 근로활동, 수강명령 대상자에 대해서는 법원의 명령 부과에 따른 프로그램(준법운전 프로그램, 약물 오 · 남용 방지 프로그램, 심리치료 프로그램, 성폭력방지 프로그램, 가정폭력방지 프로그램 등)을 집행한다.

명령집행 및 감독은 지역사회 협력기관과 함께 운영되기도 하는데, 지역사회복지관이 대표적인 협력기관이다. 사회봉사는 지역사회복지관의 역할이 크고, 수강명령 대상자에 대한 교육에도 전문성을 가진 사회복지기관이 협력기관으로 참여할 수 있다. 사회복지사는 보호관찰 공무원 혹은 보호관찰소의 협력기관에 소속된 종사자나 보호관찰관을 지원하는 민간 자원봉사자로 참여할 수 있다.

(3) 은전조치 및 제재조치

보호관찰 대상자에 대해서는 보호관찰 성적에 따라 차별적인 지도・감독을 한다. 은전조치는 성적이 양호한 자에 대한 조치로서 임시해제를 의미한다. 이에 반해 제재조치는 준수사항 위반자에 대해 제재를 가하는 것으로서, 보호관찰 대상자에게 경고하고, 경고에도 불구하고 준수사항 위반을 지속하여 보호처분의 변경, 집행유예 취소 등을 취할 필요가 있을 때는 검사의 청구로 판사의 유치 허가를 받아 수용기관(교정시설)에 유치한다.

사회복지사가 보호관찰 대상자와 직접 대면하는 관계인 경우(예: 일대일 멘토 등) 그들의 상황을 파악한 결과에 입각하여 이들을 옹호함으로써 은전조치에 반영하게 할 수 있다. 이때 사회복지사는 클라이언트인 보호관찰 대상자의 이익을 대변하는 옹호자가 된다.

(4) 원호활동

원호활동은 보호관찰 대상자의 자립과 성공적인 사회복귀를 위한 지원활동을 뜻한다. 보호관찰 대상자의 원호의 유형은 경제구호, 숙소알선, 취업알선, 직업훈련, 복학주선, 검정고시 지원, 문신 제거, 치료지원, 기타(국민기초생활수급권 지정, 주거환경개선, 응급구호, 기타 원호)로 구분된다. 유형별 실시 현황은 2021년을 기준으로 원호활동 총 55,535건 중에서 경제구호가 50,182건(90.4%)으로 다수를 차지한다(범죄예방정책국, 2022: 119).

보호관찰 대상자에 대한 원호활동의 구체적인 내용을 보면, 먼저 경제구호는 물품지원 등 경제적 자립을 지원하는 것이고, 숙소알선은 한국법무보호복지공단의 주거지원사업과 연계하여 진행되는 것으로서 숙소연계 등 자립을 위한 지원의 일환이다. 취업알선은 직업능력(적성)을 고려하여 취업을 알선하는 것이며, 직업훈련은 취업 역량 강화를 위한 기술 훈련 및 자격 취득을 지원한다. 복학주선은 소년보호관찰 대상자의 중단된 학업이 계속될 수 있도록 학교 복학을 주선하는 일이다. 문신 제거는 원활한 사회복귀에 도움이 될 수 있도록 문신 제거를 지원하는 것이며, 수급권지원은 지방자치단체 및 주민센터와 연계하여 빈곤한 가구에 대해 수급자로 선정될 수 있도록 지원하는 것이다. 이 외에도 자립지원 및 원호활동이 있다(범죄예방정책국, 2022: 200).

원호활동의 내용은 사회복지 서비스의 성격을 그대로 가지고 있다. 사회복지사는 경제적 도움이 필요한 경우 경제적 지원을 제공하고 극빈자에게는 공공부조제도에 연계하며, 주거가 불안정한 경우 숙소를 알선하고, 취업을 연계하거나 취업을 위한 직업훈련을 지원하며, 소년보호관찰 대상자에 대해서는 학업과 관련된 원호활동(복학주선, 검정고시 지원 등)과 같은 모든 활동에 지역사회 자원을 동원할 수 있다. 사회복지사는 지역사회복지기관 종사자

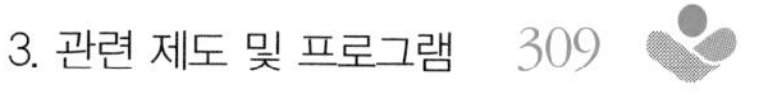

혹은 보호관찰소에 소속된 공무원이거나 자원봉사자로서 신분과 무관하게 범죄인의 성공적 사회통합을 위해 돕는다.

(5) 존스쿨(성구매자 교육 프로그램)

교육 프로그램에 해당하는 존스쿨(John School)은 성구매 남성을 대상으로 기소유예 처분에 부과하는 조건이다. 교육 이수를 조건으로 기소유예 처분을 결정하기 때문에 만일 대상자가 성구매자 교육을 받지 아니할 경우 검사는 유예했던 기소를 하게 된다. 보호관찰소에서 실시하는 존스쿨 프로그램은 16시간(8시간씩 2회) 과정으로 회기당 30명 이내로 한정하여 실시하고 있다(법무연수원, 2022: 421).

성구매 남성에 대한 교육 프로그램은 사회복지사가 직접 관여하기보다는 자원을 연계하거나 사회복지사가 담당하고 있는 사례관리 대상자가 해당 프로그램 이수자인 경우에 프로그램의 성실한 참여를 독려하고 점검하는 등 간접적인 방법으로 개입할 수 있다.

(6) 판결 전 조사제도

「보호관찰 등에 관한 법률」 제19조에 의하면 법원은 피고인에 대하여 보호관찰, 사회봉사 또는 수강을 명하기 위하여 필요하다고 인정하면 그 법원의 소재지 또는 피고인의 주거지를 관할하는 보호관찰소의 장에게 범행 동기, 직업, 생활환경, 교우관계, 가족상황, 피해 회복 여부 등 피고인에 관한 사항의 조사를 요구할 수 있도록 규정하고 있다. 이러한 요구를 받은 보호관찰소의 장은 지체 없이 이를 조사하여 서면으로 해당 법원에 알려야 하고, 필요하다고 인정하면 피고인이나 그 밖의 관계인을 소환하여 심문하거나 소속 보호관찰관에게 필요한 사항을 조사하게 할 수 있다. 아울러 소년에 대해서는 「소년법」 제12조에 따라 소년보호사건에 대한 조사 또는 심리를 위하여 필요하다고 인정하면 그 법원의 소재지 또는 소년의 주거지를 관할하는 보호관찰소의 장에게 소년의 품행, 경력, 가정상황, 그 밖의 환경 등 필요한 사항에 관한 조사를 의뢰할 수 있다. 이러한 의뢰를 받은 보호관찰소의 장은 지체 없이 조사하여 서면으로 법원에 통보하여야 하며, 조사를 위하여 필요한 경우에는 소년 또는 관계인을 소환하여 심문하거나 소속 보호관찰관으로 하여금 필요한 사항을 조사하게 할 수 있다(동법 제19조의2).

보호관찰 대상자의 상황에 대한 판결 전 조사는 사회복지의 전문성을 발휘하기에 적절하다. 휴먼 서비스 전문가인 사회복지사는 클라이언트와의 신뢰관계를 형성하고 심층상담의 기술과 자질을 갖춘 전문가이다. 보호관찰 대상자를 사례관리 대상자로 하고 있다면 범행과정 및 성장환경과 생활환경, 가족상황 등을 포함한 전반적인 사항들에 관한 정보를 판결 전 조사에 반영되도록 해야 한다. 특히 클라이언트가 소년인 경우 소년의 품성, 성장 및 가정상황 등을 파악하여 자신을 보호할 능력이 부족한 이들을 대변하는 옹호자이자 지원자로서 판결 전 조사과정에 참여한다.

(7) 환경조사와 환경 개선

환경조사는 소년수용자와 가석방 및 가퇴원자에게 실시한다. 먼저 「보호관찰 등에 관한 법률」 제26조는 소년수용자(교도소에 수용된 소년수형자와 소년원수용자)에 대한 환경조사를 명시하고 있다. 수용기관의 장은 소년수형자 및 「소년법」에 따른 소년원수용자(「소년법」 8호-10호 처분자)에 대해서는 수용 후 지체 없이 거주 예정지를 관할하는 보호관찰소의 장에게 신상조사서를 보내 환경조사를 의뢰하여야 한다. 환경조사를 의뢰받은 보호관찰소의 장은 수용자의 범죄 또는 비행의 동기, 수용 전의 직업, 생활환경, 교우관계, 가족상황, 피해 회복 여부, 생계대책 등을 조사하여 수용기관의 장에게 알려야 하는데, 이 경우 필요하다고 인정하면 수용자를 면담하거나 관계인을 소환하여 심문(審問)하거나 소속 보호관찰관에게 필요한 사항을 조사하게 할 수 있다. 아울러 보호관찰소의 장은 제26조에 따른 환경조사의 결과에 따라 수용자의 건전한 사회복귀를 촉진하기 위하여 필요하다고 인정하면 본인의 동의를 얻거나 가족 · 관계인의 협력을 받아 본인의 환경 개선을 위한 활동을 할 수 있다. 보호관찰소의 장은 제1항에 따른 환경 개선활동을 위하여 필요하다고 인정하면 수용기관의 장에게 수용자의 면담 등 필요한 협조를 요청할 수 있으며, 환경 개선활동의 결과를 수용기관의 장과 수용기관의 소재지를 관할하는 심사위원회에 알려야 한다(동법 제27조).

한편, 가석방 · 가퇴원자를 대상으로 실시되는 환경조사는 이들을 보호관찰로 대치하기 위해 보호시설 혹은 교정시설에서 출소를 앞둔 수용자를 대상으로 하며, 이를 '성인수형자에 대한 보호관찰 사안조사'(이하 "보호관찰 사안조사"라 한다)라 한다(동법 제28조). 이는 변화 가능성이 높고 사회복귀를 위한 거주환경 등이 좋은 자를 조기에 석방시켜 보호관찰을 실시하는 데 필요한 사전조사이다. 보호관찰 사안조사는 가석방 적격심사를 위해 교도소 · 구치소 · 소년교도소의 장이 가석방 적격심사 신청 대상자의 명단과 신상조사서를 심사위원회에 보내면 해당 성인수형자를 면담하여 석방 후의 재범위험성 및 사회생활에 대한 적응 가능성 등에 관한 조사를 하거나, 심사위원회는 교도소 · 구치소 · 소년교도소의 소재지 또는 해당 성인수형자의 거주 예정지를 관할하는 보호관찰소의 장에게 그 자료를 보내 보호관찰 사안조사를 의뢰할 수 있도록 하고 있어서, 이 경우 보호관찰 사안조사를 의뢰받은 보

호관찰소의 장은 지체 없이 보호관찰 사안조사를 하고 그 결과를 심사위원회에 통보하게 된다.

환경조사와 환경 개선활동 역시 휴먼 서비스 전문직으로서 사회복지사의 지식과 기술을 적용하기에 적절하다. 사회복지사는 클라이언트와 신뢰관계를 형성하고 원조 전문가의 입장에서 클라이언트와의 상담을 진행한다. 이러한 과정에서 얻은 정보는 클라이언트의 이익을 대변할 수 있도록 활용한다. 사회복지사는 소년교도소 및 소년원에서 사회로 복귀하는 소년수용자에 대한 면담, 필요한 경우 가정방문 등을 통하여 사회복귀를 준비하는 데 필요한 정보를 파악하고 활용한다. 소년수용자의 사회정착을 위해 보다 적극적인 의미를 갖는 환경 개선활동을 위해서도 소년의 가족이나 지역사회자원과 함께 협력한다. 환경조사와 환경 개선활동은 소년수용자의 재범 방지와 사회통합에 대한 의미가 크다. 아울러 보호관찰 사안조사에도 사회복지의 상담기술을 적용한다. 사회복지사는 가석방 · 가퇴원을 앞둔 성인수형자의 생활, 거주환경 및 사회에 통합될 수 있는 가능성을 파악하여 옹호자의 역할을 수행한다. 아울러 성인 가석방 · 가퇴원자가 석방 후 보호관찰 기간 동안 사회에 성공적으로 복귀할 수 있도록 지역사회자원과 연계하는 일을 수행할 수 있음은 물론이다.

2) 사회봉사 · 수강명령의 집행

사회봉사는 범죄인을 구금하는 대신 자유로운 생활을 허용하면서 일정 시간 무보수로 사회에 유익한 근로를 하도록 명하는 제도이다. 수강명령은 범죄인을 교도소나 소년원에 수용하는 대신 자유로운 생활을 허용하면서 보호관찰소 또는 지정 전문기관에서 범죄성을 개선하는 교육을 받도록 명하는 제도이다. 사회봉사를 명할 때에는 500시간, 수강을 명할 때에는 200시간의 범위에서 그 기간을 정하여야 한다. 다만, 다른 법률에 특별한 규정이 있는 경우에는 그 법률에서 정하는 바에 따른다.

사회봉사는 서비스를 받은 수혜자는 물론이고 사회봉사명령 대상자인 범죄인도 보람과 만족감을 갖게 하며, 사회에 대한 범죄피해를 배상하고, 스스로 속죄하게 한다. 범죄자는 사회봉사를 통해 근로정신을 함양할 수 있으며, 봉사활동 결과 자신에 대한 긍정적 정체감도 형성하고 자긍심을 회복할 수 있다. 이처럼 범죄자 처벌효과를 거두면서도 구금에 필요한 예산도 절감할 수 있다. 한편, 수강명령은 범죄성을 개선하는 교육을 통해 준법의식을 고취시키고, 범죄행위의 해악을 자각하도록 하며(마약, 음주운전 등), 건강한 품성을 형성하게 함으로써 재범을 방지하는 데 목적을 두고 있는 제도이다.

사회봉사 · 수강명령 집행 담당자는 보호관찰관이며, 보호관찰관은 국공립기관이나 그 밖의 단체에 그 집행의 전부 또는 일부를 위탁할 수 있다(동법 제61조). 보호관찰관은 사회봉사명령 또는 수강명령의 집행을 국공립기관이나 그 밖의 단체에 위탁한 때에는 이를 법원 또는 법원의 장에게 통보하여야 한다. 법원은 법원 소속 공무원으로 하여금 사회봉사 또는 수강할 시설 또는 강의가 사회봉사 · 수강명령 대상자의 교화 · 개선에 적당한지 여부와 그 운영 실태를 조사 · 보고하도록 하고, 부적당하다고 인정하면 그 집행의 위탁을 취소할 수 있다.

사회봉사 · 수강명령제도가 사회복지실천에 함의하는 바는 보호관찰소와 지역사회복지기관 간의 협력 강화 필요성이다. 지역사회복지기관은 기관의 성격 혹은 기관의 특화된 프로그램을 통해 사회봉사 및 수강명령을 집행하는 보호관찰소의 협력기관이 될 수 있다. 보호관찰소에 소속된 사회복지사라면 인간존엄성과 인권의 가치를 적용하여 사회봉사 · 수강명령 프로그램을 집행한다. 또한 보호관찰소의 협력기관에 소속된 사회복지사는 보호관찰대상자에 대한 사회봉사 프로그램을 개발 · 운영하며, 소속된 사회복지기관에 특화된 프로그램이 있는 경우 수강명령 대상자에 대한 위탁교육을 실시할 기회를 가질 수 있다.

3) 보호관찰 병과처분제도

보호관찰에 병과하는 전자감독, 성범죄자 신상정보 등록, 성충동 약물치료 등은 보호관찰대상자 일부에게 부가하여 내려지는 처분이다. 먼저, 전자감독(electronic monitoring)은 수사 · 재판 · 집행 등 형사사법 절차에서 전자장치를 효율적으로 활용하여 불구속 재판을 확대하고 범죄인의 사회복귀를 촉진함과 동시에 범죄자의 재범을 방지하여 범죄로부터 국민을 보호하는 제도이다. 전자감독제도는 재범 위험성이 높은 특정범죄자(성폭력 · 미성년자 유괴 · 살인 · 강도) 및 가석방되는 모든 범죄자 중 전자장치 부착이 결정된 자의 신체에 위치추적 전자장치를 부착하여 24시간 이동경로 확인 및 보호관찰관의 밀착 지도 · 감독을 통해 재범을 효과적으로 방지하는 제도이다. 위치추적 전자장치의 부착 대상 범죄는 2008년에 제도가 도입된 초기에는 대상자가 성폭력 범죄자로 한정되었다가 2009년 미성년자 유괴범죄자, 2010년 살인범죄자, 2014년 강도범죄자 등으로 확대되었다. 특히, 2020년 8월부터 개정 「전자장치 부착 등에 관한 법률」에 따라 가석방자에 대한 전자감독의 범위가 기존의 특정범죄에서 모든 범죄로 확대되었고, 형사피고인에 대한 전자장치 부착조건부 보석제도도 시행되었다(범죄예방정책국, 2022: 185).[7] 전자감독 대상자의 재범 방지와 사회적응을 위해 전

국 보호관찰소에서 실시하고 있는 처우 프로그램은 심리치료 프로그램과 심신안정 프로그램을 들 수 있다. 심리치료 프로그램은 심리치료 전문가의 일대일 심리치료 프로그램을 예로 들 수 있고, 체험형 심신안정 프로그램으로는 산행 및 숲체험, 영화 및 공연 감상, 스포츠 활동, 가족과 외출, 기념일 챙겨 주기 등의 프로그램이 제공된다(범죄예방정책국, 2022: 198).

신상정보등록제도는 등록 대상 성범죄로 유죄판결이 확정되거나 법원으로부터 공개명령을 선고받은 성범죄자의 신상정보를 등록 · 관리하는 제도이다. 성범죄자의 등록정보를 범죄예방과 수사에 활용하고 일부 정보는 일반 국민과 지역주민에게 알림으로써 성범죄를 사전에 예방하는 데 목적을 두고 있다. 이 제도는 아동 · 청소년을 대상으로 한 성범죄의 경각심을 높이기 위해 2000년 「아동 · 청소년의 성보호에 관한 법률」에 '성범죄자 신상공개제도'를 규정하면서 우리나라에 처음 도입되었으며, 2011년 이후부터는 성인 대상 성범죄자에게도 적용되어 범위가 넓혀졌다(법무연수원, 2022: 450).

성충동 약물치료는 2011년에 처음으로 실시되었다. 성폭력 범죄를 저지른 성도착증 환자로서 성폭력 범죄를 다시 범할 위험성이 있다고 인정되는 사람에 대하여 성충동 약물치료를 실시하여 성폭력 범죄의 재범을 방지하고 사회복귀를 촉진하는 것을 목적으로 하는 제도이며, 비정상적인 성적 충동이나 욕구를 억제하기 위한 조치로서 성도착증 환자에게 약물 투여 및 심리치료 등의 방법으로 도착적인 성 기능을 일정 기간 동안 약화 또는 정상화하는 치료를 말한다(법무연수원, 2022: 447).

전자감독, 성범죄자 신상정보 등록, 성충동 약물치료와 같은 보호관찰 병과처분은 보호관찰소의 고유한 업무이고 특별한 전문성이 요구되지만 사회복지사의 개입 가능성은 열려 있다. 사회복지사는 보호관찰 대상자에 대한 사례관리자로서 클라이언트가 주어진 법적 제재에 잘 대처할 수 있도록 돕는다. 심리적 · 정서적 지원을 하는 상담가, 생활 및 삶의 방향을 이끌어 주는 멘토 그리고 밀착 접촉을 통해 파악한 상황에 대한 정보가 원호활동에 반영되도록 하는 중개자가 된다. 나아가 클라이언트의 변화에 필요한 지원이 가능하도록 지역사회자원을 동원하고 연계함으로써 원조 전문가로서의 역할도 견지한다.

7) 보호관찰 병과처분별 실시 현황은 2020년을 기준으로 전자감독 대상자 4,052명, 신상정보공개자 94,160명이고, 성충동 약물치료는 2020년까지의 누계가 49명이다(범죄예방정책국, 2022: 198, 453, 447).

4) 갱생보호제도

갱생보호는 출소자의 사회정착을 지원하는 제도이다. 출소자의 대부분은 자신이 가지고 있는 자원은 물론이고 가족 및 주변의 지지자원이 부족한 것이 현실이다. 자립하기에는 역부족인 이들에 대해 사회로부터 별다른 지원 없이 사회로 돌아온다. 한국법무보호복지공단에 의해 지원되는 갱생보호사업은 출소자 사회적응을 위해 정부가 지원하는 우리나라의 대표적인 출소자 사회복귀 프로그램이다.

「보호관찰 등에 관한 법률」 제65조(갱생보호의 방법)에 의하면, 갱생보호의 방법으로 숙식 제공, 주거지원, 창업지원, 직업훈련 및 취업지원, 출소예정자 사전상담, 갱생보호 대상자의 가족에 대한 지원, 심리상담 및 심리치료, 사후관리, 그 밖의 갱생보호 대상자에 대한 자립 지원 등을 명시하고 있다. 이에 따라 한국법무보호복지공단의 지부 및 지소의 법무보호과, 취업지원과에서 제공하는 세부 사업의 유형은 숙식 제공, 긴급지원, 허그 일자리 지원, 직업훈련, 기술교육, 취업지원, 창업지원, 주거지원, 가족지원, 결혼지원, 심리상담, 사전상담, 사회성 향상교육, 멘토링 및 사후관리 등이 있다(한국법무보호복지공단, 2023, 인터넷 자료).

구체적으로 '숙식 제공'은 무연고 출소자에 대해 최대 24개월까지 보호를 제공한다. '긴급지원'은 수용자 가족 및 출소자 가구의 위기상황에 대해 기부금품으로 단기간 지원한다. '허그 일자리지원'은 출소예정자, 보호관찰 대상자, 소년원과 보호관찰소에서 추천한 위기소년을 대상으로 상담을 통해 취업설계부터 직업능력 개발, 취 · 창업 성공을 위한 지원 그리고 취 · 창업 적응 지원에 관한 사후관리까지 이르는 종합적이고 체계화된 일자리 지원사업이다. '직업훈련'은 취업을 위해 기술훈련 및 자격취득 교육을 받고자 하는 사람을 지원하는 사업이다. '기술교육'은 한국법무보호복지공단 소속 기술교육원이 운영하는 교육과정으로서 직업훈련 사업이다. '취업지원'은 직업훈련 및 허그 일자리 지원 프로그램을 받고 취업을 원하는 사람에 대한 지원 서비스이다. '창업지원'은 성공적 창업을 위해 지원금을 제공하는 것이다. '주거지원'은 부양가족이 있는 무주택 보호 대상자에게 임대주택을 저렴한 월 임대료로 가족과 함께 거주하도록 지원하는 것으로 한국토지주택공사와 협력하여 운영되고 있으며 2년을 기본 단위로 하며 연장심사를 통해 최장 10년까지 임차가 가능하다.

'가족지원'은 갱생보호 대상자와 수형자의 가족(미성년 자녀와 배우자 등)에 대한 지원으로 어려움에 처한 가족들을 돕고 가족역량 강화를 위해 학업지원, 심리상담, 집단으로 실시하는 가족친화 프로그램, 수형자 가족접견 지원 프로그램 등을 제공한다. 또한 생계부양자의 수용으로 극빈 상황에 처한 가정에 대해서는 「국민기초생활보장법」과 「긴급복지지원법」에

의한 지원을 안내한다. '결혼지원'은 결혼식을 올리지 못한 사실혼 관계의 부부에게 무료결혼식과 후원물품을 제공하는 사업이다.

'심리상담'은 출소 후 사회정착과정에서 부적응 및 심리적 문제를 겪고 있는 보호 대상자와 가족에게 제공한다. 출소 후 사회복귀과정은 달라진 환경에 대한 적응이 요구된다. 이 과정에서 발생하는 심리적 갈등의 문제는 출소자와 가족 모두에게 해당하므로 심리상담은 상담을 원하는 출소자와 가족에게 주어진다. 한편, '사전상담'은 출소예정 수형자를 대상으로 실시된다. 출소 후 갱생보호사업을 안내하고 자립대책 마련을 위해 상담을 실시하는 것으로, 출소 2개월 이내의 수형자로서 자립계획 수립 및 지원이 필요한 사람을 대상으로 한다. 사전상담과정에서는 생계곤란 출소자에게 「국민기초생활보장법」상의 급여에 관한 정보도 제공한다.

'사회성 향상교육'은 장기간 수용생활로 인해 손상된 사회성을 보완하기 위한 교육으로, 숙식 제공 등 공단의 보호사업에 참여 중인 사람을 대상으로 한다. '멘토링 및 사후관리'는 갱생보호 서비스를 받은 사람 중에서 사회복귀를 위한 생활지도 및 부가적 지원이 필요한 경우에 사후관리(멘토링) 서비스를 제공하는 것이다(한국법무보호복지공단, 2023, 인터넷자료). 갱생보호사업은 지역사회에서 이루어지는 만큼 지역주민 및 지역사회자원은 출소자 및 가족지원에 일익을 담당하고 있다.

갱생보호사업이 사회복지실천에 함의하는 바는 크며, 그만큼 사회복지사의 개입 범위는 넓다. 갱생보호사업은 본래 목적 자체가 범죄인, 특히 출소자에 대한 사회복지적 접근에 토대를 둔 제도이다. 국내에서는 최초로 범죄문제에 대한 복지적 관점이 반영된 「갱생보호법」(1961년 제정)에 기반을 두고 시작된 제도라는 속성상 형사사법 영역에서 사회복지실천이 가장 용이하다. 나아가 지역사회에서 진행되며, 출소자의 사회정착을 돕는 프로그램들이기 때문에 사회복지자원은 사업을 성공적으로 수행하는 데 필수적이다.

갱생보호사업으로 진행되고 있는 숙식 제공, 주거지원, 창업지원, 직업훈련 및 취업지원, 출소예정자 사전상담, 갱생보호 대상자의 가족에 대한 지원, 심리상담 및 심리치료, 사후관리, 그 밖의 갱생보호 대상자에 대한 자립지원은 모두 원조전문 분야인 사회복지의 영역이다. 사회복지사는 한국법무보호복지공단의 종사자, 공단의 자원봉사자, 혹은 공단의 협력기관인 지역사회복지관에 소속된 사회복지사로서 갱생보호사업에 참여한다. 성공적 사회정착을 위해 도움이 필요한 클라이언트를 지원하는 일인 만큼 원조 전문직인 사회복지사는 적극적으로 참여해야 한다.

갱생보호사업: 출소자 주거지원(가족과 함께 사회통합)

▶ 주거지원의 의미

갱생보호의 일환인 '출소자 주거지원'은 출소자와 가족의 생활안정에 큰 역할을 하고 있다. 출소 후 가족들이 가정을 이루어 함께 살 수 있는 곳에서 출소자는 재범 없이 사회에 성공적으로 정착하게 되며, 어린 자녀들은 그동안 단절되었던 부모와의 관계를 회복하고 안정된 생활을 하게 된다.

▶ 주거지원의 필요성

주거생활이 안정될 때 출소자들은 정착을 위한 일련의 활동들이 가능하다. 안정적으로 거처할 집이 없다는 것은 다른 생활 영역에서의 불안정과 직결되므로 주거문제는 출소자의 사회정착의 중요 요인이다. 출소자의 재범 예측 요인으로 안정된 주거가 있는지를 고려하는 것도 이와 같은 이유이다. 문제는 주거 마련은 고비용을 요구하기 때문에 경제적으로 불안정한 출소자가 자립적으로 마련하기는 어렵다는 점에서 주거지원은 가족과 함께 사회에 재정착할 수 있는 기반이 된다.

그러나 선행연구들에서는 출소자의 주거가 상당히 불안정하다고 지적하고 있다. 한국형사정책연구원에서 실시한 장기수형자를 대상으로 한 조사에서 장기수형자의 25.3%가 출소 후 마땅한 거처가 없는 것으로 응답했고, 갱생보호 대상자에 대한 조사에서 응답자의 98.7%가 '주거지원이 필요하다'는 태도를 보였다(김승만, 신연희, 2005: 96-97).

▶ 주거지원 사업의 도입

출소자 주거문제를 주목한 법무부는 시범사업으로 출소자에게 창원에 소재한 일정한 주택을 제공하여 정상적인 가정생활이 가능하도록 함으로써 사회정착을 지원하는 사업을 실시했다. 2001년 창원의 한 독지가가 한국법무보호복지공단(당시 한국갱생보호공단) 창원지부에 기부한 주택 3호를 부양가족이 있는 출소자에게 제공하여 수혜를 받은 다섯 가구 모두가 자립하는 성과를 거둠에 따라 출소자들의 안정적인 주거생활을 통한 성공적인 사회정착에의 기대가능성을 확인하게 되었다.

이에 법무부는 국토교통부(당시 건설교통부)와 협력하여 다가구 전세임대주택을 시작으로 갱생보호 대상자와 그 가족을 대상으로 임대주택을 제공하는 방안을 추진했으며, 2006년 갱생보호 대상자에게 주거를 제공하여 이들의 건전한 사회복귀를 유도하기 위한 내용의 협약서에 서명했다. 국토교통부는 특수취약계층에 대한 주거지원방안의 일환으로 갱생보호 대상자를 포함시키는 제도를 마련했고, 부양가족이 있는 저소득 생계곤란 출소자들의 안정적인 주거를 위하여 2005년에 시범적으로 임대주택 14호를 지원한 것을 확대하여, 2006년부터 2015년까지 매입임대 1,500호와 전세임대 300호 등 총 1,800호를 공급하기로 했다(신연희, 2008a). 이는 국토교통부와 법무부의 부처 간 협력의 결실이었다. 입주자는 부양가족이 있는 무주택 세대주로서 전체 가구원의 월 소득액이 최저생계비 이하이고 자립 의지가 있는 출소자 중에서 선정했다.

소년사법제도와 사회복지

1. 소년사법의 이념과 기본법

소년에 대해 성인범죄자와 구분하여 사법제도를 마련한 것은 소년사법이 추구하는 이념에서 비롯된다. 이 절에서는 비행청소년을 대상으로 하는 소년사법제도에 관한 기본적인 이해를 목적으로 한다. 또한 소년사법의 이념이 되는 보호주의와 회복적 정의를 소개하고 제도 운용의 법률적 근거가 되는 「소년법」의 주된 내용을 사회복지와의 관련성을 중심으로 검토한다.

1) 소년사법의 이념

(1) 보호주의

'보호(protection)' 이념은 비행청소년에 대한 사회적 제재의 목적이다. 청소년비행의 책임은 국가와 사회에 있으며, 비행의 원인 역시 취약한 청소년을 보호하지 못한 데서 비롯된다는 관점이다. 따라서 범법행위를 한 청소년에 대한 사회적 제재는 보호를 목적으로 한다. 소년 보호주의 이념은 비행의 책임은 청소년 개인보다는 사회(가정, 학교, 지역사회와 국가)에 있다고 본다.

사회는 아동과 청소년이 건강하고 안전하게 성장할 수 있는 환경을 조성하고, 유해한 환경으로부터 보호할 의무와 책임이 있다. 청소년비행이 사회로부터 보호받지 못한 결과라면 보호자의 역할을 담당해야 하는 가정과 사회, 국가(정부, 사법부)가 비행의 책임을 청소년에게 돌리고 처벌하는 것은 마땅하지 않으며, 돌봄과 처우로 보호해야 한다는 것이 소년사법에서의 보호주의 이념이다. 이 이념은 소년에 대해 국가가 후견자적 역할을 수행한다는 입장을 가진다. 소년사법제도와 정책이 국가마다 상이하지만 제도와 정책의 바탕이 되는 보호주의 이념은 유사하다. 위법행위를 한 청소년에 대한 사회적 제재의 목적은 청소년에 대한 보호에 있다는 것이 소년사법제도의 이념이다.

보호주의 이념의 실현 방법은 처벌 대신 돌봄(care)과 지원(support)이다. 전체 범죄자 중 소년이 차지하는 비중이 낮음에도 불구하고 소년사법을 중요시하는 것은 청소년문제에 대한 국가의 책임을 인정하는 것이며, 청소년들의 변화가능성이 크다고 보기 때문이기도 하다.

(2) 회복적 정의

「소년법」의 이념인 소년보호주의는 회복적 사법(정의) 이념이 추구하는 것과 유사하다. 소년보호처분에서 규정하고 있는 최소처분의 원칙과 교육처분이라는 소년사법의 보호 이념은 갈등의 해결과 통합을 지향하고 인격의 존중과 소통을 추구하는 회복적 정의의 이념과 부합되기 때문이다. 보호 사건을 처리하는 기관인 소년분류심사원, 비행예방센터(꿈키움센터), 보호관찰소, 소년원 등에서 피해자와의 대화를 통해 비행청소년이 자신의 잘못을 인정하고 피해 회복을 위해 노력하고 사과하는 프로그램에 적용되고 있다.

2) 기본법: 「소년법」

「소년법」은 소년사법제도 운용에 관한 근거가 되는 법률로, 소년의 위법행위에 대한 사회적 대응의 목적과 절차 및 방법을 성인에 관한 형사사법제도와 구분하고 있는 특성을 가진다. 「소년법」에 나타난 소년사법의 이념은 보호주의와 회복적 정의 이념이며, 이에 해당하는 법률조항들은 다음과 같다.

보호주의 이념은 「소년법」의 근간이 된다. 동법 제1조에서는 "이 법은 반사회성(反社會性)이 있는 소년의 환경 조정과 품행 교정(矯正)을 위한 보호처분 등의 필요한 조치를 하고, 형사처분에 관한 특별조치를 함으로써 소년이 건전하게 성장하도록 돕는 것을 목적으로 한다."라고 명시하고 있다. 비행청소년에 대해 보호처분을 하고 건전한 성장을 돕는 소년보호주의 이념이 법의 목적에 반영되어 있다. 소년보호주의 이념은 국가와 부모는 같다는 국친사상(國親思想, parent patriot)에 토대를 두고 있으며, 이는 소년은 정신건강과 인격적으로 미숙하고 책임능력이 결여되어 있기 때문에 보호를 요하는 소년에 대해 국가가 책임을 지고 보호자가 되어야 한다는 것이다(오영근 외, 2013: 279).

소년범에 대한 보호처분과 조건부 기소유예제도는 보호주의 이념이 반영된 대표적인 소년사법제도이다. 보호처분은 위법행위를 한 소년에 대해 형사법원이 아닌 가정법원이나 지방법원의 소년부 판사가 선고하는 처분으로서 유형은 열 가지이다(동법 제32조). 한편, 조건부 기소유예제도는 소년 피의자를 선도하여 재비행을 예방하겠다는 조건으로 민간자원봉사자(민간 소년선도위원)에 의한 상담 또는 지역사회 기관과 연계한 교육 등을 조건으로 검사가 기소를 유예하는 제도이다(동법 제49조의3). 소년에 대한 조건부 기소유예제도는 사법제도의 개입으로 인한 낙인을 방지하고자 한다는 점에서 일종의 전환(diversion) 프로그램이며, 비행청소년의 변화가능성에 대한 가정하에 민간자원봉사 및 지역사회기관들이 검찰청과 협력하여 소년의 범행성 교정을 위한 서비스를 제공하는 제도이다.

아울러 회복적 정의 이념도「소년법」에 반영되어 있다. 첫째, 소년부 판사는 소년의 품행을 교정하고 피해자를 보호하기 위하여 필요하다고 인정하면 소년에게 피해 변상 등 피해자와의 화해를 권고할 수 있다. 둘째, 소년부 판사는 화해를 위하여 필요하다고 인정하면 기일을 지정하여 소년, 보호자 또는 참고인을 소환할 수 있다. 셋째, 소년부 판사는 소년이 권고에 따라 피해자와 화해했을 경우에는 보호처분을 결정할 때 이를 고려할 수 있다(동법 제25조의3, 화해권고).「소년법」에 명시된 화해권고에는 비행소년이 자신의 행동에 대한 책임감을 깨닫게 되는 한편, 피해자에게 용서를 구할 수 있으며, 피해자는 가해자로부터 잘못에 대한 사과를 받음으로써 분노로 인한 심적 고통에서 어느 정도 벗어날 수 있다는 점에서 회복적 정의 이념이 적용된다.

소년사법제도의 이념과 이러한 이념이 반영된「소년법」의 주된 내용에 비추어 볼 때 사회복지의 가치와 지식을 적용하기에 적절하다.「소년법」은 비행청소년에 대한 환경조정과 품행교정을 통한 건강한 성장지원에 목적을 두고 있다. 이는 휴먼 서비스로서 사회복지가 문제를 가진 클라이언트의 변화를 도모하는 데 실천 목적을 두는 것과 동일하다. 사회복지사는 휴먼 서비스 전문가로서 소년사법제도 내에서 사회복지 서비스를 제공함으로써 소년사법의 목적 달성에 일익을 담당할 수 있다.

생각해 보기: 비행청소년을 어떻게 바라보아야 하는가

▶ 관련 시: 「흔들리며 피는 꽃」(도종환)

흔들리지 않고 피는 꽃이 어디 있으랴
이 세상 그 어떤 아름다운 꽃들도
다 흔들리면서 피었나니
흔들리면서 줄기를 곧게 세웠나니
흔들리지 않고 가는 사랑이 어디 있으랴

젖지 않고 피는 꽃이 어디 있으랴
이 세상 그 어떤 빛나는 꽃들도
다 젖으며 젖으며 피었나니
바람과 비에 젖으며 꽃잎 따뜻하게 피웠나니
젖지 않고 가는 삶이 어디 있으랴

▶ 성장 잠재력이 무궁한 청소년

비행청소년은 흔들리며 피는 꽃, 바람과 비에 젖으면서도 언젠가는 꽃을 피울 우리 사회의 미래 인재들이다. 사회복지사는 이들을 격려하고 붙들어 주고 독립할 수 있도록 돕는 전문가이다.

2. 소년사법제도 현황

학습개요

이 절에서는 소년사법제도의 현황을 다룬다. 소년사법제도는 크게 소년보호, 소년교도소 수용, 비행예방으로 분류되며, 소년이 위치하는 장소를 기준으로 시설 내 처우 청소년과 사회 내 처우 청소년으로 구분되는 과정을 개괄한다. 또한 소년사법제도의 관리조직과 종사자 그리고 소년사법 대상자의 현황을 공식 통계자료에 입각하여 검토한다. 소년사법제도에 관한 현황 정보는 사회복지실천 대상자와 서비스 전달체계를 이해하는 데 필요한 기본 정보에 해당한다.

1) 소년사법 절차와 비행청소년

비행청소년에 대한 소년사법제도는 10세부터 18세까지의 비행청소년을 대상으로 한다. 비행청소년은 우범소년, 촉법소년, 범죄소년으로 분류된다. 범죄소년은 14세 이상 19세 미만의 형법법령을 위반한 소년이고, 촉법소년은 형법법령을 위반한 10세 이상 14세 미만의 소년이며, 우범소년은 그 성격 또는 환경에 비추어 형법법령에 저촉되는 행위를 할 우려가 있는 10세 이상 19세 미만의 소년 중 집단으로 몰려다니며 주위에 불안감을 조성하는 성벽이 있거나, 정당한 이유 없이 가출하거나, 술을 마시고 소란을 피우거나 유해환경에 접하는 성벽이 있는 소년이다.

이 소년들에 대한 사법제도는 세 가지 유형(소년보호, 소년교도소 수용, 비행예방)으로 구분되며 [그림 9-1]과 같이 소년사법과정에서 분류된다. 소년보호제도가 중심을 이루며, 일부 죄질이 무거운 소년에 대한 소년교도소 수용과 죄질이 경미한 초기 단계의 비행청소년에 대한 비행예방제도가 있다.

첫째, '소년보호'로 처리하는 유형은 범죄소년, 촉법소년, 우범소년에 대해 법원 소년부 판사가 소년의 성행 및 환경 개선을 위하여 보호처분을 내리는 것으로서 「소년법」에는 열 가지 보호처분이 있다. 이는 「소년법」이 근거 법률이고 전과가 남지 않는다. 보호처분을 받은 소년 범죄자에 대한 사법제도는 사회 내 처우와 시설 내 처우로 나누어진다. [그림 9-1]에서 사회 내 처우는 소년보호처분 1호 처분부터 6호 처분까지이며, 시설 내 처우는 소년보호처분 7~10호 처분이 이에 해당한다.

둘째, '소년교도소 수용'으로 처리되는 소년은 비교적 중한 범죄를 저지른 경우 형사법원

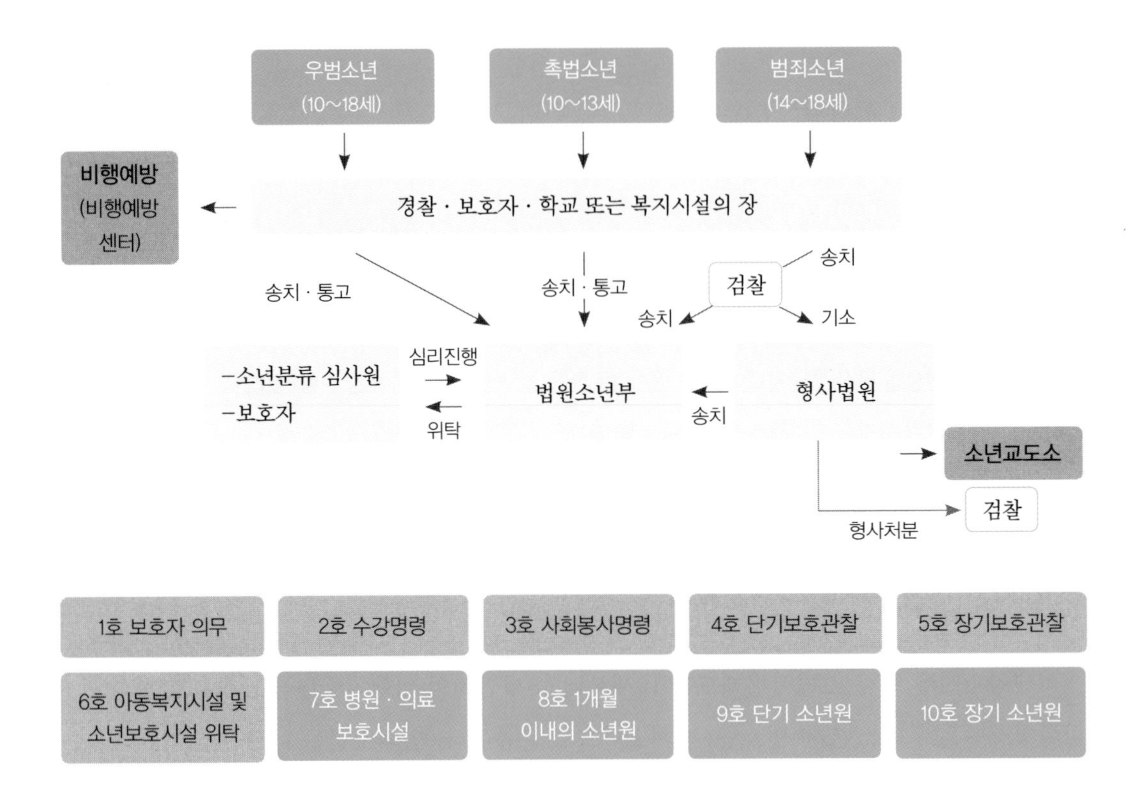

[그림 9-1] 소년사법의 절차와 유형

출처: 범죄예방정책국 인터넷자료(2023)를 재구성.

의 재판을 거쳐 징역, 금고, 벌금 등을 부과받는다. 징역형을 선고받은 경우 소년교도소에 수용되며, 수용된 전력은 전과로 남게 된다.

셋째, '비행예방'은 경미한 범죄를 저지르거나 향후 비행의 우려가 있어(우범소년) 경찰, 보호자, 학교, 복지시설의 장에 의해 의뢰된 소년에 대해 지역사회에 설치된 비행예방센터에서 비행성의 발전을 차단하기 위해 개입하는 것이다.

이를 다시 시설수용자와 사회 내 처우자로 구분하면 소년에 대한 사회 내 처우는 소년보호관찰(보호처분의 일부, 임시퇴원, 기소유예), 청소년비행예방(비행예방센터 청소년)의 대상자가 되는 청소년이다. 시설수용 처우 대상자는 소년보호 7~10호와 소년교도소에 수용된 소년이 해당한다.

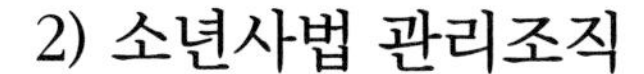

2) 소년사법 관리조직

(1) 관리조직

범죄를 저지른 비행청소년에 대한 사법제도를 집행하는 기관, 즉 서비스 전달체계로는 법무부가 중앙정부의 소관부처이고, 법무부 교정본부와 범죄예방정책국이 감독 기능을 수행한다. 소년교도소에 대해 법무부 교정본부가 관장하는 것을 제외하고 소년사법의 집행기관인 소년원, 분류심사원, 보호관찰소, 비행예방센터에 대한 관리는 법무부 범죄예방정책국이 총괄 감독한다. 범죄예방정책국의 감독하에 소년사법을 집행하는 개별 기관들의 세부 내용은 다음에서 다룬다.

(2) 인력

소년보호기관에서 서비스를 제공하는 인력은 보호직 공무원이다. 보호직 공무원은 국가공무원이며 공개채용 혹은 특별채용 절차를 거친다. 사회복지사가 국가공무원 채용 절차를 거친다면 보호직 공무원이 되어 소년원, 분류심사원, 법무부 등에서 근무하게 된다. 한편, 민간 전문가들도 소년보호위원의 신분으로 소년에 대한 멘토링을 비롯하여 각종 서비스를 제공한다(법무연수원, 2022: 501-502).

3) 소년사법 대상자 현황

소년범죄자 발생현황은 〈표 9-1〉과 같다. 소년범죄자의 발생은 최근 수년 동안 매년 감소하고 있어서 2017년 한 해 동안 7만 명을 넘었으나, 2021년에는 54,040명이 되었고, 이들의 범죄 유형은 가장 많은 순서대로 재산범죄, 폭력범죄, 교통범죄, 강력범죄 등의 순이다(국회 법제사법위원회, 2023: 67).

〈표 9-2〉와 같이 전체 범죄자 중 소년범죄자가 차지하는 비중은 4% 내외이다. 아울러 소년인구 10만 명을 기준으로 한 소년범죄발생비는 2020년을 기준으로 2,747명으로 매년 증가하는 경향을 보인다(법무연수원, 2022: 546).

표 9-1 소년범죄 발생 현황 (단위: 명)

	전체범죄	강력범죄	폭력범죄	재산범죄	교통범죄
2017	71,556	3,388	20,444	28,828	9,238
2018	65,969	3,496	19,710	26,459	7,607
2019	66,187	3,656	18,600	27,800	7,458
2020	64,491	3,137	14,730	28,866	8,272
2021	54,040	3,612	13,611	21,786	7,373

* 주: 1. 소년범죄자는 만 14세 이상 만 18세 이하의 범죄소년을 의미. 촉법소년 제외
2. 전체 범죄는 형법범과 특별법범을 모두 포함한 전체 범죄를 의미함

자료 출처: 대검찰청, 피의자통계원표 원자료

자료: 대검찰청, 분기별 범죄동향 리포트

출처: 국회 법제사법위원회(2023), p. 67.

표 9-2 소년범죄 인원과 발생비 (단위: 명, %)

연 도	소년범죄	소년범죄발생비	성인범죄발생비	소년비
2011	100,032	1,660.2(−)	4,374.3(−)	5.3
2012	104,808	1,796.8(108.2)	4,387.3(100.3)	5.5
2013	88,762	1,581.1(95.2)	4,520.3(103.3)	4.5
2014	77,594	1,440.4(86.8)	4,338.3(99.2)	4.2
2015	71,035	1,411.8(85.0)	4,482.4(102.5)	3.8
2016	76,000	1,547.9(93.2)	4,373.5(100.0)	3.9
2017	72,759	1,559.7(93.9)	4,089.8(93.5)	4.0
2018	66,142	2,486.0(149.7)	3,808.2(87.1)	3.9
2019	66,247	2,696.1(162.4)	3,821.9(87.4)	3.8
2020	64,480	2,747.0(165.5)	3,511.8(80.3)	4.0

* 주: 1. 대검찰청, 「범죄분석」, 각 연도
2. ( ) 안은 2011년을 기준으로 한 지수
3. 2018년부터 소년범죄 집계시 14세 미만 소년을 제외함
4. 범죄발생비는 해당 인구 10만 명당 범죄자 수
5. $소년비 = \left(\frac{소년범}{소년범+성인범}\right) \times 100$

출처: 법무연수원(2022), p. 546.

(1) 소년보호처분 청소년

이하에서는 소년사법제도에 따른 소년의 유형을 소년보호 청소년, 소년교도소 청소년, 비행예방 대상 청소년으로 구분하여 각각의 현황을 공식통계자료에 입각하여 살펴본다.

먼저, 소년보호처분을 받는 청소년은 「소년법」에 의한 소년보호사건 대상 청소년을 이른다. 법원 소년부 판사가 소년보호사건을 심리한 결과, 소년의 성행 및 환경 개선을 위하여 국가가 적극적으로 보호할 필요가 있다고 인정될 때 내리는 처분을 받는 비행청소년이다. 이는 「소년법」과 「보호관찰 등에 관한 법률」에 제도의 근거를 둔다. 이 중 소년부 법원을 거쳐 보호처분을 받게 되는 청소년은 촉법소년과 범죄소년이다. 소년보호사건의 처리 절차와 소년보호처분의 내용은 [그림 9-2]와 같다. 촉법소년과 우범소년은 「소년법」의 적용을 받으며, 범죄소년은 「형법」 혹은 「소년법」의 적용을 받는다. 소년부 판사는 심리 결과 보호처분을 할 필요가 있다고 인정하면 소년의 특성에 따라 소년보호 1호부터 10호까지의 처분에 대한 결정을 한다.

검찰에 송치된 소년 중 절반 이하의 수준에서 소년사법절차가 진행된다. 〈표 9-3〉에서 검찰의 소년범죄자에 대한 처리 현황을 볼 때, 불기소가 절반 수준으로 가장 많으며, 그다음 소년보호 송치이고 기소된 경우는 10% 정도이다(법무연수원, 2022: 580).[1)]

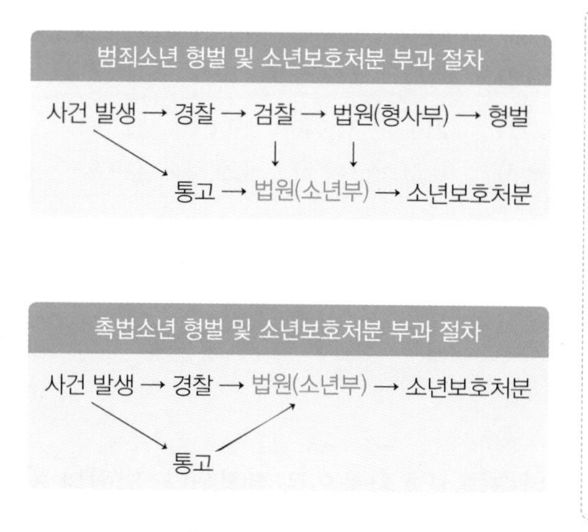

〈소년보호처분〉

1호: 보호자 또는 감호위탁(10세 이상)
2호: 수강명령(12세 이상)
3호: 사회봉사명령(14세 이상)
4호: 보호관찰 단기(10세 이상, 1년 이내)
5호: 보호관찰 장기(10세 이상, 2년 이내)
6호: 「아동복지법」상의 아동복지시설, 소년보호시설 감호 위탁(10세 이상)
7호: 의료시설 위탁(10세 이상)
8호: 소년원 1개월 이내(10세 이상)
9호: 단기소년원(10세 이상, 6개월 이내)
10호: 장기소년원(10세 이상, 2년 이내)

[그림 9-2] 소년보호사건 처리 절차와 소년보호처분 유형

1) 2020년 기준으로 전체 소년범죄자 64,510명 중에서 불기소가 절반 수준으로 가장 많고(49.5%: 기소유예 29.8% + 기타 19.8%), 그다음 소년보호 송치(38.3%)이며 기소된 경우는 10%를 약간 웃도는 수준이다(11.2%: 구공판 7.3% + 구약식 4.0%), 기타(0.6%), 가정보호 송치(0.3%)의 순이다(법무연수원, 2022: 580).

표 9-3 검찰의 소년범죄자 처리 현황

(단위: 명, %)

연도	계	기소			소년보호송치	가정보호송치	불기소			기타
		소계	구공판	구약식			소계	기소유예	기타	
2011	100,032 (100)	10,593 (10.6)	4,451 (4.5)	6,142 (6.1)	31,630 (31.6)	16 (0.0)	57,360 (57.3)	43,352 (43.3)	14,010 (14.0)	431 (0.4)
2012	100,354 (100)	7,743 (7.7)	4,841 (4.8)	2,902 (2.9)	36,255 (36.1)	20 (0.0)	56,061 (55.9)	42,642 (42.5)	13,419 (13.4)	275 (0.2)
2013	85,364 (100)	8,604 (10.1)	5,216 (6.1)	3,388 (4.0)	29,427 (34.5)	35 (0.0)	47,014 (55.0)	34,613 (40.5)	12,401 (14.5)	284 (0.3)
2014	72,947 (100)	7,037 (9.6)	4,191 (5.7)	2,846 (3.9)	23,740 (32.5)	50 (0.1)	39,548 (54.2)	27,599 (37.8)	11,949 (16.4)	2,572 (3.5)
2015	65,924 (100)	6,842 (10.4)	4,316 (6.5)	2,526 (3.8)	20,732 (31.4)	151 (0.2)	36,558 (55.5)	23,563 (35.7)	12,995 (19.7)	1,641 (2.5)
2016	72,354 (100)	6,688 (9.2)	4,024 (5.6)	2,664 (3.7)	23,894 (33.0)	188 (0.3)	39,612 (54.7)	25,752 (35.6)	13,860 (19.2)	1,972 (2.7)
2017	70,713 (100)	6,439 (9.1)	3,735 (5.3)	2,704 (3.8)	24,479 (34.6)	181 (0.3)	39,179 (55.4)	25,054 (35.4)	14,125 (20.0)	435 (0.6)
2018	64,065 (100)	6,902 (10.8)	4,304 (6.7)	2,598 (4.1)	23,488 (36.7)	172 (0.3)	33,040 (51.6)	20,405 (31.9)	12,635 (19.7)	463 (0.7)
2019	64,410 (100)	7,228 (11.2)	4,676 (7.3)	2,552 (4.0)	24,683 (38.3)	216 (0.3)	31,890 (49.5)	19,166 (29.8)	12,724 (19.8)	393 (0.6)
2020	64,510 (100)	7,239 (11.2)	4,683 (7.3)	2,556 (4.0)	24,721 (38.3)	216 (0.3)	31,940 (49.5)	19,196 (29.8)	12,744 (19.8)	394 (0.6)

* 주: 1. 대검찰청,「범죄분석」, 각 연도
2. '기타'에는 참고인중지, 기소중지, 아동보호송치 인원이 포함됨
3. '불기소 기타'에는 혐의 없음, 죄가 안 됨, 공소권 없음이 포함됨

출처: 법무연수원(2022), p. 580.

〈표 9-4〉에서 법원의 소년보호 사건의 다수는 보호처분으로 결정된다. 법원의 처분 현황을 볼 때, 보호처분이 60% 이상으로 가장 많고, 심리불개시도 20% 수준이다. 나머지 불처분과 기타를 합하면 10%를 웃도는 수준이다(법무연수원, 2023: 590). 2021년 법원의 소년보호 사건 전체 인원 35,064명 중에서 보호처분이 결정된 소년은 22,144명(63.2%)이다(국회 법제사법위원회, 2023: 70).

표 9-4 소년보호사건의 처분 현황

(단위: 명, %)

연도 \ 구분	계	보호처분	불처분	심리불개시	기타
2012	50,771(100)	36,150(71.2)	2,278(4.5)	9,209(18.1)	3,134(6.2)
2013	45,393(100)	31,952(70.4)	2,663(5.9)	8,065(17.8)	2,713(6.0)
2014	34,600(100)	24,529(70.9)	2,543(7.3)	5,669(16.4)	1,859(5.4)
2015	35,920(100)	25,911(72.1)	2,763(7.7)	5,703(15.9)	1,543(4.3)
2016	33,142(100)	23,526(71.0)	2,650(8.0)	5,547(16.7)	1,419(4.3)
2017	34,474(100)	24,383(70.7)	2,986(8.7)	5,676(16.5)	1,429(4.1)
2018	34,246(100)	24,494(71.5)	2,805(8.2)	5,590(16.3)	1,387(4.0)
2019	34,890(100)	24,131(69.2)	2,557(7.3)	6,556(18.8)	1,646(4.7)
2020	38,293(100)	25,579(66.8)	2,886(7.5)	7,948(20.8)	1,880(4.9)
2021	35,064(100)	22,144(63.1)	2,728(8.0)	8,586(24.4)	1,606(4.5)

* 주: 대법원, 「사법연감」, 각 연도
출처: 법무연수원(2023), p. 590.

한편, 시설에 수용되는 소년보호처분(소년보호처분 7~10호)은 10%를 밑도는 수준이다. 〈표 9-5〉에서 2020년을 기준으로 소년보호처분을 받은 38,293명 가운데 보호기관인 치료감호위탁(7호)과 소년원(8, 9, 10호)에 수용된 인원은 2,773명으로 전체의 7.2%에 해당한다(범죄예방정책국, 2022: 35). 나아가 소년보호기관에 수용되는 비율은 감소하는 추세이다.

표 9-5 소년보호처분 인원과 보호기관 수용율

연도 \ 구분	소년보호 처분 송치	보호처분					7·8·9·10호 처분율
		소계	7호	8호	9호	10호	
2016	33,142	2,660	105	1,015	770	770	8.0%
2017	34,474	3,025	198	1,099	972	756	8.8%
2018	43,276	3,054	230	1,203	842	779	8.9%
2019	34,890	2,931	269	1,061	821	780	8.4%
2020	38,293	2,773	189	1,011	750	823	7.2%

* 주: 법원행정처, 「사법연감」, 2017~2021년
출처: 범죄예방정책국(2022), p. 35.

(2) 소년교도소 수용 청소년

소년교도소는 형사재판을 거쳐 형이 확정된 19세 미만의 소년수형자를 성인수형자와 분리 처우하기 위하여 설치된 기관으로, 현재 김천소년교도소가 유일하게 운영되고 있다. 징역 또는 금고형의 선고를 받은 소년에 대하여는 소년교도소에 수용함을 원칙으로 하고 일반교도소에 수용하는 경우에도 특히 성인수형자와 구분하여 분리된 장소에서 수용한다. 일반교도소 내의 특히 분계된 장소에서 형을 집행하는 경우는 잔여 형기가 6월 미만인 경우, 여죄가 있는 경우, 환자의 경우 등 특별한 사정이 있다고 인정한 때에 6개월을 초과하지 않는 기간에 한한다. 이와 같이 소년수형자에 대한 형의 집행과 처우는 「형의 집행 및 수용자의 처우에 관한 법률」에 의한다.

〈표 9-6〉은 소년수형자의 현황이다. 소년수형자의 인원은 2021년 기준 142명이고, 범죄유형은 기타를 제외하고 많은 순서대로 강간 등, 절도, 강도 등, 폭력 · 상해, 사기 · 횡령 등의 순이다(법무부 교정본부, 2022: 74-75). 강간이 많은 비중을 차지하는 이유는 소년범죄자의 가장 많은 수가 이와 같은 죄를 저질렀다기보다는 중한 죄일수록 소년보호 사건에서 제외되고 형사법원에서 실형을 선고받아 소년교도소에 수감되기 때문이다.

표 9-6 소년수형자 죄명별 현황

연도 \ 구분	계	절도	사기 · 횡령	폭력 · 상해	강간 등	강도 등	살인	과실범	기타
2016	150 (100%)	23 (15.3%)	2 (1.3%)	27 (18.0%)	35 (23.3%)	19 (12.7%)	5 (3.3%)	2 (1.3%)	37 (24.7%)
2017	130 (100%)	27 (20.8%)	9 (6.9%)	5 (3.8%)	44 (33.8%)	11 (8.5%)	5 (3.8%)	0 (0.0%)	29 (22.3%)
2018	105 (100%)	17 (16.2%)	12 (11.4%)	3 (2.9%)	24 (22.9%)	5 (4.8%)	4 (3.8%)	1 (1.0%)	39 (37.1%)
2019	116 (100%)	10 (8.6%)	9 (7.8%)	11 (9.5%)	26 (22.4%)	14 (12.1%)	3 (2.6%)	4 (3.4%)	39 (33.6%)
2020	115 (100%)	21 (18.3%)	8 (7.0%)	13 (11.3%)	21 (18.3%)	13 (11.3%)	1 (0.9%)	1 (0.9%)	37 (32.2%)
2021	142 (100%)	26 (18.3%)	6 (4.2%)	7 (4.9%)	31 (21.9%)	11 (7.8%)	1 (0.7%)	2 (1.4%)	58 (40.8%)

출처: 법무부 교정본부(2022), pp. 74-75.

(3) 비행예방 대상 청소년

비행예방 대상 청소년은 비행의 초기 단계에 있는 청소년이다. 법무부는 학교폭력 가해자 등 위기 청소년과 기소유예자 등 비행 초기 단계의 청소년을 대상으로 비행진단 및 비행예방교육을 실시하기 위해 비행예방교육 전문기관인 '청소년비행예방센터'를 운영하고 있다. 비행예방센터 운영의 근거는 「소년법」과 「보호소년 등의 처우에 관한 법률」이다.

지역사회에서 비행예방 서비스를 제공하는 청소년비행예방센터는 지역별로 '꿈키움센터' 혹은 '솔로몬로파크'라는 명칭으로 운영된다. 2023년을 기준으로 범죄예방정책국 산하에 전국적으로 21개 기관이 운영되고 있다(범죄예방정책국, 2023, 인터넷 자료).[2)]

보호자 · 학교 또는 복리시설의 장은 범죄소년 · 촉법소년 · 우범소년을 발견했을 때 법원 소년부에 통고하도록 되어 있으며, 이러한 소년 중 경미한 비행으로 장래에 비행이 우려되는 소년에 대해서는 이를 예방하기 위해 국가는 보호자의 관점에서 적극적으로 개입한다. 대상자는 학교 · 검찰 · 법원 등에서 대안 위탁교육으로 의뢰한 위기 청소년, 소년부 판사가 상담조사를 의뢰한 비행청소년(상담조사), 학교폭력 가해학생 등이 이에 해당한다.

비행예방교육에 참여한 청소년은 2021년을 기준으로 총 17만 명가량이다. 법교육이 절대 다수를 차지하며 이어서 법체험, 대안교육, 보호자교육의 순으로 많다.[3)] 최근 7년간의 비행예방교육 실시 추이를 살펴보면 2014년 186,778건이 실시된 후 매년 증가하여 2017년 389,580건으로 최고치를 기록했으나, 2020년 코로나 이후 집합교육의 어려움으로 몇 년간 감소했다가 다시 회복하고 있으며, 2021년 한 해 동안 실시한 비행예방교육 인원은 169,511명이다(범죄예방정책국, 2022: 40-41). 비행예방교육 대상자 현황은 〈표 9-7〉과 같다.

2) 청소년비행예방센터(청소년 꿈키움센터)는 2007년 7월 부산 · 창원 · 광주 등 6개 기관을 시작으로 2023년 4월을 기준으로 21개로서 부산, 창원, 순천, 천안, 안산, 인천, 부산 동부, 대구, 전주, 청주. 서울 남부, 수원, 울산, 광주, 대전, 춘천, 서울 북부, 의정부 청소년 꿈키움센터, 그리고 부산, 대전, 광주 솔로몬로파크가 설치운영되고 있다(범죄예방정책국, 2023, 인터넷 자료).

표 9-7 청소년비행예방센터 비행예방교육 현황

연도＼구분	계	대안교육	법교육	법체험	회복캠프	직무연수	보호자교육
2017	389,580	13,578	328,584	28,568	10,521	1,352	6,977
	100%	3.5%	84.3%	7.3%	2.7%	0.3%	1.8%
2018	299,338	13,801	241,657	29,065	6,323	1,446	7,046
	100%	4.6%	80.7%	9.7%	2.1%	0.5%	2.4%
2019	321,029	13,002	265,011	28,028	5,695	1,973	7,320
	100%	4.1%	82.6%	8.7%	1.8%	0.6%	2.3%
2020	115,270	5,491	94,750	10,724	407	557	3,341
	100%	4.8%	82.2%	9.3%	0.4%	0.5%	2.9%
2021	169,511	5,809	145,620	13,047	490	474	4,071
	100%	3.4%	85.9%	7.7%	0.3%	0.3%	2.4%

출처: 범죄예방정책국(2022), p. 41.

3. 관련 제도 및 프로그램

학습개요

이 절에서는 소년사법제도와 관련된 프로그램들을 소년들을 관리하는 기관의 유형을 기준으로 다룬다. 대표적인 소년사법제도인 소년보호관찰을 포함하여 소년원, 소년분류심사원, 청소년비행예방센터, 사회 서비스 법률들과 연계된 지역사회 위탁시설, 청소년 자립지원기관, 소년교도소의 특성과 각각의 제도별로 운영하고 있는 세부 프로그램들의 내용을 검토한다. 아울러 세부 프로그램별로 사회복지실천이 요구되는 내용 및 사회복지사의 역할도 함께 다룬다.

1) 소년보호관찰

소년보호관찰제도는 소년에 대한 사회 내 처우제도의 중요한 위치를 점하고 있다. 비행 또는 죄를 저지른 소년에 대해 시설(교도소, 소년원 등)에 구금하는 대신 가정과 학교 등 지역사회에서 생활하면서 보호관찰관의 지도 · 감독과 사회봉사명령이나 수강명령을 수행함으로써 범죄성을 개선하는 제도이다. 소년보호관찰제도는 시설구금과 같은 공식적인 형사사법 절차와 과정에서 비공식적인 절차와 과정으로 우회시키는 방법인 전환(diversion)제도이다. 전환의 또 다른 의미는 비행청소년이 이전과는 달리 범죄와는 무관한 새로운 삶으로의 변화도 포함된다.

보호관찰 대상 소년은 보호처분을 받은 소년과 소년원 임시퇴원자 그리고 조건부 기소유예처분자이다. 첫 번째 유형인 보호처분 대상자는 소년보호처분 2호(수강명령, 100시간 이내, 12세 이상 소년에게 부과), 3호(사회봉사명령, 200시간 이내, 14세 이상 소년에게 부과), 4호(단기보호관찰, 1년), 5호(장기보호관찰, 2년)이다.

두 번째 유형인 소년원 임시퇴원자는 6개월에서 2년의 기간 동안 보호관찰 대상자가 된다. 한편, 조건부 기소유예처분자는 1급은 1년, 2급은 6개월의 기간 동안 소년보호관찰 대상자가 된다.

한편, 조건부 기소유예처분은 검사에 의한 처분으로서 범죄소년에 대하여 법사랑 자원봉사위원(이하 '법사랑위원'으로 약칭)의 선도보호를 받을 것을 조건으로 기소를 유예하는 일종의 전환제도이다. 소년은 미완성 인격자로서 감수성이 예민하여 사회악에 쉽게 감염되는 한편, 개선가능성도 크기 때문에 범행 내용이 다소 무겁더라도 개선가능성이 엿보이는 소년에 대하여는 교도소나 소년원에 수용하는 것보다 사회에서 덕망과 학식을 갖춘 법사랑위원의 선도보호에 맡기는 것이 더욱 효과적이라는 판단에서 1978년 4월 1일 광주지방검찰청에서 처음으로 선도조건부 기소유예제도가 실시되었으며, 이후 1981년 1월 1일부터는 전국 검찰청에서 실시되었다. 이 제도는 2007년 12월 21일 「소년법」 개정으로 법제화되었으며, 조건부 기소유예로 명칭이 변경되었고, 법사랑위원의 선도 이외에 소년의 선도·교육과 관련된 단체·시설에서의 상담·교육·활동 등도 포함된다(법무연수원, 2022: 583).

소년보호관찰의 구체적인 내용은 지도감독, 원호, 판결 전 조사, 결정 전 조사와 환경조사이다. 각각의 사업별로 사회복지사의 개입이 요구되는 내용도 함께 다룬다.

(1) 지도감독

지도감독은 대면 및 비대면으로 이루어지며, 보호관찰 대상자 본인과 가족, 기타 관계인을 대상으로 한다. 지도감독은 보호관찰관의 고유 업무이다.

(2) 원호

원호(care)는 경제구호, 숙소알선, 취업알선, 직업훈련, 복학주선, 검정고시 지원, 문신 제거, 치료지원, 기타(국민기초생활수급권 지정, 주거환경개선, 응급구호, 기타원호) 등인데, 경제구호(84.5%)가 다수를 차지하고, 검정고시 지원(8.3%), 기타(2.3%), 치료지원(1.9%), 직업훈련(1.7%), 문신 제거(0.5%), 복학주선(0.3%), 숙소알선(0.2%), 취업알선(0.1%)의 순으로 많다(범죄예방정책국, 2022: 120-121). 원호활동은 소년보호관찰 대상자의 개별적인 욕구에 부응해야 하며, 또한 지역사회의 인적·물적 자원의 동원과의 연계가 서비스 제공에서 중요한 부분을 차지한다.

보호관찰소에 소속된 사회복지사, 지역사회 유관기관 혹은 비행청소년의 사례관리자였던 사회복지사는 원호활동에서 네트워킹 전문가, 중개자, 사례관리자 등의 역할을 수행한다.

(3) 판결 전 조사

판결 전 조사는 법원이 피고인에게 보호관찰, 사회봉사 또는 수강을 명하기 위해 그 법원의 소재지(所在地) 또는 피고인의 주거지를 관할하는 보호관찰소의 장에게 범행 동기, 직업, 생활환경, 교우관계, 가족상황, 피해 회복 여부 등 피고인에 관한 조사를 실시하는 것이다. 판결 전 조사에서 소년이 차지하는 비중은 20% 정도이다(범죄예방정책국, 2022: 163). 한편, 결정 전 조사는 소년사건에 대해 소년부 판사가 조사 또는 심리를 할 때에 정신건강의학

과 의사 · 심리학자 · 사회사업가 · 교육자나 그 밖의 전문가의 진단, 소년 분류심사원의 분류심사 결과와 의견, 보호관찰소의 조사 결과와 의견 등을 고려하기 위한 조사이다. 결정 전 조사에서 소년보호 사건이 차지하는 비중은 40% 정도이다(범죄예방정책국, 2022: 166).

소년에 대한 판결 전 조사와 결정 전 조사를 통해 소년이 비행에 이르게 되는 과정에 관한 내용이 법원에 전달되도록 할 수 있다. 그러나 이에 관한 대응력이 부족한 소년에 대해 보호관찰소에 소속된 사회복지사, 지역사회 유관기관 및 자원봉사자로 참여하는 사회복지사의 역할이 요구되는 분야이다.

(4) 환경조사

환경조사는 소년에 대한 엄벌주의보다는 소년보호주의 이념이 반영된 제도이다. 보호관찰에서 환경조사를 위해 접수된 사건의 99% 정도가 소년이다(범죄예방정책국, 2022: 180). 환경조사는 소년수용자(교도소에 수용된 소년수형자와 소년원 수용자)에 대한 환경조사에 관한 법률조항에 근거를 두고 있다(「보호관찰 등에 관한 법률」, 제26조). 수용기관의 장은 소년수형자 및 「소년법」에 따른 소년원수용자(「소년법」 8~10호 처분자)에 대해서는 수용 후 지체 없이 거주 예정지를 관할하는 보호관찰소의 장에게 신상조사서를 보내 환경조사를 의뢰하여야 하고, 환경조사를 의뢰받은 보호관찰소의 장은 소년수용자의 범죄 또는 비행의 동기, 수용 전의 직업, 생활환경, 교우관계, 가족상황, 피해 회복 여부, 생계대책 등을 조사하여 수용기관의 장에게 알려야 한다.

환경조사와 환경 개선 활동이 사회복지실천에 함의하는 바는 크다. 보호관찰소에 종사하는 사회복지사 그리고 이와 협력하는 지역사회복지기관의 사회복지사는 사례관리자로서 자신의 처지에 대한 표현력이 부족한 소년수용자의 이익을 대변하는 옹호자의 역할을 수행한다. 나아가 소년이 비행을 반복하지 않는 변화된 삶을 살 수 있도록 환경 개선을 위한 지원활동에서 자원 중개자의 역할도 수행한다.

(5) 사회봉사명령

사회봉사명령은 유죄가 인정되거나 보호처분 등의 필요성이 인정된 비행청소년에 대해 소년원에 수용하는 대신 사회 내에서 정상적인 생활을 하면서 일정 시간 무보수로 봉사활동을 하도록 명령하는 제도이다. 사회봉사명령을 집행하는 주무기관인 보호관찰소는 지역사회복지기관과 협력하고 있으며, 특히 소외계층 주거환경 개선 사업 등 복지지원, 영세농가 일손 돕기 등 농촌지원, 태풍 · 폭우 · 폭설로 인한 재난 복구 등과 같은 공공 영역에서 대민지원을 위한 사회봉사명령은 지역사회복지기관에 위탁하여 운영되기도 한다(범죄예방정책국, 2022: 215). 사회봉사에 참여한 소년들은 의미 있는 활동에 참여한 것에 대한 보람과 만족감, 범죄행위에 대한 자기책임감, 범죄피해에 대한 배상과 속죄감도 가질 수 있으며, 근로정신도 함양할 수 있다. 소년보호관찰 대상자의 사회봉사는 자아존중감을 회복하고, 건전한 생활 습성을 형성하는 긍정적 효과도 산출할 수 있다.

사회봉사명령은 사회복지와 밀접히 관련되며 사회복지의 고유 영역이기도 하다. 사회봉사 집행 영역의 다수가 보호관찰소의 단독 집행이 아니라 절반 이상이 지역사회복지기관과 협력하여 집행되는 만큼(법무연수원, 2022: 436), 지역사회복지기관과 사회복지사의 역할이 중요하게 요구된다. 아울러 지역사회복지기관에 사회봉사명령 집행을 위해 의뢰된 소년에 대해 사회복지사는 사례관리 차원에서 재범 예방과 소년의 성장을 위한 상담 및 지원활동을 전개하는 것도 가능하다.

(6) 수강명령 · 이수명령

수강명령은 유죄가 인정되거나 보호처분의 필요성이 있는 사람을 교화 개선하고자 일정 시간 동안 범죄성 개선을 위한 교육 또는 치료활동에 참여하도록 명하는 제도이다. 수강명령은 보호관찰제도의 활성화와 함께 비행성 교정과 심성순화를 위한 교육을 목적으로 1989년 처음 도입되었다. 이후 1995년 12월 「형법」의 개정과 연이은 특별법들의 제 · 개정으로 대상이 지속적으로 추가 · 확대되어, 현재 교육과 치료가 필요한 범죄인에게 적용하고 있다.

이수명령은 범죄인의 재범 예방에 교육과 치료가 중요하다는 인식에 따라 2010년에 도입되었다. 「아동 · 청소년의 성보호에 관한 법률」에서 처음 시행된 이후 「성폭력범죄의 처벌 등에 관한 특례법」, 「아동학대범죄의 처벌 등에 관한 특례법」, 「산업안전보건법」, 「마약류 관리에 관한 법률」, 「가정폭력방지 및 피해자보호 등에 관한 법률」, 「스토킹범죄의 처벌 등에 관한 법률」 등으로 법제화됨으로써 이수명령 대상자가 확대되었다.

수강명령과 이수명령 외에도 「소년법」에 따른 보호자 특별교육을 비롯하여 다양한 조건부 기소유예교육이 실시되고 있다. 조건부 기소유예교육의 유형에는 성구매자 재범방지교육, 가정폭력 재범방지교육, 성폭력 재범방지교육, 음란물 소지자 재범방지교육, 아동학대 재범방지교육, 인터넷 댓글 재범방지교육, 정신건강상담 등이 있다(범죄예방정책국, 2022: 250).

소년에 대한 사회봉사 · 수강명령제도는 사회복지사 및 사회복지기관과의 협력가능성이 크다. 지역사회의 복지전문기관은 보호관찰소의 협력기관으로서 기관의 전문성을 살려서

사회봉사 및 수강명령에 참여할 수 있다. 참여하는 과정에서 클라이언트에 대한 상담자, 필요한 자원을 동원하고 연계하는 중개자, 클라이언트의 변화를 위해 필요한 교육을 제공하는 교육자의 역할을 수행할 수 있다.

2) 소년원

(1) 소년원 운영 특성

법원 소년부에서 소년원 송치 또는 위탁처분을 받은 10세 이상 19세 미만의 소년을 소년원에 수용, 규율 있는 생활 속에서 교과교육, 직업능력개발훈련, 의료 · 재활교육, 인성교육 등을 통하여 전인적인 성장 · 발달을 도모하고 안정적인 사회복귀를 지원하는 소년보호기관이다. 위법행위를 한 소년에 대해 처벌보다는 교육적 기능을 중시하여 상담 및 생활지도와 함께 인성교육, 교과교육, 직업능력 개발훈련, 의료 · 재활교육 등을 실시한다. 이는「소년법」의 소년보호주의 이념을 구현하고자 하는 제도로서, 국가가 소년들의 보호자가 되어 건강한 품성과 행동을 가진 건전한 청소년으로서 성장할 수 있도록 하는 교육적 기능을 중시하여 대안위탁교육의 형태로 운영된다.

우리나라의 소년원제도는 1942년 경성소년원(현 서울소년원)의 개원을 시작으로 2023년을 기준으로 전국에 10개가 설치되어 있으며, 그중 여자소년원은 2개(안양소년원: 정심여자중고등학교, 청주소년원: 미평여자학교)가 설치되어 있다(범죄예방정책국, 2022: 287).[4)]

(2) 교육과정

교육기관 체제로 운영되는 소년원 교육과정은 [그림 9-3]과 같다(법무연수원, 2022: 617). 교육과정은 수용부터 출소 후까지 전 과정을 포함하고 있으며, 신입자교육, 기본교육과정(교과교육, 의료 · 재활교육, 직업능력 개발훈련, 인성교육, 특별활동 과정), 사회복귀교육, 사후지도 및 사회정착지도로 구성된다(법무연수원, 2022: 626).

첫 단계는 소년원 수용과 신입자교육이다. 소년원 교육과정의 시작은 신입자교육이며 모든 신입수용자는 신입자교육을 거친다.

---

4) 2023년 기준으로 소년원은 서울소년원(고봉중고등학교), 대구소년원(읍내정보통신학교), 전주소년원(송천중고등학교), 청주소년원(미평여자학교), 춘천소년원(신촌정보통신학교), 부산소년원(오륜정보산업학교), 광주소년원(고룡정보산업학교), 대전소년원(대신학교), 안양소년원(정신여자중고등학교), 제주소년원(한길정보통신학교) 등 총 10개이다.

[그림 9-3] 소년원 처우 절차

출처: 법무연수원(2022), p. 617.

두 번째 단계는 기본교육과정이다. 기본교육과정은 소년원생의 개별 욕구에 부합하여 교과교육, 의료 · 재활교육, 직업능력 개발훈련, 인성교육, 특별활동 과정으로 편성되어 있다.

① '교과교육'은 초 · 중 · 고교 졸업장 취득, 검정고시 합격, 상급학교 진학, 편입학 등을 위한 초 · 중등 교과교육과정으로서 서울소년원 등 교과교육 전문 소년원에서 실시한다.

② '인성교육'은 전체 소년원생 대상의 교육으로, 비행 유형별 전문교육, 예체능교육, 체험활동 등으로 구성되며, 춘천소년원 등 인성교육 전문 소년원에서 실시한다. 인성교육 중 특수 단기 인성교육은 8호 처분 보호소년에게 실시하는 교육으로, 학교폭력 · 강절도 예방 등의 전문교육, 체험활동, 교양교육, 집단상담 프로그램 등으로 구성되며, 전주소년원, 청주소년원 등 8호 처분 전문 소년원에서 실시한다.

③ '직업능력 개발훈련'은 「국민 평생 직업능력 개발법」에 의한 총 16개 직종에 대한 직업훈련과정으로서 자격취득, 직업훈련, 기능대회 출전 등을 지원하며, 직업능력 개발훈련 전문소년원에서 실시한다.

④ '의료 · 재활교육'은 7호 처분 보호소년에 대해 실시하는 집중치료와 특수교육 등으로 구성되며, 의료재활소년원에서 운영한다(범죄예방정책국, 2022: 308).

⑤ '특별활동'은 자치활동, 행사활동, 계발활동, 적응활동 등의 다양한 프로그램으로 진행되고 있다. 이 중 사회적응활동의 일환으로 진행되는 가족관계 회복지원은 가족관계 회복을 위한 가정관 운영 등을 통해 사회정착을 지원하는 프로그램이다. 세부 활동은 먼저, 보호자를 대상으로 실시하는 보호자 좌담회, 소년원 내 가정관에서 가족과 보호소년이 같이 생활하면서 가족관계를 회복하는 프로그램, 가족합숙제로 가정관에서 1박 2일을 가족과 보호소년이 같이 생활하면서 가족관계를 회복하는 프로그램, 1일 생활제로 가정관에서 가족과 보호소년이 1일 프로그램을 하면서 가족관계를 회복하는 프로그램 그리고 가정관 면회제로서 기존 면회의 경우 시간적 제약이 많아 기존 면회보다 심층적으로 가족관계를 회복할 수 있도록 가정관에서 실시하는 면회가 있다(범죄예방정책국, 2022: 318).

세 번째 단계는 퇴원을 앞둔 원생에 대한 사회복귀 준비과정교육이다. 퇴원 및 임시퇴원 심사를 진행하고 사회복귀교육을 실시한다. 사회복귀교육에는 진로지도, 사회적응지도, 취업알선 등이 포함된다. 사회복귀교육에는 사회정착지원을 위해 개방 처우를 실시하기도 한다. 개방 처우의 주된 유형은 통학, 통근, 가정학습, 외부체험학습, 사회봉사이며, 2019년을 기준으로 소년원생 2,414명이 참여했다(범죄예방정책국, 2022: 316).[5)]

5) 소년원생의 사회정착 지원을 위한 개방처우는 매년 2,500여 명 정도가 참여했는데, 2020년 코로나19 이후 감소했으나 점차 회복 중이다. 코로나19 이전인 2019년을 기준으로 전체 2,414명 중 외부체험학습(55.3%)이 가장 많고, 이어서 사회봉사(41.9%), 가정학습(2.7%)의 순이다(범죄예방정책국, 2022: 316).

네 번째 단계는 퇴원 후 단계로서 사후정착 및 사회정착 지도단계이다. 소년원 퇴원 후에는 사회지도가 이루어지고, 임시 퇴원한 원생에 대해서는 보호관찰소와 협력하여 사회정착 지도를 수행한다.

소년원제도가 사회복지실천에 함의하는 바는 다음과 같다. 소년원 교육과정의 모든 단계에서 제공되는 프로그램들은 소년에 대한 교육적 · 복지적 목적에서 마련된 복지적 속성의 프로그램이다. 소년원생을 대상으로 한 사회복지 실천과 사회복지사의 역할은 다음과 같이 예를 들 수 있다.

먼저, 소년원에 종사하는 사회복지사, 프로그램들을 지원하는 지역사회 협력기관에 소속된 사회복지사, 혹은 자원봉사인력으로 참여하는 사회복지사(소년보호위원 등)는 사회복지의 가치와 실천방법을 소년원생들의 복지적 욕구 충족과 사회적응력 향상 및 변화된 삶을 위한 실천에 적용할 수 있다. 예를 들어, 직업능력 개발훈련과 취업지원활동에 지역사회 자원을 연계하는 일, 취업 후견인을 지정하여 취업을 지원하는 일 등은 네트워킹 전문가로서의 사회복지사의 전문성을 활용할 수 있다.

아울러 소년에 대한 인성교육에서는 집단상담의 집단지도자로 사회복지사는 소년원 종사자 신분이나 자원봉사자 혹은 소년보호위원의 신분으로 참여할 수 있다. 혹은 일대일 멘토링 프로그램에서는 소년보호위원, 자원봉사자의 신분으로 보호소년과 결연하여 취업, 상담 등에 대해 멘토의 역할을 담당할 수 있다.

또한 사회봉사활동은 지역사회복지기관과 협력하여 진행되는 만큼 사회복지사의 지원이 필요하다. 특별활동에서 소년들의 다양한 욕구를 반영하기 위해서는 지역사회자원과의 연계가 필요한 만큼 지역사회자원을 동원하고 연계할 수 있는 사회복지사의 역할이 요구된다. 아울러 퇴원 및 임시퇴원한 소년들에 대한 사후지도 및 사회정착지도는 지역사회에서 진행되어야 하는 만큼 지역사회복지관과 사회복지사들이 중심적인 역할을 수행할 수 있다.

3) 소년분류심사원

(1) 분류심사원의 임무 및 분류심사의 목적과 내용

분류심사원은 전국적으로 1곳(서울 소년분류심사원)이 운영 중이며 6곳은 대행소년원(부산소년원, 대구소년원, 광주소년원, 대전소년원, 춘천소년원, 제주소년원)에서 분류심사 업무를 수행한다(법무연수원, 2022: 606).

「소년법」에 근거를 두고 있는 소년분류심사원의 임무는 법원 소년부로부터 위탁된 소년의 수용과 분류심사(「소년법」 제18조제1항 제3호), 「보호관찰 등에 관한 법률」에 따라 유치된 소년의 수용과 분류심사(제42조제1항), 그 밖에 소년원장이나 보호관찰소장이 의뢰한 소년에 대한 분류심사를 담당한다. 법원 소년부로부터 위탁된 소년에 대해서는 소년분류심사원 또는 소년원(위탁 대행)에 수용·보호하면서 소년의 비행성을 진단한 분류심사 결과를 법원 심리자료로 제공하고 인성교육에 활용하도록 하고 있다.

분류심사의 목적은 소년의 신체, 성격, 소질, 환경, 학력 및 경력 등에 대한 조사를 통하여 비행 또는 범죄의 원인을 규명하여 심사 대상인 소년의 처우에 관하여 최선의 지침을 제시하도록 하고 있다(「보호소년 등의 처우에 관한 법률」 제24조). 또한 분류심사를 할 때에는 심리학, 교육학, 사회학, 사회복지학, 범죄학, 의학 등의 전문적인 지식과 기술에 근거하여 보호소년 등의 신체적·심리적·환경적 측면 등을 조사·판정하여야 한다고 규정하고 있다(법무연수원, 2022: 606).

분류심사는 신상조사 및 환경조사, 심리검사, 행동관찰, 신체검사, 정신의학진단, 상담, 보호자상담으로 구성하며 이를 종합하여 분류심사서를 작성한다. 분류심사서는 소년에 대한 분류심사 기초자료 및 심리검사 결과, 면담 등을 종합하고 처우지침서 및 보호처분의견서도 포함하여 법원 소년부에 통보한다(법무연수원, 2022: 608).

(2) 분류심사를 통한 비행 원인 진단

비행 원인 진단의 기능을 강화하고자 상담조사와 분류심사관 심리참여제도가 실시되고 있다. '상담조사'는 불구속 송치자 중 보호자 등에게 위탁되어 있는 소년을 대상으로 법원 소년부 판사가 전문가의 진단이 필요하다고 인정되는 경우 대상 소년을 주간에만 3~5일 출석하게 하여 상담과 조사를 받도록 하는 제도이며, 시행 초기에는 소년분류심사원에서 담당했으나 현재는 전국 청소년비행예방센터 및 제주소년원에서 실시하고 있다. 2003년부터 도입된 제도로서 보호처분 대상자 중 시설에 위탁되지 않는 소년에 대하여 법원 소년부 판사가 의뢰하면 비행소년이 소년보호기관(소년원, 청소년비행예방센터)에 출석하여 각종 검사와 상담, 교육을 받도록 하는 제도로서 소년의 자질, 성장환경, 재비행 가능성 등을 상담·조사한 후 의견서(상담조사서)를 작성하여 법원 심리자료로 제출한다(법무연수원, 2022: 607).

한편, '분류심사관 심리참여제도'는 소년사건 심리 중에 소년부 판사가 분류심사 결과통지서에 의문이 있거나 그 보고서만으로는 소년이 처한 상황을 정확하게 파악할 수 없는 경우에 소년의 성행과 비행환경 등을 정확히 알고 있는 담당 분류심사관을 법정에 참여시켜 직접 의견을 듣는 제도로서, 이는 대법원에서 추진하고 있는 '국민의 사법참여 방안'과 맥을 같이하고 있다. 이는「소년법」의 이념인 소년보호주의를 반영한 제도로서 소년분류심사원이 소년에 대한 후견자적 역할을 수행한다는 의미가 있다(법무연수원, 2022: 610).

소년분류심사제도가 사회복지실천에 함의하는 바로 다음의 점들을 주목할 필요가 있다. 신상조사 및 환경조사, 보호자 상담, 분류심사관 심리참여제도에서 사회복지사는 옹호자로서 참여한다. 사회복지사가 소년에 대한 사례관리자라면 소년의 성행과 비행환경 등을 정확히 알고 있는 담당 분류심사관을 법정에 참여시켜 직접 의견을 듣는 분류심사관 심리참여제도에 직간접적으로 도움을 줄 수 있다. 신상조사 및 환경조사 과정에 개입하여 비행청소년의 상황을 대변할 수 있다.

4) 청소년비행예방센터

청소년비행예방센터는「소년법」과「보호소년 등의 처우에 관한 법률」에 근거하여 비행예방을 위한 프로그램을 제공하고 있다. 비행예방교육은「보호소년 등의 처우에 관한 법률」제42조의2제1항 등에 따라 의뢰된 대상자, 청소년 관련 단체, 사회복지시설 등에서 의뢰한 대상자 등에게 실시하는 비행예방 및 재범방지 또는 사회적응을 위한 체험과 인성 위주의 교육이다. 비행예방교육의 구체적인 내용은 대안교육, 법교육, 법체험, 회복캠프, 직무연수, 보호자교육을 주된 내용으로 하며 구체적인 사항은 다음과 같다(범죄예방정책국, 2022: 40).

먼저, 대안교육은 학교 부적응 학생에 대해 법원, 검찰청, 보호관찰소, 기타(사회복지시설, 경찰서, 청소년 관련 기관 등) 등에서 의뢰한 비행 초기의 청소년 등을 대상으로 문제 유형별 전문교육 및 체험 위주의 인성교육을 실시하는 프로그램이다. 또한 청소년비행예방센터의 주된 프로그램이기도 하다.「학교폭력예방 및 대책에 관한 법률」제17조,「소년법」제49조의3 제2호,「소년법」제32조의2제1항 등에 따라 학교·검찰·법원 등에서 의뢰한 비행 초기의 청소년 등을 대상으로 실시하는 학교폭력예방교육 등 문제 유형별 전문교육과 체험 위주의 인성교육을 실시하게 된다.

의뢰기관은 학교, 검찰, 법원, 기타 기관 등으로 구분되는데, 학교는「학교폭력예방 및 대책에 관한 법률」과「초·중등교육법 시행령」에 따라 학교장 등이 의뢰(학교폭력 가해학생 특별교육, 선도처분 특별교육)하며, 검찰은「소년법」에 따라 검사를 의뢰(교육조건부 기소유예)하며, 법원은「소년법」에 따른 대안교육명령과「소년법」의 수강명령에 따라 소년부 판사가 의

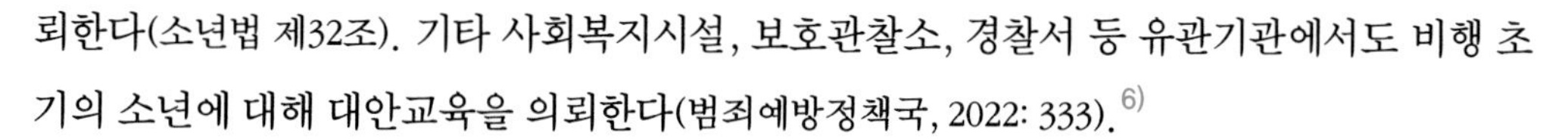

뢰한다(소년법 제32조). 기타 사회복지시설, 보호관찰소, 경찰서 등 유관기관에서도 비행 초기의 소년에 대해 대안교육을 의뢰한다(범죄예방정책국, 2022: 333).[6]

대안교육을 받은 청소년의 비행 유형은 교칙위반(지시 불이행, 흡연, 출결, 학교 교칙 위반 등), 절도, 폭력, 교통, 성비행, 중독, 사기, 재교육, 기타(지역사회 사회복지시설 혹은 보호관찰소 의뢰 등 특정 비행 유형을 특정할 수 없는 경우)의 9개로 구분된다(범죄예방정책국, 2022: 338). 청소년비행예방센터에서 제공하는 프로그램의 주된 내용은 다음과 같다.

① '법교육'은 초 · 중 · 고 학생, 아동 · 사회복지시설 청소년 등을 대상으로 모의법정 체험 프로그램, 찾아가는 학교폭력예방교육 등 법교육을 실시한다.

② '법체험'은 초 · 중 · 고 학생 및 교사, 아동 · 사회복지시설 청소년 등을 대상으로 체험위주의 다양한 법체험과 '중학교 자유학기제'와 관련한 법무공무원 직업체험 등 진로체험 프로그램을 실시한다.

③ '회복캠프'는 청소년, 보호자, 교사 자원봉사자 등이 함께 참여하는 소통과 공감의 활동을 수행한다.

④ '직무연수'는 초 · 중 · 고교 교사, 교육전문직, 청소년시설 지도자 등의 학교폭력예방 · 대처능력 향상 및 청소년 지도기법 노하우 공유 등을 위한 연수를 실시한다.

⑤ '보호자교육'은 학교, 법원, 검찰청에서 의뢰한 보호자나 자발적인 참여를 원하는 교육생의 보호자를 대상으로 자녀의 부적응 행동을 이해하고 건강한 성장을 도울 수 있는 훈육 · 양육 태도 개선 및 바람직한 부모 역할 수행을 지원한다.

⑥ '상담조사'는 비행청소년의 비행 원인 진단을 위해 소년부 판사가 의뢰하면 비행청소년이 소년보호기관(소년원, 청소년비행예방센터)에 출석하여 소년의 자질, 성장환경, 재비행 가능성 등을 상담 · 조사한 후 의견서(상담조사서)를 작성하여 법원 심리자료로 제출하도록 하는 제도로서 소년분류심사에 관한 협력사업이다(법무연수원, 2022: 607). 상담조사는 법원 등에서 의뢰되어 청소년비행예방센터에서 대안교육을 받고 있는 비행청소년을 대상으로 비행예방교육과 인성교육을 실시하고(「소년법」 제12조), 법원의 보호처분 결정에 필요한 조사 및 심리검사, 상담을 실시하여 법원에 제출한다(범죄예방정책국, 2022: 344).

6) 청소년비행예방센터의 대안교육 의뢰기관은 검찰(43.1%), 학교(27.2%), 법원(25.2%)의 순이며, 매년 실시 인원은 2017~2019년 13,000여 명 수준이었으나, 코로나19가 시작된 2020년과 2021년에는 5,000명을 웃도는 수준이다(범죄예방정책국, 2022: 334-335).

아울러 수강 · 이수명령을 받은 소년들의 일부에 대해 보호관찰소의 협력기관으로 청소년비행예방센터가 이를 집행하기도 한다(범죄예방정책국, 2022: 251).

청소년비행예방센터는 청소년복지 서비스와 관련된다. 실천 대상자는 부적응의 문제로 비행행동의 초기에 있는 청소년이다. 청소년복지 대상자이며, 특히 문제행동을 표출하고 있다는 점에서 사회복지의 우선적 개입 대상자이다. 사회복지실천은 지역사회에 위치한 청소년 관련 기관과의 연계와 협조 속에서 진행되어야 한다. 학교체계와 학교사회복지사, 청소년 관련 기관(청소년상담복지센터, 유스센터, 청소년 문화관 등)과 청소년 전문가, 소년사법제도(보호관찰소 등)와 관련 전문가 그리고 자원 제공자인 지역사회와 관계를 형성하는 네트워킹 전문가의 역할로 사회복지사는 전문성을 발휘할 수 있다.

5) 지역사회 위탁시설

보호소년에 대한 수용시설에는 치료감호시설(소년보호 7호 처분)과 소년원(소년보호 8~10호 처분) 외에 사회복지기관과 연계된 지역사회 위탁시설을 들 수 있다. 먼저, 「소년법」에 의해 보호처분 6호를 받은 비행청소년 거주시설로서 「아동복지법」(제52조 1항)에 근거하는 '아동보호치료시설'(민간위탁 시설 운영)이 있다. 아울러 「청소년복지 지원법」상의 '청소년 회복지원시설'은 「소년법」 제32조제1항제1호(소년보호 1호 처분)에 따른 감호위탁 처분을 받은 청소년에 대하여 보호자를 대신하여 그 청소년을 보호할 수 있는 자가 상담 · 주거 · 학업 · 자립 등 서비스를 제공하는 시설이다.

먼저, 아동보호치료시설은 「아동복지법」에 근거하는 민간위탁시설이다. 대상자는 소년보호 6호 처분을 받은 소년이다. 아동보호치료시설은 "불량행위를 하거나 불량행위를 할 우려가 있는 아동으로서 보호자가 없거나 친권자나 후견인이 입소를 신청한 아동 또는 가정법원, 지방법원 소년부에서 보호 위탁된 19세 미만인 사람을 입소시켜 치료와 선도를 통하여 건전한 사회인으로 육성하는 것을 목적으로 하는 시설"로 명시되어 있다.

한편, 청소년 회복지원시설은 「청소년복지 지원법」에 근거하는 시설로서 소년보호 1호 처분을 받은 청소년에 대하여 보호자를 대신하여 그 청소년을 보호할 수 있는 자가 상담 · 주거 · 학업 · 자립 등 서비스를 제공하는 시설이다.

지역사회 위탁시설은 사회복지시설이다. 따라서 사회복지실천의 1차 현장이며, 시설에

위탁된 비행청소년은 아동복지와 청소년복지 실천 대상자에 해당한다. 아동보호치료시설과 청소년회복지원시설은 「사회복지사업법」상의 사회서비스법(「아동복지법」, 「청소년복지 지원법」)에 근거한 아동 및 청소년 복지시설이다. 시설에 수용된 비행청소년의 건전한 육성을 돕고 범죄를 반복하지 않는 삶을 살도록 하는 것은 사회복지 기관과 서비스를 제공하는 사회복지사의 역할이다.

6) 청소년 자립지원기관

비행청소년에 대한 자립지원기관은 재단법인 한국소년보호협회에서 운영하는 청소년 자립생활관과 청소년 창업비전센터가 있다. 재단법인 한국소년보호협회는 법무부의 지원을 받아 민관이 협력하는 기관으로서 불우위기청소년(가출, 학교폭력, 소년원 퇴원생 등)을 대상으로 사회적응에 필요한 교육과 사회정착을 지원하는 소년보호 전문단체이다.

소년원 퇴원생들을 비롯하여 사회정착을 위해 필요한 지원을 부모와 가족으로부터 받기 어려운 청소년들은 자립생활관과 청소년 창업비전센터의 서비스를 이용할 수 있다. 2023년 현재 자립생활관은 전국 8곳(의왕, 대전, 광주, 부산, 대구, 안양, 전북, 강원)이고, 청소년 창업비전센터는 두 곳(화성, 안산)인데 화성은 남자청소년시설이고 안산은 여자청소년시설로 운영되고 있다(범죄예방정책국, 2022: 351).

청소년 자립생활관은 소외된 청소년들의 자립 및 사회정착을 지원하는 곳이며, 이를 위해 사회정착 프로그램들을 운영하고 있다. 대상은 만 12세에서 22세 이하의 청소년으로 소년보호기관에서 추천된 소년, 무의탁 청소년, 빈곤가정 청소년 등이 있다. 구체적으로 무료 숙식과 전문 심리상담, 학업연계지원(검정고시와 대학 진학을 위해 학원 및 과외 전문기관 연계), 취업활동지원(직업전문기관과 연계하여 취업기술을 지원), 현장체험지원(문화체험, 스포츠, 봉사활동 등), 재능기부자 연계지원(지역사회의 자원과 연계하여 특기 발굴, 대학 진학 및 취업 지원)과 같은 프로그램들을 청소년의 자립을 목표로 두고 지원하고 있다(한국소년보호협회, 2023, 인터넷 자료).

청소년 자립지원기관은 추구하는 목적과 프로그램의 속성상 청소년복지 영역이다. 특별히 자립지원에 특화되었으므로 사회복지실천은 청소년의 경제적 능력 함양에 비중을 두어 진행되어야 한다. 또한 비행청소년을 실천 대상자로 하는 특성상 문제행동의 수정과 재비행 방지가 프로그램 및 서비스 목적에 포함되어야 한다. 아울러 생활시설(자립생활관)은 종합적인 서비스(숙식, 건강, 심리적 · 정서적 안정, 학업활동, 문화활동 등)가 필요한 만큼 개별 청소년들을 그들의 필요에 부합하여 지원할 수 있도록 지역사회자원을 연계 및 동원하는 일에서 사회복지사의 적극적인 활동이 요구된다.

7) 소년교도소

소년교도소는 소년수형자를 성인수형자와는 분리처우하기 위해 설치된 기관이며 현재 김천소년교도소 한 곳이 국내에서 유일하게 운영되고 있다(법무연수원, 2022: 636). 소년교도소는 형사 사건으로 형이 확정된 소년에 대해 「형의 집행 및 수용자의 처우에 관한 법률」에 입각하여 운용된다.

소년원이 보호주의 이념에 입각하여 국가가 소년들의 보호자가 되어 사법적 기능보다는 교육적 기능을 중시하는 것과는 달리 소년교도소의 처우 이념은 구금을 통한 통제와 사회복귀를 준비시키는 교육적 기능이 양립한다. 비록 소년이라고 할지라도 중한 범죄를 저지른 경우 그에 상응하는 처벌을 가하는 범죄통제에 반영되어 있다. 그러나 소년의 행위에 대한 사회의 책임, 위기에 처한 소년에 대한 인도적 측면 그리고 변화가능성의 측면에서 접근할 때 소년교도소는 성공적인 사회정착을 준비하는 사회복귀 관점 보다 우세하게 적용된다. 소년수형자에 대한 처우의 목적이 궁극적으로는 비행성을 교정하여 성인범으로의 전이를 차단하고 건전한 시민으로 살아가도록 변화시키는 데 있기 때문이다.

소년범들의 나이에 따라 19세 미만 수형자들은 '순수소년'으로, 19~23세 미만 수형자는 '소년처우'로 분류된다. '순수소년'은 교육과 직업훈련을 중심적으로 받게 되며, '소년처우' 해당자에게는 교육, 직업훈련, 작업 등이 집중된다. 누진처우가 적용되어 모든 수형자는 4단계로 분류되고 각 단계별로 처우가 다르다. 현재 모든 수형자는 소년 수형자의 의지와 교도소의 심사 결과를 토대로 1년 단위로 편성이 되는 검정고시반(I, II), 악대반, 직업훈련반(자동차 정비, 바리스타 용접, 제과제빵), 사회적응반(A, B) 중 한 곳에 배치되게 된다. 15명 내외로 구성된 반을 중심으로 수용 거실이 형성되어 생활, 교육 및 훈련을 같은 반 친구들과 함께 이어나가고 있다. 이러한 반 중심의 교육·훈련 외에도 방송통신고등학교 과정, 사물놀이반, 합창반 등 다양한 교육문화활동에 참여할 기회가 제공된다(박선영, 김영식, 2014).

다음에서는 소년수형자에 대해 사회복귀 이념에 입각한 처우 프로그램인 교육, 직업훈련, 생활지도, 교화활동, 심리치료 프로그램을 검토한다(법무연수원, 2022: 639-641).

(1) 교육

검정고시반 운영은 소년수형자들의 학력 결손을 보완하기 위한 방법이다. 각급 검정고시

에 응시할 기회를 주고 있으며, 정규 고등학교과정을 이수할 기회를 주기 위하여 1982년 김천소년교도소에서 김천중앙고등학교 부설 방송통신고등학교를 설치 · 운영하고 있다(법무연수원, 2022: 639).

(2) 직업훈련

공공직업훈련은 고용노동부장관이 정하는 훈련 기준(교과 내용, 시설, 교사 등) 및 권고사항 등을 참고하여 실시하는 직업훈련으로 2020년 현재 한식조리, 자동차정비, 제과제빵, 바리스타의 4개 직종훈련을 실시하여 기능사 자격 취득이 가능하도록 운영하고 있다(법무연수원, 2022: 640).

(3) 생활지도

생활지도는 수용생활에 적응하도록 함으로써 결과적으로 출소 후 사회에 성공적으로 통합할 수 있는 품성 및 직업능력 등을 키워 주는 것을 목적으로 한다. 소년수형자의 건전한 생활 습성과 변화 의지에 대한 동기를 부여하며, 사회복귀를 대비하여 사회생활에 필요한 지식과 정보를 제공함으로써 사회복귀를 촉진시키고자 한다. 생활지도는 신입자 생활지도와 출소 1개월 전의 수형자를 대상으로 하는 수형자 취업, 창업교육, 인성교육 등이 있다(법무연수원, 2022: 641).

(4) 교화활동

교정시설 수용의 목적은 사회복귀를 지원하는 데 있다. 소년수형자에 대한 교화 프로그램들은 사회복귀 후 변화된 삶을 준비하는 사회복귀 관점을 실현시키는 데 적합한 활동이다. 소년수형자의 정서순화 및 바른 품성으로의 변화를 위해 다양한 개별, 집단 교화활동을 제공하고 있는데, 종교지도, 상담, 사회참관, 불우이웃돕기, 체육대회, 음악회, 한자교육, 외국어교육 등이 있다(법무연수원, 2022: 641).

(5) 심리치료

심리치료는 전문적인 심리분석에 입각한 치료를 통해 소년의 성공적인 사회복귀를 돕는 데 목적을 두고 있다. 소년수형자들의 심리적 문제에 대한 치료를 통해 심리적 · 정서적 안정을 찾고, 학업 · 직업에 대한 적응력을 향상시켜 비행 재발을 방지하는 데 목적을 두고 있다. 아울러 인터넷(게임)에 노출 빈도가 높았던 소년수형자들을 대상으로 심리치료 프로그램을 운영하고 있다.

소년교도소제도가 사회복지실천에 함의하는 바는 다음과 같다. 먼저, 소년수형자를 실천 대상자로 하는 사회복지사라면, 교육적·복지적 목적으로 제공되는 소년교도소 프로그램에 사회복지사의 전문성을 발휘할 수 있다. 사회복지가 추구하는 목적에 부합되기 때문이다. 예를 들어, 출소준비 및 사회로 복귀한 소년수형자들을 대상으로 한 실천에서 사회복지사는 사회복귀 관점에 입각하여 지역사회로부터의 자원과 지지를 연계하여 사회정착을 돕는다. 사회복지사는 소년교도소의 종사자, 소년교도소와 협력하는 지역사회복지기관에 소속된 사회복지사, 혹은 자원봉사 인력(교정위원 및 민간자원봉사자 등)의 신분으로 소년수형자 및 출소자의 재범 예방과 변화된 삶을 위해 지원한다.

생각해 보기: 청소년비행과 가정

▶ 청소년비행과 가정의 역할

비행청소년은 물론이고 성인범들에게도 공통적으로 발견되는 부정적인 성격 특성이 있다. 이는 성장기를 거치면서 오랜 기간 서서히 형성되었고, 성격 형성의 중심적 장은 가족이다(김준호, 1995). 청소년비행과 관련된 가정의 특성으로 부모의 양육방식과 가정의 경제적 환경은 빈번히 논의된다. 먼저, 청소년을 비행으로부터 보호하는 부모의 양육방식에 대해 트로야노비치와 모라쉬(Trojanowicz & Morash, 1992: 123-124)는 자녀의 부적절한 행동에 대한 일관성 있는 지적, 자녀의 행동에 대한 장기적인 관심과 감독, 규칙 위반에 대한 일관성 있는 제재, 의견 상충에 대해 타협으로 갈등을 예방하는 법을 학습시키는 것, 사회적 기술에 대한 전수가 가정 내에서 이루어져야 한다고 주장했다.

한편, 비행청소년의 상당수는 불안정한 가정환경 출신이다. 특히 빈곤가정과 관련된 문제로 빈곤으로 인한 스트레스와 긴장, 자녀에 대한 거절, 부모의 자녀에 대한 비효율적인 통제, 부모의 정서적 불안정, 경제적 압박감, 그리고 물리적으로 열악한 가정환경 등을 들 수 있다.

▶ 생각해 보기

- 청소년비행에서 가정의 역할은 무엇인가? 가족은 비행 예방에 관한 결정적 요인(critical factor)이라는 의견이 많다. 이에 대해 반박한다면, 그 논리는 무엇인가?
- 찬성한다면 비행의 보호요인으로서 가정의 역할을 강화할 수 있는 사회복지적 측면에서의 방안은 무엇인가?

제4부

주요 이슈와 사회복지 대응

Social Welfare in Criminal Justice System

빈곤과 범죄

1. 빈곤범죄자 이해

범죄자의 다수는 왜 빈곤한가? 이는 범죄문제에 대응하여 사회복지가 주목해야 할 중요한 이슈이다. 사회보장제도의 주된 관심은 빈곤문제이고, 사회복지실천의 우선 대상자는 빈곤층이다. 이 절에서는 빈곤범죄자에 대한 이해를 목표로 한다. 빈곤과 범죄와의 관련성을 범죄학 이론을 통해 검토하고 빈곤범죄자에 대한 사회복지실천도 함께 다룬다.

1) 빈곤자의 범죄에 대한 관점

빈곤과 범죄와의 관련성은 범죄자의 다수가 빈곤하다는 사실에서 확인된다. 빈곤으로 인한 범죄는 사회취약계층 문제와 무관하지 않다. 사회복지의 관심이 필요한 이유이다. 범죄자의 다수는 빈곤층 출신이고 불안정한 고용 상태나 경제적 어려움을 겪다가 범죄를 저지르게 된다.

우리나라 공식 통계에 의하면 범죄자의 상당수가 빈곤층이다. 2020년을 기준으로 경제적 생활 정도가 낮은 경우는 여성범죄자의 33.5%, 고령범죄자의 36.0%, 소년범죄자의 46.9%이다(법무연수원, 2022: 142, 152, 577). 또한 국가인권위원회 조사에서 수용자가정 중 국민기초생활보장 수급가구는 수용자가족 조사와 수용자 조사에서 각각 11.7%와 11.9%인 것으로 나타났다. 같은 해 우리나라 전체 수급자 가구의 비율이 4.1%인 것과 비교하면 수용자가정의 빈곤 정도는 심각하다(신연희, 2022).

빈곤자는 왜 범죄에 취약하며, 범죄인의 다수는 왜 빈곤한가? 이를 설명하는 두 가지 접근방법 중, 첫째는 빈곤이 범죄의 위기요인이라는 관점이고, 둘째는 빈곤계층에게 불리한 법 집행의 불공정성 때문이라고 보는 관점이다(Siegel, 2020: 56-57).

(1) 빈곤과 범죄와의 관련성

① 절대적 빈곤과 상대적 빈곤

빈곤한 사람들이 범죄 동기를 가질 가능성이 큰 이유는 빈곤은 원하는 욕구를 충족시키기 어렵기 때문이다. 합법적 방법으로는 생존을 위해 혹은 생활을 윤택하게 하기 위한 물건이나 기회를 가지지 못한 상황에서 이를 보상할 수 있는 대안적인 방법으로 범죄행동을 선택한다. 이러한 범죄를 도구범죄(instrumental crime)라고 한다(Siegel, 2020: 56).

절대적 빈곤과 범죄와의 관련성은 '배가 고픈 사람은 먹기 위해 훔치게 된다'는 논리이다. 절대적 빈곤이란 최저 생활을 유지하는 데 필요한 소득이 결여된 상태로서, 객관적인 빈곤선을 설정하여 이 선에 미달되는 소득 수준을 빈곤이라고 규정한다. 보통은 최저 생활의 유지를 위한 기본 수요(욕구)를 충족하지 못하는 상태를 의미한다.

상대적 빈곤과 범죄는 상대적으로 '덜 가진 사람은 남처럼 가지기 위해 남의 물건을 탐내게 된다'는 논리이다. 상대적 빈곤이란 경제적 하위계층의 소득과 상대적으로 상위계층의 소득을 비교함으로써 빈곤의 개념을 정하는 것이다. 대표적으로 지니계수로 그 사회의 소득불평등 정도를 측정한다. 우리나라에서 빈곤층에 대한 규정은 중위 소득을 기준으로 한 상대적 빈곤을 적용하고 있다.

현대 사회에서는 범죄행동에 미치는 영향력에 있어 상대적 빈곤이 절대적 빈곤보다 더 크다고 본다. 자신이 처한 상황이 불공정하고 불공평하다고 생각하는 사람 중에는 사회성원 다수를 향해 분노를 표출하는 소위 '묻지마 범죄'를 저지르기도 하고 자신의 범죄를 합리화하는 이유로 삼기도 한다. 자신의 패배가 세상의 불공평함으로 인한 것이라는 생각은 범죄행위에 대한 죄책감을 희석시킨다. 불공정하고 불공평하다고 생각되는 사회에 대한 좌절로 범죄행위를 저지르는 것을 표출범죄(expressive crime)라고 한다. 절대적 빈곤이 어느 정도 사라진 사회에서는 상대적 빈곤이 보다 부각되며, 소득불평등 및 사회양극화 문제가 심화된다면 세상에 대한 분노감과 적개심이 범죄행위로 표출될 위험성은 커지게 된다.

② 빈곤과 범죄의 순환 사이클

빈곤과 범죄의 연계 고리는 세대를 통해 세습된다. 오스카 루이스(Oscar Lewis)가 발전시킨 빈곤문화 이론에 따르면, 빈곤을 결정하는 요인은 그가 누구로부터 태어났느냐(가족 배경)부터 시작하여, 아동의 심리사회적 특성을 형성하고, 교육 수준에 영향을 미치며, 노동시장에서의 위치를 결정한다. 빈곤가정의 불안정성은 다음 세대의 양육환경이 됨으로써 부모의 생애 사이클은 자녀에게로 세습된다. 빈곤문화 이론에서 가난한 사람들은 사회의 지배문화와 질적으로 다른 하위문화에서 살기 때문에 그들의 태도, 가치, 행동 등은 다르고 이러한 행태는 사회화과정을 통하여 세대 간 세습된다고 본다.

생계부양자인 부모가 교도소에 수용되는 것은 자녀들로 하여금 불안정한 가정환경과 더욱 심화된 빈곤에 처하게 만든다. 이러한 상황이 청소년비행의 위험요인이 될 때 빈곤과 범죄가 결합하여 세대 간 이전되는 사이클이 초래된다. 빈곤문화 이론이 범죄문제에 대한 실천에 함의하는 바는 빈곤과 범죄문제가 함께 대물림되는 악순환의 고리를 단절시키기 위해 생애 단계별로 취약계층에 대한 사회복지적 개입의 필요하다는 점이다. 이는 아동복지, 청소년복지, 학교사회복지, 빈곤자에 대한 공공부조제도가 범죄문제의 예방과 무관하지 않은 이유이다.

(2) 법 집행의 불공정성

범죄자의 다수가 빈곤자인 이유는 하위계층은 상대적으로 범죄자로 규정되기 쉽기 때문이다. 형사사법 시스템에 노출된 범죄자(경찰체포자, 기소된 피고인, 교도소 수감자 등)의 다수가 빈곤자인 것은 법 집행의 불공정성과도 일부 관련된다. 하위계층에게 불리한 법 집행의 구체적 양상은 다음과 같이 지적된다(Siegel, 2020: 57).

경찰 단계에서는 직업이 없거나 가정이 불안정한 하위계층 출신은 체포되고 구속될 가능성이 크며, 검찰 단계에서도 이들에 대한 기소율은 높을 수 있다. 반면에 사회경제적으로 좋은 배경과 안정적인 생활을 하고 있는 중간계층 이상은 위법행위를 하더라도 관대한 조치에 그치기도 한다. 또한 법원의 판결 단계에서는 하위계층에 대해 재범위험성 등을 이유로 지역사회처분(집행유예나 선고유예 등) 대신 실형선고율이 높다. 결과적으로 체포율과 수감율이 하위계층에게 더 높은 것은 차별적인 법 집행 때문이지 가난한 사람들이 범죄행동을 더 많이 하기 때문은 아니라는 논의도 있다(Siegel, 2020: 57).

이와 같은 현상에 대해 낙인 이론은 법이 적용되는 속성상 상대적으로 하위계층에게 불리하다고 지적한다. 사법적 통제기관과의 접촉으로 낙인이 되는 과정을 범죄자가 되는 과정이라고 설명하는 낙인 이론은 하위계층의 비행청소년과 범죄자들은 사법기관의 엄격한 법 적용을 받게 된다고 본다.

2) 관련 이론

빈곤과 범죄와의 관련성은 다수의 이론을 통해 설명된다. 먼저, 거시적 수준의 실증연구들은 소득불평등과 범죄 발생율과의 관계를 다룬다. 소득불평등 지수인 지니계수가 높아질수록 범죄 발생도 증가하며, 소득양극화 정도와 범죄 발생률도 범죄 유형에 따라 유의한 것으로 보고한다. 미시적인 연구들도 빈곤자의 불안정한 가정, 낮은 교육 수준, 빈곤한 경제 상황, 빈곤밀집지역 거주 등과 같은 빈곤요인의 범죄에 대한 영향력을 지지한다(신연희, 2022).

(1) 합리적 선택 이론

합리적 선택 이론은 기대효용효과에 입각할 때 가난한 사람들은 범죄로 인해 더 이상 잃을 것이 없기 때문에, 즉 처벌로 인해 잃게 될 비용(재산, 명예, 사회적 지위)이 없으므로 범죄를 선택하게 된다고 설명한다.

긴장 이론에서는 문화적 목표를 달성하는 데 필요한 합법적 기회(교육, 물적 자원, 인적 자원, 기술과 능력을 키울 수 있는 자원)구조에서 배제된 취약계층은 긴장과 좌절을 겪게 되고 이에 대한 반동으로 혁신, 도피, 반항과 같은 일탈적 형태로 대응함으로써 범죄행동에 이르게 된다고 본다.

(2) 차별기회 이론

차별기회 이론은 하위계층이 합법적 기회구조에서 배제되거나 소외되어 있다고 본다. 아울러 범죄적 하위문화가 형성되어 있는 해체된 지역사회에 거주한다면 불법적인 기회구조에 노출됨으로써 범죄를 저지를 위험성이 커지게 된다고 설명한다.

(3) 비행하위문화 이론

비행하위문화 이론은 청소년이 비행에 이르게 되는 과정을 설명한다. 사회와 학교에서 청소년에게 요구되는 기대를 충족시킬 수 있는 능력도 자원도 가지지 못한 하위계층의 청소년들은 타고난 불리한 조건 때문에 중산층의 가치에 부합되는 지위를 얻기 어렵다. 이에 따른 지위 박탈은 지위 좌절(긴장)로 이어지고 이에 대응하기 위해 비행하위문화를 형성하고

불법을 부추기는 가치관을 학습함으로써 비행에 이르게 된다고 본다.

(4) 사회유대 이론

사회유대 이론은 사회에 대해 개인의 연대가 약화되었을 때 사회로부터의 통제가 약화되어 비행 및 범죄가 발생하는 것으로 설명한다. 예를 들면, 실업은 사회의 인습적 관계를 상실하게 함으로써 사회적 유대가 약화되고 이에 따라 사회적 제재로부터 자유롭게 되기 때문에 범죄행동을 할 위험성이 커진다. 또 다른 예로, 빈곤가정 청소년들은 부모와 적절한 애착관계를 형성하지 못하는 경우가 있다. 부모가 가정에서 부재하거나 빈곤으로 인한 스트레스가 많다면 부모자녀 간 유대 형성이 취약해지고, 자녀에 대한 통제의 약화로 이어짐으로써 자녀의 일탈 및 비행행동을 예방하지 못하는 결과를 초래할 수 있다.

(5) 사회해체 이론

빈곤한 지역사회의 특성을 범죄원인으로 설명한 사회해체 이론은 빈곤자 범죄에 대해 잘 설명해 준다. 사회해체 이론은 특정 지역의 높은 범죄율은 주민의 개별적 특성이 아니라 지역적 특성에 기인한다고 본다. 사회해체(socially disorganized) 지역에서는 범죄로부터 주민들을 보호하는 데 필요한 공동체의 결속력이 존재하지 않고 공식적 및 비공식적 통제가 기능하지 않는다. 이러한 지역은 주로 사회경제적으로 낮은 수준의 사람들이 거주하는 지역으로서 인구 이동이 많고, 물리적으로 파손된 환경, 열악한 주거환경, 공권력도 부재해 있다.

(6) 깨진 창 이론

깨진 창 이론에서 범죄는 지역의 무질서에 의한 결과로 본다. 무질서 속에서 주민들은 범죄에 대한 두려움을 갖게 됨으로써 사회통제를 행사할 수 있는 공동체의 능력을 약화시킨다. 그리고 이러한 과정은 순환하게 된다고 본다. 결국 무질서가 범죄의 원인이 되고 그렇게 발생한 범죄는 더 악화된 무질서의 원인이 되는 순환현상이 진행된다. 무질서가 방치되는 지역사회는 주로 빈곤한 사람들의 거주 지역이며 주민들은 가해자 혹은 피해자로서 범죄행위에 연루될 위험성이 높다.

(7) 빈곤의 집중효과 이론

빈곤의 집중효과에 관한 이론도 도심 지역의 높은 빈곤율을 이해하는 데 유용하다. 윌슨(William Julius Wilson)은 극빈층들이 가장 해체된 도시 근린에서 빠져나오지 못한 채 머물러 있도록 하는 빈곤의 집중효과가 어떻게 생성되는지를 설명한다. 중간계층은 자신의 지역이 경제적으로 쇠퇴하고 있다고 생각되는 순간 그곳을 빠져나와 더 나은 환경으로 이주하지만, 빠져나오지 못하는 사람들은 사회적으로 고립되고 소외되는 지역에 남게 된다. 이처럼 극빈층이 가장 열악한 도시 근린에 갇혀 버리는 빈곤의 집중현상이 초래한 효과 중의 하나가 범죄이다(Siegel, 2020: 233). 빈곤이 집중되는 도시지역은 빈곤, 열악한 주거, 고용기회 부재, 열악한 의료 서비스, 비공식적 사회통제 수준이 약화되어 있다. 이 지역에서 성장한 청소년들은 일탈행동을 할 가능성이 크다는 것이다.

3) 사회복지실천

빈곤이 초래하는 사회문제의 대표적 유형에 범죄문제가 포함되어 있다. 따라서 빈곤층에 대한 사회안전망으로 범죄 발생의 위험성을 사전에 예방하는 일이나 빈곤범죄자의 재범방지를 위한 서비스 역시 사회복지의 개입이 요구되는 일이다. 범죄행위에 대한 자기책임은 마땅한 일이지만, 범죄자가 처한 취약한 환경적 요인을 함께 고려하고 이를 정책에 반영해야 한다. 이를 위해서는 사법기관은 물론이고 사회복지 분야와 자원을 가진 지역사회 전문기관 간의 협력도 필요하다. 빈곤범죄자에 대한 사회복지실천은 다음의 사항을 고려해야 한다.

(1) 범죄 원인의 사회성 주목

빈곤범죄자의 문제는 사회적 조건의 영향이 크다. 범죄가 빈곤과 관련될 때 범죄의 위기에서 벗어나는 일은 개인의 노력만으로 부족하며 따라서 취약계층에 대한 사회적 개입과 사회복지실천이 필요하다. 거시적 차원에서는 사회보장제도를 통한 대응이 요구된다. 사회보험, 공공부조 등과 같은 사회보장제도는 범죄의 예방적 기능을 가진다. 또한 기회 평등을 위해 아동교육, 노동시장, 조세정책 등에서 빈곤자를 배려하는 정책이 필요하고, 기회의 평등만으로 해결하기 어려운 한계를 보완할 수 있도록 보다 적극적인 방법으로 취약계층이 처한 조건 및 과정을 개선할 수 있어야 한다(이양수, 2020: 138). 사람이면 누구나 공정하게 자기실력을 평가받고 싶어 하지만 가난한 집 출신이라면 자원이 부족하기 때문에 마음껏 실력을 발휘할 수 없다. 취약계층에 대해서는 기회만 보장하는 것이 아니라 조건의 평등을 위해 보다 강화된 사회보장제도가 필요하다(Sandel, 2020). 이는 범죄를 비롯한 사회문제의 예방을 위한 사회복지의 역할과 기능이다.

(2) 반억압적 실천

빈곤범죄자는 사회불평등과 관련된 경우가 많기 때문에 이들에 대한 사회복지실천은 반억압적 실천(anti-oppressive practice)을 제공해야 한다(Patterson, 2020: 94). 반억압적 실천은 사회적 불평등에 대한 사회복지실천으로서 역량강화 관점에 기초하며, 신자유주의에 대한 대안적 사회복지실천이다. 사회문제 발생을 개인의 책임보다는 사회구조적인 책임에 비중을 두고 바라본다.

범죄문제에서 반억압적 실천 대상자는 빈곤한 수용자, 장애인, 취약한 환경이 원인이 되어 범행에 이르게 된 범죄인, 여성에게 불리한 환경에서 범죄를 저지르게 된 여성, 사회적 보호가 필요한 비행청소년 등은 사회적 불평등으로 인한 억압적 경험과 범죄행동이 관련되어 있다. 반억압적 실천은 실천 대상자가 직면한 문제가 사회구조적 문제, 예컨대 불평등, 기회의 불균형, 차별 등과 같은 사회구조적인 문제와 결부되어 있다고 본다. 반억압적 실천에서는 실천 대상자를 사회적 약자로 접근하므로 문제 해결을 위해서는 역량강화를 위한 서비스를 제공하는 것에 비중을 둔다(Patterson, 2020: 94).

반억압적 실천으로 개입하는 사회복지사들은 범죄 원인의 사회성을 주목한다. 이러한 관점은 범죄에 대한 개인의 책임을 강조하는 통제 위주의 응보주의적 관점과는 명백히 대립된다. 따라서 사회복지사들은 통제를 강조하는 형사사법기관의 종사자들의 가치와 조화를 이루면서 사회복지의 특성과 전문성을 발휘할 수 있어야 한다.

(3) 사회결속력 강화

빈곤범죄자의 문제는 법의 집행을 통한 범죄통제 정책보다는 대안적인 방법을 모색해야 한다. 경찰에 의한 체포, 교도소 수용 등과 같은 공식적인 통제는 범죄의 근본적인 원인을 제거하기 어렵기 때문이다. 대신 사회적 결속을 강화할 수 있도록 지역사회를 조직화하는 것이 범죄 예방에 바람직하다.

잠재적 범죄인에 대한 비공식적인 제재를 가능하도록 하는 사회적 결속(사회통합과 연대감)은 범죄의 사전예방효과가 있다. 사회복지 제도와 정책을 통해 사회통합과 사회연대성을 강화하는 것은 범죄문제 해결에 기여할 수 있다는 점에서 사회복지의 역할은 중요하다.

(4) 범죄 취약집단 지원

노인범죄자[1]와 여성범죄자의 증가,[2] 상대적 박탈감으로 인한 범죄가 사회문제로 대두되고 있다. 노년의 빈곤에 대응하지 못하는 사회보장제도는 노인범죄자의 증가 현상에 대한 책임에서 자유로울 수 없다. 한편, 사회변화에 따른 여성의 빈곤화는 증가하는 여성범죄의 원인으로 작용하고 있다.

여기에 더하여 소득불평등으로 인한 상대적 빈곤과 박탈감은 죄책감을 상실하고 범죄행위를 합리화하는 현상으로 이어지기도 한다. 어떻게 대응해야 할 것인가? 기회를 평등하게 보장하는 제도가 마련되어 있다는 것만으로 결코 충분하지 않다. 취약계층에게도 열려 있는 성공과 부에 대한 기회는 열악한 조건(자원, 능력 등) 때문에 충분하게 활용되지 못한다. 사회보장제도를 통한 취약계층에 대한 배려는 이들이 처해 있는 취약한 조건을 보완해 줄 수 있다. 범죄예방효과를 사회복지를 통해 기대해야 하는 이유이다.

1) 전체 범죄자 중 65세 이상 노인범죄자는 2015년에 5.5%이던 것이 2020년에 9.1%로 빠른 속도로 증가하고 있다. 매년 15만 명가량의 노인범죄자가 발생하고 있다(법무연수원, 2022: 148).

2) 『범죄백서』에 따르면 전체 범죄자 중 여성범죄자가 차지하는 비중은 2005년에 15.7%이었고, 2010년에 16.1%이던 것이 2020년에는 20.3%로 해마다 꾸준히 증가하고 있다(법무연수원, 2012: 128, 2022: 138).

2. 영화로 이해하는 빈곤과 범죄

학습개요

이 절은 빈곤이 범죄로 이어지는 과정을 영화에 나타난 범죄자의 삶의 과정을 통해 이해한다. 주목이 필요한 이슈로는 상대적 빈곤으로 인한 범죄와 여성범죄자의 문제로 보고 이를 중심으로 빈곤과 범죄와의 관련성을 다룬다. 상대적 빈곤과 범죄에 관한 이슈는 〈우아한 세계〉, 여성범죄자에 관한 이슈는 〈친절한 금자씨〉를 통해 검토한다.

1) 상대적 빈곤과 범죄: 영화 〈우아한 세계〉

영화 〈우아한 세계〉(2007)는 상대적 빈곤과 범죄행위와의 관련성을 보여 준다. 상대적 빈곤은 사회성원들이 추구하는 목표가 동일하다는 것을 가정한다. 자신이 원하는 것을 달성하는 데 필요한 합법적인 기회와 조건(자원, 능력 등)이 충족되지 않는 사람 중 일부는 대안적인 방법을 통해 이를 달성하고자 하는데, 바로 범죄행위를 통해 달성하고자 한다. 절대적 빈곤에 대한 사회적 장치가 마련되어 있는 현대 사회에서 상대적 빈곤은 범죄행위와 보다 밀접한 관련성을 가진다.

영화에서 '우아한 세계'는 좋은 주거(전원주택)에서 풍요롭게 사는 가족들의 삶으로 표현된다. 우아한 세계는 오늘날 대한민국 가장들의 공통적인 소망이지만 소수만이 성취하게 되는 꿈이다. 영화의 주인공인 인구는 조직폭력배라는 비정상적인 직업을 가지고 있지만 가장으로서의 소망은 다른 이들과 다를 바 없다. 인구는 생계 수단인 직업에 충실하며 가장으로서의 책임감도 강하다. 폭력조직을 위한 직업적 일과 가족들의 안위 및 복지적 욕구 충족을 위해 자신의 방식대로 남편, 아빠, 학부모의 역할에 최선을 다하고자 한다. 직업 특성상 폭력, 상해 등과 같은 범죄에 연루되어 교도소 수감생활도 한다. 물론 이 과정에서 주인공은 가족의 비난 속에 외롭고 스스로도 떳떳하지 않은 조직폭력배 생활을 정리하겠다고 시도하지만 여의치가 않은데, 유학을 간 아들과 딸, 아내의 뒷바라지를 해야 하기 때문이다.

오늘날 한국 사회에서 가장의 주된 역할은 생계와 자녀들의 교육을 책임지는 것이다. 이러한 잣대에서 이상적인 가장은 가족이 경제적으로 풍요를 누릴 수 있도록 하는 것과 자녀들이 좋은 학벌을 확보할 수 있도록 충분히 지원할 수 있어야 한다. 하위계층 출신으로 교육도 직업능력도 부족한 경우는 합법적 방법으로는 통상적인 기준에 부합하는 좋은 가장이 되기 어렵다.

대안적인 방법으로 이를 보상하고자 조직폭력배가 된 주인공의 범죄는 도구범죄(instrumental crime)이다. 사회성원들이 동의하는 문화적 목표가 존재하고 기회구조에서 배제된 사람들에 의한 대안적 수단으로서 범죄행위를 한다는 점에서 머튼(Merton)의 아노미 이론, 클라우드(Cloword)와 올린(Ohiln)의 기회구조 이론은 주인공의 행동을 설득력 있게 설명해 준다. 즉, 사회의 구조적 특성상 빈곤계층을 양산하게 되는 것이 범죄의 근본적 원인이다. 기회구조의 불평등은 절대적 빈곤 혹은 상대적 빈곤층을 낳을 수밖에 없으며, 소외된 일부 사람들은 문화적으로 공유된 목표와 그것을 획득하기 위해 합법적으로 사용할 수 있는 수단 사이의 괴리에서 발생하는 긴장에 대한 대응방식으로 범죄행위를 하게 된다고 본다.

주인공의 행위는 엄연히 일탈적이고 불법적이다. '가족의 생계와 자녀교육 때문에 조직폭력배 생활을 계속할 수밖에 없었다'는 식의 메시지는 범죄행위에 대한 합리화에 불과하다. 그럼에도 불구하고 한국 사회의 강한 가족주의는 가족을 위한다는 명분하에서는 어떠한 행동도 관대해지고 용서가 허용되기도 한다(이동원, 2005). 이 때문에 주인공의 잘못된 범죄행위가 어느 정도 미화되고 있다는 점은 경계해야 할 일로서, 불법행위를 한 어떤 범죄인도 법을 지키는 성실한 시민들에게 사죄해야 함은 분명하기 때문이다. 그러나 범죄행동을 초래하는 빈곤은 개인적 특성이 아니라 사회적 조건에 의해 결정된다는 점에서 범죄자의 특성과 범죄의 원인은 사회적인 맥락에서 이해해야 한다는 사실 또한 고려해야 할 사항이다.

상대적 빈곤에 직면했을 때 대부분의 사람은 현실에 순응한다. 추구 목표와 이를 달성할 수 있는 수단 간의 괴리로 긴장이 발생했다고 모든 사람이 범죄를 저지르는 것은 아니며 대안적인 수단으로 반사회적 행동을 선택하지 않도록 이를 제어할 수 있는 자아존중감, 사회와의 유대, 자기통제력 등과 같은 보호요인을 가진다. 그러나 빈곤이 상대적 박탈감으로 이어질 때 세상에 대한 분노는 불특정 다수를 향한 묻지마 범죄와 같이 사회적 해악이 큰 결과를 초래하기도 한다. 소득불평등과 범죄율의 관련성을 지지하는 경험적 연구들은 소득불평등 완화를 위한 보다 적극적인 사회보장제도와 사회복지정책이 필요하다는 것을 시사한다.

상대적 빈곤과 범죄: 〈우아한 세계〉

▶ 줄거리

영화 〈우아한 세계〉는 상대적 빈곤과 범죄와의 관련성을 보여 준다. 넉넉하지 않은 가정을 꾸려 가는 주인공 인구는 가장으로서의 경제적 책임을 다하기 위해 지금까지 해 왔던 조직폭력배 생활을 쉽게 청산하지 못하고 이어간다. 자신의 잘못된 행위를 가장으로서 남들처럼 가족을 잘 살게 해 주고 싶다는 것으로 합리화하고 있다.

▶ 생각해 보기

빈곤 극복(탈 빈곤)과 범죄 회피는 개인의 노력만으로도 가능한가? 빈곤은 국가의 정책적 의지가 필요하듯이 탈 범죄를 위해서는 범죄의 기회구조에 노출되기 쉬운 사회적 약자에 대한 사회적 지원이 중요하다는 관점도 있다.

- 사회취약계층 범죄자들의 자기책임 부분은 어떤 것들이 있는가?
- 빈곤문제의 완화를 통해 범죄문제를 예방할 수 있도록 하는 사회보장제도 및 사회복지 서비스에는 어떤 것들이 있는가?

2) 여성의 빈곤화와 범죄: 영화 〈친절한 금자씨〉

영화 〈친절한 금자씨〉(2005)는 경제적으로 독립하기 어려운 여성이 남성에게 의지하면서 착취를 당하고 범죄행위에 가담하게 되는 것을 시작으로 종국에는 무서운 범죄에 이르게 되는 과정을 보여 준다. 이 영화는 여성들이 처한 빈곤과 범죄와의 관련성을 추론하게 한다. 여성들이 경제적으로 독립하기 어려운 사회적 상황은 남성에 대한 의존을 초래한다. 여성범죄의 상당수는 지인관계였던 남성과 연계되어 발생한다. 그 남성은 보호를 제공하는 대신 여성을 착취하거나 범죄에 이용했던 가해자였다가, 역으로 여성에 의해 피해자로 전환되기도 한다. 이 영화에서는 범죄피해자였던 여성이 진정한 가해자가 되는 과정을 보여 준다.

여성범죄가 남성 주도의 사회구조하에서 여성이 경제적으로 소외되는 것에서 비롯된다는 시각이 있다. 1980년대 영국의 사회학자 박스(Box)와 헤일(Hale)은 "여성 해방으로 여성의 사회 참여가 늘어감에 따라 여성 범죄 또한 늘어가고 남성화되어 간다."라는 주장을 반박하면서 여성범죄에 관한 새로운 시각을 제시했다. 그들은 "여성 해방으로 인해 사회 참여의 기회를 맞게 된 여성들은 중산층이며 이들은 범죄 인구와는 무관하다. 여성범의 대다수가 가난한 재산범죄자이고 소외된 계층이므로 여성의 빈곤화에서 여성범죄의 원인을 찾아야 한다."라고 주장했다(Box & Hale, 1982, 34-35; Shin, 1997: 9-10 재인용).

영화에 나타난 여성범죄자 문제에 관한 또 다른 이슈가 있다. 여자청소년에 대한 성적학대가 피해여성이 범죄자가 되는 경로의 시작점에 있다. 여자 비행청소년들의 비행경로를 추적하면 빈곤의 문제와 학대경험이 관련되어 있다(신연희, 2008b). 여자청소년이 역기능적인 가정과 학교에서의 부적응의 문제로 인해 가출을 하게 되면서 생존의 위기에 직면한다. 가정과 학교에서 이탈하여 울타리 밖으로 나오게 되면 보호자의 감독, 통제와 보호가 없는 무방비 상태가 된다. 성적 학대 위험성이 가출한 여자청소년에게는 심각한 문제이다. 성적인 학대는 보호자 및 학교에 의한 안전장치가 없는 상태에서 발생하며, 동시에 생존 수단으로 성 비행을 포함하여 다양한 유형의 비행행동을 하게 된다.

이런 까닭에 여자 비행청소년은 범죄자이지만 피해자의 속성이 있다는 점이 지적되기도 한다. 여자청소년의 비행경로에 관해 체스니-린드(Chesney-Lind, 1997; Shin, 1997: 11 재인용)는 여자 비행청소년은 가해자이지만 피해자적 측면이 있다고 주장한다. 가부장적 가족체계에서 여성들은 불평등과 신체적 · 성적 학대를 당하게 되고 무관심 속에서 가출을 하게 되며 거리에서 생계를 위해 절도 · 성매매와 같은 범죄를 저지르게 된다. 따라서 여성청소년의 비행은 가부장적 사회 내에서 남성의 지배와 학대 그리고 경제적 빈곤의 문제에 대한 방어적인 반응의 형태라고 본다.

여성의 범죄율은 남성보다 훨씬 낮다. 범죄율에서 나타나는 성별 차이는 과거부터 현재까지 이어지는 일반적인 현상이다. 그러나 점차 여성의 범죄율이 높아지고 있는 것은 주목해야 할 사실이다(Siegel, 2020: 61). 여성범죄의 원인은 동서양을 막론하고 유지되어 온 남성위주의 사회가 여성을 기회구조에서 배제시키거나 제한적인 기회만을 갖게 함으로써 여성의 빈곤화를 초래한 것에 있다. 여기에 더하여 현대사회에서 급변하는 가족가치관은 여성의 부담을 증가시키고 있다. 여성의 독립성을 인정하는 대신 여성의 경제적 독립에 대한 압박과 가족 부양에 대한 여성들의 책임도 요구하기 때문이다. 여성을 경제적으로 소외시키는 남성 위주의 사회구조와 여성의 부담을 가중시키는 변화된 가족가치관이 여성들에게 적용될 때 일부 취약한 여성들, 특히 부양해야 할 자녀를 둔 기혼여성들의 범죄는 증가한다(신연희, 2002: 68-69).

한편, 여성범죄인들은 범죄행동 과정뿐 아니라 처벌로 인한 충격도 남성범죄인과는 다른 특성이 있다. 체포와 수용으로 인한 심리적 충격이 크기 때문에 심리적 · 정서적 치유를 위한 상담치료가 필요하며, 가정적으로는 자녀를 둔 기혼자가 많고 자녀와 함께 살았던 실질적 양육자였기 때문에 수용됨으로 인해 초래되는 모성에 대한 타격이 크다(신연희, 2020b). 이는 사법제도의 각 단계에서 여성범죄인의 재범 예방 및 모성 보호를 위한 복지적 접근과 사회복지실천이 필요한 근거이다.

여성의 빈곤화와 범죄: 〈친절한 금자씨〉

▶ 줄거리

영화 〈친절한 금자씨〉에서 고등학교 시절 미혼모가 된 주인공인 금자는 학교에 교생으로 온 백 선생에게 의지하게 된다. 그러나 그의 성적 노리개가 되었고, 나아가 자신의 딸을 죽이겠다는 백 선생의 협박 때문에 그를 대신해 살인죄를 뒤집어쓴다. 13년 동안 교도소에 복역하면서 누구에게나 친절하여 '친절한 금자씨'라는 별명이 붙을 정도로 모범적인 수감생활을 한 그녀는 복수를 준비한다. 그리고 출소 후 백 선생이 살해했던 아이들의 가족들을 모아 그녀의 인생을 처절하게 유린한 장본인을 처참하게 죽이는 것으로 복수한다. 또 다른 살인을 저지른 것이다.

▶ 생각해 보기

여성범죄, 어떻게 대응할 것인가? 여성범죄가 양적으로 증가 일로에 있으며, 여성범죄자의 상당수가 자녀를 두고 있음을 주시할 때 사회적 대응이 필요한 이유이다.

- 여성범죄가 증가하는 이유는 무엇인가?
- 사회구조 속에서 피해자였던 여성이 가해자의 위치로 전환하는 현상은 왜 발생하는가?

범죄피해자

1. 피해자 이해

범죄로 인한 피해자는 누구인가? 범죄문제에서 피해자 문제는 사회적 관심 밖에 밀려나 있다. 이 절에서는 범죄피해자를 드러난 피해자(피해 당사자)와 숨겨진 피해자(수용자자녀)로 구분하고 이들에 대한 이해를 목적으로 한다. 또한 피해자 유형별로 현황과 지원제도를 검토하고 사회복지실천 방법에 대해서도 다룬다.

범죄피해자는 사회복지실천 대상자이다. 피해자는 범죄로 인해 신체 · 재산 · 명예 · 심리적인 면에서 피해를 받은 사람들이며, 범위를 확장하면 가해자 및 피해자의 가족, 나아가 범죄로 인한 두려움을 느끼는 시민들도 피해자이다(배임호, 2021: 85). 피해자의 대표적 유형은 드러난 피해자(피해 당사자)와 숨겨진 피해자(가해자 및 피해자 가족, 시민)이다. 먼저 '피해 당사자'는 가해자에 대응하는 개념으로 법적 및 일반적으로 범죄피해자로 불린다. 한편, '숨겨진 피해자'는 피해보상에서 밀려나 있는 사람들로서 보호아동이지만 사회적으로 소외되어 있는 수용자자녀들이 이에 해당한다.

다음에서는 범죄문제와 관련된 이슈로 피해 당사자와 수용자자녀의 문제를 다룬다. 피해자 유형별 범죄피해 실태(현황과 지원제도)와 이들을 대상으로 한 사회복지실천도 검토한다.

1) 피해 당사자

(1) 실태

① 발생 현황

다음에서 언급되는 피해자는 피해 당사자를 의미한다. 우리나라에서 범죄로 인한 피해자는 매년 90만 명 이상 발생한다(2020년 기준 92만 명가량). 이는 형법범죄 피해자에 한정한 집계이므로 전체 범죄피해자의 일부이며, 다수의 범죄피해자가 범죄피해를 신고하지 않는다는 것을 감안하면 이보다 훨씬 많은 수의 사람이 범죄로 인한 피해를 당하고 있다. 범죄피해자는 범죄행위로 피해를 당한 사람과 배우자, 직계친족과 형제자매로 정의하고 있다(「범죄피해자 보호법」 제3조). 협의로는 가해자의 상대방을 의미하는 개념으로, 범죄의 직접 피해자가 해당된다. 광의로는 범죄와 직간접적으로 관련된 사람들까지 확장된다. 간접피해자는 피해자의 가족, 친지, 피해자와 관련이 있는 사람, 범죄피해로 인해 다른 피해를 입은 사람, 피해자와 이해관계가 있는 사람 등이며, 나아가 일반시민도 범죄에 대한 공포로 일상생활에 방해를 받을 수 있으므로 간접피해자이다(이윤호, 2007: 385). 피해 당사자는 협의의 개념을

표 11-1 형법범죄의 피해자 현황 및 성별 구성 (단위: 건, %)

연도 \ 구분	계	통고	이송
2011	673,700(100)	444,559(66.0)	229,141(34.0)
2012	961,295(100)	638,970(66.5)	322,325(33.5)
2013	939,780(100)	610,129(64.9)	329,651(35.1)
2014	905,094(100)	585,547(64.7)	319,547(35.3)
2015	924,694(100)	583,621(63.1)	341,073(36.9)
2016	872,983(100)	547,609(62.7)	325,374(37.3)
2017	834,679(100)	520,849(62.4)	313,830(37.6)
2018	864,869(100)	535,940(62.0)	328,929(38.0)
2019	914,676(100)	558,389(61.0)	356,287(39.0)
2020	926,157(100)	563,062(60.8)	363,095(39.2)

* 주: 1. 대검찰청,「범죄분석」, 각 연도
 2. 성별, 연령 미상은 제외

출처: 법무연수원(2022), p. 169.

적용했을 때를 의미한다.

우리나라 형법범죄의 피해자 발생 현황 및 성별 구성은 〈표 11-1〉과 같다. 범죄피해자는 2020년을 기준으로 성별로는 남성 60%, 여성 40% 정도로 남성이 더 많다(법무연수원, 2022: 169). 범죄 유형에 따라 피해자는 달라지는데, 성별로는 강력범죄 중 흉악범죄(살인, 강도, 성폭력, 방화)의 피해자는 90% 정도가 여성으로 높은 비율을 차지하며, 강력범죄 중 폭력은 남성이 60% 이상이고, 재산범죄 역시 남성이 60% 이상을 차지한다(법무연수원, 2022: 174, 181, 188).[1)]

② 범죄피해와 비용

범죄피해의 내용은 유·무형으로 다양하며, 신체·정신·재산상의 피해 모두를 포함한다. 유형의 피해는 신체적 손상 및 생명과 재산상의 피해이고, 무형의 피해는 심리적 상처와 고통, 스트레스, 삶의 질 저하, 정신적 고통 등이다.

범죄가 초래한 비용으로는 피해자의 개인적 비용과 사회적 비용으로 구분할 수 있다. 먼저, 개인적 비용은 피해자의 경제적 손실(의료비용, 소득 손실, 재산 손실 및 손상 등)과 심리적 문제(범죄에 대한 두려움으로 인한 일상생활의 어려움, 관계의 어려움, 분노감, 스트레스 등)로 인한 비용이다. 사회적 비용은 피해자 지원비용(「범죄피해자 보호법」에 따른 지원), 형사사법제도비용(형사사법 진행을 위한 경찰보호와 조사, 검찰조사와 기소, 국선변호사, 재판, 지역사회의 프로그램 운영비용 등), 범죄경력비용(범죄자가 합법적이고 생산적인 활동보다는 불법 활동에 참여하는 선택으로 인한 기회비용으로서 범죄자 가족에 대한 지원비용 등), 무형의 비용(범죄피해자들의 상처와 고통, 삶의 질 저하, 정신적 고통과 같은 간접적 손실 등)을 포함한다.

범죄피해로 인해 발생하는 비용을 정확하게 측정하기는 어렵지만 피해자들의 생산성 손실로 인한 비용, 피해자들이 잃은 재산 가치, 개인 보안시설, 방벽, 경보 시스템, 컴퓨터 보안 프로그램, 안전금고, 보험, 안전 조명, 호신 도구, 호신을 위한 강좌, 기타 물품 등의 비용이 발생하게 된다(Siegel, 2020: 83). 이처럼 범죄로 인해 초래된 비용은 개인적·사회적으로 큰 부담을 초래한다.

1) 가해자와의 관계는 타인이 절반 이상으로 가장 많고 이웃이나 지인, 업무관계인이 상위 순위이다. 피해자의 연령 구성은 10대 이하 8%, 20대 6%, 30~40대 약 40%, 50대 20%, 60대 이상 14%로 30~40대가 가장 많은 비중을 차지한다(법무연수원, 2022: 170).

③ 피해자의 특성과 피해자학 이론

피해자에 관한 연구와 관련 이론들은 피해자의 특성 및 범죄피해와 관련이 깊은 요인들에 대한 이해를 돕는다.

먼저, 피해자에 대한 연구들은 피해자들은 사회인구학적(성별, 나이, 사회경제적 상태)으로 일정한 특성이 있는 것으로 보고한다(Siegel, 2020: 88-90). 성별로는 강간, 성폭행을 제외한 폭력범죄에서 남성이 여성보다 피해자가 될 가능성이 더 크다. 또한 남성은 여성에 비해 강도를 당할 가능성이 두 배나 더 큰 반면, 성폭력, 가정폭력 등의 피해자는 대부분이 여성이다. 여성은 남성에 비하여 지인 혹은 동거자나 아는 사람에 의해 범죄피해를 당할 가능성이 더 크다. 나이는 젊은 사람이 노인에 비해 큰 피해의 위험에 직면할 가능성이 크다. 노인들이 피해를 당하는 범죄의 유형은 주로 사기, 소매치기 등과 같은 사소한 거리범죄이다. 사회경제적 지위로 보면 가장 빈곤한 사람들이 폭력범죄와 재산범죄 모두 피해자가 될 가능성이 가장 크다. 그렇지만 빈곤한 사람들은 폭력범죄의 피해자가 더 많은 반면, 부유한 사람들은 대인절도의 표적이 된다.

범죄의 피해와 가해와의 관련성에 관한 논의도 있다. 범죄의 순환 내지는 폭력의 순환(cycle of violence) 현상에 관한 논의인데, 범죄자 중에는 범죄피해 경험이 있는 사람들이 많다. 청소년기에 폭력과 학대의 피해자였던 사람들은 성인이 되어 폭력범죄에 연루될 가능성이 더 크고, 성 학대 피해자들은 성인이 되어 가해행동을 할 가능성이 더 큰 것으로 보고된다(Siegel, 2020: 86). 피해자가 가해자가 되는 범죄의 순환 현상은 피해자에 대한 치유와 회복을 위한 지원의 중요성을 보여 준다.

피해자학 이론에서 다루고 있는 주요 개념들은 범죄와의 근접성(proximity to crime), 범죄에의 노출(exposure to crime), 표적의 매력성(target attractiveness), 보호능력(guardianship)이다(이윤호, 2007: 392-394). 먼저, 범죄와의 근접성은 범죄다발 지역에 가깝게 거주하거나 생활하는 경우 범죄위험성이 더 높은데, 이는 범죄자와의 접촉가능성이 높기 때문이다. 범죄에의 노출은 개인의 일상적 활동(routine activity), 생활양식(life-style)과 관련되는데, 외진 지역에 위치한 건물에서 활동하거나 위험한 시간대(야간)에 위험한 지역에 많이 노출되는 사람일수록 범죄피해의 위험성도 높아진다. 한편, 표적의 매력성은 특정한 표적이 범죄자에게 가치가 있기 때문에 이를 소지한 사람이 범죄 대상으로 선택된다는 논리이다. 예를 들어, 고가의 물건, 이동이 용이한 재화의 소지, 공공장소에서의 보석패용, 사회경제적 지위나 소득이 높다면 범죄의 표적이 된다. 보호능력은 범죄 발생을 미연에 방지할 수 있는 대인적·사회적·물리적 차원에서 피해자가 가지고 있는 능력을 의미한다. 대인적·사회적 차원의

보호능력은 가족, 이웃, 지인과의 친분이나 협조에 의해 범죄를 예방할 수 있는 능력이다. 사회적·물리적 차원에서 지역사회나 건축물같은 공간을 중심으로 범죄 예방을 도모하는 접근으로 범죄예방환경설계(crime prevention through environmental design: CPTED)가 정책적으로 활용되고 있기도 하다(유병권, 2022: 48-55).[2)]

범죄피해를 피해자의 특성을 중심으로 설명하는 이론들을 피해 이론이라고 하며, 대표적으로 피해촉발 이론(victim precipitation theory), 생활양식 이론(lifestyle theory), 일탈장소 이론(deviant place theory), 일상활동 이론(routine activity theory)을 들 수 있다(Siegel, 2020: 92-98). 피해촉발 이론은 피해자가 범죄행위를 촉발하는 데 일정 부분 관여된다고 보기 때문에 피해자가 범죄를 조장한다는 입장이다. 능동적 촉발은 피해자의 호전적 언행이고, 수동적 촉발은 피해자가 무의식적으로 가해자를 위협할 때 범죄행위가 발생한다. 생활양식 이론은 위험한 장소에서 시간을 보내는 생활양식을 가질 때 범죄에 노출될 기회가 많기 때문에 범죄의 피해자가 될 위험성이 커진다고 본다. 일탈장소 이론은 사회해체 지역처럼 범죄다발 지역의 거주자들이 피해자가 되는 경향이 있다고 본다. 윌슨(William Julius Wilson)은 빈곤한 사람들은 동기화된 범죄자(예: 미취업상태의 청년, 실직자 등)가 많은 사회해체 지역에 거주하기 때문에 피해자가 될 위험성이 훨씬 크다고 설명했다(Siegel, 2020: 96). 마지막으로, 일상활동 이론에 따르면 피해자가 범죄 표적이 될 가능성(예: 처분하기 쉬운 물건이 있는 집의 이용가능성이 높고), 보호능력이 부재한 경우(예: 경찰, 집주인, 이웃, 친척이나 지인 등 가용 보호자가 부재)에 범죄의 위험성이 동기화된 범죄자(잠재적 범죄자)와 상호작용을 할 때 범죄 발생 및 범죄피해자가 될 가능성이 높아진다.

(2) 지원제도와 사회복지실천

① 피해자 지원의 이념

우리나라에서 범죄피해자에 대한 사회적 지원의 근거는 보상이다. 보상(compensation)은 형벌권뿐만 아니라 피해자 보호의무 또한 국가에 있다고 본다. 따라서 가해자에 대해 피해자를 대신하여 국가가 처벌하는 것과 마찬가지로 피해자에 대해서도 국가가 범죄로 인해 입

2) 범죄예방환경설계(Crime Prevention Through Environmental Design: CPTED)는 도시계획 및 건축설계에 범죄예방을 위한 목적이 결합된 것으로서 감시(조명, 경찰, 공간디자인 등), 접근통제(잠금장치, 경비, 출입구 설치 등), 공동체 강화(사회적 교류, 주민자치 활동 등) 등을 통해 범죄의 기회를 사전에 차단하여 지역사회에서의 범죄예방을 도모한다(유병권, 2022: 49).

은 피해를 보상한다. 우리나라는 보상 이념에 입각하여 피해자보호제도가 마련되어 있다.

배상(reparation)의 개념에 입각한 피해자 지원도 필요하다. 배상이란 범죄자가 범죄행위에 대한 자기책임을 표현하는 것으로서, 범죄피해자에게 보상을 하거나 피해자를 돕기 위해 무언가를 하거나, 개별적 피해자에게 하기 어렵다면 사회봉사나 벌금을 공공기금으로 내는 등의 형태이다(이윤호, 2007: 520). 우리나라에서는 처벌에 대한 회복적 정의에 입각하여 경찰, 검찰, 교정단계(가해자 피해자 화해 프로그램)에서 배상 이념이 일부 적용되고 있으나 「형법」상 처벌 유형에는 해당하지 않는다. 배상은 가해자가 피해자와 지역사회에 미친 해악에 대한 책임성을 전제로 하고 있다. 서구의 일부 국가들(독일 등)은 배상을 처벌 유형에 포함시키고 있다. 사법사회복지 서비스가 발달한 영국 스코틀랜드에서는 배상(reparation)을 수용자에게 개입하는 사법복지실천 범위의 한 유형으로 포함시켰고, 판사는 범죄인에게 지역사회봉사(community payback)를 명하고 있다. 이는 가해자의 책임성에 입각한 제도이므로, 우리나라도 적용가능성을 검토할 필요가 있다.

② 근거 법률과 서비스

범죄피해자 구조에 관한 기본법은 「범죄피해자 보호법」이다. 범죄피해자에 대한 국가의 보상에 입각하여 범죄로 인한 생명·신체에 피해를 받은 사람을 구조하기 위해 「범죄피해자 보호법」(1987년 제정)을 전부 개정하여 2005년에 제정한 법률이다. 동법에 근거하여 검찰청 내에 전국적으로 설치된 범죄피해자지원센터와 강력범죄피해자 회복지원기관인 스마일센터가 피해자를 지원하는 주된 서비스 전달체계이다.

피해자 지원 내용은 검찰청 내에 전국적으로 설치된 범죄피해자 지원센터에서 제공하는 국가에 의한 보상(구조금), 심리적·정서적 회복을 위한 심리상담 및 집단 치료 프로그램(치료, 교육, 자조 모임 등), 신체적 회복을 위해 병원 등과 연계 그리고 경제적 어려움에 대한 지원을 위한 지역사회자원의 연계 등이 피해자 구조의 내용이다. 또한 신체적·정신적 피해를 입은 범죄피해자와 가족에게 치료비, 심리치료비, 긴급생계비, 장례비, 학자금, 간병비, 돌봄비용, 취업지원비 등을 지원하여 범죄피해자와 가족이 회복될 수 있도록 지원한다. 한편, 강력범죄 피해자 회복지원기관인 스마일센터는 피해자와 가족들을 위한 심리평가, 심리치유, 법률상담, 사회적 지원 연계, 임시 주거를 위한 쉼터 서비스를 제공하는 등의 업무를 수행하는 범죄피해 트라우마 통합지원기관으로서 법무부가 민간에 위탁하여 운영한다.

③ 피해자 구제에 관한 쟁점

첫째, 피해자의 권리보장이다. 미국의 모든 주에서는 피해자의 '권리헌장'에 피해자의 법적 권리로 다음의 내용이 포함되어 있다(Siegel, 2020: 105-106).

- 소송과정과 가해자의 상태에 관해 통보받을 권리
- 형사소송 절차에 참여할 권리
- 형의 선고 단계에서 진술한 권리
- 유죄가 입증된 가해자로부터 배상받을 권리
- 사건이 기각 처리되기 전, 유죄 인정 협상 전에 의견을 제시할 권리
- 신속한 재판을 받을 권리
- 피해자의 개인 정보를 보호받을 권리

둘째, 범죄피해자의 입장이 형사절차에 반영되도록 하는 일이다. 보상 이념에 입각한 피해자구조제도의 한계는 피해자의 주도권이 제한적이라는 점이다. 법정에서 피의자가 자신을 변호할 공간은 마련되어 있어도 피해자의 자리는 검사가 대신하기 때문에 피해자는 변호인을 통해 의사를 전달하게 된다. 형사사법과정에서 가해자는 피해자가 아닌 피해자를 대신하는 검사와 대면하기 때문에 피해자에 대한 죄책감, 피해자가 겪고 있는 아픔도 인식하지 못하게 된다.

이러한 한계를 보완할 수 있는 최근의 제도는 범죄피해 평가제도이다. 피해의 정확한 평가가 중요한 이유는 피해자는 피해의 내용에 입각하여 범죄피해를 보상받을 수 있고, 피해자의 빠른 회복과 치유를 도모할 수 있으며 나아가 피해자의 목소리가 형사절차에 더 많이 반영된다면 법 집행의 공정성 확보에도 영향을 줄 수 있기 때문이다. 우리나라에서는 경찰단계에서의 범죄피해자 평가제가 2023년부터 전면 실시되고 있다. 범죄피해 평가제도는 외부 심리전문가가 범죄로 인한 피해자의 신체적 · 심리적 · 경제적 피해 등을 종합적으로 평가한 뒤 수사관이 그 보고서를 수사서류에 첨부함으로써 피해자의 구체적인 피해 내용과 의견이 가해자 구속영장 발부 및 양형 등 형사절차에 반영되도록 하는 제도이다.

셋째, 지원 내용의 제한성이 보완되어야 한다. 신체 및 재산상의 피해는 범죄피해자 구조제도에 입각하여 피해보상(victim compensation)이 되지만 충분하지 않다. 범죄피해자와 가족이 피해로부터 회복될 수 있도록 치료비, 심리치료비, 긴급생계비, 장례비, 학자금, 간병비, 돌봄비용, 취업지원비 등을 지원하고 있지만 임금 손실이나 향후 소득 손실에 대한 부분

까지 보상이 이루어지는 것은 아니다. 나아가 범죄피해에 대한 두려움, 인간관계 회피, 직업 능력 상실 등과 같이 내적인 피해에 해당하는 심리적 피해나 정신적 충격에 대한 보상은 평가가 쉽지 않아 보상 또한 어렵고, 이러한 현상은 장기적·지속적으로 나타나게 되어 피해 대응에는 한계가 있다. 따라서 내적인 피해나 장기적으로 지속되는 피해에 대해서는 지역사회복지기관과 연계하여 적절한 서비스가 제공될 수 있도록 하는 방안이 필요하다.

④ 사회복지실천

사회복지는「범죄피해자 보호법」에 의한 제도적 지원에 참여하거나 이를 보완할 수 있도록 개입해야 한다. 피해 당사자들의 개별적 욕구에 부응할 수 있는 다양하고 포괄적인 지원 서비스 수요는 사회복지의 지식과 기술을 적용하기에 적절하다.

범죄피해자는 치유와 회복을 위해 도움이 필요한 사람들로서 사회복지사의 도움을 필요로 한다. 피해 경험자가 가해자가 되는 폭력의 순환 고리를 단절하는 일은 피해자에 대한 적절한 지원을 통해 가능하다.「범죄피해자 보호법」은 피해자에 대한 보호·지원을 통해 범죄피해자의 복지 증진이 동법의 목적임을 분명히 하고 있으며, 동법의 조항들에 내포되어 있는 인간존엄성의 가치와 사생활 보호, 정보 공개와 참여권 보장과 같은 가치와 실천원칙들은 사회복지가 추구하는 그것들과 유사하다. 사회복지의 가치, 실천지식과 기술을 적용하기에 적절한 실천현장이며, 사회복지 전문가의 역할을 요구하고 있는 현장이기도 하다.

사회복지사는 범죄피해자에 대한 사례관리자로서 클라이언트의 요구에 부합하여 다양한 서비스를 제공할 수 있다. 서비스의 유형은 피해자 개별상담 및 집단상담, 가족상담 및 가족방문, 사례 대상자의 회복 및 치유에 필요한 지역사회 자원연계, 프로그램의 개발과 운영, 전문 심리치료가 필요한 대상자에 대해 심리 전문가와 연계, 법률구조에 관한 안내 및 연계, 범죄로 인해 위기에 처한 빈곤한 피해자 가정에 대한 공공부조제도 연계, 피해자의 회복에 도움이 되고 피해자가 동의할 때 가해자와의 중재 및 화해 프로그램 연계 등 다양한 서비스를 제공할 수 있다. 특히 현존하는 범죄피해자보호제도에서 간과되기 쉬운 피해자의 심리적·정서적인 측면에서의 지원과 장기적·지속적인 치유가 필요한 서비스는 지역사회복지 자원과 연계될 때 더 효과적이고 원활한 서비스 제공이 가능하다.

사회복지사가 서비스를 제공하는 실천현장은 범죄피해자 구조기관인 범죄피해자지원센터 및 스마일센터를 비롯하여 피해자가 거주하고 있는 쉼터, 의료시설, 대한법률구조공단은 물론이고, 피해자가 거주하는 인근 지역사회의 지역사회 복지기관 및 관련 시설 모두가 포함된다.

범죄피해 당사자 : 처벌에서 피해자의 위치

▶ 피해자를 법정에 세우는 일

범죄인에 대한 형벌권은 국가가 법에 의해 집행하는 것으로 피해자를 대신하게 된다. 그러나 재판과정에서 피해자의 의견이 반영되어야 한다는 주장도 있다. 다음은 피해자를 법정에 세워 목소리를 내도록 하는 것에 대한 상반된 의견이다.

"미국에서 연방건물 폭파범에게 사형이 구형되기 전에 배심원들은 희생자 가족과 생존자들이 진술하도록 했다. 이에 대한 의견이 상반된다. 반대하는 쪽에서는 범죄를 저지른 피고에 대해 사형선고를 내릴지의 여부는 증거와 법률에 기초해서 결정해야지 희생자 가족들의 분노와 원한에 의해 결정되어서는 안 된다는 것이다. 반면, 찬성하는 쪽에서는 피해자들의 진술이 가해자가 받을 형벌을 결정하는 데 영향을 미쳐야 하며, 따라서 배심원단이 희생자의 고통과 상실감을 충분히 느낄 수 있도록 피해자에게 말할 기회를 주어야 한다고 주장한다.

형량의 선고에 피해자의 증언이 영향을 미쳐야 한다는 주장의 근거는 피해자의 정신건강에 도움이 된다는 논리와 인과응보의 논리이다. 피해자에게 카타르시스가 될 수 있고 아울러 배심원단에게 범죄의 도덕적 무게감을 충분히 인식시켜 범죄에 상응하는 처벌을 받게 해야 한다는 주장이다. 이에 반해, 피해자를 법정에 세워서 분노감을 표출하도록 하는 것에 대해 반대하는 주장의 근거는 형벌권은 국가에 이양된 것이므로 국가가 법에 의해 수행하도록 해야 한다는 것과 형벌의 궁극적인 목적은 범죄인을 변화시켜(교정교화) 재범을 방지하는 데 있으므로 형벌의 궁극적인 목적을 실현하는 데 위배된다는 것이다.

▶ 생각해 보기

피해자를 법정에 세워 감정을 표출하도록 하는 것은 피해자의 정신건강과 인과응보를 위해 찬성한다는 입장과 형벌권은 국가에 위임하고 형벌의 목적인 범죄인 교화에 도움이 되지 않는다는 입장 중에서 어느 한쪽을 대변하여 토론해 보자.

출처: Sandel(2010), pp. 52-55.

2) 숨겨진 피해자

(1) 실태

① 현황(인구 규모와 인권 상황)

범죄의 숨겨진 피해자는 수용자의 미성년자녀이다. 범죄인을 시설에 수감함으로 인해 사회적으로는 비용 부담, 수용자에게는 다양한 박탈 그리고 자녀와 가족들이 처하는 위기 등 부정적 효과는 다양하다. 특히 수용자의 미성년자녀들에게 부모의 수감은 감당하기 어려운 충격이며, 현실적으로 닥치는 생계 위협과 빈곤문제, 심리적 고통, 가정환경의 불안정, 학업 부적응, 여기에 범죄인 자녀라는 낙인까지 추가되기도 한다(박선영, 신연희, 2012: 215). 단지 범죄인 부모를 두었기 때문에 법 집행의 피해자가 된 수용자자녀들은 사회적 무관심 속에 방치되어 있기 때문에 숨겨진 피해자(invisible victims) 혹은 범죄의 제2의 피해자인 셈이다. 수용자자녀에 대한 대중의 흔한 오해로는 부모가 교도소에 있는 아이들은 우리 사회의 아주 예외적인 사람들이며 극소수에 불과하다는 생각, 법 집행과정에서 발생하는 일부의 희생은 범죄로부터 사회를 지키기 위한 어쩔 수 없는 일이라는 생각이 있다(신연희, 2020c). 이런 까닭에 수용자자녀들은 취약아동으로 자리 잡지 못했고, 법적으로 지원근거가 마련되어 있지 않으며, 사회문화적으로는 낙인과 사회적 배제까지 가해지고 있다.

사회복지는 「UN아동권리협약」에서 명시한 바와 같이 부모가 체포되는 순간부터, 법 집행, 형사사법절차의 모든 단계에서 이들을 실천 대상자로 접근하여 필요한 서비스를 제공해야 한다(배임호, 2021: 84).

국가인권위원회 조사에 따르면 수용자의 미성년자녀는 일일 평균 22,000명이 상존해 있으며, 연간 인원은 32,000명 정도이고, 매년 18,000여 명이 새롭게 수용자자녀 인구에 더해진다(신연희 외, 2017: 48-49). 이는 아동 및 청소년기를 거치면서 부모의 교도소 수용을 경험한 아동 · 청소년들이 적지 않다는 것을 의미한다.[3] 〈표 11-2〉는 수용자의 미성년자녀 현황을 보고한 주요조사 결과이다.

3) 연간 교정시설 입출소 인원(85,000) × 미성년자를 둔 수용자 비율(25.4%) × 미성년 자녀 수 평균(1.52) ≒ 32,800여 명

표 11-2 수용자의 미성년자녀 현황에 관한 주요조사 (단위: 명, %)

조사 구분 (실시 일)	미성년 자녀가 있는 수용자	일일 평균 미성년 자녀 수	미성년자녀 연령 구분(%)		주된 특징
			초등생 이하 연령(유 · 아동)	중학생 이상 연령(청소년)	
국가인권위 조사 (2017.7.)	13,970a*	21,000b*	59.5	40.5	무기명 조사, 수용자 전수조사, 추산 자녀 수
교정본부 사회복귀과 (2017.10.)	13,834	21,765	52.2 (학교 밖 불포함)	36.1 (학교 밖 불포함)	무기명 조사, 수용자 전수조사, 집계 자녀 수
교정본부 (2019.6.)	8,072	12,103	59.1 (7,156명)	40.9 (4,947명)	무기명 조사, 수용자 전수조사, 집계 자녀 수

* a, b 수용자 일일 평균 수용인원 55,000명, 미성년자녀를 둔 수용자 25.4%, 미성년자녀 수 평균 1.52명을 기준으로 함
출처: 권수진, 신연희(2019), p. 94.

② 직면한 문제

부모가 수용된 후 아이들은 양육자의 부재, 경제적 어려움, 사회적 편견과 낙인, 다양한 형태의 심리적 · 정서적 문제를 경험하게 되는 것이 현실이며, 이러한 상황에서 아동에 따라서는 성장기의 대부분을 보내기도 한다(신연희 외, 2017: 3). 특히 빈곤문제는 심각한데,[4] 생계부양자의 수감과 직결되어 비껴갈 수 없이 닥치는 빈곤의 문제는 학교생활의 부적응과 비행행동의 직간접적 원인이 되기도 한다(신연희, 변호순, 2014).

부모가 수감된 후 수용자의 미성년자녀들이 직면하는 위기적 상황은 경제적 어려움을 비롯하여 양육자의 불안정, 가정 해체, 심리적 상처, 부적응과 문제행동, 부모와의 단절 등 동시 다발적으로 발생하는 복합적인 문제들에 직면하게 된다. 다음에서는 수용자자녀들이 겪게 되는 문제 유형을 사례와 함께 제시한다. 제시된 수용자자녀 사례는 국가인권위원회 조사(2017년)에 심층면접 대상자로 참여한 수용자자녀들이다(신연희 외, 2017: 100-115).

첫째, 경제적 어려움이 가장 심각하다. 미결수용자의 10명 중 9명은 가족의 생계를 책임

4) 빈곤문제에 관하여 미국의 '취약가족과 아동복지'에 관한 패널연구를 2차 분석한 연구에서는 수용자가정의 경제적 어려움은 아버지가 수용되어 있거나 수용된 적이 있는 자녀들의 일탈적 문제행동이 초래되는 과정에서 매개효과가 있는 것으로 보고했다(신연희, 변호순, 2014).

사례로 이해하는 숨겨진 피해자: 빈곤으로 인한 수용자자녀들의 어려움

▶ 사례

- "아빠가 들어가시고 방세를 못 구하니까 주인이 꼴 보기 싫다고 엄마 보고 밤에 나가라고 했대요. 그래서 밤에 가족들이 여관으로 짐을 옮기는데 이불 들고 옷 들고 한 50번 정도 왔다 갔다 했을 거예요. 사람이 들 수 있는 게 한계가 있으니까…… 날이 밝아 버렸어요." (20세, 남, 재수생)
- "수급자인데 학원비까지 할머니한테 달라고 할 수가 없잖아요. 그래서 제가 고깃집에서 일해서 돈을 모았어요. 레슨 받으러 가야 해서 이모한테 선생님을 소개받았는데요. 원래 처음부터 돈을 많이 못내는 (집이) 어려운 학생을 봐 주신다고 이모가 알아봐서 간 거였거든요. 그래서 인천까지 1시간 지하철 타고 갔는데 딱 5분 봐 주고는 다른 애들 다 있는데 '네가 낸 돈 만큼만 지도받을 수 있는 거야.' 그러는 거예요. 자존심 상하고 울컥하고 앞으로 어떻게 해야 하나 서럽고 그랬죠." (21세, 여, 재수생)
- "어릴 땐 아빠가 거기 계신 것도 힘들고 집이 가난한 것도, 할머니랑 사는 것도 힘들고…… 힘들고 죽고 싶을 때가 많았죠. 근데 할머니가 계시니까…… 하…… 어린 마음에 이게 무슨 상황인건지 이해가 안 되고 울다가 울다가…… 할머니가 '네가 부모만 잘 만났으면' 하고 절 붙잡고 우시고 아버지 미워하시고 그러면 가슴이 아팠죠." (27세, 남, 사회복지사)

출처: 신연희 외(2017), pp. 101-102, 104.

지고 있었으므로 초기 수용자 가족들의 대부분은 경제적 어려움에 직면하게 된다(신연희, 2016b).

둘째, 보호자 · 양육자의 불안정은 피할 수 없는 문제이다. 수용이 초래한 또 다른 문제는 자녀 양육환경의 불안정이다. 수용으로 인해 자녀들은 한부모와 살게 되고 때로는 양육자가 바뀌기도 한다. 나아가 어린 자녀들이 교도소에 수용된 부 또는 모는 물론이고 남은 부 또는 모와도 헤어져 살게 되는 경우가 적지 않다.

보호권은 아동의 기본권이다. 부모로부터 돌봄을 받을 권리인 보호권이 침해당하는 것은 부모의 수용 기간 경과됨에 따라 심화된다. 수용자자녀들은 모두 한시적으로 한부모가정 아이들이다. 다음 사례는 갑작스럽게 양육자가 변경되고 원치 않은 양육을 맡게 된 삼촌으로부터 학대받고 가출로 이어지는 과정을 보여 준다. 이 사례에서는 보호자였던 아버지가 수감된 후 삼촌 집으로 옮겨지고 가출하여 시설에 입소한 후 남매들끼리 살게 된다.

사례로 이해하는 숨겨진 피해자: 양육자의 변경과 불안정한 성장환경

▶ 사례

"갑자기 아빠가 없어지시고 삼촌이 왔는데 삼촌이 청소 안 한다고 때리고 말대꾸한다고 때리고. 근데 누나까지 때리니까 누나가 집에 안 들어 왔고 동생도 삼촌 피해서 도망갔어요. 저만 남았는데 그때부터 저를 잠을 안 재우고 새벽 3시까지 공부시키는 거예요. 저는 때리면 그냥 맞았거든요. 근데 그다음부터는 무서워서 말도 못하고 계속 참다가 가출했고 센터선생님이 알아봐 줘서 그때부터 쉼터로 전전하게 된 거예요. 누나가 가출하니까 저하고 동생 놔두고 왜 먼저 가출했나 처음에는 좀 밉기도 했는데 쉼터에서 사니까 누나가 보고 싶고 생각이 나는 거예요. 혼자 있다는 게 서럽고…… 그래서 누나랑 연락이 됐는데 누나가 안 아프고 잘 지낸다는 말을 들었는데 오히려 그냥 화가 다 풀리고 그렇게 되더라고요. 그래서 '누나 우리끼리 살자' 그랬죠." (17세, 남, 고등학생 2학년)

출처: 신연희 외(2017), p. 100.

③ 가정 해체와 보호자 상실

미성년자녀가 있는 수용자가정 중 법률혼이 해체된 경우는 남녀가 각각 53.3%와 62.5%이다. 절반 이상이 혼인관계가 해체되었는데, 이러한 실정은 여성수용자들이 더욱 심각하다.

사례로 이해하는 숨겨진 피해자: 가정해체와 부적절한 보호자

▶ 사례

- "부모님 이혼하시고 처음에는 엄마랑 살다가 엄마가 재혼하니까 아빠한테 가서 살라고 해서 거의 버려진 건데 아빠한테 오니까 좀 살만해졌다 그러니까 사고가 딱 났단 말이죠. 단기쉼터에 있다가 수녀님이 다시 새로운 쉼터로 가야 된다 그래서 추천해 주셨는데 거기 가서 형들에게 또 다른 구타를 당하고 시달림을 받게 된 거예요. 가족이 그립고 집이 그리워서 세상을 원망했어요. 단기쉼터에 있던 수녀님이 여기 좋다고 해서 왔는데 수녀님한테 너무 배신감이 들고 나가고 싶은데 갈 데도 없고…… 그래서 집이 생각났죠." (17세, 남, 고등학생 2학년)
- "처음에는 엄마랑 살다가 다시 아빠한테 와서 아빠랑 새엄마랑 살다가 아빠가 (교도소에) 들어가신 후에는 새엄마랑 살다가 그다음엔 할머니랑 살다가 그다음에 시설로 갔다가 다시 할머니 집에 왔다가 지금은 혼자 있고…… 맨날 혼자였기 때문에 옆에 누가 있었으면 힘든 시기도 안 찾아왔을 테고 하는 바람이 있죠." (16세, 남, 고등학생 1학년)

출처: 신연희 외(2017), pp. 104-105.

이런 까닭에 여성 수용자자녀들은 한쪽 부모가 양육하고 있는 경우가 51.5%(남자 수용자자녀 78.5%)이기 때문에 절반 정도는 부모 모두와 헤어져 살고 있는 셈이다(신연희, 2016b).

④ 자녀들의 심리적 상처

수용자자녀들의 심리적 문제는 대부분의 아이가 겪는 문제이다. 아이들은 일반적으로 부모와 심리적으로 단절하지 못하여 부모에게 가해지는 사회적 비난을 자신도 공유하며 자기비하, 위축감과 열등감을 느낀다. 또한 부모를 영원히 만나지 못할 것 같은 불안감, 부모의 수감이 자기 잘못인 것 같은 자책감 등 심리적으로 불안정한 상태가 된다(박선영, 신연희, 2012: 216). 청소년기 자녀들은 범죄인 자녀라는 낙인 때문에 정체성에 혼란을 겪기도 한다.

다음에 제시된 사례처럼 부모가 경찰에 연행되는 장면을 목격했다면 그 충격은 보다 심각한데, 조사에 따라 수형자 자녀의 12%(전영실 외, 2007: 90), 또는 6.5%(신연희 외, 2017: 58)가 목격한 것으로 보고되었다. 이로 인한 심리적 문제의 주된 증상으로는 부모가 수용된 후에 "아이가 말이 없어졌다." "사람들을 피하고 만나기를 두려워한다." "불면증, 우울증을 보인다." 등으로 나타났다(전영실 외, 2007: 128).

사례로 이해하는 숨겨진 피해자: 심리적 충격과 트라우마

▶ 사례

- "아침 일찍 자고 있는데 누가 아빠를 나오라고 해요. 그래서 아빠가 막 옷 입고 그러는데 제가 왜 왔냐고 하니까 처음엔 말을 안 해요. 아빠가 어디 갈 데가 있으니까 금방 올 거라고 우리한테 그카고 경찰차를 탔는데 그분들이 그 경찰 동료분이 사실 애들도 알건 다 알아야 하니까 사실대로 말하는 게 낫다 카면서 '느그 아빠 잡혀 간다.' 그 피해자 누나 이름을 대면서 '그 사람이 신고해서 성폭행으로 간다.' 그카는 거예요. 아빠한테 물어볼 수도 없고 누나랑 들었는데 어안이 벙벙해 가지고 그럴 수가 있나 놀라서 누나랑 3일 동안 그 말 때문에 잠을 못 잤어요." (17세, 남, 고등학생 2학년)
- "동네가 조그마하니까 동네사람들이 아빠 얘기를 다 알죠. 근데 다 아니까 제가 지나갈 때마다 '너는 너희 아빠처럼 살지 마라.' 그러면서 꼭 아는 척을 해요. 그 얘기를 어릴 때부터 들었거든요. 싫죠. 저도 뭐 아빠가 잘한 게 아니라는 걸 아는데…… 그리고 이제 아빠가 들어간 거를 친구 부모님들이 아시니까 부모님 거기 들어간 애랑 같이 놀지 마라 이래서…… 아빠가 원망스럽고 밉지만 그래도 아빠인데 사람들이 그런 얘기하면 좋게 들을 수는 없었어요." (27세, 남, 사회복지사)

출처: 신연희 외(2017), pp. 106, 110.

⑤ 부적응과 문제행동

비행은 자녀들이 처해 있는 취약한 상황이 원인이다. 자원이 부족하거나 실업자, 빈곤한 상황에 있는 사람들이 범죄의 위험성에 노출될 가능성이 높은 것과 같은 이치이다. 부모의 교도소 수용을 경험한 자녀 열 명 중 한 명은 부모의 전철을 밟고 있는 실정이어서 범죄가 세대를 통해 이전하는 현상도 있다(신연희, 이백철, 2008: 72). 한편, 교도소 수형자들의 10% 정도는 가족 중에 교도소에 입소한 적이 있는 것을 볼 때 수용자가정의 어려움은 사회적 비용으로 환원된다는 것을 알 수 있다(전영실 외, 2007: 65).

사례로 이해하는 숨겨진 피해자: 부적응과 문제행동

▶ **사례**

- "아빠가 (교도소에) 들어가시고 경제적으로 엄청 안 좋아졌죠. 할머니 할아버지 다 돌아가시고 집도 지하로 내려가고, 그래서 엄마가 주부셨는데 일하게 되시고 예전하고 완전 달라지면서 학교도 잘 안 나가게 되었어요. 형이랑 번갈아 가면서 동생 어린이집에 아침에 데려다 주고 끝나면 데리고 오는 거 해야 하고, 집에서 밥도 차려 먹여야 하는데 귀찮고 형이랑 안한다고 싸우고…… 학교 안 다니고 놀면서 계속 빠지니까 못 가게 되고 놀다가 담배도 피우고 술도 먹게 되고 막 술 먹다 보니까 가출하고 싶어지고 재판까지 오고 막 그렇게 커질 줄 몰랐어요. 엄마가 아빠도 그런데 너까지 왜 이렇게 됐냐고 우시는데…… 아빠가 계셨다면 이렇게 되었을까는…… 잘 모르겠어요. 저도 제가 왜 그렇게 되었는지……." (17세, 남, 고등학생 1학년)
- "학교 안 가고 자꾸 공부를 안 하니까 모르는 게 너무 많은 거예요. 그래서 고등학교도 대안학교를 간 거거든요. 학교 못 따라가고 그냥 빠지다 보니까…… 근데요, 대안학교는 프로그램도 없고 가면 문제집을 일단 풀라고 그래요. 검정고시 봐야 하니까 그냥 혼자 풀라고 하는데 뭘 알려 줘야 풀지요. 그러면 그거를 일단 풀고 나서 틀린 거를 해설해 주겠대요. 그래서 안 풀었죠. 아무 것도 모르는데……." (17세, 남, 고등학생 1학년)

출처: 신연희 외(2017), pp. 107-108.

⑥ 부모와의 단절

수용된 부모와 자녀가 접견한 적이 없다는 응답이 70% 정도였고(신연희 외, 2017: 59), 부모의 수용 초기에 수용사실을 자녀가 모른다는 응답은 60% 이상으로 나타났다(신연희, 2016b). 수용자와 자녀 간 관계의 단절은 상당히 심각하다고 볼 수 있다.

사례로 이해하는 숨겨진 피해자: 부모-자녀 교류 단절

▶ 사례

- "아빠가 갑자기 집에 안 들어오시는 거예요. 아무리 문자 보내도 답장도 없고 전화를 해도 연결이 안 되고 그냥 걱정이 되어서 불안했죠. 할머니한테 물어보니까 지방에 출장 갔다고 그러시는데, 근데 왜 전화도 못하나 무슨 사고 당하셨나 막 걱정이 되었어요. 근데 할머니가 제가 막 걱정하고 그러니까 이건 절대 비밀이라면서 교도소에 계신 걸 알려 주셨죠. 조금 놀라기는 했는데 어디에 계시고 어떻게 되셨는지 알게 되었으니까 안심이 되는 거예요. 오히려 절 버리지 않으셨다는 안도감이랄까." (17세, 남, 고등학생 1학년)
- "옛날에는 아빠가 전주에 있었는데 지금은 잘 몰라요. 고모가 안 가르쳐 주고…… 아빠가 왜 들어가셨는지도 몰라요. 얘기를 안 해 주셔 가지고 무슨 일이 있었는지…… 면회 가고 싶어도 고모가 니네 집 일은 신경 안 쓴다 나한테 말하지 말라고 그래서 조를 수도 없고." (16세, 남, 고등학생 1학년)

출처: 신연희 외(2017), pp. 113-114.

⑦ 인권상황

인권 관점에서 본 수용자자녀들은 생존과 성장에 필요한 최소한의 기본적 권리, 즉 안정된 가정에서 부모로부터 보호받을 권리를 비롯하여 아동이면 누구나 보장받아야 할 기본권이 박탈당한 상태에 있다. 부모의 교도소 수용과 함께 생존과 건전한 성장의 토대가 되는 가정이 훼손되어 생존권이 위협당하고, 보호해 줄 부모가 없어 보호권을 상실하며, 부모의 보살핌을 대신할 수 있는 사회적 지원에서도 배제되어 발달권도 보장받지 못하기 때문이다. 수용자자녀들이 처한 빈곤, 양육자 불안정, 가정해체, 심리적 상처, 부적응과 문제행동, 부모와의 단절 등과 같은 위기적 상황은 아동의 인권이 보호받지 못하고 있음을 보여 준다. 〈표 11-3〉은 「UN아동권리협약」에서 명시한 아동의 기본권별 수용자자녀들의 침해된 인권 상황이다(신연희, 2019; 신연희, 2020c).

표 11-3 아동의 기본권과 수용자자녀들의 권리 상황

권리 영역	아동의 기본권 내용	수용자자녀 권리 상황
생존권	경제적 생활, 주거, 영양, 보건, 돌봄, 긴급지원	• 경제적 빈곤 • 부모 수용 초기의 자녀들이 가장 위기적
발달권	건강, 학교적응, 병원치료, 문화생활, 자녀상담, 멘토링, 자녀캠프	• 체포 장면 목격으로 심리적 손상 • 체포를 목격한 모든 수용자자녀에 대한 별도의 심리치료 및 자녀상담 필요 • 부모의 수용 사실을 알고 있는 자녀들에 대한 심리상담, 정서적 지원 필요
보호권	보호아동발굴, 보호체계연계, 낙인방지, 부모교육, 구금최소화 및 대안적 형사제재	• 친생부모의 양육을 받지 못함 • 부모의 수용이 길어질수록 부모의 보호권에서 벗어나게 됨 • 보호아동 발견 및 아동보호체계 연계 필요
참여권	부모에 관한 정보 제공, 자신과 관련된 일에 알 권리, 접견 여부 의사반영, 거주지와 양육자 선택에서 자녀 의사 반영	• 부모의 수용 사실을 모름 • 자녀의 진정한 알권리 보장을 위한 매뉴얼 필요
면접권	부모와 정기적 접견, 접견활성화 방안	• 부모와 접견한 적이 없음 • 수용 기간이 경과할수록 접견 수요가 늘어나고 있어서, 이에 부응할 수 있도록 접견활성화를 위한 제도 보완 필요

출처: 신연희(2019).

(2) 지원제도와 사회복지실천

① 지원 근거

아동은 안정된 가정환경에서 행복하게 자라나야 한다는 것은 「아동복지법」의 기본 이념이다. 「아동복지법」(제3조와 제4조)에 의하면, 만약 양육할 능력을 갖춘 보호자가 없거나 아동이 조화롭고 건강하게 성장하는 데 필요한 기초적 조건이 갖추어져 있지 않은 아동은 보호아동 및 지원 대상 아동으로 규정하고 이들의 권익을 증진시키는 일을 국가와 지방자치단체의 책무로 명시하고 있다. 지원은 아동의 부모가 누구인지와 무관하게 평등하게 적용된다.

「UN아동권리협약」과 UN아동권리위원회에서는 수용자자녀 권리보장을 명시하고 있다. 먼저, 수용자자녀의 권리보장은 UN이 1989년 채택한 아동권리협약에 근거하고 있다.

「UN아동권리협약」에는 어떠한 아동도 부모의 상황이나 법적 신분으로 인해 차별받아서는 안 되고(제2조), 아동의 최선의 이익이 최우선적으로 고려되어야 하며(제3조), 부모와 분리된 아동이 부모와 직접적이고 정기적인 접촉을 할 권리가 있다(제9조)고 명시하고 있다. 한편, 「UN아동권리협약」 제43조에 근거하여 설립된 UN아동권리위원회는 2011년 9월 30일 '수용자의 자녀들(Children of Incarcerated Parents)'이라는 주제로 토론회(Day of General Discussion)를 개최했다. 수용자자녀들이 겪는 고통에 주목하며 수용자자녀도 다른 아동과 똑같은 권리가 있고, 각 회원국은 "수용자자녀의 권리는 부모가 체포되는 순간부터 법 집행, 교도소, 사법절차 등의 모든 단계에서 고려되어야 한다."라고 뜻을 모았다(신연희 외, 2017: 208-210).

우리나라에서도 국가인권위원회에서는 2017년 실시한 수용자자녀 인권 상황 실태조사 결과를 근거로 2019년에 형사사법 단계에서의 수용자자녀 인권 보호를 위한 정책권고를 했다(권수진, 신연희, 2019: 83).

- 경찰청장에게 피의자 체포 구속 시 현장에 있는 아동의 인권을 침해하지 않도록 관련 규정을 개정하고, 보호가 필요한 아동을 조기에 발견할 수 있는 절차 마련 등을 권고한다.
- 대법원장에게 피고인에 대해 구금형을 선고할 경우 피고인의 양육이 절대적으로 필요한 아동의 유무 등을 포함한 피고인의 환경적 요인에 대한 양형조사 활성화를 권고한다.
- 법무부장관에게 아동의 부모에 대한 접견권 보장을 위하여 모든 교정시설 내 아동친화적 가족접견실 설치 및 아동 친화적이고 다양한 형태의 접견을 활성화하고 미성년자녀에 대한 현황을 정기적으로 파악할 수 있도록 관련 법에 근거를 마련할 것을 권고한다.

② 지원제도의 내용

첫째, 교정시설 내에서의 지원제도는 「형의 집행 및 수용자의 처우에 관한 법률」(2019년 개정)에 근거를 두며, 주된 내용은 다음과 같다(권수진, 신연희, 2019: 30-40). 먼저, 수용자자녀의 부모와의 접견지원은 접촉차단시설이 없는 곳에서 하도록 하고, 아동친화형 가족접견실에서 실시하고 가족접견에 아동이 참석하는 경우 수용자는 귀가복을 착용할 수 있다(동법 제41조, 제9조). 또한, 여성수용자는 자신이 출산한 유아를 교정시설에서 생후 18개월까지 양육할 수 있으며, 유아의 양육이 허가된 경우 그에 필요한 설비와 물품을 지급받는다(동법 제53조). 임산부수용자의 영양 및 출산과 관련된 사항들, 유아를 양육하는 수용자와 유아에 대한 급식에 관한 강행규정도 마련되어 있다(동법 제42조, 제52조). 아울러 수용자의 미성년자녀 보호를 위해 교도소장은 보호 대상 아동을 발견하거나 수용된 부모에 의해 의뢰받은 때에는 아동의 최상을 이익을 위하여 「아동복지법」 제15조에 따른 보호조치를 시 · 도지사 또는 시장 · 군수 · 구청장에게 의뢰해야 한다(동법 제53조의2). 이와 함께 법무부는 수용자의 미성년자녀 현황 파악을 위해 수용자를 대상으로 조사를 실시하여 이에 관한 데이터를 구축하고 있는데, 이는 2019년에 처음으로 실시되었다.

둘째, 사회 서비스법률에 수용자자녀의 지원이 일부 포함되어 있다. 수용자의 빈곤한 가정에 대해서는 「국민기초생활 보장법」에서는 수급자 선정 조건에서 수용자가정에 대해 부양의무자 조건을 면해 주고 있으며(동법 제8조의2), 「긴급복지 지원법」에서는 가정의 주소득자가 구금시설에 수용되는 것을 위기상황에 포함시키고 있고(동법 제2조), 「한부모가족 지원법」에서는 한부모의 정의에 교정시설 · 치료감호시설에 입소한 배우자가 있는 가정이 포함되어 있으며(동법 제4조), 지원 대상자의 범위에 대한 특례에서 부모의 장기복역 등으로 부양을 받을 수 없는 아동을 지원 대상자로 명시하고 있다(동법 제5조의2). 한편, 「아동복지법」 상의 보호 대상 아동은 「형의 집행 및 수용자의 처우에 관한 법률」(제53조의2)과 연계하여 보호아동에 대한 시 · 도지사 및 시장 · 군수 · 구청장의 보호조치(「아동복지법」 제15조)를 수용자자녀에게도 동일하게 적용하도록 하고 있다. 「건강가정기본법」은 수용자자녀가 있는 가정을 직접적으로 명시하고 있지는 않지만 가족기능을 수행하는 데 긴급하게 지원이 필요한 위기가족에 수용자가정이 해당하므로 동법의 위기가족 긴급지원(동법 제21조의2)에 입각하여 수용자가정의 건강성 유지를 위해 지원할 수 있는 여지가 있다.

③ 개선방안

범죄의 숨겨진 피해자인 수용자자녀에 대한 제도적 대응방안은 다음을 고려해야 한다.

첫째, 수용자자녀 지원에 대한 기본 법률을 제정해야 한다. 「수용자자녀 지원에 관한 특별법」(가칭)의 제정은 아동의 기본권 보장, 특히 보호아동에 대한 사회적 보호를 통해 아동의 심신의 건강한 성장을 지원하는 데 목적을 둔다. 수용자자녀의 특수성과 관련 정책부처 및 부서의 혼재 등을 감안할 때 정책결정 및 집행의 실효성을 확보하고 종합적 · 체계적 지원 틀을 마련하기 위해서는 별도의 법률 제정이 필요하다.

둘째, 수용자자녀지원에 대한 정부와 민간 전문가들의 실천 지침이 되고 국민들의 인식 개선을 위해 수용자자녀 권리장전을 제정할 필요가 있다. 권리장전에는 다음에서 제시한 내용(수용자자녀 보호원칙)이 포함되어야 한다(신연희, 2017a: 26).

셋째, 수용자자녀의 지원을 위해 정부는 부처별로 협력을 강화해야 한다. 자녀들의 주거,

교육, 심리, 복지, 보호 등 다양한 측면에서 인권은 보장되고 있지 않기 때문이다. 따라서 정부의 여러 부처와 다양한 공적 기관이 협력할 때 아동으로서 누려야 할 최소한의 권리들을 수용자자녀들에게도 보장할 수 있다.

수용자자녀 보호원칙

첫째, 아이들은 부모와 분리된 동안 부모를 대신할 수 있는 보살핌을 받아야 한다. 아이들은 부모가 경찰에 체포되는 시점에서부터 교도소에서 출소한 부모와 성공적으로 재결합이 가능한 시기까지 물리적 · 심리적으로 안정된 생활을 보장받을 수 있도록 부모를 대신할 수 있는 보살핌을 사회로부터 받아야 한다.

둘째, 아이들은 부모의 일로 인하여 비난받거나 불이익을 당하지 않아야 한다. 아이들은 아동의 한 사람으로 존중받아야 하며, 범죄인 혹은 수용자자녀라는 비난이나 사회적 편견으로부터 보호받아야 한다.

셋째, 아이에 관한 결정에서 아이의 의견이 존중되어야 한다. 누구와 살 것이며, 어디에 살 것인지, 어느 학교를 다녀야 할지 등과 같이 아이들의 삶과 직결되는 사항들을 결정할 때는 당사자인 아이의 의견이 최우선적으로 존중되어야 한다.

넷째, 아이가 원할 때 부모와의 관계 유지와 접촉 기회가 보장되어야 한다. 아이가 부모와 만나거나 접촉하고 싶을 때 혹은 부모에 관해 알고 싶을 때 이를 방해하는 장애 요인을 없애 주어야 하며, 나아가 이를 촉진할 수 있는 적극적인 기회가 보장되어야 한다.

다섯 째, 아이들은 부모의 수용으로 인해 겪게 된 문제 해결을 위해 지원받아야 한다. 아이들은 부모의 수용으로 인해 초래된 경제적 어려움, 학교부적응, 심리적 · 정서적 문제, 가정해체 등의 문제해결을 위해 지원받아야 하며, 취약아동에 관한 서비스 대상자 선정에도 우선적으로 고려되어야 한다.

출처: 신연희(2017a), p. 26.

④ 사회복지실천

첫째, 사회복지 관련 법률에 근거하여 서비스를 제공한다. 수용자자녀에 대한 사회복지실천은 「아동복지법」상의 보호아동, 「한부모가정 지원법」상의 한부모가정 아동, 공공부조제도에 입각한 빈곤가정 아동의 지원에 관한 서비스를 적용한다. 이때 서비스 내용으로 심리적 상처에 대한 치유, 부모와의 접견 지원, 불안정한 보호자 및 양육환경 등을 고려해야 한다.

둘째, 수용자자녀 문제는 부모가 위치한 형사사법 체계와 긴밀한 연계하에 진행한다. 부

모와 분리되는 초기 단계가 가장 위기적이므로 부모가 경찰 단계에서 보호가 필요한 아동으로 의뢰된 아동을 아동복지에 입각하여 보호한다. 재판 단계에 있는 부모가 아동의 유일한 보호자일 때에는 이러한 상황이 양형에 반영될 수 있도록 아동을 옹호한다. 부모가 교도소에 수감된 후에는 「형의 집행 및 수용자처우에 관한 법률」에 명시된 수용자자녀 인권 보장에 관한 사항들에 기반하여 복지 서비스를 제공한다.

셋째, 수용자자녀들의 양육의 안정성 확보를 위한 지원은 절실하다. 한쪽 부모가 수용된 후 양육자의 부재 내지는 부적절한 양육자로 인하여 위험한 상태로 방치되어 있는 수용자자녀들을 보호하는 일은 아동복지의 고유한 영역이다. 아동복지 서비스 전달체계와 결합하여 극빈가정에 대해서는 긴급복지지원 및 국민기초생활수급자 지정을 돕고, 「한부모가족 지원법」에 의해 지원하며, 양육자가 부모의 취업을 위해 아동 돌봄 서비스와 방과 후 돌봄 서비스 등과 연계하여 서비스를 제공한다(신연희, 2014).

넷째, 자녀의 양육권, 후견인 지정, 가정위탁과 같은 법적인 사항에 대한 지원도 필요하다. 가족문제에 대한 무료법률 서비스 제공기관(예: 한국가정법률상담소)이나 대한법률구조공단에 관한 정보를 제공하고 연계해 주는 중개자의 역할을 사회복지사는 수행한다.

다섯째, 프로그램 제공에 있어 수용자자녀 및 보호자의 욕구가 우선적으로 고려되어야 한다. 가장 절실한 것은 경제적 지원, 정보 제공, 수용된 부모와의 접촉지원으로 알려져 있다(신연희, 2014). 경제적 지원은 빈곤한 수용자가정을 찾아내는 일과 빈곤한 가정에 대한 지원 가능성을 높이기 위해 지역사회로 네트워크를 확장하는 방안을 모색하는 일이 중요하다. 한편, 정보 제공은 자녀들의 경우 인터넷 매체를 적극 활용하고 책자, 상담을 통해 직접 정보를 제공하는 방법도 있다. 부모와의 접촉지원은 현재 교정시설에서 운영하고 있는 가족만남 프로그램에 대한 이용이 가능하도록 교도소 방문을 위한 교통편 지원, 비용지원, 동반 방문을 통한 상담지원과 같은 서비스를 제공하는 것은 사회복지사의 전문성과 지역사회의 사회복지자원을 활용한다.

결론적으로 수용자자녀 문제에 대해 사회는 죄지은 사람에 대해 처벌을 가하듯이 죄를 짓지 않은 사람은 보호해야 한다. 수용자자녀에 대한 사회적 관심은 사회공동체의 건전한 유지 및 발전을 위해서도 중요하며, 수용자들의 건전한 수용생활과 재범 예방을 막아 우리 사회가 더욱 건전하도록 할 수 있다.

 2. 영화로 이해하는 범죄피해자

학습개요

이 절은 범죄피해자들의 상황을 영화에 나타난 피해자들의 삶의 과정을 통해 이해한다. 피해 당사자의 사례는 유괴범에 의해 아들을 잃은 피해자 가족의 삶을, 숨겨진 피해자는 아빠가 교도소에 수감된 후 조손가정에서 어렵게 살아가는 수용자 가족 및 자녀의 상황을 보여 준다. 피해 당사자에 관한 이슈는 영화 〈밀양〉, 숨겨진 피해자인 수용자자녀에 관한 이슈는 영화 〈아들〉을 통해 검토하면서 사회복지 대응방안에 관한 토론 주제도 제기한다.

1) 피해 당사자: 영화 〈밀양〉

영화 〈밀양〉(2007)의 주인공인 신애는 범죄피해자이자 유괴범에 의해 아들을 잃게 된 엄마이다. 남편과 사별 후 아들과 함께 새로운 삶을 살고자 밀양에 온 신애는 유괴범에게 아들이 살해당하는 불행한 일을 겪게 된다. 아들을 잃은 주인공의 삶은 달라졌다. 겉으로는 평소처럼 생활하고 있는 듯 보이지만 사람에 대한 경계심과 심각한 우울 상태이고 정서적으로 극도로 불안하여 오한이나 헛구역질과 같은 신체적 이상 증상도 보인다.

주인공은 교회에 다니면서부터 마음의 평화를 찾은 듯 보였고 이제는 행복하다고 스스로 말하기도 한다. 그러나 실상은 혼자 있을 때 눈물을 쏟고 낯선 타인을 극도로 경계하고 있었다. 겉으로는 안정되어 보이지만 이는 자신에게 솔직하지 못한 감정이었고 불안정한 심리 상태였다. 교회의 가르침대로 죄인을 용서하는 것이 신앙인이 해야 할 일이고, 고통에서 벗어나는 길이라고 생각하기도 했다. 그래서 신애는 아들을 죽인 유괴범, 아들이 다니던 웅변학원의 원장이었던 파렴치한 인간, 죽이고 싶을 만큼 용서할 수 없는 살인자를 용서하기로 마음먹는다.

아들을 죽인 유괴범을 용서하겠다는 결심과 함께 신애는 교도소를 찾아가서 그를 만난다. 접견실에서 가해자를 기다리는 불안하고 초췌한 신애와는 달리 유괴범은 너무나 태연한 모습으로 나타난다. 피해자인 자신은 고통스러운 삶을 살고 있는데, 이와는 달리 정작 가해자는 멀쩡해 보이기까지 한다. 더욱 놀라운 것은 유괴범은 이미 하나님께 용서를 받아 마음이 편안하다는 것이다. 수없는 고통과 망설임 끝에 죄인을 용서하고 이웃을 사랑하라는 종교의 가르침에 따라 아들을 죽인 살인자에 대한 용서를 결심한 주인공과는 달리 유괴범은 이미 자신의 죄는 용서받았다는 마음으로 살고 있었던 것이다.

주인공은 자신이 의지했고 한 때 마음의 위로를 받았던 교회에서 절규한다. "어떻게 용서를 해요? 용서하고 싶어도 난 할 수가 없어요. 그 인간은 이미 용서를 받았다는데…… 그래서 마음의 평화를 얻었다는데…… 내가 그 인간을 용서하기도 전에 어떻게 하나님이 그 인간을 먼저 용서할 수 있어요?" 주인공은 심한 정신적 충격에서 벗어나지 못하고 정신질환 증세까지 보인다.

범죄피해자는 유괴범에 의해 아들을 잃고 새로운 삶에 대한 희망도 잃게 되었으며, 가해자에 의해 입은 정신적 충격과 가해자를 향한 분노는 앞으로의 삶에 깊은 상처로 남을 것이다. 아들을 잃고 일상생활이 어렵게 되었으며, 정신적으로도 피폐해진 범죄 피해자의 삶은 어떻게 회복되고 치유될 수 있을까? 범죄인을 용서할 수 있는 권한은 누구에게 있을까? 진

범죄 피해당사자: 〈밀양〉

▶ 줄거리

영화 〈밀양〉에서 피해자와 가해자의 태도는 상반된다. 경찰서에서 가해자를 만났을 때 피해자는 마음속에 가득 찬 분노감과는 달리 오히려 무서움에 움츠러든다. 피해자들은 일반적으로 심리적 위축과 두려움에 싸여 자신을 방어할 능력을 갖기 어렵다.

이에 반해 가해자는 피해자가 용서해 주겠다고 말하기도 전에 이미 신에게 용서를 받았다고 말한다. 가해자는 구원을 받았다고 생각하고 마음의 평안을 찾아 평온한 모습이다. 가해자를 용서하겠다고 어렵게 결심한 피해자는 가해자의 모습으로 인해 분노감에 휩싸이고 정신적 충격은 계속된다. 아들을 잃었고, 많은 아픔과 고통의 날들을 보내고 있는 피해자의 삶에는 관심이 없어 보이기 때문이다. 가해자에 대한 충격으로 피해자의 삶은 더욱 피폐해진다.

〈밀양〉에서는 가해자의 잘못된 자기용서를 보여 준다. 용서는 가해자가 하는 것이 아니라 피해자와의 화해에 의해 성립되며 이에 선행하여 가해자의 자기책임감이 전제되어야하기 때문이다.

▶ **생각해 보기: 범죄 피해로부터의 회복과 사회복지사의 역할**

분노와 억울함으로 인해 피해자가 가해자가 되는 폭력의 순환 현상이 발생하기도 한다.

- 폭력의 순환을 차단할 수 있는 사회적 방안은 무엇인가?
- 피해자가 상처로부터 치유되어 일상을 회복할 수 있도록 돕는 사회복지사의 일에는 어떤 것들이 있는가?

정한 용서와 화해는 무엇을 의미하며, 어떤 방식으로 이루어져야 할까? 정의로운 법 집행은 피해자의 억울함을 보상받기에 충분해야 할 것이다.

2) 숨겨진 피해자: 영화 〈아들〉

영화 〈아들〉(2007)은 무기수 아버지를 둔 아들에 대한 이야기이다. 하루의 귀휴를 얻어 아들을 만나러 가며 설레는 수감자 아버지, 그의 아들은 치매에 걸려 손자는 물론 아무도 몰라보는 늙은 할머니와 함께 살고 있다. 할머니가 손자를 돌보기보다는 손자가 할머니를 돌보는 조손가정이다. 이 영화에서는 부모(혹은 자식)를 교도소에 보낸 수용자자녀 내지는 수용자가족의 모습을 들여다 볼 수 있는 장면들이 많이 나온다. 가장을 교도소에 보내고 어렵게 살아가면서 병까지 걸린 가족들의 모습(치매 노모와 불치병이 걸린 청소년기의 아들), 가족에 대한 그리움과 걱정으로 정신적 고통을 겪는 수용자의 모습도 묘사된다. 이는 부모가 교도소에 있는 수용자자녀와 그 가족들의 삶의 전형이다.

수용자의 자녀는 갓난 아이 때 아버지가 교도소에 갔고, 이후 할머니의 손에서 자란다. 빈곤과 병약함과 불안정한 생활이지만 꿈을 잃지 않고 성장해 간다. 다행히 친구들은 범죄자 자식인 줄 알면서도 좋은 친구가 되어 준다. 치매에 걸린 할머니에게도 친손자나 다름이 없이 대한다. 아들은 살인자라는 이름이 붙은 아버지를 원망하며 살았지만, 막상 아버지가 귀휴를 받아 집으로 온다고 하니 반갑고 기다려진다.

살인죄로 평생을 교도소에서 살아야 하는 무기수에게도 아들을 만나는 것이 최고의 소망인 것은 여느 부모와 다를 바가 없다. 아들을 볼 기회를 얻은 것은 기적처럼 즐겁고 간절히 기다려지는 일이다. 아들의 얼굴을 보는 것은 마치 신이 주는 마지막 선물처럼 느껴진다. 아버지는 가족과 단 하루 동안 지낼 수 있는 외출을 허락받는다. 귀휴를 받은 것이다. 비록 흉악한 죄를 저질렀지만 교도소에서도 모범적인 생활을 한 결과 모범수형자로 인정받았기 때문이다.

갓난아기 때 헤어져 이제는 고등학생이 되었을 아들의 얼굴도 모르지만 보고 싶은 마음은 너무나 간절하다. 흉악범죄자라는 자신의 부끄러운 모습을 아들에게 어떻게 보여 주어야 할지 걱정이다. "하이 반가(반가)." 이는 교도소에서 열심히 연구해서 준비한 첫 인사말이다. 아버지와 아들의 하루 동안의 만남은 어색함의 연속이고 갈등도 발생하지만 친근감도 생긴다. "15년 만에 기억조차 나지 않는 아버지가 왔다. 무섭게 생긴 아버지의 눈에는 항상 아들이 있었음을 나는 안다." 아들의 마음이다.

이 영화의 결말에서는 놀라운 반전이 있지만 자식을 둔 부모라면 충분히 공감이 간다. 교도소로 돌아가기 직전에 아들과 헤어지면서 아들의 손을 잡은 아버지는 자신의 아들이 아님을 알아챈다. 부모의 감성이다. 이 가정의 모든 사정을 알고 있는 아들의 친구가 죽은 친구의 간절한 바람이었던 아버지와의 만남을 대신해 준 것이다.

부모는 말하지 않아도 가슴과 느낌으로 자신의 자식을 알 수 있다. 부모라면 누구라도 본성적으로 자식을 사랑할 수 있는 자질을 가지고 태어나기 때문이다. 세상의 어떤 규칙이나 질서도 부성 혹은 모성에 제한을 가해서는 안 될 일이다. 그것은 천부적 인권이며, 어린 자녀들이 성장할 수 있는 원천이고, 나아가 사회를 유지하는 근간이다. 형벌은 범죄에 상응하는 대가이기 때문에 범죄에 대한 자기책임의 범위에서 이루어져야 한다. 범죄인에 대한 형벌의 목적에는 가족관계를 상실시키고 부모가 필요한 아이들에게 보호권을 박탈하는 것이 포함되어 있지 않다. 법 집행 과정에서 발생하게 되는 부정적 효과임이 분명하다. 이를 최소화할 수 있도록 형사사법제도를 비롯한 다각적인 개선 방안이 필요하다.

수용자자녀: 〈아들〉

▶ 줄거리

교도소에 15년째 복역 중인 무기수가 십여 년 넘게 헤어져 지냈던 아들과 노모를 만날 수 있는 단 하루를 허락받는다. 부자는 어색하게 상봉한다. 죄를 저지른 부끄러운 아버지와 치매에 걸린 할머니와 힘겹게 살아가는 아들은 다투고 갈등하면서도 귀하게 시간을 보낸다. 함께 간 목욕탕에서 아들은 생각한다. "물속에서 본 아버지는 살인자도 아니고 감옥에 사는 사람도 아닙니다. 단지 나를 만나러 먼 길을 걸어 온 우리 아버지입니다."

▶ 생각해 보기: 수용자자녀는 보호 대상 아동의 한 유형인가? 범죄인 자녀인가?

지역사회에는 사회적 도움이 필요한 취약계층 아동들이 있다. 부모가 교도소에 있는 아동과 청소년도 이에 속한다. 이들도 동일하게 사회복지제도와 사회복지사의 손길이 필요한 취약계층 아동 · 청소년이다.

- 수용자자녀는 보호 대상 아동인가, 아니면 범죄인 자녀인가? 사회복지사는 어느 입장에 서야 하며, 그 이유는 무엇인가?

사법사회복지의 발전 방안

 1. 사법사회복지의 정의와 필요성

범죄문제에 대한 사회복지실천의 확장을 위한 방안은 무엇인가? 최선의 방안은 형사사법체계에서의 사회복지 서비스를 제도화하는 것이다. 이 절은 사법사회복지 발전에 관한 기초적 이해를 목적으로 한다. 사법사회복지에 대한 개념을 정의하고, 형사사법제도에서 사회복지 서비스가 필요한 근거로 형사사법에서 사법사회복지로의 전환, 인권보장의 문제, 사법제도 내의 변화 방향에 관해 검토한다.

1) 사법사회복지의 정의

사법사회복지(Social Welfare in Criminal Justice System)는 사법제도와 연계하여 사회복지 서비스를 제공하는 사회복지를 이른다. 사법사회복지의 영문 표기는 한국사회복지교육협의회의 사회복지교과목 지침서에 나와 있는 '교정복지론'의 영문 표기인 'Social Welfare in Criminal Justice System'을 따른다(한국사회복지교육협의회, 2020: 72).

사법사회복지는 형사사법 및 소년사법 제도를 주된 실천현장으로 하고, 범죄와 관련된 사람들(범죄인, 비행청소년, 범죄피해자 등)을 실천 대상자로 개입한다. 사법사회복지는 범죄문제에 대응하여 사법체계를 중심으로 사회복지 전문직의 가치, 지식 및 기술을 적용하여 사회복지 서비스를 제공하는 사회복지의 전문 분야이다.

현재 우리나라에서 통용되고 있는 '교정복지'는 '사법사회복지'로의 용어 전환이 필요하다. 교정복지는 교도소에서의 사회복지로 오해할 소지가 있으며 범죄문제에 대응한 포괄적 실천 영역인 사회복지를 교도소 중심의 최협의의 개념으로 한정하여 규정할 수 있기 때문이다. 따라서 형사사법체계에서 진행되는 사회복지는 '사법사회복지'라는 용어가 적절하다. 사법사회복지의 주된 특성이 사법체계를 실천현장의 기반으로 한다는 점에서 학교를 기반으로 하는 학교사회복지, 의료체계를 기반으로 하는 의료사회복지와 유사하게 '사법사회복지'라는 용어가 그 특성에 부합한다.

사법사회복지(사법복지)라는 용어는 국내에서 이미 일부 학자들에 의해 사용되었다. 조홍식, 이형섭(2014)은 사법제도, 특히 형사사법제도를 실천 영역으로 하는 사회복지 분야를 사법복지(Forensic Social Work)로 정의했다. 이보다 선행하여 이무웅(2013)은 사법제도와 관련된 사회복지 서비스를 의미하는 사법복지(Judicial Welfare)를 광의로는 모든 사법제도(민사사법, 형사사법)를 포괄하고 협의로는 형사사법과 관련된 사회복지활동으로 정의했다.

사법복지(사법사회복지, 사법사회사업)라는 용어는 외국에서는 통상적으로 사용된다. 미국의 전미사회사업가협회는 사법제도권을 중심으로 수행되는 사회복지를 사법사회사업(Criminal Justice Social Work)으로 정의하고 있다(NASW, 2010: 3). 전미포렌식사회사업가협회(National Organization of Forensic Social Workers)에서는 사법사회사업을 법률과 사법제도와 관련된 문제와 이슈에 대해 사회복지실천을 적용하는 것으로 정의했다(조홍식, 이형섭, 2014: 466). 한편, 사법복지가 제도적으로 정착되어 있는 영국의 스코틀랜드는 사법사회복지 서비스에 관한 국가 기준을 마련하고 있다(Scottish Government, 2010). 이에 관한 지침에는 사법사회복지(Criminal Justice Social Work: CJSW), 사법사회복지 서비스(Criminal Justice Social Work Service: CJSWS)를 공식적 용어로 사용하고 있다(Scottish Social Services Council: SSSC, 2010). 나아가 스코틀랜드에서 사법사회복지는 전체 사회 서비스의 중심적 위치를 점하고 있을 정도로 사법사회복지의 서비스는 발달해 있다.

사법사회복지는 용어만 대체될 뿐 교정복지의 개념적 정의(목적, 실천현장, 실천 대상자)와 동일하다(제1장 1절 참조). 이 책에서는 사법사회복지를 다음과 같이 정의한다. "사법사회복지는 사회안정과 복지 향상을 궁극적 목적으로 하여, 범죄자와 비행청소년의 재범 예방과 범죄 원인이 되는 사회문제에 개입하여 범죄를 사전 예방하며 형사사법 및 소년보호제도와 연계하여 범죄와 직간접적으로 관련된 모든 사람을 대상으로 사회복지의 가치, 지식 및 기술을 적용하는 사회복지의 전문 분야이다." 부연하자면, 사법사회복지의 주된 실천현장인 사법제

도는 형사사법제도(Criminal Justice System)와 소년보호제도(Juvenile Justice System)를 포괄한다. 따라서 실천현장의 구체적인 범위는 형사사법체계에 있는 성인교정시설과 소년보호시설, 사회 내 처우기관과 시설 그리고 지역사회이다. 실천 대상자로 범죄인은 성인범죄자와 비행청소년, 출소자이고, 범죄피해자는 피해당사자와 가해자 및 피해자 가족이며, 넓게는 지역사회도 실천 대상자의 범위에 포함된다. 한편, 사법사회복지의 목적은 사회안정과 복지 향상을 궁극적 목적으로 하여 실천 대상자에 따라 재범 방지, 범죄의 사전 예방, 인권보장을 목적으로 한다.

2) 사법사회복지의 필요성

범죄문제는 그동안 형사사법의 고유 영역으로 인식되어 왔다. 그러나 최근 들어 처벌 중심의 형사사법이 범죄인에 대한 사회복귀를 중요시하는 방향으로 변화됨에 따라 원조 전문가, 휴먼 서비스 전문가, 인권 전문가의 역할이 요구되고 있다. 사회복지는 그동안 범죄인 변화를 위한 교화 프로그램의 운영, 원조를 위한 다양한 복지 서비스 제공, 출소자의 사회정착에 필요한 자원지원에 상당 부분 기여해 왔다. 또한 범죄 발생의 사전 예방은 사회보장제도 및 사회복지실천에 의해 효과가 창출되기도 한다는 점에서 사회복지와 형사사법제도와의 협력 가능성은 크다. 형사사법 영역에서 사회복지실천의 확장 및 제도화 필요성은 다음과 같다.

(1) 처벌 위주의 형사사법에서 사법복지로의 전환

현행 사법제도는 처벌위주에서 사회복지와 결합한 사법복지로의 전환이 필요하다. 처벌위주의 형사제재는 범죄율과 강력범의 증가 그리고 사회적 비용이 가중되는 결과를 초래했다. 범죄자는 구금됨으로 인한 고통은 겪지만 피해자와 사회에 미친 해악에 대한 자기책임을 인식하기는 어렵다. 사법제도의 목적은 재범 방지와 사회통합이며 이는 범죄인의 변화가 전제되어야 한다. 응보적 관점에 토대를 두고 있는 처벌 위주의 형사사법으로는 성취하기 어려운 일이다. 사회복지의 기술과 기법이 활용될 때 그리고 지자체와 지역사회의 역할이 강화되고 자원이 결합될 때 가능한 일이다.

(2) 인권보장 이슈의 부각

구금으로 인해 발생하는 인권의 문제는 사회복지 전문직의 역할을 필요로 한다. 강한 처벌은 비인도적이며, 범죄자 및 범죄 관련자의 인권을 침해하는 부정적 효과가 파생되기도 한다. 교도소에 구금하는 것은 범죄인의 자유를 박탈하는 처벌에 한정되어야 하지만, 가족해체, 사회적 지위 상실, 직업 상실, 대인관계 상실, 경제적 손실(소득단절, 재판비용 등), 심리적 손상(전과자 낙인, 자존감 손상, 무력감 등), 적응력 상실(사회와의 단절 결과)을 초래한다. 사회복지는 인권의 가치에 토대를 두고 있으며, 인권 전문가인 사회복지사는 처벌이 초래하거나 초래할 수 있는 인권문제에 대응할 수 있는 전문가이다. 사회복지사는 수용자 기본권 보장, 법의 공정한 집행에서 소외된 수용자들의 권리를 옹호하고, 취약한 수용자(빈곤한 무의탁수용자, 노인, 여성, 장애인, 임산부 등), 특히 자신을 보호할 능력이 부족한 비행청소년을 검찰 및 법원 단계에서 옹호하여 청소년의 인권이 보장될 수 있도록 역량을 발휘해야 한다.

(3) 사법제도 내의 변화 경향

사법체계 내에서 진행되고 있는 변화 경향은 사회복지와의 협력을 요구한다. 형사사법체계에서는 최근 들어 가해자와 피해자의 중재, 범죄피해자의 치유, 빈곤층이나 장애인, 정신적 문제가 있는 범죄자, 가족문제와 가정폭력, 처벌과 관련된 인권 등과 같은 일들에 대한 관심이 늘고 있다(조홍식, 이형섭, 2014). 지역사회 중심의 활동과 사회복지 서비스의 수요는 점차 늘어날 전망이다.

한편, 구금대체처분으로 사회 내 처분이 증가하고 있다. 사회 내 처분이 증가함에 따라 범죄인을 구금하는 대신 이들이 지역사회에 재정착할 수 있도록 지원하는 국가의 역할이 더욱 중요해지고 있다. 범죄인 관리 및 사회통합에 관한 서비스 전달 체계의 변화가 필요하다는 것을 의미한다. 이제 범죄문제는 법무부 중심에서 전 부처 소관으로, 중앙정부 중심에서 중앙 · 지방 · 지역사회가 총체적으로 협력하고, 공공자원과 민간자원을 연계하는 협력적 거버넌스에 의해 운영되어야 한다. 사법체계에서의 이와 같은 변화 경향은 네트워킹에 관한 전문기술을 보유하고 협력적 실천을 위한 훈련이 되어 있으며, 자원 동원과 연계에 전문성을 갖춘 사회복지의 개입을 필요로 한다.

2. 사법사회복지 제도화 방안

학습개요

이 절에서는 사법사회복지 제도화를 중심으로 발전 방안을 다룬다. 제도화를 위한 근거법령 마련(법률의 제정 및 관련 법령의 개정), 사법사회복지사의 역할 규정(사례관리자, 교화 전문가, 원조 전문가, 인권 전문가, 네트워킹 전문가), 그리고 사법사회복지 서비스 전달체계에 관한 모델로 사법사회복지 협력 모델을 제안한다.

1) 제도화를 위한 근거법령 마련

(1)「사법사회복지에 관한 법률」(가칭) 제정

사법사회복지 발전에 관한 최선의 방안은 제도화이다. 그 일환으로 이를 위해서는 제도 운용의 기본법인「사법사회복지에 관한 법률」(가칭)의 제정이 필요하다. 이 법은 사법제도의 주무부처인 법무부가 중심이 되고 관계부처의 협조를 거쳐 제정되고 집행되어야 한다. 이 법률에는 사법체계에서 제공되는 사회복지 서비스의 주요 내용과 전담 인력인 사회복지사의 역할과 고유 업무의 범위가 규정되어야 한다.

(2)「사회복지사업법」의 개정

현재 우리나라「사회복지사업법」은 사회복지사업의 정의에 '보호 · 선도'를 명시하고 있고, 사회복지사업에 해당하는 법률로「보호관찰 등에 관한 법률」을 포함하고 있어서(동법 제2조), 범죄인 및 비행청소년에 대한 사회복지 서비스의 근거가 되고 있다.「사법사회복지에 관한 법률」(가칭)이 제정된다면 사회복지사업에 해당하는 법률로 포함되어야 할 것이다.

우선「사회복지사업법」에서 전문사회복지사의 유형으로 사법사회복지사에 관한 내용이 포함되어야 한다. 현재「사회복지사업법」의 사회복지사 자격증 발급과 관련된 조항(제11조)에서 정신건강사회복지사, 의료사회복지사, 학교사회복지사에 대한 자격증 취득에 관한 별도의 내용이 명시되어 있다. 사법 영역에서 종사하는 사회복지사(가칭 '사법사회복지사')에 관한 내용도 이에 포함될 수 있도록「사회복지사업법」이 개정되어야 한다.

(3) 사법 관련 법률의 개정

사법 분야의 관련 법률에서도 사회복지사에 의한 업무를 명시해야 한다. 형사사법 절차가 진행되는 단계에 따라 경찰, 검찰수사, 재판과정, 수용생활, 출소 후 사회적응까지 각 단계별로 사회복지사의 역할을 규정하는 조항이 관련 법률들에 포함되어야 한다.

예를 들어, 경찰에서는 범죄인의 미성년자녀 중 보호아동의 발견과 조치, 비행청소년 지원에 관한 규정과 이를 수행하는 사회복지사의 업무에 관한 사항을 경찰업무 관련 법률에 포함시켜야 한다.

재판 단계에서도 사회복지사의 역할에 관한 규정이 필요하다. 사법사회복지사는 재판 중인 피고인에 대해 법원이 정신감정 등을 요구할 때 이를 진술하거나 증언하고, 판결 전 조사에 참여하여 피고인 및 관련 환경에 대한 평가를 법원에 보고하며, 범행의 원인과 과정을 조사하여 판결에 참조할 수 있는 정보가 되도록 하고, 분쟁 상태에 있는 가해자와 피해자 및 관련자들의 갈등을 중재하는 역할을 수행하고, 피고인의 인권문제 등과 같은 일에 사회복지 전문성을 적용할 수 있다(조홍식, 이형섭, 2014: 473). 이에 관한 사회복지사의 업무는 관련 법률에서 명시해야 한다.

교정시설 수용 단계에서는 교화전담 인력, 사례관리자, 인권 전문가, 원조 전문가, 자원연계자로서 수행해야 할 사회복지사의 고유 업무가 규정되어야 한다. 이를 위해서는 「형의 집행 및 수용자의 처우에 관한 법률」의 개정이 필요하다. 이러한 업무가 사회 내 처우자와 출소자에 대한 갱생보호사업에서도 규정되어야 한다. 나아가 범죄인의 사회통합을 일차적 목적으로 하는 사회 내 처우와 출소자 적응지원에 목적을 둔 갱생보호의 특성에 비추어 볼 때 교화전담 인력, 사례관리자, 인권 전문가, 원조 전문가, 자원연계자로서의 사회복지사의 업무의 범위는 보다 확장하여 규정되어야 한다. 이를 위해 「보호관찰 등에 관한 법률」의 개정이 필요하다. 또한 형의 집행으로 인해 피해를 입는 아동의 인권보호를 위해 「수용자자녀 지원에 관한 특별법」(가칭)도 제정되어야 한다.

아울러 소년사법제도에서 사회복지 속성을 가진 업무에 대한 법적 근거도 마련해야 한다. 소년사법제도는 보호주의 이념에 입각해 있으며, 돌봄 및 교육을 중심으로 운용되는 제도이다. 따라서 개별 비행청소년에 대한 사례관리자, 인권 전문가, 원조 전문가, 자원연계자(네트워킹 전문가)로서 사회복지사의 역할이 중요하다. 「소년법」 개정을 통해 비행청소년에 대한 사회복지 서비스와 각종 지원에 관한 사회복지사의 업무가 명시되어야 한다.

2) 사회복지사의 역할

사법 영역에서의 사회복지사는 사회복지의 전문지식과 기술을 활용하고 사법체계의 전문가들과 공동의 목적 달성을 위해 협력한다. 사회복지사는 사회복지 전문직에게 사회로부터 부여받은 역할인 사례관리자, 교화 전문가, 원조 전문가, 인권 전문가, 네트워킹 전문가로서의 전문성을 발휘한다. 이에 입각하여 사회복지사는 사례관리, 개별 및 집단 상담, 원조활동, 교화 서비스 제공, 네트워킹, 지역사회 조직화, 클라이언트 옹호 · 대변 등과 같은 업무를 수행한다.

첫째, 사회복지사는 개별 범죄인에 대한 '사례관리자'가 된다. 신입 수용자의 심리적 · 정서적 안정을 위한 상담, 관심대상 수용자에 대한 고충처리와 정서적 지원자로서의 역할을 수행한다. 특히 사례관리자로서 사회복지사는 지역사회 자원을 연계하는 네트워킹 전문가가 된다. 사회복지사는 수용자 교화를 위한 다분야 협력의 구성원으로서 사회복지의 전문성을 활용하여 수용자 및 가족상담, 서비스지원을 위한 네트워킹과 지역사회와의 중개자 역할을 수행한다(신연희, 2021).

둘째, 사회복지사는 '교화 전문가'로서의 역할을 수행한다. 범죄인에 대한 통제 관점과 대비되는 사회복귀 관점에 입각한 접근이다. 교화 프로그램을 개발하고 운영함에 있어 교육 및 자원연계의 역할도 수행한다. 범죄인의 성공적 사회정착을 위한 직업훈련 및 취업연계에 관해서는 사례관리자, 지역사회 자원 및 독지가와 연계하는 네트워킹 전문가가 된다. 신앙에 기반을 둔 교화 프로그램은 긍정적 효과가 크므로 종교 프로그램을 운영함에 있어 사회복지사는 종교인들과의 연계를 통한 상담, 자원 제공 등을 위한 중개자가 된다. 교화전문가로서 사회복지사의 실천은 사회복귀 관점에 토대를 둔다. 범죄자 및 비행청소년을 수용하는 사법시설들이 수용자 및 원생을 변화시켜 사회재통합을 준비하는 기능을 가진 공적 기관으로 전환하기 위해서는 교화 · 교육 프로그램의 개발과 운영에 관한 전문성이 확보되어야 하며, 사회복지사가 수행해야 할 일이다.

셋째, 사회복지사는 '원조 전문가'로서 범죄인의 재범 방지와 성공적 사회통합에 필요한 자원을 제공한다. 범죄인의 변화는 범죄 원인의 다양성에 입각할 때 가능하다. 복잡한 형태의 사회문제가 발생하고 다양성과 개별화가 확산된 현대사회에서 수용시설에 구금하는 획일적인 방법으로 범죄인의 변화를 기대하기 어렵다. 현재 교정시설 및 소년보호시설에서 제공되는 교정교육 및 교화 프로그램은 클라이언트의 개별적 특성이 반영되지 않고 유형 또한 규격화되어 있다. 개별 범죄인 및 비행청소년의 각기 다른 욕구를 반영한 원조활동은 개별화된 실천을 원칙으로 한다.

넷째, '인권 전문가'로서 사회복지사는 비행청소년과 취약한 범죄인의 상황을 대변한다. 판결 전 조사, 환경조사, 가석방심사에서 사실에 입각하여 이들을 옹호하고 대변한다. 또한 법의 집행과정에서 범죄인 및 비행청소년의 기본권 보장을 위해 노력하고 침해당한 사례에 대해서는 회복되도록 돕는다. 아울러 범죄에 의한 무고한 피해자인 범죄피해 당사자와 수용자의 미성년자녀들에 대해서도 인권이 침해되지 않도록 사회제도적 차원에서의 옹호활동에 참여한다. 나아가 문제가 해결될 수 있도록 필요한 자원을 연계하는 원조 전문가의 역할도 수행한다.

다섯째, '네트워킹 전문가'로서 사회복지사는 다른 전문가들과는 구별되는 독특한 전문성을 가진다. 협력체계를 구축하고 자원을 발굴 · 동원 · 연계하는 모든 일을 주관하는 코디네이터가 된다. 협력체계는 거시적으로는 중앙정부와 지방정부의 연계, 중앙정부 내에서도 부처 간 연계, 지자체와 지역사회 기관 및 단체와의 연계, 공공자원과 민간자원의 연계 등을 위한 실천을 의미한다. 미시적으로는 사회복지사가 담당하고 있는 대상자(범죄인, 비행청소년, 피해자 및 가족 등)를 원조하기 위한 네트워킹을 의미하는데, 사례 대상자에게 필요한 자원을 지역사회와 연계하기 위해 지역사회 조직화 및 중개자의 역할을 수행한다.

3) 사법사회복지 모델

사법사회복지 모델의 기본 가정은 다음과 같다.

- 범죄에 대한 사회적 대응을 처벌 및 통제 위주의 형사사법에서 사회복지와 결합한 사법사회복지로 전환한다.
- 재범 방지를 위한 서비스를 시설 중심에서 지역사회로 확장한다.
- 범죄문제에 대한 소관부처를 법무부 중심에서 전 부처가 책임성 있게 협력한다.
- 정책과 서비스의 집행을 중앙정부 중심에서 중앙정부 · 지방정부 · 지역사회를 총체적으로 연계한다.
- 자원조달은 공공자원과 민간자원을 통합적으로 연계하고 협력하도록 한다.
- 범죄에 대한 사회적 대응은 사후적 접근뿐 아니라 사전 예방을 위한 접근까지 확장한다.

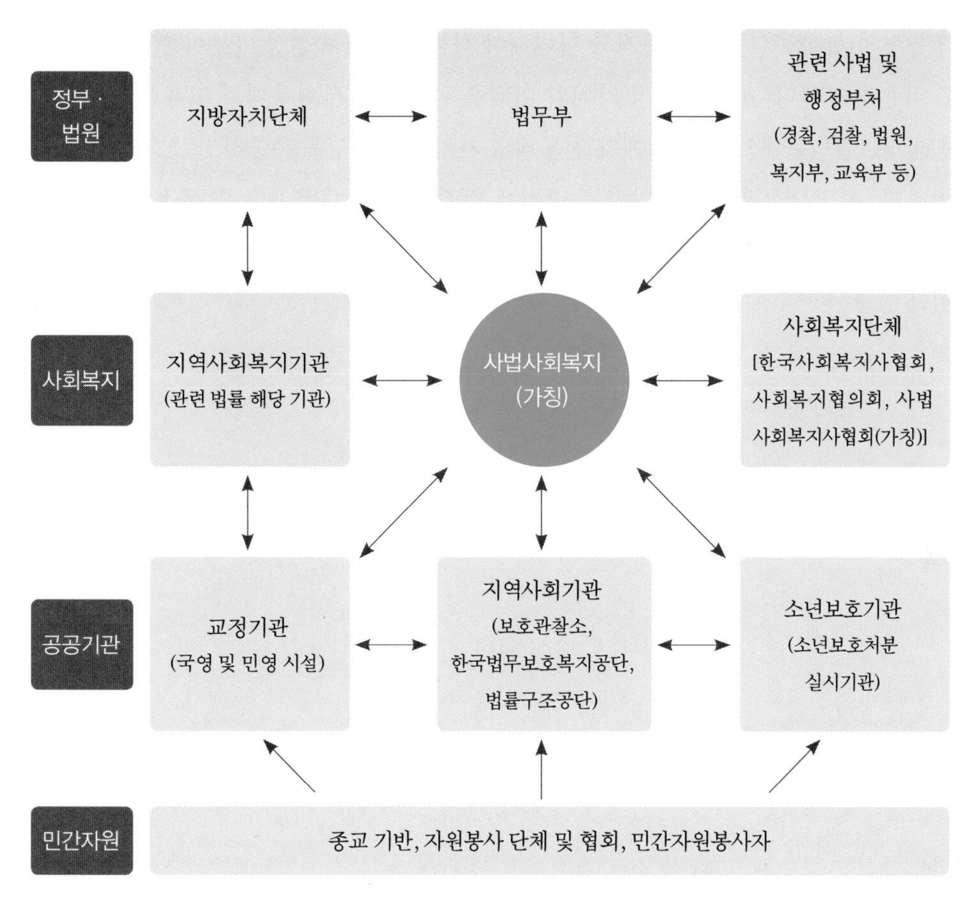

[그림 12-1] 우리나라 사법사회복지(가칭) 협력 모델

우리나라에서 사법사회복지의 제도화를 기대하며, 사법사회복지 서비스 전달체계에 관한 협력 모델을 제시하면 [그림 12-1]과 같다.

사법사회복지는 정부, 사회복지기관, 공공기관, 민간자원과의 협력체계로 구성된다. 각 수준별로 정부체계는 법무부가 가장 밀접하고 관련 사법 및 행정부처를 포함하며 지방자치단체도 협력체계의 단위로 구성된다. 사회복지체계는 사법사회복지의 기반으로서 지역사회복지기관, 사회복지단체로 구성된다. 공공기관의 체계는 지역사회기관으로서 사회 내 처우를 담당하는 보호관찰소, 한국법무보호복지공단, 법률구조공단이 있고, 전국 교정기관 그리고 소년보호기관이 이에 해당한다. 마지막으로, 민간자원은 종교에 기반을 둔 기관과 단체들, 자원봉사 단체 및 협회 그리고 지역사회의 다양한 민간자원과 자원봉사 인력으로 구성된다.

사법사회복지사는 여러 체계와의 협력관계를 전제로 사회복지 서비스 제공이 가능하다.

여러 유형의 체계와 다양한 전문가와 협력해야 하는 업무의 속성상 다분야 협력을 실천원칙으로 적용해야 한다. 사회복지의 가치와 이념을 유지하고 사회복지의 고유한 전문성을 활용하면서도 협력관계의 다른 체계와 전문직의 가치와 전문성을 존중하고 조화를 이룰 수 있어야 한다. 사법사회복지가 지향하는 비전은 범죄 예방과 재범 방지를 목적으로 사회복지 서비스를 제공함으로써 사회 안정에 기여하고 궁극적으로 국민의 복지적 삶을 향상시키는 데 있다.

참고문헌

강정은(2017). 아동인권의 관점에서 본 국・내외 법제도. 수용자자녀 인권상황 실태조사 결과발표 및 정책토론회자료집, 72-150.

공지영(2005). 우리들의 행복한 시간. 해냄출판사.

국회법제사법위원회(2023). 소년법 일부개정 법률안 검토보고 정부 제출(의안번호 제19215호). 국회법제사법위원회.

권석만(2003). 현대이상심리학. 학지사.

권수진, 신연희(2019). 수용자 자녀 양육지원을 위한 처우 개선방안. 한국형사정책연구원.

권중돈(2021). 인간행동과 사회복지실천. 학지사.

권중돈, 조학래, 윤경아, 이윤화, 이영미, 손의성, 오인근, 김동기(2019). 사회복지학개론. 학지사.

김경우(2006). 사회복지사의 자격과 역할에 관한 연구. 한국사회복지지원학회지, 2(2), 201-231.

김동일(1988). 현대사회이론의 조명. (Craibe, I. 저). 문맥사.

김병배(2023). 알코올 섭취와 성범죄 발생관계에 관한 연구. (사단법인) 아시아교정포럼 제35회 춘계학술대회 알코올 및 마약중독과 범죄자 처우 자료집, pp. 8-27.

김성언(2004). 사회내 처우 연결망 구축 및 자원 동원화 방안. 연구총서, 2004(10), 1-388.

김승만, 신연희(2005). 장기수형자 처우실태와 개선방안. 한국법무형사정책연구원.

김안식(2010). 수형자의 종교활동 및 성향이 정신건강과 수형생활 적응에 미치는 영향. 경기대학교 교정보호학과 박사학위 논문.

김영식, 서운재, 윤백일, 김우석(2021). 교정용어사전. 박영사.

김준호(1995). 여자청소년의 비행실태에 관한 연구. 한국형사정책연구원.

김혜란, 홍선미, 공계순(2006). 사회복지실천기술론. 나남출판.

김화선(2013). 선택과 경쟁 기제 하에서 사회복지사의 역할 경험 연구. 서울대학교 대학원 석사학위 논문.

나눔의 집(2022). 인간행동과 사회환경 사회복지사 1급시험 기본이론서. 나눔의집.

박선영, 신연희(2012). 수용자 자녀문제에 관한 미국과 영국의 사례분석과 우리나라의 대응방안. 한국법무형사정책연구원.

박선영, 김영식(2014). 소년교도소 수형자의 특성에 관한 연구. **교정담론**, 8(2), 189-218.

박연규(2017). **교정윤리: 재소자의 몸과 관계윤리**. 시간여행.

박연규(2016). 교정에서 회복적 정의의 관계윤리-콜슨, 제어, 레비나스를 중심으로. **교정담론**, 10(2), 113-144.

배임호(2021). **교정복지론**. 공동체.

배임호, 박경일, 이태언, 신석환, 천영록(2007). **교정복지론**. 양서원.

백종찬(2014). 사회복지관의 지역사회개발모델 사례연구. 서울사회복지대학원대학교 석사학위논문.

범죄예방정책국(2021). **2021 범죄예방정책 통계분석**. 법무부 범죄예방정책국.

범죄예방정책국(2022). **2022 범죄예방정책 통계분석**. 법무부 범죄예방정책국.

법무연수원(2019). **2018 범죄백서**. 법무연수원.

법무연수원(2022). **2021 범죄백서**. 법무연수원.

법무연수원(2023). **2022 범죄백서**. 법무연수원.

법무부 교정본부(2022). **2022 교정통계연보**. 법무부.

서미경, 김영란, 박미은(2015). **사회복지 윤리와 철학**. 양서원.

소망교도소(2021). **소망교도소 10주년 기념백서**. 소망교도소.

손병덕, 신연희, 양혜원, 이상무, 장신재, 전미애, 황혜원(2021). **사회복지조사론**. 학지사.

신연희(2001). 자아존중감, 청소년 비행, 그리고 어머니의 역할에 관한 연구. **가족과 문화**, 13(1), 107-132.

신연희(2002). 기혼여자재소자에 관한 연구: 자녀관계를 중심으로. 이화여자대학교 사회학과 박사학위논문.

신연희(2008a). 출소자 재범예방에 관한 연구: 사회자본을 중심으로. **형사정책연구**, 73, 191-213.

신연희(2008b). 여자비행청소년의 성적학대 치유프로그램의 방향. **교정담론**, 2(2), 107-133.

신연희(2011). 수용자 가족관련 프로그램의 운영 실태와 개선방안: 프로그램 운영자의 관점에서. **교정담론**, 5(2), 111-146.

신연희(2012). 수용자 위기가족의 문제와 지원방안: 탄력성 이론의 접근. **한국범죄학**, 6(2), 123-156.

신연희(2014). 부모가 교도소에 있는 자녀 및 자녀양육자의 프로그램 욕구와 클라이언트 중신 접근의 적용. **교정담론**, 8(2), 281-306.

신연희(2015). 출소준비 수형자의 가정실태와 가족재결합 관련요인: 생태체계 이론의 적용. **교정연구**, 67, 183-205.

신연희(2016a). 종교의 조절효과: 수용자 및 가족특성이 가정건강성에 미치는 영향관계에서. **교정담론**, 10(2), 83-112.

신연희(2016b). 부모 수용 후 자녀들의 가정환경에 관한 연구. **교정담론**, 10(1), 129-158.

신연희(2017a). **아이 곁에 아빠가 안 계실 때**. 양성원.

신연희(2017b). 수용자자녀 인권보장 방안(「수용자자녀 인권상황 실태조사 결과발표 및 정책토론회」 2017.10.15. 국가인권위원회 · 국회의원 남인순 · 아동복지실천회 세움, pp. 152-175).

신연희(2019). 수용자 자녀들의 상황과 관련제도의 과제: 아동의 권리를 중심으로. **교정담론**, 13(3), 261-296.

신연희(2020a), 수용에 따른 가정특성 변화와 가족중심적 교정처우 방안. **교정담론**, 14(2), 1-27.

신연희(2020b). 자녀특성에서 접근한 여성수용자 처우에 관한 연구. **한국범죄학**, 14(2), 83-100.

신연희(2020c). 누구의 자식이어서 처벌받는 아이들: 수용자자녀 인권상황과 사회적 보호방안에 관한 소고. **가정상담**, 444, 6-17.

신연희(2021). 교정현장에서 다분야 협력을 위한 사회복지 실천에 관한 연구. **교정담론**, 15(1), 37-67.

신연희(2022). 빈곤범죄자에 대한 예비사회복지사들의 인식 · 태도 연구. **교정담론**, 16(2), 157-184.

신연희, 강정은, 박선영, 여연심, 이경림, 최경옥(2017). 수용자자녀 인권상황 실태조사. 국가인권위원회, 아동복지실천회 세움.

신연희, 변호순(2014). 아버지의 수용과 자녀들의 문제행동: 재정불안정의 매개효과를 중심으로 본 미국의 사례. **교정연구**, 63, 145-171.

신연희, 이백철(2008). 여자비행청소년의 성적학대에 대한 치유프로그램 개발에 관한 연구. 법무부.

심재우(2018). **백성의 무게를 견뎌라: 법학자 정약용의 삶과 흠흠신서 읽기**. 산처럼.

양혜경(2020). 교정현장에서의 교정복지 역할에 관한 연구. **교정연구**, 30(2), 3-30.

오영근, 조미숙, 신석환, 문성식(2013). **교정복지론**. 양서원.

유병권(2022), **사람을 생각하는 도시담론**. 바른북스.

유석춘, 장미혜, 정병은, 배영 편역(2002). **사회자본: 이론과 쟁점**. 도서출판그린.

유정우(2017). 교도소 안의 관계회복: 소망교도소 법률고충상담 운영을 통한 회복적 정의 원리의 한국화 시도. **아시아교정포럼 춘계공동학술대회 자료집**, pp. 41-79.

유주영, 강대중(2021). 교정교육의 목적과 기능에 관한 질적연구. **교정담론**, 15(3), 241-276.

이동원(2005). **변화하는 사회, 다양한 가족**. 양서원.

이명숙(2011). 위기청소년의 심리 · 사회적 환경진단 및 긍정적 발달을 향한 전망. **교정담론**, 5(1), 167-194.

이무웅(2013). **사법복지론**. 청문사.

이백철(2020). **교정학**. 교육과학사.

이백철, 박연규(2021). **감옥이란 무엇인가**. 지식의 날개.

이승호, 윤옥경, 금용명(2014). 재범방지를 위한 교정보호의 선진화방안연구(III): 교정처우에 관한 국제규범에 관한 연구. 한국법무형사정책연구원.

이양수(2020). **정의로운 삶의 조건: 롤스 & 메킨타이어**. 김영사.

이윤호(2007). **범죄학**. 박영사.

이정찬(2000). **교정복지학**. 한국교정선교회.

전영실, 신연희, 김영식(2007). 수용자 가족관계 건강성 실태조사. 한국법무형사정책연구원, 법무부.

조홍식, 이형섭(2014). **교정복지론: 이론, 현장, 그리고 실천**. 학지사.

최선화, 박광준, 황성철, 안홍순, 홍봉선(2014). **사회문제와 사회복지**. 양서원.

최옥채(2010). **교정복지론(6판)**. 학지사.

최일섭, 이현주(2006). **지역사회복지론**. 서울대학교 출판문화원.

최희철(2021). **사회복지실천기술론**. 양서원.

한국사회복지교육협의회(2020). **2020 사회복지학 교과목지침서(2021-2022)**. 한국사회복지교육협의회.

한영선(2010). 소년보호기관에서 적용 가능한 회복적사법 운영모형 및 실무운영사례. **이화여자대학교 법학논집, 15**(1), 51-106.

Adalist-Estrin, A. & Mustin, J. (2003). Responding to Children and Families of Prisoners: A Community Guide. Family and Corrections Network. Retrieved from http://www.fcnetwork.org/cpl/cplindex.html

Albanese, J. S. (2013), *Criminal Justice* (5th ed.). Boston, MA: Pearson Education, Inc.

Akers, R. L. (2000). **범죄학 이론**(*Criminological Theories: Introduction and Evaluation*). (민수홍, 박기석, 박강우, 전영실 공역). 지산.

American Psychiatric Association(APA). (2013). *Diagnostic and Statistical Manual of Mental Disorders* (5th ed.). American Psychiatric Association.

Aronson, M., & Mettee, S. (1968). Dishonest behavior as a function of differential levels of induced self-esteem. *Journal of Abnormal Psychology, 87*, 49-74.

Bazemore, G., & Walgrave, L. (1999). Restorative juvenile justice: In search of fundamentals and an outline for systematic reform. In G. Bazemore & L. Walgrave (Eds.), *Restorative juvenile justice: Reparing the harm of youth crime* (pp. 45-74). Monsey, NY: Criminal Justice Press.

Box, S., & Hale, C. (1982). Economic Crisis and the Rising Prisoner Population in England and Wales, 1949-1979. *Crime and Social Justice, 16*, 20-35.

Bronfenbrenner, U. (1989). Ecological System Theory. *Annals of Child Development*, *6*, 187-249.

Bronfenbrenner, U. (1993). The Ecology of Cognitive Development: Research Models and Fugitive Findings. In Wozinak, R. H. & Fischer, K. (Eds.), *Scientific Environments*, Hillsdale, NJ: Erlbaum.

Bronstein, L. R. (2003). A Model for Interdisciplinary Collaboration. *Social Work, 48*(3), 297-306.

Burgess, R. L., & Akers, R. L. (1966). A Differential Association-Reinforcement Theory of Criminal Behavior. *Social Problem, 14*, 128-147.

Carnegie, D. (2019). 데일 카네기 인간관계론(*How to Win Friends and Influence People)*. (임상훈 역). 현대지성.

Chesney-Lind, M. (1997). Equity with a Vengeance. Women's Review of Books, XIV(10-11): 5.

Colson, C. (2002). 사람과 공동체를 회복시키는 정의(*Justice that Restores*). (홍병룡 역). 한국기독교학생회.

Cole, G, F., & Smith, C. E. (2004). *The American system of criminal justice* (12th ed.). Belmont, CA: Wadsworth, Cengage Learning.

Coleman, K. (1988). Social Capital in the Creation of Human Capital. *American Journal of Sociology, 94*, 94-121.

Craid, I. (1989). 현대 사회 이론의 조명: 파슨즈에서 하버마스까지(*Modern social theory : from Parsons to Habermas*). (김동일 역). 문맥사.

DeVeaux, M. (2014). Criminal Justice Social Work in the United States: Fulfilling the Obiligation, *Journal of Law and Criminal Justice*, *2*(1), 105-115.

Fenton, J. (2014). *Exploring the dynamics of personal, professional and inter professional ethics.* Cambridge University Press.

Fraser, M. W. (1997). The Ecology of Childhood: A Multisystems Perspective. In M. W. Fraser (Ed.), *Risk and resilience in childhood* (pp. 1-9). Washington, DC: NASW Press.

Gottfredson, D. C., & Hirschi, T. (1990). *A General Theory of Crime.* Stanford University Press.

Graf, R. C. (1971). Induced self-esteem as a determinant of behavior. *Journal of Social Psychology, 85*, 213-217.

Greene, R. (2004). 사회복지와 탄력성(*Resilience: an integrated approach to practice, policy, and research*). (양옥경, 최소연, 송인석, 권지성, 양후영, 염태산 공역). 나눔의 집.

Homer, T., Leishman, R., & Marsh, R. (2010). *Criminal Justice Social Work Service Demand in Scotland.* Scottish Social Services Council.

Hinton, E. (2017). From the War on Poverty to the War on Crime: The Making of Mass Incarceration in America. Harvard University Press.

Hirschi, T. (1969). *Causes of Delinquency*. Berkeley, University of California Press.

Jenderson, N., & Milstein, M. M. (2008). 학교사회복지와 탄력성: 학생과 교육자의 꿈 이루기(*Resiliency in School: Making It Happen for Students and Educators*). (장승옥 역). 학지사.

Kaplan, H. B. (1978). Deviant Behavior and Self-Enhancement in Adolescence. *Journal of Youth and Adolescence, 7*(3), 253-277.

Kirby, D. & Fraser, M. W. (1997). Risk and Resilience in Childhood. In M. W. Fraser (Ed.), *Risk and Resilience in Childhood* (pp. 10-32). NASW Press.

Latimer, J., Dowden, C., & Muise, D. (2005). The Effectiveness of Restorative Justice Practices: A Meta-Alalysis. *The Prison Jornal, 85*(2), 127-144.

McNeill, F. (2002). Beyond "what works" How do people stop offending? (CJSW Briefing Paper 5). Edinburgh, Scotland: Criminal Justice Social Work, Development Centre for Scotland. Retrieved from www.cjsw.ac.uk/cjsw/4396.html.

Mednick, S., & Christiansen, K. (1977). *Biosocial Bases of Criminal Behavior.* Gardner Press.

Miley, K., O'Melia, M., & DuBois. L. (1995). *Generalist Social Work Practice*. Allyn & Bacon,

NASW Center for Workforce Studies (2010). *Criminal Justice Social Work in the United States: Adaptation to new challenge, National Association of Social Workers.*

Oksala, J. (2008). How To Read 푸코(*How To Read Foucault*). (홍은영 역). 웅진 지식하우스.

Owens, T. J. (1993). Accentuate the Positive-and the Negative: Rethinking the Use of Self-Esteem, Self-Deprecation, and Self-Confidence. *Social Psychology Quarterly, 56*, 288-299.

Patterson, G. T. (2020). *Social Work Practice in the Criminal Justice System* (second edition). USA: Routledge.

Patrick, S. (2009). 향수: 어느 살인자의 이야기(*Das Parfum*). (강명순 역). 열린책들.

Petri, L. (2010). Concept Analysis of Interdisciplinary Collaboration. *Nursing Forum, 4*(2). 73-82.

Portes, A. (1998). Social Capital: Its Origins and Applications in Modern Sociology. *Annual Review of Sociology, 22*, 1-24.

Putnam, R. D. (1995). Bowling Alone: America's Declining Social Capital. *Journal of Democracy, 6*(1), 65-78.

Raynor, P. (1985). *Social Work, Justice and Control*. Oxford: Basil Blackwell Ltd.

Reamer, F. G. (2004). Social work and criminal justice: The uneasy alliance. In E. H. Judah, & M. Bryant (Eds.), *Criminal Justice: Retribution vs. restoration* (pp. 213-231). Binghamton, NY: The Haworth Social Work Press.

Ronel, N. (2006). When Good Overcomes Bad: The Impact of Volunteers on Those They Help. *Human Relations*, 59, 1133-1153.

Rose, D., & Clear, T. (2002). Incarceration, Reentry and Social Capital: Social Networks in the Balance. U.S. Department of Health and Human Service.

Rosenberg, M., Schooler, C., & Schoenbach, C. (1989). Self-Esteem and Adolescent Problems: Modeling Reciprocal Effects. *American Sociological Review, 54*(6), 1004-1018.

Rubin, A., & Babbie, E. R. (2010). 사회복지조사방법론(*Research Methods For Social Work*, 6th ed.). (김기덕, 김용석, 유태균, 이기영, 이선우, 정슬기 공역). 센게이지러닝.

Sarri, R. C., & Shook, J. J. (2005). The future for social work in juvenile and adult criminal justice.

Advances in Social Work, *6*(1), 210-220.

Sandel, M. J. (2010). **왜 도덕인가?**(*Why Morality*) (안진환, 이수경 공역). 한국경제신문.

Sandel, M. J. (2020). **공정하다는 착각**(*The Tyranny of Merit*). (함규진 역). 와이즈베리.

Scottish Government (2004). Social services in prisons. In *National objectives for social work services in the criminal justice system: Standards-throughcare*. Retrieved from www.scotland.gov.uk/Publications/2004/12/20473/49297.

Scottish Government (2009). *2008/09 Scottish crime and justice survey: first findings*. Retrieved from www.scotland.gov.uk/Publications/2009/10/26114015/0.

SSC(Scottish Social Services Council) (2010). *Criminal Justice Social Work Service Demand in Scotland*, Retrieved from https://www.sssc.uk.com/knowledgebase/article/KA-01713/en-us.

Scottish Government (2010). *National Outcomes and Standards for Social Work Services in the Criminal Justice System*. Scottish Governmen.

Scottish Government (2015). *National objectives for social work services in the criminal justice system: Standards-throughcare*. Retrieved from https://www.webarchive.org.uk/wayback/archive/20150218230122/http://www.gov.scot/Publications/2004/12/20473/49294

Scottish Government (2020). "Criminal justice social work statistics in Scotland: 2018-2019". Retrieved from https://www.gov.scot/publications/criminal-justice-social-work-statistics-scotland-2018-19/

Scottish Government (2021). "Criminal Justice Social Work Statistics 2019-2020 bulletin". Retrieved from https://www.gov.scot/publications/criminal-justice-social-work-statistics-scotland-2019-20/documents/

Scottish Government (2022). Criminal Justice Social Work Statistics: 2020-2021. Retrieved from https://www.gov.scot/publications/criminal-justice-social-work-statistics-scotland-2020-21/pages/5/

Shin, Y. (1997). *The Economic Situations of Women In Korea And Crime Among Married, Women*. Master's Thesis in Michigan State University.

Siegel, L. J. (2020). **범죄학: 이론과 유형**(*Criminology: Theories, Patterns and Typologies*). (이민식, 김상원, 박미랑, 박정선, 신동준, 윤옥경, 이창배, 황성현 공역). 센게이지.

Siegel, L. J., & Worrall, J. L. (2014). *Introduction to criminal justice* (14th ed.). Belmont, CA: Wadsworth, Cengage Learning.

Toews, B. (2020). **교도소에서의 회복적 사법: 관계의 그물망을 다시 세우다**(*Restorative Justice for People in Prison: Rebuilding the Web of Relationships*). (김영식 역). 대장간.

Treger, H. (1987). Police social work. In A. Minahan (Ed.), *The encyclopedia of social work* (8th ed., Vol. 2, pp. 263-268). Washington, DC: NASW Press.

Trojanowicz, R. C., & Morash, M. (1992). *Juvenile Delinquency: Concepts and Control.* Fifth Edition, Prentice Hall.

van Wormer, K. (2009). Restorative justice as social justice for victims of gendered violence: A standpoint feminist perspective. *Social Work*, *54*(2), 107-116.

Wolff, N., & Draine, J. (2004). Dynamics of Social Capital of Prisoners and Community Reentry: Ties That Bind? *Journal of Correctional Health Care, 10*(3), 457-490.

Zastrow, C. (2003). *The Practice of Social Work: Applications of Generalist and Advanced Content*. Thomson Learning.

Zehr, H. (2010). 회복적 정의란 무엇인가?(*Restorative Justice*). (손진 역). KAP.

〈인터넷 자료〉

범죄예방정책국(2023). https://www.moj.go.kr/cppb/

한국법무보호복지공단(2023). https://koreha.or.kr/

한국소년보호협회(2023). https://www.kjpa.or.kr/

법무부 범죄예방정책국(2023). "성인보호관찰제도 개관", https://www.moj.go.kr/cppb/571/subview.do(검색일: 2023. 4. 10.).

법무부 교정본부(2023). https://www.corrections.go.kr/corrections/index.do

법무부 범죄예방정책국(2023). https://www.moj.go.kr/cppb/index.do

e-나라지표(2022). "국민기초생활보장 수급현황" (검색일: 2023. 4. 30.). https://www.index.go.kr/unity/potal/main/EachDtlPageDetail.do?idx_cd=2760

e-나라지표 (2023), "국민교육수준" (검색일: 2023. 4. 30.). Criminal justice social work statistics: 2019 to 2020 - gov.scot (www.gov.scot)

Scottish government (2015). "National Objectives for Social Work Services in the Criminal Justice System: Standards Throughcare" https://www.webarchive.org.uk/wayback/archive/20150218230122/http://www.gov.scot/Publications/2004/12/20473/49294

찾아보기

인명

내용

저자 소개

신연희(Shin, Yeunhee)
이화여자대학교 사회학 박사
현 성결대학교 사회복지학과 교수
사단법인 아시아교정포럼 학회장

〈저서〉

사회복지조사론(공저, 학지사, 2021)

아이 곁에 아빠가 안 계실 때(양성원, 2017)

〈주요 논문 및 연구보고서〉

교정현장에서의 다분야협력을 위한 사회복지 실천에 관한 연구(교정담론, 2021)

수용자자녀 인권상황 실태조사(공동, 국가인권위원회, 2017)

수형자 가족관계 건강성 실태조사 및 향상방안 연구(공동, 법무부, 2007)

교정복지론

–범죄문제와 사회복지실천–

Social Welfare in Criminal Justice System:

Crime and Social Work Practices

2023년 8월 20일 1판 1쇄 인쇄
2023년 8월 30일 1판 1쇄 발행

지은이 • 신연희
펴낸이 • 김진환
펴낸곳 • ㈜학지사
04031 서울특별시 마포구 양화로 15길 20 마인드월드빌딩
대표전화 • 02-330-5114 팩스 • 02-324-2345
등록번호 • 제313-2006-000265호

홈페이지 • http://www.hakjisa.co.kr
인스타그램 • https://www.instagram.com/hakjisabook

ISBN 978-89-997-2969-0 93330

정가 23,000원

저자와의 협약으로 인지는 생략합니다.
파본은 구입처에서 교환해 드립니다.